通史悟鉴

上

贾康田 著

中国文联出版社

图书在版编目（CIP）数据

通史悟鉴：上中下 / 贾康田著 . -- 北京：中国文联出版社，2023.10

ISBN 978-7-5190-5312-3

Ⅰ . ①通… Ⅱ . ①贾… Ⅲ . ①中国历史—通俗读物 Ⅳ . ① K209

中国版本图书馆 CIP 数据核字 (2023) 第 176428 号

通史悟鉴

著　　者：贾康田
责任编辑：张超琪　黄雪彬
责任校对：李现刚
封面设计：汤　妮
版式设计：高　洁

出版发行：中国文联出版社有限公司
社　　址：北京市朝阳区农展馆南里 10 号　　邮编：100125
网　　址：http://www.clapnet.cn
电　　话：010-85923091（总编室）　010-85923058（编辑部）
　　　　　010-85923025（发行部）
经　　销：全国新华书店等
印　　刷：廊坊佰利得印刷有限公司

开　　本：710 毫米 × 1000 毫米　　1/16
印　　张：正文 66.5　附表 2.75
字　　数：766 千字
版　　次：2023 年 10 月第 1 版
　　　　　2023 年 10 月第 1 次印刷
书　　号：ISBN 978-7-5190-5312-3
定　　价：189.00 元（全 3 册）

前　言

如果您读过《智乐人生》一书，一定记得“感悟人生智慧，成就快乐人生”的阐释。智者明法，慧者通道，要想实现智乐人生，就一定要学习历史，“欲知大道，必先为史”。学通历史，感悟鉴戒，通史达理，悟道正己，明德格物，立己达人。便有了新作《通史悟鉴》与读者见面。

中华历史上下五千年，博大精深、源远流长。朝代兴替，沧桑巨变，轮回流转，人生百态，权力争斗，惊心动魄，鲜明个性，睿智经典。回顾历史的长河，中国历史的画卷在我们面前徐徐展开：三皇五帝，夏始王朝，商汤亡夏，武王灭商，平王东迁，春秋五霸，战国七雄，秦统天下，楚汉相争，西汉雄风，王莽篡权，刘秀兴兵，重建东汉，三国鼎立，司马代魏，西晋统一，八王之乱，东晋偏安，北十六国，南朝北朝，隔江对峙，文帝灭陈，隋朝一统，李渊起兵，灭隋建唐，黄巢起义，朱温灭唐，五代十国，分裂重现，北宋南宋，西夏辽金，蒙古崛起，灭宋建元，元被明代，明归大清……

“暗淡了刀光剑影，远去了鼓角铮鸣”“一个个鲜活的面容，一串串熟悉的姓名”，勤政爱民的一代代仁君，荒淫无道的帝王暴君，可歌可泣的志士英雄，叱咤风云的历史人物，有的万古流芳，有的遗臭万年。静心回顾，以史为鉴，可以带给我们许多智慧、经验、教训、启示。

历朝历代的政治智慧，王朝兴衰的历史规律，性情各异的人物境界，有智慧的较量，有人性的弱点，有爱国的情怀，有民族的苦难，有仁、义、礼、智、信的展示，有修、齐、治、平的典范，有谋害忠良、欺世惑众、造谣生事的阴险奸诈，有富贵不淫、贫贱不移、威武不屈的浩然正气。潜心研读，对话圣人，批判继承，磨炼自我。

中国历史朝代兴替频发，人物多、事件广，文献资料版本颇丰，有正史、有野史、有传说、有神话，有张冠李戴，有以讹传讹，纵横交错，内容繁杂，众家观点褒贬不一。《通史悟鉴》通过追根溯源，去伪存真，系统地梳理了各个朝代的概貌，分析了不同阶段的得失，按时间顺序甄选了每个时期应该知道的知识典故，提炼出古人的经典智慧，方便读者学习历史，学通历史，感受历史。

学习历史，体会璀璨夺目的中华文明；学通历史，激发心灵深处的爱国情怀；感受历史，完善自我的人生智慧。学习古人的才智，汲取历史的教训，用历史的养分滋润心灵，让生命更有内涵、更有意义、更有价值。打开心胸，拥抱世界，树立正确的世界观、人生观、价值观，用一颗包容、善良、感恩、聪慧的心，努力做人、做事、做好自己。“穷则独善其身，达则兼济天下。”幸福自己，快乐别人，奉献社会。

贾康田

2023 年 6 月

总目

目录

第二章 东周春秋战国分 群雄逐鹿

第一章 远古、夏、商、西周

礼乐文明

中华文明（也称华夏文明）是人类古老的文明之一，是人类历史上唯一没有中断的文明，在漫长的历史长河中连续发展，一脉相传。中华文明从八千多年前开始萌发，到五六千年前已经有了最初的古国，在黄河流域留下众多的文化和文明遗址。从发现古人类开始，直到夏朝建立，也就是文字产生以前的人类文化，称为“史前文化”。中国史前文化按照考古年代划分主要分为旧石器时代、新石器时代和青铜时代。中国史前文化时间久远、内容丰富、领域广泛。距今一万四千到一万年前，中国境内的农业已经开始起源，距今至少八千年左右，黄河流域、长江流域的种植农业已经开始成熟。以河南省新郑市裴李岗遗址为代表的裴李岗文化，距今约七千到八千年，为新石器时代早期的文化。以浙江省宁波余姚市河姆渡镇遗址为代表的河姆渡文化，主要分布在杭州湾南岸的宁绍平原及舟山岛，距今约七千到五千年，属新石器时代文化。以河南省三门峡市渑池县仰韶村仰韶遗址发现为代表的仰韶文化，分布在整个黄河中游从甘肃到河南之间，距今约七千到五千年，为重要的新石器时代彩陶文化。以江苏省南京市江宁区湖熟镇为代表的湖熟文化，主要分布在江苏南省京市、镇江市及太湖流域，距今约六千到四千年，以石器为主要工具，已具有青铜器铸造的技术。以山东省济南市历城区龙山镇首次发现为代表的龙山文化，分布于黄河中下游的河南省、山东省、山西省、陕西省等地，距今五千到四千年，因其精美的黑陶为主要特征，曾被称为“黑陶文化”，已有了铜器的发明和使用以及水井开凿技术。最早发现于1921年的红山文化，是距今五六千年间一个在燕山以北、大凌河与西辽河上游流域活动的部落创造的农业文化，是华夏文明的重要组成部分，因最早发现于内蒙古自治区赤峰市郊的红山后遗址而得名。2014年，是我国红山文化申遗年，通过红山文化的考古研究，年代经碳 14 测定约为公元前四千年到公元前三千年，其中沙拉乡茶海遗址，经年代测定距今八千年。据此中华文明的起源应前推约三千年，应约为五千到八千年前。[1] 由于我国黄河、长江流域是人类文明重要的发源地，因此中华文明的直接源头有黄河文明和长江文明，中华文明主要是由这两种区域文明交流、融合、升华的成果。从远古神话时代，到甲骨文的出现，从炎帝和黄帝带领着族人，一边战斗，一边融合，到尧、舜、禹的接力传承，建立了中国历史上第一个王朝——夏王朝。夏朝禹传位启，开创了家天下的世袭制国家。夏朝诸侯国中商国的首领商汤率兵伐桀，经过“鸣条之战”灭夏建商。商末的西伯侯之子姬发率军队经过“牧野之战”，灭商朝后建立西周朝，建立了分封制，达到奴隶制王朝的鼎盛时期。在夏商周时期，古代先贤通过制礼作乐，形成了一套颇为完善的礼乐制度，并推广为道德伦理的礼乐教化，用以维护社会秩序的人伦和谐，形成礼乐文明。礼乐制度是中国古代文化的一个重要组成部分，在数千年的中华文明发展史上产生了重大而深远的影响。

[1] 红山文化是位于辽宁省西部、内蒙古自治区东部起始于公元五千多年前的农业文明，是华夏文明最早的文化痕迹之一。主要分布在今河北省北部、辽宁省西部、内蒙古自治区东南部大凌河与西辽河上游。红山文化遗存最早发现于 1921 年，1935 年对赤峰东郊红山后遗址进行了发掘，1954 年提出了红山文化的命名。20 世纪 70 年代起，在辽西北昭乌达盟（今内蒙古自治区赤峰市）及朝阳地区（今辽宁省朝阳市）展开了大规模的考古调查，发现了近千处遗址。2014 年，赤峰市与朝阳市共同签署了《红山文化遗址联合申报世界文化遗产工作备忘录》，宣布将联合对红山文化进行申遗。辽宁西部的阜新蒙古族自治县的沙拉乡茶海遗址，属于前红山文化类型。经过年代测定：距今八千年前。这一重大发现，印证了当代考古大师苏秉琦先生于 1991 年 8 月为阜新玉龙文化节手书题词“玉龙故乡，文明发端”的论断。

远古——人文初始

远古时代是指从距今约一百七十万年前到约公元前2070年这段时期，也就是从人类出现到国家形成这段漫长的历史时期，历史学称为原始社会，历时大约二三百万年。考古学家和古人类学家通过对人类化石的研究，认为东亚地区和非洲是人类的起源地。许多国家和地区的人民对地球形成的奥秘和天、地如何出现及人类怎样产生，各持观点、各有其说。在中国古代有关盘古开天辟地、夸父逐日、女娲造人、精卫填海的传说流传久远，这多半都是后人的想象。中国远古时代是指夏朝以前的时代，距今四千年以上，经历了旧石器时代、新石器时代，其社会制度是原始公社制度，生产资料社会公有，是一个没有私有财产、没有剥削的社会。社会组织形式是以母系血缘关系为纽带的母系氏族制社会，实行原始共产制与平均分配劳动产品。母系氏族过渡到父系氏族后，氏族公社里出现了私有财产。这一时期的代表人物有：有巢氏、燧人氏、伏羲氏、神农氏（炎帝）、黄帝（轩辕氏）、尧、舜、禹等。经过炎黄并族，黄帝战蚩尤，尧帝开启帝王禅让，大禹治水，夏始王朝，历史进入奴隶制社会。

旧石器时代

在重庆市巫山县发现的巫山人化石，有两百万年的历史。约一百七十万年前的云南元谋人、八十万年前的陕西蓝田人、七十万到二十万年前北京周口店的北京猿人、十万年前的大荔人和许家窑人，留下了早期人类进化的遗迹。距今三万四千年左右至一万八千年左右的山顶洞人，已能利用石块做工具，捕捞水生动物，把生产活动范围扩大至水域，人类认识和利用自然界的能力已经提高，这一时期属于旧石器时代文化。

新石器时代

公元前一万年到公元前五千年，人类进入新石器时代。人类渐渐走出山区，移向平原地区活动，选择邻近水源的地点聚族而居。人们建造了房屋，发明了陶器，出现了原始农业、畜牧业，开始了定居生活。磨制和钻孔技术的提高和普及，使各种石质工具的制作更加规范、定型，用途更加广泛。那时，由于生产力水平低下，大家只有靠集体的力量才能生存。人们各尽所能、共同劳动、平均分配食物，母系氏族随之脱颖而出。随着农业和畜牧业的发展，男子逐渐代替了妇女在生产和生活中的支配地位，开始以父亲的血统来确定亲属关系，母系氏族逐步过渡到父系氏族。在社会产品有了剩余之后，氏族公社内出现了私有财产和贫富差异。

黄帝战蚩尤

当时，居住在南方长江流域的被称为蛮族，居住在东方济水流域的被称为夷族，居住在北方长城以北的被称为狄族，居住在西方即今甘肃省、青海省的黄河、湟水、洮河、大通河和四川省岷江上游一带的被称为羌族或戎族。首先，蛮族中的黎族和苗族进入中原地区，其次是羌族中的炎帝族，而黄帝族散布在西北部和中原地区。人们不仅要与各种自然灾害进行顽强的斗争，同时，各族之间也冲突频发，战争不断。为了生存与发展，人们必须选举公正、贤能的人当首领，以带领大家进行生产、抵御外来的侵扰。传说上古中国距今四千多年前，炎帝部落和黄帝部落都居住在现今陕西省境内的黄河边上，部落首领分别为炎帝和黄帝。炎帝姓姜，号“神农氏”，又号“魁隗氏”“连山氏”“列山氏”，别号“朱襄”，他是炎帝族的首领；黄帝本姓公孙，后改姬姓，号“轩辕氏”，是黄帝部落的首领。炎帝族和黄帝族发生冲突，经过长期攻伐、多次激战，炎帝族失败后并入黄帝族。当时长期居住在今山东省一带的九黎族欲向西扩大实力，与黄帝族一争高低。双方在阪泉激烈交战，黄帝族击败九黎部落，活捉其首领蚩尤，统一了中原各部落，由此，黄帝成为远古时代华夏民族的共主，五帝之首。其都城有涿鹿（今河北省张家口市涿鹿县）、有熊（今河南省郑州市新郑市）之说。《史记》记载，黄帝“邑于涿鹿之阿”。从此，黄帝族、炎帝族及九黎族的一部分在黄河流域定居下来，繁衍生息，构成了华夏族的主干，开发了黄河中下游地区，使这里成为中国古代文化的摇篮。原来不同部落的居民，都认为自己是黄帝和炎帝的后代，称自己为“炎黄子孙”，炎黄二帝被认为是华夏文明的始祖。黄帝在位期间，治国有方，国势强盛。黄帝倡导大力播种五谷草木，发展生产，开始制衣冠、建舟车、制音律。黄帝发明了古老的打击乐器——鼓。相传，为他所著的《黄帝内经》是中国最早的医学典籍，奠定了人体生理、病理、诊断，以及治疗的认识基础，被称为医之始祖。黄帝晚年发明了古代象征权力的鼎，传说黄帝临终乘金龙升天。为了纪念黄帝，人们就把黄帝升天的地方叫作“鼎湖”，以“龙去鼎湖”谓帝王去世。[1]黄帝“升天”后，其子少昊即位。

少昊是中国神话中的五方上帝之一，又称白帝，姬姓，号“金天氏”“穷桑氏”或“朱宣氏”，他是上古部落的首领，建都穷桑（今山东省曲阜市北）。少昊开始以玄鸟（初始形象类似燕子）作为上古部落的图腾，少昊娶凤鸿氏为妻后，在他的部落里诞生了原始的凤文化，之后改凤凰为部落图腾，成为中华民

[1]“龙去鼎湖”出自《史记·封禅书》：“黄帝采首山铜，铸鼎于荆山下。鼎既成，有龙垂胡髯下迎黄帝。黄帝上骑，群臣后宫从上者七十余人，龙乃上去。余小臣不得上，乃悉持龙髯，龙髯拔，堕，堕黄帝之弓。百姓仰望黄帝既上天，乃抱其弓与胡髯号，故后世因名其处曰鼎湖。”

族的图腾之一。他所辖部族以鸟为名，有鸿鸟氏、凤鸟氏、玄鸟氏、青鸟氏等二十四个氏族，形成一个庞大的以凤鸟为图腾的完整氏族部落社会。黄帝的孙子、少昊的侄子颛顼（zhuān xū）帝，姓姬，号“高阳氏”。颛顼因辅佐少昊有功，被封于高阳（今河南省开封市杞县高阳镇）。少昊死后，炎帝的玄孙共工与颛顼争夺帝位，颛顼打败了共工，继承少昊主政，成为天下共主。

颛顼是传说中的神话人物，五帝之一。他深沉镇静而有智谋，有非凡的经历和超人的力量。颛顼在位初期迁都商丘（今河南省商丘市），后迁至帝丘（今河南省濮阳市）。他鼓励开荒，发展农业。少昊的孙子姬俊，十五岁时辅佐叔父颛顼，颛顼死后，三十岁的姬俊继承帝位，被称为帝喾（kù）。

帝喾是上古时期部落联盟首领，五帝之一，姬姓，号“高辛氏”，名俊，出生于高辛（今河南省商丘市睢阳区高辛镇），是《山海经》里天帝帝俊的原型。他即位后，迁都亳都（今河南省商丘市睢阳区商丘古城东南）。帝喾明察秋毫，顺从民意，爱民如子，仁威兼施，仁爱治国，深受百姓爱戴。帝喾科学探索天象，划分四时节令，订立节气，指导人们按照节令从事农业、畜牧生产活动，极大地促进了社会生产力的发展，使农耕走上文明时代，是华夏农业发展的一次伟大革命。帝喾去世后，其长子帝挚即位。

帝挚，姬姓，号“高辛氏”。他继任部落首领后，定都沁阳（今河南省焦作市沁阳市）。帝挚才干平庸，业绩平平，没能把国家治理好。后由十三岁的弟弟尧辅佐朝政。尧十五岁时，受封于唐国，初都晋阳（今山西省太原市）。帝挚在位九年后，禅位于弟弟尧。

帝王禅让

尧，上古帝王，五帝之一。伊祁姓，名放勋。尧又称“陶唐氏”，尧是他的谥号。尧成为部落联盟首领后，迁都平阳（今山西省临汾市），将部族迁徙至河东地区（今山西省汾河流域的运城市和临汾市）。他团结亲族，联络友邦，征讨四夷，统一华夏。尧为民师帝范，是一位十分仁德的君王。他勤政爱民，制定历法，派鲧（gǔn）治理洪水，政绩颇丰。尧帝在位七十年，退位时，认为儿子丹朱难当大任，便由四方诸侯推荐，选拔了长期在民间生活、处境困苦的单身汉舜。尧将自己的两个女儿娥皇、女英嫁给舜，让两个女儿考察他的德行。并给舜筑了粮仓，分了牛羊，观察他对财富、对亲人、对民众的态度。尧提前安排舜在朝中作虞官，了解他的道德品质和治理能力。尧考察舜三年后，禅位于舜。

舜，上古帝王，五帝之一。他是轩辕黄帝八世孙，姚姓，字都君，号“有虞氏”，故称虞舜，传说舜目有双瞳而取名“重华”。舜建都蒲阪（今山西省运城市永济市）。他在位时，虚怀纳谏，任贤使能，政通人和，天下太平。由于鲧治水九年，未平水患，舜将鲧治罪诛杀，并派鲧的儿子大禹治水、讨伐三苗。禹三过家门而不入，历尽艰辛终平水患，且将三苗驱赶到丹江与汉水流域，巩固了君权。舜晚年时，禅位于大禹，而后自己巡行天下。

夏始王朝

禹，姓姒，名文命，夏后氏首领，史称大禹，是华夏民族的治水英雄，为夏朝开国君王。禹即位后，以阳城（今河南省郑州市登封市禹都阳城遗址）为都城，一说以平阳（今山西省临汾市）为都城，或在安邑（今山西省运城市夏县）或在晋阳（今山西省太原市）[1]，国号夏，建立了夏王朝。他分封尧之子丹朱于唐，分封舜之子商均于虞。禹是夏朝的第一位天子，因此后人也称他

[1] 战国时赵国史书《世本·居篇》："夏禹都阳城，避商均也。又都平阳，或在安邑，或在晋阳。"

为“夏禹”。大禹把中华大地划分成冀州（今山西省、河北省、辽宁省西部）、兖州（今山东省西部、河北省东南角）、青州（今山东半岛、泰山以东地区）、徐州（今江苏省淮河以北地区、安徽省及山东省南部）、扬州（今江苏省淮河以南地区、安徽省及浙江省、江西省北部）、荆州（今湖北省、湖南省衡山以北地区及江西省西北部）、梁州（今四川省及陕西省、甘肃省南部）、雍州（今陕西省、甘肃省、宁夏回族自治区、青海省）、豫州（今河南省、湖北省北部、陕西省东南、山东省西南部）等九州，形成中国最早的行政格局。因此，九州成为中国国家的代名词。他铸造九鼎，作为国家权力的象征。距今一千七百多年前，西晋时在平阳（今山西省临汾市）建有尧庙，俗称三圣庙，是专门纪念尧、舜、禹三位先祖的庙宇。

夏朝——文明起源

夏朝（约前2070—约前1600）由上古帝王舜禅位于大禹建立，是中国第一个世袭制奴隶制王朝。约公元前1600年，商汤建立商朝，夏朝灭亡，共传十四代十七后（夏统治者在位称后，去世后称帝）[1]，历时约四百七十一年（《竹书纪年》记载四百七十一年，《三统历》记载四百三十二年）。夏朝没有明确的疆域，领地西起今河南省西部、山西省南部，东至今河南省、山东省和河北省三省交界处，南达今湖北省北部，北及今河北省南部，其中心区域为今河南省偃师市、登封市、新密市、禹州市一带。夏禹开启了夏朝，经历了太

[1] 一说夏朝十三世、十六后，分歧在于定位禹是君主还是部落联盟首领。支持前说者认为史书记载舜逝，禹服丧三年后称帝。支持后说者称启招飨周边部落首领于钧台，标志着通过世袭获得权位的夏后启从而称霸中原，是为中国世袭王朝的开端，故夏朝始于启。西晋学者皇甫谧所著《帝王世纪》中记载了夏朝的十九位王，纳入羿与寒浞。

康失国，少康中兴，暴桀乱政，商汤亡夏。中国历史上的“家天下”从夏王朝世袭制开始，标志着中国原始社会的结束，几千年阶级社会的开始。夏朝的诞生是中华文明史的起源，因此后人常以“华夏”自称。夏朝随着生产力的进步，俘虏的增加，私有制制度逐渐发展，并表现在政治舞台，最具代表的就是帝位的“禅让”转变为“世袭”。最早，夏朝是一个没有文字直接流传下来、也没有什么考古实物出土的王朝，仅仅留存于人们的记忆、传说和古代文献的记载，许多事件众说纷纭，很多年代节点无从考证。直到河南省洛阳市偃师区二里头遗址的发现，据测定约在公元前 1900 年，有力地推动了探索夏代文化的工作。

王朝建立

夏禹在位时，励精图治，发展生产，使百姓安居乐业。他实行统一时制，俗称“阴历”，也称“农历”。夏禹结束了中国原始社会部落联盟的社会组织形态，创造了“国家”这一新型的社会政治形态，完成了国家的建立。按照禅让的传统，禹曾推举东方颇有威望的偃姓首领皋陶为继承人。然而，皋陶先于禹去世，禹又选东夷部落首领伯益为继承人。禹死后，大部分部族并不臣服伯益，而是拥护禹的儿子启。于是，伯益召集东夷部落向启发兵争夺王位。经过数年的战争，启战胜了伯益，确立了部族联盟首领地位。从此，“公天下”变成了“家天下”，任人唯贤的公天下制度变成了江山坐稳、父子相传、兄终弟及的家天下制度，“禅让制”被“世袭制”取代。

启在位时，生活俭朴，尊老爱幼，广揽人才，深得民心。启举兵打败了反对派部落扈氏，将扈氏放逐到草原地区做奴隶。从启开始改用国名“夏”为姓，自己改称“后”，即“夏后启”。启晚年喜欢饮酒、打猎、歌舞，疏于朝政。启能歌善舞，多才多艺，相传中国古老的乐舞文献《九辩》《九歌》《九招》均为启的原作。夏启在位十年，死后五子争后，其子太康获胜继承后位。

太康失国

太康在位时，沉湎酒色，贪图游玩，不理政事，使得夏部族权威削弱，东夷有穷氏部落趁机西进。太康在位四年，东夷族善射的首领羿（即后羿[1]）在夏民的拥护下夺得了王位，史称“太康失国”，也称“后羿代夏”。太康流亡戈地（今河南省周口市太康县），病逝后葬于太康墓（今河南省周口市太康县城关回族镇王陵村太康陵墓）。

后羿夺得权位后并没有称王，而是把太康之弟中康立为王，但事实上国事大权由羿掌控。中康做了七年傀儡，曾征讨后羿被击败，因忧闷成疾去世，其子相即位。

相即位不久，便被后羿赶走，只得投奔与夏同姓的斟鄩（xún）、斟灌二氏，后羿自己当了王。后羿执政八年，喜好射猎，不问国事。他废弃武罗、伯困、龙圉（yǔ）等忠臣，却收养、重用被伯明氏驱逐的不孝子弟寒浞（zhuó）。谁知养虎为患，寒浞势力强大后，杀害后羿及其家人，夺权霸妻，生下豷（yì）、浇二子。浇受父命率兵先后灭掉亲夏的斟灌氏与斟鄩氏，杀死了在斟鄩躲避的相，夏朝从此无王四十年。相的妻子缗（mín）当时已怀有相的儿子，她逃到母亲有仍氏家里避难，不久生下遗腹子少康。

少康中兴

少康长大后，担任有仍氏牧正（牧官之长，主管畜牧）。因为浇派人追杀，少康只好投奔有虞氏（舜之后裔）。有虞

[1] 其人名“羿”，尊称“后羿”，这个“后”对应夏后之“后”，是部落联盟首领的尊贵称号，有别于唐尧时期被神话的后羿。

氏首领虞思膝下无子，仅有二女。他将二女许配给少康，并把纶城（今河南省商丘市虞城县利民镇东南三十五里）交由少康管理。相传少康在纶城酿造出白酒，被称为“酒圣杜康”。少康牢记祖上失国的惨痛教训，发愤图强，立志报仇雪耻。他召集夏朝遗民，联络夏朝旧臣，积蓄力量，终于消灭了寒浞的势力，结束了夏朝四十载无王的局面，恢复了夏朝基业，建都纶城。少康继位后，将都城迁至原都（今河南省济源市）。他发展生产，治理水患，巩固政权，执政二十一年，史称“少康中兴”。少康因病去世，其子姒杼（zhù）继承后位。

杼是一位明君，他即位后，重视武器制造，整顿武备。他亲自发明用兽皮制作的战甲和长矛，提高军队的战斗力，打败东夷（居住地为今山东省南部、安徽省北部、江苏省北部）及渤海、黄海、东海边上的多个部落，扩大了夏朝的疆域。为了巩固东方的势力，杼把都城从原都迁至老丘（今河南省开封市祥符区东约四十五里黄河大堤南岸的国都里村附近）。杼在位十七年，是夏朝最昌盛的时期，杼去世后，其子姒槐即位。

槐在位时，先后征服了居住在泗水、淮水之间的九夷，即畎（quǎn）夷、于夷、方夷、黄夷、白夷、赤夷、玄夷、风夷、阳夷等部落，扩展了夏朝的势力，使得“九夷来宾”同向夏后纳贡祝贺。从此，东夷族与华夏族开始和平共处，夏朝的社会经济得到发展，保持了夏朝的繁荣强盛。槐在位四十四年，去世后，其子姒芒即位。

芒即位后，开启了隆重的祭黄河仪式。之后，祭河仪式一直延续了数千年。芒在位十八年后去世，其子姒泄即位。这期间东夷族与华夏族已基本同化，泄于是开始向西方发展，并对顺从夏室的方国部落畎夷、白夷、赤夷、玄夷、风夷、阳夷等封土封号，给予爵位，这便是数世纪后诸侯制的起始。泄在位十六年因病去世，其子十九岁的姒不降即位。

不降在位时，西方九苑叛乱。不降多次率兵征讨九苑，平定叛乱，最终取得胜利。他对内努力发展经济，减免灾区岁贡，改善人民生活，对外与周边夷族方国保持友好往来。不降任用弟弟姒扃（jiōng）为相，总揽朝政。姒扃多年在朝中精心辅佐不降治国理政，深得器重。当时，夏朝社会局势稳定，百姓安居乐业，疆域版图达到最大。不降在位五十九年时，把王位禅让给其弟姒扃。

扃即位后，凭借自己丰富的执政经验，认真治理国家，在位十八年。扃去世后，其子姒廑（jǐn）即位。姒廑（又名胤甲）在位时，迁都于西河（今河南省安阳市汤阴县城东菜园镇西河村）。廑是一位守成之君，在位八年，继续保持了国势的强盛。廑病逝后，廑的堂兄，不降之子姒孔甲即位。

孔甲是一位胡作非为的残暴昏君，他在位期间改变了夏礼祭祀祖宗的传统，开始着重恭顺天帝。孔甲喜好信奉鬼神，肆意淫乱，整日沉湎于歌舞美酒。夏朝脱胎于氏族社会的部落联盟，夏后氏只是众多部落中力量最强大者，处于天下共王的地位。孔甲乱政，使得各部落首领相继叛离，夏朝国势自此开始衰落，逐渐走向崩裂。孔甲时期是奴隶制社会，奴隶主整天沉迷在饮酒、打猎和歌舞之中。众多的奴隶为奴隶主种地、放牧，从事各种繁重的体力劳动。奴隶主可以随意把奴隶关进监狱，重刑杀害，其中最为残忍的就是人祭和人殉。孔甲在位九年，因病去世后，其子姒皋即位。

皋在位时，内乱不止，国势渐衰。他迁都渑（miǎn）池（今河南省三门峡市渑池县）。皋在位十一年去世，其子发即位。

发即位时，夏朝面临着内忧外患，各方国部落与夏室的关系恶化。发施以仁政，爱护并重用贤臣良将，善于发现人才，重用人才，破格提拔养马老人关龙逄（páng）为相。关龙逄也不负信任，把朝政打理得井井有条，使夏朝国势一度好转。发在位十七年去世，其子履癸（夏桀）即位。

暴桀乱政

夏桀在位五十二年，外患不断，危机四伏，阶级矛盾日趋尖锐。他先迁都到斟鄩（今河南省洛阳市偃师区），后由于水患、地震，又迁都安邑（今山西省运城市夏县）。夏桀是历史上有名的暴君，也是夏朝末代君主。他虽然文武双全，却不思进取，骄奢淫逸，贪图享受，荒淫无度，不体民情，善武喜斗，为政暴虐。此时，夏室与各方国部落的关系完全破裂，各国诸侯已经不来朝贺。因此，夏桀对外接连用兵，讨伐不顺从的部落，得胜后挑选其美女带回宫中为妃。频繁的战争，使夏室元气大伤。而夏桀依然我行我素，不惜民力，大兴土木，修建琼宫、瑶台。他在政治上倒行逆施，近小人，远君子，刚愎自用，听信谗言。忠臣关龙逢因多次劝谏被夏桀所杀，正直的太史令终古极力进谏无果后投奔了商汤，而投桀所好的小人赵梁却得到信任和重用。赵梁教他如何享乐，如何勒索、残杀百姓，修建“夜宫”，纵情声色。夏桀发动大军攻打有施氏，有施氏兵败求和，献出牛羊、马匹、美女，其中有一个名叫妹喜的绝色美女。夏桀对妹喜十分宠爱，她喜欢听绸缎撕裂的声音，夏桀就命令各地每天进贡百匹丝绸，命宫女在她身旁日夜撕裂绸缎；妹喜爱听珠玉碰碎的声音，夏桀马上命令各地每天进献百对美玉，安排人轮流摔碎给妹喜听。为博美人欢心，他的所作所为荒诞无聊至极，罕有所闻。夏室由此怨声载道，众叛亲离，民不聊生，岌岌可危。

商汤亡夏

当时，黄河下游由汤掌管的商国（今河南省、山东省一带）日益兴起。商汤宽和仁厚，礼贤下士，仁义爱民，深得百姓拥护。有人向夏桀推荐了名士伊尹，伊尹以尧、舜的仁政劝说桀，希望他体谅百姓的疾苦，用心治理天下。桀不仅听不进去，还以天上的太阳自居，认为自己惠泽天下。老百姓听到后诅咒桀：“时日曷（hé）丧，予及汝偕亡。”意思是，“即使你是天上的太阳，我们也宁愿与你同归于尽。”这也是《书·汤誓》中的成语“时日曷丧”的由来。伊尹便离开桀，以有莘氏家里陪嫁奴隶的身份投奔了汤王。夏桀攻打岷山氏后，得到琬、琰二女，夏桀宠爱新人却忘了旧人妹喜。商国大臣伊尹与受到冷落的妹喜秘密来往，伊尹因此了解到夏桀的许多重要情报。商国先征服了邻近的葛国（今河南省商丘市宁陵县北），以绝后患，同时扩充实力。夏桀得知汤征伐诸侯扩大势力后，便派使臣召汤入朝，将汤囚禁于夏台（今河南省禹州市）。大臣伊尹和仲虺（huǐ）向夏桀进献珍宝、玩器和美女，贪财好色的夏桀才将汤释放回商。汤被囚之事，引起了各诸侯方国更大的恐慌，纷纷投奔商。汤回商以后，更加坚定了灭夏的决心。他先后击破了位于夏、商之间的豕韦（今河南省安阳市滑县东南）、顾国（今河南省濮阳市范县东南）、昆吾（今河南省许昌市）等夏朝属国，剪除了夏朝的羽翼。约公元前1600年，商汤举兵伐桀，一直攻到都城安邑（今山西省运城市夏县），在鸣条（今山西省运城市夏县之西）进行决战，史称“鸣条之战”。夏军大败，夏桀带了五百残部向南逃到南巢（今安徽省合肥市巢湖市），不久病死。历经四百七十余年的夏王朝，中国历史上第一个奴隶制王朝至此宣告覆灭，商王朝建立。

商朝　邦畿千里

商朝（约前1600—约前1046）是中国历史上的第二个奴隶制

朝代，是中国第一个有直接的同时期文字记载（后来考古出土的甲骨文）的王朝。约公元前1600年，商汤在“鸣条之战”中灭掉了夏朝，建立商朝。到约公元前1046年，周武王在“牧野之战”中灭掉商朝，建立西周王朝，商朝共传十七世三十王，历时约五百五十五年。商朝的疆域大大超过了夏朝，北到今辽宁省，南到今湖北省，西到今陕西省，东到海滨。但商朝的控制力比较薄弱，所能直接控制的主要是今河南省的北部和中部、河北省西南部等黄河中下游地区。商朝经历了三个大的阶段，商国建国与夏朝建立在时间上基本同期，被称为先商；商朝政权中心在郑州二里岗商城的时期被称为早商；政权中心在安阳殷墟的时期被称为晚商。先商时期在成汤的带领下，商国由邯郸、安阳等南下，扩大到开封市杞县一带，向西占领黄河以南的二里头文化重镇（今河南省郑州市），然后进军至二里头文化的核心区域伊洛盆地（今河南省洛阳市境内的多个盆地），获得了区域霸权。进入早商时期，商超在郑州二里岗兴建大型都邑，同时在二里头不远处兴建了西亳，占领了此前二里头族群建立起来的若干据点，如新郑望京楼、荥阳大师姑、夏县东下冯等，并建立起新的商城，如山西垣曲的垣曲商城、河南焦作的府城商城等。还南下至长江中游，建立了盘龙城古城。这期间，商朝经历了“九世之乱”，势力范围严重缩水，导致商王朝中衰。“盘庚迁殷”之后进入晚商时期，盘庚继续推行商汤的政令，缓解了王室内部矛盾，混乱的商王朝逐渐稳定下来，百姓得到安宁，社会经济发展，商朝国势再度振兴。之后经过“武丁中兴”，商朝再次征服方国，扩大领土，与土著居民融为一体，建立地方邦国，基本上恢复了二里岗时期的繁荣。最后，商纣无道，武王灭商，邦畿千里的商王朝被西周取代。

商朝处于奴隶制鼎盛时期，奴隶主贵族是统治阶级，奴隶是他们的财产。商朝已经形成国家组织，拥有了庞大的官僚统治机构，有官吏、刑法、牢狱和军队，同时有了强烈的宗教迷信。社会相对落后的生产力制约着生产关系，阶级斗争非常尖锐。但是商朝的私有制度近趋完成，农业发展空前发达，商业开始出现，奴隶主贵族的统治地位得到确认。

先商时期

商汤建商之前的历史，可追溯到夏朝时的商国。商国兴起于黄河中下游，主要在今冀南、豫北、豫东和鲁西一带，是夏朝的一个方国。商国的始祖名契，与禹同时代，因辅佐禹治水有功，被舜帝命为司徒，封于商邑（今河南省商丘市），赐姓子氏，商以地为名，以子为姓。《诗经》记载“天命玄鸟，降而生商”，讲的是契母简狄洗浴时，误吞玄鸟蛋而受孕生契，以示天命。从契到汤历经十四世，先后八次迁徙。其间，契的孙子相土驯服了马，发明了马车。契的六世孙王亥驯服了牛，用牛耕地，发明了牛车。先商时期开始发展以物换物的商业贸易，不断推进商国发展，使商国逐步强盛起来。到契第十四代孙汤时，商国已成为东方一个比较强大的方国。汤即天乙，姓子，甲骨文称大乙，历史上习惯称其为商汤、成汤。成汤是一位很有修养的商族首领，以德立威，厉兵秣马，养精蓄锐，于公元前 1600 年诛灭夏桀，亡夏建商。

早商时期

商汤以“商”为国号建立商朝，定都亳，统一了战争纷乱的中原，控制了黄河中下游地区。他广施仁政，对内减轻征敛，鼓励生产，深得民心。远居黄河上游的氐人、羌人部落都来商朝纳贡归服。商汤任人唯贤，不拘一格，他任用岳父有莘氏家陪嫁小奴伊尹和奴隶主出身的仲虺做左右宰相。二人全力辅佐商汤，督促群臣，竭尽臣子之道，内安民心，友好外交，使吏治清明，社会安定，经济繁荣，四方归顺，阶级矛盾较为缓和，政权得到了巩固。在位时，商朝的农业、手工业迅速发展，出现了黍、稷、稻、麦等粮食作物和桑、麻、瓜果等经济作物，酿酒业也达到相当的高度。商朝社会生产力得到迅速发展，经济发展加快，私有制度进一步形成，奴隶制度占主要地位，历史上把这一时期称作商汤革命。商汤建立商朝后在位十二年去世，庙号太祖，享年一百岁。由于长子太丁早逝，其次子外丙即位。

外丙即位三年后去世，商汤第三子中壬即位。四年后，中壬去世，太丁之子太甲即位。这期间，均由四朝元老伊尹辅政，继续奉行商汤之法，农业发展，社会稳定。然而，太甲在位满三年时被盛世冲昏头脑，开始不守商汤典则，寻欢作乐，耽于酒色，昏庸不明，暴虐百姓，疏于朝政。伊尹多次规劝无果，便将太甲放逐于桐宫（亳都东数十里），自己摄政当国，史称“伊尹放太甲”。太甲在桐宫三年，认真反省，悔过自责，表示愿意改过自新。于是，伊尹亲自到桐宫将太甲迎回亳都，还政于他。太甲重新登上王位后，痛改前非，效法成汤，政清人和。太甲在位十二年后去世，其子沃丁即位。

沃丁在位时，依然以伊尹为相，伊尹继续实行节用宽民的政策。伊尹去世后，咎单承接任宰相。咎单任宰相后，依然实行伊尹的宽民政策，发扬族制实行商汤之法，以德治国，国富民安。沃丁在位二十九年后去世，其弟太庚即位。太庚死后，其子小甲即位。小甲死后，其弟雍己即位。雍己在位时，荒废政事，昏庸无道，至此造成国力日衰，以至于诸侯国都不来朝贡。一代昏君雍己去世后，其弟太戊即位。

太戊在位时，勤政修德，治国扶民，各诸侯纷纷归顺，使商朝再度兴盛。他重视农业，鼓励农垦，非常重视制造业，青铜冶炼技术和青铜器制造工艺在这时得到高度发展。太戊在位时间较长，有七十五年之久。他去世后，其子仲丁即位。

仲丁即位后王室出现混乱，五代九王王位纷争，内乱不止，国都频繁迁移。仲丁将都城自亳（今河南省商丘市）迁至嚣（今河南省郑州市）；仲丁死后，其弟外壬即位，自此商王朝开“谁势力大谁即位”的先例；外壬死后，其弟河亶（dǎn）甲即位，将都城自嚣迁至相（今河南省安阳市内黄县）；河亶甲死后，其子祖乙即位，将都城自相迁至邢（今河北省邢台市），又自邢迁至耿（今山西省运城市河津市），因第二年就发生水灾耿城被淹毁，再迁都至庇（今山东省菏泽市郓城县北）；祖乙死后，其子祖辛即位；祖辛死后，其弟沃甲即位；沃甲死后，沃甲之侄祖丁（祖辛之子）即位；祖丁死后，沃甲之子南庚即位。南庚即位后，国运再度衰落，他将都城自庇迁至奄（今山东省济宁市曲阜市）。南庚死后，祖丁之子阳甲即位，国势更加衰落。王室如此混乱更替，五次迁都（迁耿仅一年，一般不予统计），朝廷居无定所，史称“九世之乱”。九世之乱持续了一百年，造成严重的社会问题，国力衰微，诸侯不朝，外患不断，矛盾交错，危机四伏。阳甲死后，到第十九位国君，商朝迎来了一位能够改变九世之乱的救星——阳甲的弟弟盘庚即位。

晚商时期（盘庚迁殷）

盘庚是一位很有作为的君主，他为挽救王室危机，力排众议，克服了许多贵族强烈反对的困难，将都城由奄迁到殷（今河南省安阳市），史称“盘庚迁殷”。盘庚迁都避免了奄地水害的严重影响，取得殷地居高临下控制诸侯的优势，改变了当时商朝混乱不堪的局面，结束了“九世之乱”所带来的严重影响。王室矛盾得到缓解，人民生活趋于安定，各地诸侯恢复朝拜。之后，八世十二王两百七十三年，再未迁都。因此，晚商也称殷，或合称殷商。[1]盘庚在位时期，继续实行商汤之法，整顿政治，发展经济，使商朝的国力逐渐恢复。他制定了一系列行之有效的政策，提倡节俭，改良风气，使商朝经济逐步回升。殷墟出土的甲骨文、金文、青铜器、兵器和玉器，证明了当时社会的进步，体现了商朝文字记载历史的开始。盘庚病逝，庙号世祖，盘庚之弟小辛即位。

小辛在位二十一年，他偏离了盘庚的治国之策，商朝国运再次衰落。小辛死后其弟小乙即位。小乙在位二十八年，曾发兵征伐东夷、鬼方等，制定了商朝祭祀制度。小乙去世后，其子武丁即位。

晚商时期（武丁盛世）

武丁是商朝的第二十三位国君，在位五十九年。他具有雄才大略和政治抱负，对内兢兢业业，励精图治，整顿吏治，改进税收，发展农业；对外征伐鬼方、土方、羌方、人方、虎方等方国，扩大领土。武丁知人善任，破格使用奴隶出身的傅说（yuè）为相。傅说尽心辅佐武丁，在理论和制度上采取集权措施，强化了王权，理顺了君臣秩序，改革了用人制度、祭祀制度等，把神权掌握在商王族手中。傅说通过商王族与氏族、方国联姻的方式，巩固商王族与诸侯的关系。武丁时期的文化遗存相当丰富，代表当时社会生产力发展水平的青铜业有了突破性进展，如铜、铅、锡三元合金出现，分铸技术已被广泛运用。1939年，河南安阳出土的后母戊鼎就是当时

[1]《尚书》《史记》等传世文献称商朝为“殷”，但《古本竹书纪年》等早期文献均称这个朝代为“商”，另有《今本竹书纪年》等文献称它为“殷商”。张衡在《西京赋》中说：“殷人屡迁，前八后五。”这是指商代在汤建立商王朝前有八次迁徙，汤建商王朝以后又有五次迁都。一说是因为水患，《通鉴前编》记载：“河亶甲立，是时嚣有河决之患，遂自嚣迁于相。”

世界青铜业领先水平的标志。商朝的政治、经济、军事、文化、纺织、医学、交通、天文等方面得到空前发展。天文上已有世界上最早关于日食、月食、新星的纪录和天文天象的记载。当时已经运用干支记时法，日历已有大小月之分，规定366天为一个周期，并用年终置闰来调整朔望月和回归年的长度。数学上有了初步的计算能力，明确了十进制，也有了奇数、偶数和倍数的概念。当时的商朝达到极盛时期，史称“武丁盛世”，又称“武丁中兴”。武丁的长子祖己因受后母诬陷，被武丁逐出京城含冤而死。三子祖甲是后母所生，后母欲建议立祖甲为储君。祖甲担心重演九世之乱的局面，不愿与兄长祖庚争夺王位，便离开帝都，隐居民间。公元前1192年，武丁去世，谥号高宗，亦称殷高宗。武丁死后，其次子祖庚即位。

祖庚能力一般，在位约七年，并无大的建树，没能将其父武丁开创的太平盛世延续下去。祖庚病逝后，其三弟祖甲从民间回到帝都即位。祖甲在位三十三年，曾征伐西戎，平定蚕丛氏部落叛乱。祖甲尚能照顾民众，稳定政局。祖甲死后，其子廪（lǐn）辛即位。廪辛在位期间，西戎、蚕丛氏再度叛乱，在今陕西省、甘肃省一带再次崛起的羌方屡犯商朝。廪辛出兵平定西戎，打败蚕丛氏部落，但未能真正攻灭羌方。廪辛死后，其弟庚丁即位。庚丁在位时，继续用兵羌方，擒杀羌方伯，占领羌部分土地，但也没能将羌方完全征服，埋下隐患。庚丁晚年信巫教，造成巫教势力增大，危及王权。庚丁去世后，其子武乙即位。

武乙是商朝第二十八任国君，他推动了神权政治向王权政治的转变。武乙生性残暴，贪于享受，被后人评价为残暴君王。他在位时，商朝国势已经逐渐衰落。东方的部族东夷逐渐强盛，分别迁移到淮河、泰山一带，西方的周部落（今陕西省、甘肃省一带）也逐渐强大起来。武乙用兵南征北伐，先征服了西部的旨方，使南方的诸侯国也相继归顺。武乙曾试图努力挽救国势，但是成效不大。公元前 1113 年，武乙去世，其子文丁即位。

文丁在位期间，为了解除西方周人的威胁，采取怀柔政策，封周侯季历（周太王幼子，周文王之父，周武王和周公旦之祖父）为牧师（相当于方伯的职位），统领西方诸侯，掌控军事征伐大权。季历率兵西灭程、征鬼方，北伐义渠，再征伐始呼戎、翳（yì）徒戎。季历因战功被加封为西伯侯，声威大震。季历因功高权重遭到文丁忌惮，文丁对季历先嘉其功而杀之，将季历软禁在殷都，季历绝食而死。文丁杀季历没能阻止周人的强大，却在周部族与商朝之间埋下了仇恨的种子，加深了周人与商朝的矛盾。季历之子姬昌继承西伯侯之位，称西伯昌，最终成为商朝的掘墓人。公元前 1102 年，文丁死后，其子帝乙即位。

帝乙即位时，商朝的国势已经趋于没落，东南方的夷人各部逐渐强盛，纷纷反叛，不断侵袭商朝统治地区，严重威胁商朝后方。商王文丁的庶子，帝乙之弟比干被任命为少师，辅佐帝乙。比干忠君爱国，为民请命，敢于直言劝谏，主张减轻赋税徭役，鼓励发展生产，提倡冶炼铸造。军事上，帝乙发兵讨伐东部的人方，出兵征伐江淮之间的岛夷和淮夷，讨伐盂方，派南仲率军向西抵御昆夷，修筑朔方城。外交上，帝乙把女儿嫁给了西伯侯姬昌，与周政治联姻。公元前 1076 年，帝乙病逝，其子帝辛即位。

晚商时期（商纣无道）

帝辛，商朝末代君主，世称商纣王，他是与夏桀并称“桀纣”的典型暴君。商纣王少年英勇，聪明过人，性情刚猛，刚愎自用，行动敏捷，力大无穷，甚至能徒手格击猛兽。商纣王即位之初，面对危机四伏的局势，他励精图治，御驾亲征，平定叛乱。其叔父、一代忠贤比干，继续辅佐商纣王治理朝政。纣王派兵向东征讨莱夷，自己带兵攻打南方九苗，将商朝的势力延伸到了东海和长江流域，国土扩大到今山东、安徽、江苏、浙江、福建沿海，区域远远超过夏朝，后人赞美商朝“邦畿千里”。商纣王为了庆祝平定东夷胜利，把都城扩大到沬（mèi）邑（今河南省鹤壁市淇县），取喜迎朝阳、高奏凯歌的意思，把都城改称朝歌。一方面，被胜利冲昏头脑的商纣王在沬邑大修离宫别馆，花费巨资修建摘星楼，一时朝歌规模空前，繁华鼎盛。另一方面，因连年征战，极大地消耗了国力，加重了人民的负担，进一步激化了国内矛盾。商朝国内兵力空虚，对西北的控制力下降。商纣王到了统治后期，骄奢淫逸，沉湎酒色，穷兵黩武，重刑厚敛，拒谏饰非，大兴土木。商纣王发兵攻打有苏氏部落温国（今河南省焦作市温县）取得胜利后，得美女妲己，对妲己宠爱有加，言听计从。商纣王与宠妃妲己昼夜纵欲，“以酒为池，悬肉为林”，男女赤身裸体，追逐戏闹，饮酒寻欢，通宵达旦，荒淫无度。更甚者，惨无人道地剖开孕妇的肚子，取出胎儿取乐，将犯人绑在用火烧红的柱子上烫，谓之炮烙之刑，终致民怨沸腾，众叛亲离，社会矛盾更加激化。当时，商纣王任用九侯、鄂侯及西伯昌为辅佐政事的三公。只因九侯所献一美女不善淫欲，遂将美女杀死，将九侯剁成肉酱。鄂侯为此极力强谏，也遭到脯刑，被制成肉干。西伯昌闻见此事，仅仅暗生叹息被告密，就被囚禁于羑（yǒu）里（今河南省安阳市汤阴县北四点五公里）长达七年之久，这就是历史上有名的“羑里之囚”。相传姬昌就是在此将伏羲八卦推演为六十四卦，写成著名的《周易》。因此，羑里也成为《周易》的发祥地。周国大臣通过屡次给商纣王进献美女、珠宝、良马等，西伯昌才被放回周国西岐（今陕西省宝鸡市岐山县）。

晚商时期（武王灭商）

西伯昌回到周国后，一边不露声色，俯首称臣，向商朝进贡，麻痹纣王；一边广施仁政，招贤纳士，广罗人才，勤修内政，发展生产，厉兵秣马，储备力量，养精蓄锐，深得百姓爱戴。他拜姜子牙（姜姓，吕氏，名尚，字子牙）为军师，制订军国大计。先后收复虞国（今河南省商丘市虞城县）、芮国（今山西省运城市芮城县），攻灭黎国（今山西省长治市）、邘（yú）国（今河南省沁阳市西北十五公里的西万镇邘部村）、崇国（今陕西省西安市鄠邑区）等，形成“天下三分，其二归周”的局面。西伯昌将都城由岐山周原（今陕西省宝鸡市扶风县与岐山县之间）东迁至渭水平原，移都丰京（今陕西省西安市长安区马王村一带），这些都为之后武王伐纣灭商奠定了坚实的基础。面对西伯昌势力的日益强大，比干、箕子、微子等王侯、大臣多次劝谏，商纣王自以为是，根本听不进去任何劝谏，他认为：“我生下来做国君，不就是奉受天命吗？”箕子感叹道：“主暴不谏非忠也，畏死不言非勇也，见过即谏不用即死，忠之至也。”无奈之下，箕子装疯，被罚为奴；微子感觉无望，外逃隐居。比干到摘星楼强谏三日不走，惹怒商纣王。商纣王说：“我听说圣人有七窍之心。”于是将比干剖胸挖心。比干无力扭转乾坤，用他的生命成全了忠义。比干夫人妫（guī）氏有孕三月，害怕祸及自身，逃出朝歌，于长林（今河南省卫辉市狮豹头乡龙卧村）石洞内生一男孩，名坚（另名泉，林姓始祖）。西伯昌驾崩时，享年九十七岁，谥号文王。西伯昌与太姒的嫡次子姬发即位，是为周武王。周文王是中国历史上的一代明君，他临终给武王的遗言《保训》（中国最早的家训），蕴含着中国传统文化的“中道”和“阴阳和谐”思想，他提出的“六征观人法”，是一套当时记载最完备、最系统、最成熟的鉴别人才的方法，周文王被推崇为“内圣外王”的典范。

周武王在位时，继承父志，继续任姜子牙为太师，任其弟周公旦为太宰，发展生产，操练军队，联合更多诸侯国，壮大力量。约公元前 1046 年，周武王举兵向商朝都城进军，一路过关斩将，顺利抵达商都郊外牧野（今河南省新乡市北部）。经过“牧野之战”，周武王击败商军，妲己被杀，商纣王在鹿台（商都朝歌宫苑建筑，位于今河南省鹤壁市淇县城西十五里太行山东麓）自焚而死。能文能武的一代枭雄商纣王，统一东夷，打败九苗，经营东南，扩大疆土，虽功绩赫赫，然多行不义，自绝于天，在悲剧中落下帷幕，历时五百五十多年的商朝灭亡，周王朝建立。

西周　礼乐盛世

西周（前 1046—前 771）是中华古典文明的全盛时期，农业和畜牧业、养殖业都比较发达。公元前 1046 年，周武王灭商建周，定都镐京（今陕西省西安市长安区沣河以东）。至公元前 771 年，周幽王亡国，共传十一代十二王，历时二百七十五年。西周经历了周成王的封邦建国，周康王的授田于民，实现“成康之治”的安定局面。到周懿王、周厉王时期，政治腐败，王权不振，国势由盛转衰。最后，周幽王烽火戏诸侯，因美人失天下，平王东迁，西周灭亡。虽然西周依旧是奴隶社会的鼎盛时期，存在大量的奴隶供奴隶主家内役使，但西周已经有了封建制度的萌芽，社会生产力比商朝有了很大提高，农业繁盛，文化进步。周王朝为了巩固统治地位，采取了“众建诸侯、裂土为民”的分封制，天子给诸侯土地和臣民，规定诸侯对王室贡税的数目。西周实行的宗法制[1]和井田制[2]，是当时最基本的社会政治制度和经济制度。周王朝强盛时，势力范围南过长江，东北至今辽宁，西至今甘肃，东到今山东。西周形成了礼乐之邦的根基，其物质文明和精神文明对中华民族影响深远。

西周的礼乐制度已经非常成熟，称为礼乐文明。西周礼主要见于"三礼"，即《周礼》《仪礼》《礼记》，是用于定亲疏、决嫌疑、别同异、明是非的典章制度和道德规范。作为典章制度，它是社会政治制度的体现，是维护上层建筑人与人交往中的礼节仪式。西周乐为五声八音，五声为音阶，八音为器乐之分类等。乐也源于祭祀，与礼相辅相成，密切配合。"乐由中出，礼由外作"，即礼由外在来规范人伦，乐则通过乐舞使制度深入人心。不同等级配以不同的乐舞，升华为一种待遇，与政治息息相关。因此有"是故治世之音安以乐，其政和；乱世之音怨以怒，其政乖；亡国之音哀以思，其民困。声音之道与政通矣"（《礼记・乐记》）之说。西周的礼乐制度其实就是等级制度，强调等级秩序，所谓"礼不下庶人，刑不上大夫"，反映了周礼具有的法律属性。西周礼乐制度达到了礼乐不分家的地步，所谓"礼之所及乐必从之"。西周礼乐制度用礼乐划分等级，目的在于维护其宗法制度和君权、族权、夫权、神权，具有维护贵族的世袭制、等级制和辅助政治教化与国家治理的作

[1] 宗法制度是由氏族社会父系家长制演变而来，是王族贵族按血缘关系分配国家权力，以便建立世袭统治的一种制度。其特点是宗族组织和国家组织合二为一，宗法等级和政治等级完全一致。此制度确立于夏朝，发展于商朝，完备于周朝，影响了后来的各封建王朝。按照周代的宗法制度，宗族中分为大宗和小宗。周王自称天子，成为天下的大宗。天子除嫡长子以外的其他儿子被封为诸侯。诸侯对天子而言是小宗，但在他的封国内却是大宗。诸侯的其他儿子被分封为卿大夫。卿大夫对诸侯而言是小宗，但在他的采邑内却是大宗，从卿大夫到士也是如此。

[2] 井田制是中国古代社会的土地国有制度，出现于商朝，到西周时已发展很成熟。到春秋时期，由于铁制农具的出现和牛耕的普及等诸多原因，井田制逐渐瓦解。西周时期，道路和渠道纵横交错，井田制把土地分隔成方块，形状像"井"字，井田属周王所有，周边为私田。井田分配给庶民使用，领主不得买卖和转让井田，要交一定的贡赋。

用。

西周建立

周朝之初，是中国古老的姬姓部落，最早是商王朝的属国，在西北部的泾水和渭水流域，即今陕西中部和甘肃东部。始祖名弃，是帝喾之子。弃爱好耕作务农，尧舜时被封为后稷（农官），封于邰（今陕西省咸阳市武功县及杨陵区一带），被尊为农神。弃死后，其子不窋（zhú）即位，移居戎狄部族。不窋死后，其子鞠即位。鞠死后，其子公刘即位。公刘时，将国都由邰迁到邠（bīn）（今陕西省咸阳市彬州市、旬邑县之间），在此落脚创建豳（bīn）国部落，以德治国，百姓安宁。公刘死后，其子庆节即位，把国都迁于豳（今陕西省咸阳市彬州市、旬邑县西南一带）。经过若干世，到古公亶（dǎn）父（后来被追尊为周太王）时，将国都迁到岐山之南的周原（今陕西省宝鸡市扶风县与岐山县之间）。周人在这里利用良好的自然条件，兴建城邑、设置官吏、建立军队、发展农业，成为商代晚期渭水中游的强大诸侯国。古公亶父死后，少子季历即位。季历死后，传长子姬昌（周文王）即位，称西伯昌，西伯昌迁都丰京（今陕西省西安市长安区马王村一带）。西伯昌因对商纣王处死九侯、鄂侯不满而被囚禁七年，他被释放后，开始养精蓄锐，东讨西征，基本完成了对殷商国都朝歌的战略包围。姬昌去世后，其子姬发（周武王）即位。姬发举兵伐商，经“牧野之战”，灭商建立周朝，定都于镐京（今陕西省西安市长安区沣河以东），史称“西周”。

周武王姬发（？—前1025）建立西周以后，为了牢固控制东方的大片领土，他采用“封建亲戚，以藩屏周”的政策，把他的同姓宗亲和功臣谋士分封各地，建立诸侯国，对周王室起到拱卫的作用。他先用以殷治殷的策略，把商纣之子武庚封于商都，借以控制商人。

把京畿之地分为邶（bèi）、鄘（yōng）、卫三国，封其弟管叔、蔡叔、霍叔为侯，监督武庚，称为“三监”。将周公封于鲁，姜尚封于齐，召公封于燕。周武王励精图治，推行封建制、宗法制和井田制，成为中国封建帝制的滥觞。因过度劳累，胸怀大志的一代明君周武王姬发，在灭商后不到三年便不幸病逝，谥号武王。其子姬诵即位，是为周成王。

成康之治

周成王姬诵（？—前 1005）年幼即位，周武王生前安排由周公旦（周文王四子、周成王的叔叔，姬姓名旦，被称周公）摄政当国。周公亲践天子之位，引起周武王的三个弟弟管叔、蔡叔和霍叔的不满。“三监”联合纣王之子武庚及东方的徐、奄、薄姑等国发动叛乱，史称“三监之乱”。周公奉周成王命令，“内弭父兄，外抚诸侯”，亲自率大军东征，历时三年，一年救乱，二年克殷，三年践奄，诛杀了武庚、管叔，流放蔡叔，废霍叔为庶民，灭了奄国，终于平定了叛乱，巩固了周王朝的统治。周公摄政七年，提出了各方面根本性的典章制度，完善了宗法制、分封制、嫡长子继承制和井田制，对殷商的贵族采取思想、经济、政治各方面的安抚政策。按照周武王遗愿营建东都成周洛邑（今河南省洛阳市），作为控制东方地区的中心。成周建成后，周公认为周成王已经长大，便还政于周成王，周成王回镐京（今陕西省西安市长安区沣河以东）即君位，开始亲政。周公则退回大臣行列，留在成周治理东都。

在周公的建议安排下，周王朝实行封邦建国的方针，西周先后分封七十一国，其中与周王同姓的姬姓就有四十国，把周武王十五个兄弟和十六个功臣分封到封国为诸侯，以作为捍卫王室的屏藩。西周通过分封，确立了天子、诸侯、卿大夫、士之间严格的等级臣属关系，形成了“封建亲戚，以藩屏周”的统治格局。周天子居于至高无上的支配地位，其王位由嫡长子世袭继承，其他庶子则作为小宗被分封为各地诸侯；诸侯在各自封国内又是同姓宗族的大宗，其王位也是由嫡长子世袭继承，其余庶子作为小宗分封为卿大夫；卿大夫在各自封地里又是同姓宗族的大宗，其封爵仍由其嫡长子世袭继承，其余庶子作为小宗分封为士。周成王在周公的辅佐和影响下，制礼作乐，开展制度建设，创建了“授民授疆土”的新统治方法，政治清明，人民安居乐业，周成王为西周初期政权巩固做出了杰出贡献。公元前 1005 年，周成王姬诵病逝，谥号成王。其太子姬钊即位，是为周康王。

周康王姬钊（？—前 967），深得成王教诲，继承周文王、周武王的事业，在召（shào）公奭（shì）（周文王之子，召曾是他的封邑）、毕公高的辅佐下，继续推行周成王治国安邦的理念，实行赈济贫困民众、授田于民、明德慎罚的政策，发展农业，政通人和，政局稳定，四方外族来朝。西周朝的社会经济得到很大发展，朝廷国库丰裕，百姓安居乐业，社会安定团结，一派升平盛世，几乎达到路不拾遗、夜不闭户的境地。对外平定东夷叛乱，北征略地，西伐鬼方。然而，康王晚期喜好征伐，与鬼方（今陕西省西北部、山西省北部和内蒙古自治区西部）、南方的淮夷和荆楚大规模作战，虽取得胜利，但国民经济也一度陷入困境。公元前 967 年，姬钊病逝，谥号康王。其子姬瑕即位，是为周昭王。周成王在位的二十二年和周康王在位的二十五年，周朝天下安定，人民安宁，国力强盛，经济繁荣，文化昌盛，四十多年没有使用刑罚，史称“成康之治”。

周昭王姬瑕（？—前 948）即位后，缺少贤臣劝谏、辅佐，生活奢侈豪华，酷爱奇花异草、飞禽走兽。不少佞臣投其所好，以博取赏赐和晋升。周昭王欲继承成康事业，也想有所作为，连续御驾亲征，征战四方，扩大周的疆域。周昭王亲率大军第一次南征，经由唐（今湖北省随州市西北）、厉（今湖北省随州市北）、曾（今湖北省随州市）、夔（今湖北省宜昌市秭归县东），攻打虎方、荆楚、扬粤等地，一路浩浩荡荡，所向无敌，直至江汉地区，占领江南铜矿，获取了大量的铜材、珠宝。大军班师后，扬粤的鄂部落和虎方反扑打败镇守铜绿山（今湖北省黄石市大冶市城西南三公里）的周军，夺回铜绿山铜矿。周昭王立刻组织第二次南征，任命南宫为元帅，消灭了江北的虎方，渡江打败鄂部落，再次占领铜绿山。公元前 948 年，周昭王第三次南征，大获全胜，并获得两件稀世之宝，一件是一块重达上百斤的自然铜块，另一件是一块重七八十斤的孔雀石。在得胜班师途中，经过汉水之滨的金湖浮桥时，周昭王和蔡公的座车因载有爱不释手的两件稀世之宝而超重，乐极生悲，浮桥突然垮塌，周昭王和蔡公溺水而亡。姬瑕生年不详，谥号昭王。其子姬满即位，是为周穆王。从此，周天子再没有亲征到江南，周王朝失去了对铜绿山铜基地的控制，失去了源源不断的铜材，影响了青铜文化的发展。这也是周王朝由盛到衰的转折点，国力从此日衰。

周穆王姬满（？—前 928）在位二十年。周穆王即位初期，励精图治，致力整顿统治阶层内部，命令大臣伯檠（jiǒng）向朝廷官员重申执政规范，并发布《檠命》。任用吕侯为司寇，命作《吕刑》，昭告四方，以正天下。他实行依法治国的措施，使得天下再度安宁。周穆王继续保持向外扩张的态势，四方征伐。因西夷游牧民族戎狄停止向周朝进贡，周穆王曾两征犬戎，俘获其五王，并把部分戎人迁到今甘肃镇原一带。平定西方后，周穆王继续西伐，进军至昆仑之丘，到达西域。此时，东南的徐国趁机作乱，周穆王西征之后，转战东南，东攻徐戎，平定徐乱。然后继续东进，抵达九江，而后南征。南征取得胜利后，使东南许多方国和部落归顺周的统治，王朝疆土不断扩大。周穆王在涂山（今安徽省蚌埠市怀远县东南）会合诸侯，巩固了周在东南的统治。公元前928年，周穆王姬满去世，谥号穆王。其子姬繄扈（yī hù）即位，是为周共王。

由盛转衰

周共王姬繄扈（？—前908）即位时，因父亲周穆王近攻远伐，耗资巨大，国家财政十分空虚，经济上陷入困境。但为了安抚和赏罚部下，周共王不得不将都城附近的土地陆续分封给诸侯和大夫，自己能够直接支配的地域越来越小，收入越来越少，周王朝的国势已经非常衰落。为了扭转困局，周共王调整治国策略，在各个方面采取了一系列措施。军事上，裁减军队，明法息民，让百姓安于生产，创造财富。外交上，采取和平稳定的外交政策，尽量避免武装冲突，主要采用和平谈判的方法解决争端。政治上，他废除原来的“土地国有，分封臣下”的旧制度，实行土地私有制，允许土地自由买卖，周王朝按规定向土地所有者收缴税金。这是西周王朝首次把土地私有合法化，国家允许私田存在，私田拥有者必须如实申报，否则便视为非法私田，一经查出一律充公。这样就解决了贵族私自开垦耕地不交税的问题，增加了国库的收入。一次，姬姓小国密国（今甘肃省平凉市灵台县一带）国君密康公陪同周共王出游，到泾水边上，有三个美丽无比的女子来投奔密康公。密康公的母亲隗氏觉得平凡的小人物拥有奇珍美物时，会带来灾难，劝告密康公将三名美女献给周共王。密康公不从，没舍得献出三个美女。第二年，周共王派兵灭了密国，密康公被杀。密康公不听母亲所言，为了三个女人，贪恋美色，因小失大，惹祸上身，国破人亡。公元前908年，周共王繄扈去世，生年不详，谥号共王。其子姬囏（jiān）即位，是为周懿王。

周懿王姬囏（？—前 898）生性懦弱，治国无能。他即位后不思进取，采取退避的消极态度，政治日趋腐败，王权不振，国势不断衰落。官僚们不顾先王制定的律令乱行暴虐，骄横淫奢。周懿王任命益公牧统辖百事僚（天尹之职），整顿朝纲，虽采取了一些措施，但终未能扭转颓势。当时，西戎屡次进攻西周，数次抵达京畿所在，周室却无力抵抗。懿王命虢公率领周师北伐犬戎，结果大败而归。次年冬天，西周又遭遇暴雨和冰雹等特大自然灾害，寒流猛增，百姓冻死。十分迷信的周懿王，简单以迁都作为挽救国运的手段，将国都从镐京迁往新都犬丘（今陕西省咸阳市兴平市东南）。迁都未能改变国运，却加剧了统治集团内部的矛盾。公元前 898 年，周懿王姬囏在无限忧郁和恐惧中去世，谥号懿王。其叔父、周穆王姬满之子姬辟方即位，是为周孝王。

周孝王姬辟方（？—前 888）是西周第八位君主。周懿王死后，理应由太子姬燮即位，但是姬燮懦弱无能，王室内部矛盾尖锐，姬辟方乘机夺取王位。在整个周王朝统治者严格按照嫡长子继承制确定继承人的历史上，周孝王是唯一违反周朝宗法制登上王位的君主。周孝王即位后，励精图治，用刑法严肃宫纪，开辟专门牧场，保证周王朝马匹供应。古代马匹是非常重要的军事资源，充足的马匹供应，提高了周朝的军力。周孝王不忘犬戎入侵之辱，命令申侯率军出兵西戎，有力打击了西戎对于周王朝的威胁，迫使西戎贡马求和，一定程度上恢复了西周王朝的国力。公元前 888 年，周孝王姬辟方未能完成周室中兴的大业，事业未成，壮志未酬，满怀遗憾，因病去世，终年七十五岁，谥号孝王。周懿王之子，周孝王侄孙，原太子姬燮即位，是为周夷王。

周夷王姬燮（？—前 858）是西周第九位君主，即位时身处困局，并无建树。当时，周王室处于衰落阶段，多数诸侯不来朝贡，而且诸侯之间互相攻伐。公元前 883 年，纪国国君纪炀侯向周夷王进谗言，陷害齐国国君齐哀公，周夷王将齐哀公烹杀，并改立齐哀公之弟吕静为君，是为齐胡公。周夷王干预齐国内政，引起诸侯国的不满。公元前 879 年，太原之犬戎（今山西省运城市）叛乱，时常侵扰周朝，周夷王派虢国国君率领六军之师出兵讨伐，攻至俞泉，获得一千匹马。当时许多异姓诸侯国，乘国家衰落之际，起兵叛逆。更有甚者，如楚国国君熊渠无视周朝，仿效周天子，将其三子分封为王。国家社稷危在旦夕，周夷王又身患重病，不能治理国事。公元前 858 年，周夷王姬燮病逝，时年约六十岁，谥号夷王。其子姬胡即位，是为周厉王。

周厉王姬胡（？—前 842）是西周第十位君主。周厉王在位时，面对积重难返的困难局面，在政治、经济、军事、法律等方面进行了系列改革，并将都城从犬丘（今陕西省咸阳市兴平市东南）迁都回镐京（今陕西省西安市长安区沣河以东）。改革引起了贵族不满和国人反对，最后以失败告终。但他重视农业，并采取有力措施使农业有所发展。在西周国力日渐衰弱的同时，四周方国部落交相发动对周朝的进攻和侵扰。噩国（今河南省南阳市东北一带）联络淮夷和东夷部落乘机反叛，来势凶猛，出兵进攻周朝东部疆域和南部国土，一直打到成周（今河南省洛阳市）附近，危及京畿安危。周厉王派重兵出击，取得攻噩之战的胜利，保卫了成周的安全。紧接着淮夷（今安徽省北部淮河流域）也向周朝发兵，打到伊水、洛河之间，深入周朝的中心地带。周厉王亲临成周指挥反击战，平定了淮夷，增强了军力和国威。连年战乱给人民带来深重的疾苦，再加上周厉王横征暴敛，虐待百姓，他任用荣夷公做卿士，掌管国事，他们一意孤行违背周人共同享有山林川泽以利民生的典章制度，实行“专利”。天子直接垄断财富和资源，不准国人进山林川泽谋生，导致民怨四起，骂声连天。于是，周厉王大怒，实行更为恐怖的特务政治，堵塞言路，防民之口，禁止国人谈论国家政事。他任用巫师监视百姓，违者全部杀戮。从此，百姓不敢说话，人人自危，民不聊生，国内矛盾日趋尖锐。公元前841年，都城镐京（今陕西省西安市长安区）四郊的国人发生暴动，大祸临头的厉王外逃到彘地（今山西省霍州市东北）。太子姬静躲藏在召穆公（姬姓召氏，名虎，周文王之子召公奭的后裔）家里，召穆公用自己的儿子顶替姬静被杀，使太子幸免于难。暴动平息后，贵族们推荐召穆公、周定公（周文王之子周公旦的后裔）二位相国共理朝政，史称“共和行政”。[1]公元前841年也被称为“共和元年”，是中国历史确切纪年的开始，《史记》一书于共和元年开始记年记事。此前的历史，因没有确切的文字记载年份，只能靠考古文物进行推断，非常模糊。可以说共和行政开创了中国历史准确纪年，此后中国的历史脉络清晰，直到今天，千百年来不曾间断记载，对中国历史起到了里程碑的作用。由于民愤难消，各方压力不准周厉王还朝。周厉王姬胡无可奈何，在彘地凄凉地生活了十四年。公元前828年，他在悲苦郁闷中因病去世，终年七十七岁，谥号厉王。共和行政维持了十四年，公元前827年，召穆公、周定公还政于太子姬静，是为周宣王。

周宣王姬静（？—前782）是西周第十一位君主，在位四十六年。周宣王即位后，汲取教训，整顿朝政，发动对戎狄、荆楚、淮夷的防御战争取得一连串的胜利，使已经衰落的周朝一时复兴，呈现“四方既平，王国庶定”的

[1]“共和行政”又称“周召（shào）共和”，国人暴动攻入王宫，周厉王逃跑，政权由大臣周定公和召穆公共同执掌，称为“共和”。司马迁《史记·卷四·周本纪第四》记载：“召公、周公二相行政，号曰‘共和’。”从共和行政开始，中国的历史有了确切的纪年，从此一直到今天，千百年来不曾间断，是中国历史得以保证延续性的重要开端。按《史记》卷十四《十二诸侯年表第二》，共和元年，岁次庚申，即公元前841年。

局面，史称“宣王中兴”。周宣王的王后姜后是齐国国君的女儿，宣王经常早睡晚起，疏于朝政，于是姜后摘掉耳环簪子，来到关押宫中女性罪犯的监狱永巷请罪。她转告周宣王说是自己让君王起了淫逸之心而不顾朝政，宣王听后大为感动，从此勤于政事，这就是著名的“姜后脱簪”的典故。周宣王连年征战消耗国力，加剧了西周王朝的社会危机，加上周宣王晚年独断专行，不进忠言，滥杀大臣，宣王中兴遂成昙花一现。公元前786年，宣王的宠妃女鸠，看上了英俊的大夫杜伯，勾引不成，恼羞成怒，在周宣王面前诬告杜伯，周宣王听信谗言将杜伯杀害。周宣王晚年，因干涉鲁国的君位继承，用武力强立鲁孝公，引起诸侯不满。西周多次对周边部族用兵，攻打太原之戎（今山西省运城市）、征讨条戎和奔戎（今山西省运城市夏县西南）、征讨申戎（即西申国，今陕西省榆林市米脂县北）、大战姜戎（今山西省晋中市介休市南），除征讨申戎获胜，其余均以失败告终，几乎全军覆没。连续对外战争的失败，使得社会矛盾进一步加剧，周王朝重新步入衰退。公元前782年，周宣王姬静去世，生年不详，谥号宣王。其太子姬宫湦（shēng）即位，是为周幽王。

走向灭亡

周幽王姬宫湦（？—前771）是西周第十二代君王，也是西周末代君王。周幽王性情暴躁，喜怒无常，沉湎酒色，不理国事。他在位期间，各种社会矛盾急剧尖锐，政局混乱不稳，朝廷贪婪腐败，百姓民不聊生。周幽王重用奸臣虢石父为卿士，主持朝政。虢石父为人奸佞乖张，善于奉承，贪图财利，一心为满足周幽王的无限欲望，加重对百姓的剥削，激起国人怨恨。公元前780年，西周镐京和附近的泾、渭、洛三条河川连续发生大地震，河川枯竭，岐山崩塌。当时，西周出兵伐六济之戎（即条戎、奔戎、太原之戎的统称，分布在今山西省晋南汾河与中条山之间）也遭到失败。天灾人祸，使得周朝统治内外交困。大夫赵叔带直言进谏："山崩地震，是国家不祥的预兆。希望大王不要四处寻找美色，能够抚恤平民，广开言路，求贤才辅政，保江山社稷转危为安。"虢石父遂进谗言说赵叔带慢君诽谤，周幽王罢免了赵叔带，将其逐归田野。褒国（今陕西省汉中市以北）君主右谏议大夫褒珦（bāo xiàng）因直谏为赵叔带说情，被周幽王关进监狱。后冯梦龙有诗评价："忠臣避乱先归北，世运凌夷渐欲东。自古老臣当爱惜，仁贤一去国虚空。"褒珦之子褒洪德为了救父，花费百金在褒国买下年方十四、有闭月羞花之容、倾国倾城之貌的美女褒姒，献给周幽王，周幽王将褒珦释放。周幽王得到褒姒后，对她非常宠爱，并立褒姒为妃。从此，日日形影不离，夜夜饮酒欢歌，连续不上早朝。公元前 779 年，褒姒为周幽王生下儿子姬伯服，周幽王对褒姒母子更加宠爱。褒姒虽得恩宠，却整日闷闷不乐，没有欢笑。虢石父献计，用"烽火戏诸侯"的玩笑，博得褒姒一笑。周幽王看到爱妃一笑，百媚俱生，遂赏虢石父千金，这便是"千金一笑"的典故。周幽王玩火自焚，各国诸侯被戏弄，再点烽火便不再派兵救援。公元前 774 年，周幽王废除正后申后（申侯之女）及太子宜臼，改立姒褒为后，立褒姒生的儿子伯服为太子，申后及废太子宜臼被迫出逃至申国（今陕西省宝鸡市眉县东北）。周幽王废嫡立庶，引起朝中大臣普遍不满，致使申后父亲申侯大为愤怒。公元前 771 年，申侯联合缯（zēng）国、犬戎进攻都城镐京，将都城围得水泄不通。周幽王命人速点烽火，各诸侯却按兵不动。于是，镐京失陷，周幽王、姬伯服被杀于骊山之下，褒姒被犬戎掳走，从此下落不明。周幽王为一个美人，丢掉江山社稷，害得统治了二百七十五年的西周王朝灭亡。姬宫涅死后，谥号幽王。

秦襄公、卫武公、晋文侯、郑武公等诸侯率兵营救周室，共同拥立原太子姬宜臼即位，是为周平王。

周平王即位后，公元前770年，迁都洛邑（今河南省洛阳市），历史进入东周时期。幽王死后，申侯、缯侯、鲁侯、许文公等共立原太子宜臼为周天子（周平王）。同时，以虢国为首的姬姓诸侯国又立周幽王之弟余臣为周王（周携王），以望都（今河北省保定市望都县）为都城，设立百官，建造宫殿，修筑城墙，发行货币，发布文书，诏告天下。周二王并立，相持若干年。公元前760年，余臣被晋文侯所杀，结束了二王并立的局面，周王室由周平王姬宜臼一统，但是已经没有了号召天下的实权。

知识典故

1. 盘古开天辟地

宇宙是怎样产生的？人类的起源是怎样的？自古以来，人们对这些问题就充满好奇。世界各民族都流传着许多美丽的神话传说。《圣经》里有亚当和夏娃的故事，中国流传着盘古开天辟地的神话。传说，在天和地还没有分开时，宇宙是混沌的一团气，在混沌的中心孕育着人类的始祖盘古氏，他沉睡了一万八千年。突然有一天，盘古醒了，他感到空间非常压抑，用一把巨斧奋力将混沌劈开，轻而清的部分，缓缓上升，变成了天空；重而浊的部分，慢慢下降，变成了大地。盘古在天地间每天长一丈，长成顶天立地的巨人。盘古的喜怒哀乐影响着天象，他高兴时天就晴朗，他生气时天就阴沉，他哭泣就下雨雪，他叹气就生风云，他眨眼就有闪电，他打鼾就出雷声。盘古活了一万八千岁，他死后，头东脚西平躺在大地上，他的头变成了东岳泰山，双脚变成了西岳华山，肚子变成了中岳嵩山，左臂变成了南岳衡山，右臂变成了北岳恒山，左眼变成了太阳，右眼变成了月亮，血液变成了江河，肌肉变成了田地，头发变成了星辰，皮毛变成了草木，牙齿骨骼变成了金石，精髓变成了玉珠，汗水变成了雨露。盘古开天辟地虽说是神话，只是古人对天地起源的一种大胆想象，是对人类始祖的神化，却体现了劳动人民自己创造了人类社会，体现了人定胜天的道理，体现出中华民族向往光明，为造福人类社会无私奉献的伟大精神。

2. 三皇五帝

三皇五帝是历史神话人物“三皇”与“五帝”的合称。原始意义上的三皇是指远古三皇（天皇氏、地皇氏、人皇氏），原始意义上的五帝是指远古五方上帝（东方青帝灵威仰、南方赤帝赤熛怒、中央黄帝含枢纽、西方白帝白招拒、北方黑帝汁先纪）。三皇五帝具体指的是谁，有许多版本，众说不一。一般情况下大家说三皇是秦国吕不韦组织编撰《吕氏春秋》中所记载的三皇，为伏羲、神农和女娲。五帝是指黄帝、颛顼、帝喾、尧、舜。在中国华夏文明的古史传说中，三皇五帝广为流传，虽说是神话故事，但都属于悠久的华夏文明。从历史的角度看，三皇五帝应该指当时的很多风云代表人物。女娲是创世纪的人物，同伏羲一起创造人类和世间万物，神农代表的是野蛮时代。到了五帝之说，指的是部落联盟鼎盛时期的重要代表人物。

3. 羲皇上人

羲皇是传说中的古帝王伏羲氏，“三皇”之一。羲皇上人指伏羲氏以前，即太古时代的人，比喻无忧无虑、生活闲适的人。相传上古时代，华胥国的君主叫诸英。有一天，二十四岁的诸英去雷泽郊游，玩途中发现了一个巨大的脚印，便好奇地踩上去，突然平地飞起一道青虹，诸英于是便有了身孕。她怀孕十二年后，生下一个人首蛇身的孩子，取名为伏羲。因为在古代，人们把十二年作为一纪，所以，当地的人为了纪念伏羲的诞生，便将地名改为成纪（今甘肃省天水市），天水也就历来被称为“羲皇故里”。伏羲有神圣之德，胸多神智，他团结统一了华夏各个部落，定都陈地（今河南省周口市淮阳区），封禅泰山。伏羲取蟒蛇的身，鳄鱼的头，雄鹿的角，猛虎的眼，红鲤的鳞，巨蜥的腿，苍鹰的爪，白鲨的尾，长须鲸的须，创立了中华民族龙的图腾，龙的传人由此而来。伏羲仰观天上的云彩、下雨下雪、电闪雷鸣，看地上会刮大风、起大雾，又观察飞鸟走兽，根据天地间阴阳变化之理，创造了八卦。即以八种简单却寓意深刻的符号来概括天地之间的万事万物。他模仿自然界中的蜘蛛结网而制成网，用于捕鱼打猎。他还创造了文字替代在绳子上打结的记事方法。伏羲八卦中所蕴含的“天人和谐”的整体性、直观性的思维方式和辩证法思想，是中华文化的源头。

4. 女娲造人补天

女娲是伏羲的妹妹，上古女王，“三皇”之一。相传，诸英生下伏羲三个月之后，又生下一个人身蛇尾、环身如娲的女孩，取名女娲。女娲在天地间到处游历，感到孤独寂寞，就对着水塘，看着自己的样子用黄泥捏出许多泥人。她向泥人吹气，泥人立刻变活，注入阳气的变成男人，注入阴气的变成女人。这些被女娲造出来的人们共同劳动，无忧无虑地生活。女娲发明了婚姻，并建议伏羲下令，男女婚配，并规定同姓不能结婚，伏羲称女娲为“神媒”。人类慢慢地繁衍子孙后代，天地间布满生机。伏羲升天后，女娲被推为共主。水神共工氏不服女娲为共主，兴兵作乱，社会开始动荡。女娲派火神祝融氏讨伐水神共工氏，在不周山大战。兵败西逃的共工氏怒撞不周山，把支撑天地的大柱撞断，天崩地裂，山林起火，洪水泛滥，龙蛇猛兽出现，人类面临空前的灾难。女娲选用各种各样的五彩石融化成浆液用来补天，用神龟的四脚当作四根柱子撑起倾倒的半边天，杀黑龙，堵洪流。于是，人类摆脱了灾难，大地上又出现了一片祥和、欢乐的局面。中国四大名著之一《红楼梦》以一块石头引出全文，曹雪芹称，那块石头就是当年女娲炼石补天所剩。正所谓："无材可去补苍天，枉入红尘若许年。此系身前身后事，倩谁记去作奇传？"

5. 神农尝百草

炎帝神农氏，上古帝王，"三皇"之一。因生于姜水之滨，故姓姜，因发明农耕，故称神农。相传，他的母亲女登去华阳游玩，被神龙缠身而有孕，生下炎帝。传说他牛头人身，头上有角。由于他的特殊外形和勤劳勇敢，长大后被人们推为部落首领，是传说中的农业和医药的创始者。他发明了耕种，教会人们种植五谷进行农业生产。他尝遍百草，教会人们用草药治病，被世人尊称为"药王""五谷王""五谷先帝""神农大帝"等。神农氏教会人民种五谷后，不仅靠天收获，还教人民打井汲水，对农作物进行灌溉。后人为了纪念神农氏尝百草、种五谷的伟大功绩，在高台上为他修建庙宇。传说神农氏生于农历正月初五，所以每年的正月初五到正月二十便形成了祭祀习俗，祈求五谷丰登。

6. 华夏始祖

轩辕黄帝，上古帝王，"五帝"之首。据说他是有熊国君少典与附宝之子，本姓公孙，后改姬姓，居轩辕之丘（今河南省郑州市新郑市)，号轩辕氏。传说，黄帝一出生，就显得异常神灵，智慧过人，二十岁时便继承了有熊国君的王位。黄帝继承了神农以来的农耕经验，发展生产，使部落迅速发展壮大。黄帝居中原；炎帝居西方；蚩尤是九黎君主，居东方。传说九黎族首领蚩尤有八十一个兄弟，全是猛兽的身体，铜头铁额。而黄帝驯养了六种野兽，实际上是以野兽命名的六个氏族。当时形成炎帝、黄帝、蚩尤三足鼎立的局面。炎帝与蚩尤争夺黄河下游地区失败后，与黄帝族发生冲突，经过多次激战，炎帝族失败后加入黄帝部落。最终炎黄部族与九黎部落在阪泉（今山西省运城市盐湖区解州镇附近）激烈交战，不分胜负。蚩尤请来风伯雨师，黄帝请来旱神丑女魃（bá）助阵。最后，黄帝活捉蚩尤，将其尸首分解化为枫林，红色的枫叶是蚩尤的血迹，这个地方称作“解州”。黄帝成为远古时代华夏民族的共主，建都涿鹿（今河北省张家口市涿鹿县)。他制定国家职官制度，兴修水利，发展农业生产，使得国势强盛，政治安定，文化进步。当时，有许多发明和制作，如文字、音乐、历数、宫室、舟车、衣裳、指南车，作《黄帝内经》等。黄帝开启了中华文明的辉煌历史，被尊奉为“华夏始祖”。

7. 夸父追日

夸父追日是中国上古时代的神话传说故事，出自于《山海经 · 海外北经》。相传在黄帝时代，峨嵋山上夸父族首领叫夸父，身材非常高大，双腿很长，一步可以跨过一条大河。夸父看见太阳每天从东边升起来，又从西方落下去，他想:“如果总是白天就好了，我要想办法把太阳抓住，让它永远照亮大地。”他拿起一根手杖，迈开两条长腿去追赶光明的太阳。他靠顽强的毅力，一直跑到太阳下山的地方，想伸手一把抓住太阳。太阳是个无比炽热的大火球，他被烤得浑身冒汗，几乎快要渴死。于是，他跑到黄河边，一口气喝干了黄河的水，又跑到渭河边，喝枯了渭河的水，依然口渴难忍。他又迈开双腿跑向北方的大泽（或大湖）[1]，在奔向大湖途中渴死。他的手杖化作桃林，成为桃花园，而他的身躯化作了夸父山。另有解释说，夸父为了弄清太阳在一年四季对农作物的影响，能够让人们合理利用阳光及熟悉大自然的规律，夸父拿一根桃木棍儿从东至西测量日影定四季，再从黄河和渭河的涨水痕迹上标出最高洪水的水位，以此对农作物提供耕种参考。这样说起来，夸父应是中国农业科学家的鼻祖。他从东至西，最后到达灵宝（今河南省三门峡市灵宝市西部），寿终于此。后来，人们用夸父追日来比喻征服自然的坚强决心，也比喻自不量力。

8. 精卫填海

中国上古神话传说之一。相传精卫本是炎帝的小女儿，名叫女娃。一日女娃到东海游玩，溺亡水中。死后其精灵化作有着花脑袋、白嘴壳、红色爪子的一种神鸟，每天从山上衔来石头和草木，投入东海，欲填平大海，然后发出“精卫、精卫”的悲鸣，好像在呼唤着自己。精卫填海的神话，表现了人类对生存的恐慌和征服自然的渴望，以及人类永恒独有的百折不回的毅力和精神气质。

9. 后羿射日

历史上有一个大羿，还有一个后羿，大羿是帝尧时期的人物，是射日英雄，后羿是夏朝太康时期的人物。后羿射日应该指的是大羿。传说天神帝俊和妻子羲和生了十个

[1]《山海经 · 海外北经》记载：“夸父与日逐走，入日；渴，欲得饮，饮于河、渭；河、渭不足，北饮大泽。未至，道渴而死。弃其杖，化为邓林。”其中“北饮大泽”的“北”是方位名词用作状语，向北方，向北面。“大泽”指大湖。传说纵横千里，在雁门山北。

太阳。十兄弟住在东方海上的扶桑树上，每天轮流出来执勤，赐予大地光明和温暖。有一天，兄弟们贪玩，一起出现在天空中。大地顿时被晒成一片焦土，人们困苦不堪，酷热难耐。神箭手后羿登上昆仑山顶，运足神力，拉开神弓，一口气射下九个太阳（也称三足乌），剩下一个太阳每天清晨从东海升起，晚上从西山落下，照耀着大地，温暖着人间，使万物生存，人们安居。大羿和他的妻子死后，葬在天台山（今山东省日照市东港区涛雒镇日照汤谷太阳文化源旅游风景区）上，当地人称之为大羿陵。射日的传说，最早出自古本《山海经》:“尧时十日并出，尧使羿射十日，落沃焦。”另解蚩尤被黄帝所杀后，东方部族四分五裂，征战不休，大羿奉帝尧之命，担负起统一东方各部族的使命。“十日”是东方大乱的象征，大羿的神箭由传说中的“十日”之父天神帝俊赐予，表示受命于天，而“射日”成功则意味着统一大业的完成。另有美国航空航天局华裔科学家赵丰教授认为，后羿射日事件，其实是一次彗星撞击地球事件。因为彗星质地松散，发生撞击后解体成为一串天体，所谓九日，正是彗星解体为九块。九块天体进入地球大气层后，因摩擦灼热成为似“太阳”的发光发热体，瞬间一一撞击地球，陨落之处一片焦黑泥烂。这便是《山海经》中“九日居下枝，一日居上枝”“羿射九日，落为沃焦”的原因。

10. 嫦娥奔月

上古嫦娥奔月的神话故事，出自《淮南子》。传说嫦娥是《山海经》中古天帝后羿之妻，后羿射下九个太阳后西王母赐其一颗仙药。人吃了仙药，可以升天成仙长生不老。后羿舍不得抛下美貌非凡的妻子，将仙药交予嫦娥保管。后羿有个叫逄蒙的门徒觊觎仙药，趁后羿率众徒外出狩猎时，威逼嫦娥交出仙药。嫦娥慌乱情急之下吞下仙药，飞向天空。当日正是八月十五，月亮又圆又亮，嫦娥心中牵挂着丈夫后羿，便选择飞落到离人间最近的月亮上成仙，长居广寒宫。后羿回家后，不见爱妻，悲痛欲绝。每年八月十五到嫦娥喜爱的后花园里，摆上香案，放上她平时最爱吃的蜜食鲜果，遥祭日夜思念远在月宫里的妻子嫦娥，为善良的嫦娥祈求吉祥平安。从此，中秋节拜月的风俗在民间传开。

11. 网开三面

“网开三面”出自《史记 · 殷本纪》，意思是把捕禽的网撤去三面，比喻采取宽大态度，给人一条出路。商汤是个仁义之君，一次到城外狩猎，看见有人张着四面网在捕鸟。商汤认为这样对鸟太残忍，对待禽兽也要有仁德之心，命人撤去三面网，对鸟不能捕尽捉绝，表现出他的善良之心。网开三面比喻刑法宽大，给罪犯重新做人的机会，也常作网开一面。商汤以他的仁厚收揽人心，争取了民众支持，人民拥护，势力壮大。商汤一举攻灭夏朝，建立了商王朝。他广施仁政，鼓励生产，进行了商汤革命，使得天下大治，四方归顺。

12.《夏小正》

《夏小正》是我国现存最早的一部记录传统农事的历书，是一篇按月份记载物候和人类活动情况的历法文献。原为《大戴礼记》中的第四十七篇，在《隋书 · 经籍志》中首次出现《夏小正》单行本，是夏朝留下的宝贵文化遗产，在一定程度上反映了先秦中原农业生产的发展水平，保存了我国古老、珍贵的天文历法知识。《夏小正》撰者无考，内容由“经”和“传”两部分组成，全文共四百多字，按一年十二个月，分别记载每月的物候、气象、星象和有关重大政事，特别是生产方面的大事。书中反映当时农业生产的内容，包括谷物、纤维植物、染料、园艺作物种植、蚕桑、畜牧、采集、渔猎等。夏朝的历法是我国最早的历法，《夏小正》是我国最早的天文历法著作。

13. 酒池肉林

“酒池肉林”出自《史记 · 殷本纪》，“殷纣以酒为池，以肉为林，为长夜之饮”。原指荒淫腐化、极端奢侈的生活，后也形容酒肉极多。商纣王是商朝的末代帝王，在他统治后期，他整日与宠妃妲己沉湎酒色、胡作非为，成为历史上有名的暴君。商纣王为了惩罚反对他的人，使用了很多难以想象的酷刑。为满足自己玩乐，耗费大量的人力物力财力，大兴土木，在商都朝歌建造了宏伟的鹿台。他下令在古沙丘（今河北省邢台市广宗县）平台用酒装满池子，把各种动物的肉割成一块一块挂在树林里，这就是所谓的“酒池肉林”，以便一边游玩，一边随意吃喝。同时又叫裸体男女互相追逐嬉戏，生活糜烂荒淫至极。纣王的暴行最终得到报应，大商的江山就断送在他的手里。

14. 烽火戏诸侯

“烽火戏诸侯”出自《吕氏春秋》，记载周幽王为博褒姒一笑而上演烽火戏诸侯的故事。西周最后一个君王周幽王是个荒淫无道的昏君，他不思挽救周朝于危亡，却重用佞臣虢石父，盘剥百姓，激化矛盾。大夫赵叔带因直言进谏被周幽王罢免，褒国君主右谏议大夫褒珦为赵叔带求情而被捕入狱。褒珦的儿子褒洪德知道幽王好美色，花重金在褒国买下美女褒姒，加以调教后献给幽王。周幽王大为欢喜，惊为天人，遂立褒姒为妃，同时释放了褒珦。褒姒虽然生得艳如桃李，却冷若冰霜，终日不笑。幽王不惜一切办法，也没博得美人的一丝笑容。虢石父出主意，提议点烽火台一试。周幽王马上带着褒姒，由虢石父陪同登上了骊山烽火台，命令守兵点燃烽火。一时间，狼烟四起，烽火冲天，各地诸侯以为犬戎来犯，率兵急速赶来救驾。大家一看没有犬戎，只有周幽王和褒姒高坐台上饮酒作乐，诸侯们知道被戏弄，怀怨而归。周幽王博得佳人一笑，虢石父得到赏金千两，所谓“一笑千金”。当申侯联合犬戎大举进攻都城镐京、兵临城下时，周幽王立刻命令点燃烽火。然烽火虽点，诸侯们以为周幽王又在博取佳人欢心，按兵不动，没发一兵一卒。镐京沦陷，周幽王被杀，褒姒被犬戎掳走，西周被灭。周幽王以自己的生命和西周的江山为代价，演出了一幕“烽火戏诸侯，褒姒一笑失天下”的历史闹剧。

经典智慧

1. 大禹治水

尧在位的时候，黄河流域发生水灾，洪水泛滥、庄稼淹没、房屋被毁，人们流离失所。鲧受命于尧治水九年，采用水来土掩、造堤筑坝的方法，劳而无功，收效甚微。舜即位后，将鲧处死，委任鲧的儿子禹继续治水。禹刚新婚不久，便夫妻别离，远离家乡，长途奔波，实地考察。他率领民众，与洪水进行了艰苦的斗争。大禹从鲧治水的失败中吸取教训，改变了“堵”的办法，对洪水进行疏导，凿开黄河中游的龙门山，使河水畅通无阻。大禹治水十三年，置个人利益于不顾，长年在外与民众一起奋战，他“三过家门而不入”，就连儿子启出生也没顾上回家。他耗尽心血，历尽艰辛，终于完成了治水大业。大禹为天下万民兴利除害，他躬亲劳苦，因势利导，科学治水，由此形成了以公而忘私、民族至上、民为邦本、以人为本、科学创新等为内涵的大禹治水精神，是中华民族精神的源头和象征。

2. 酒圣杜康

杜康又名少康，夏后氏相之子，酒圣杜康便指中国古代传说中的酿酒始祖杜康，因杜康在纶城（今河南省商丘市虞城县利民镇东南三十五里）始酿酒，后世将杜康尊为酒神，制酒业则奉杜康为祖师爷。古书云："天下好酒数杜康，酒量最大数刘伶。饮了杜康酒三盅，醉了刘伶三年整。"说的就是"杜康造酒醉刘伶"的故事。刘伶是晋代"竹林七贤"之一，以好喝酒、能喝酒、酒量大闻名。一次，刘伶来到洛阳龙门南府店镇杜康酒坊门前，抬头看到门上有一副对联："猛虎一杯山中醉，蛟龙三盏海底眠。"横批是："不醉三年不要钱。"东南西北都喝遍也没醉过半天的刘伶不服气，一连喝了三杯。他说："头杯酒甜如蜜，二杯酒比蜜甜，三杯酒喝下去，只觉得天也转、地也转、头晕目眩。"结果一醉三年，酒醒后刘伶连声说道："杜康好酒！杜康好酒！"从那以后，"杜康美酒，一醉三年"就传遍天下。

3. 陪嫁小奴做宰相

伊尹（前1649—前1550）本名挚，有莘国人，因其母居伊水之上生子化为桑树，故以伊为氏。伊尹是夏末商初杰出的政治家、思想家，商朝开国元勋、道家学派创始人之一、中华厨祖。伊尹出生后，被有莘国庖人收养。因后被商汤封官为尹（相当于宰相），故以伊尹之名传世。伊尹自幼聪明颖慧，勤学上进，虽为有莘国耕田的奴隶，却深懂尧舜之道。他身为奴隶主贵族家的厨师，又兼任贵族子弟的“师仆”，不仅掌握精湛的烹调技术，同时具有满腹经纶的治国之道。有人曾向夏桀推荐伊尹，伊尹曾劝说夏桀要体谅百姓疾苦，用心治理天下。夏桀不仅丝毫听不进去，反而自喻为太阳，认为自己惠泽天下。伊尹原是商汤岳父有莘氏家里的奴隶，只好作为陪嫁奴隶投奔了商汤。他背负鼎俎为汤烹炊，以烹调、五味为引子，分析天下大势与为政之道，治理国家和做菜一样，既不能操之过急，也不能松弛懈怠，以此作比喻劝商汤承担灭夏大任。商汤由此方知伊尹有经天纬地之才，便免其奴隶身份，命为右相，成为最高执政大臣。伊尹不仅辅佐商汤灭夏建商，还帮助商汤制定各种典章制度，使官吏不敢胡作非为，政治稳定、经济发展。后来一连辅佐三任商王，曾逐放商王太甲，使其悔过自新，终成明君，他为商朝的繁荣立下不朽功勋。伊尹一生忠君爱民，对中国古代的政治、军事、文化、教育等都做出了卓越贡献，在华夏文明史上为后人留下了宝贵的精神财富。

4. 见微知著

“见微知著”出自《韩非子 · 说林上》，指见到事情的苗头，就能知道它的实质和发展趋势，比喻小中见大，以小见大。商朝最后一位君主帝辛即商纣王，他年少时，聪明过人，能文能武。商纣王即位后励精图治，锐意改革，不事鬼神，发展生产，开疆拓土。到了统治后期，他骄奢淫逸，荒淫无道，宠信小人，迫害贤良。有一次，纣王做了一双象牙筷子，他的大臣太师箕子就感到非常可怕和担心。商朝大臣箕子（商王文丁之子，商王帝乙之弟，商纣王帝辛的叔父），其洞察力之强、气节之高为后人称道，他认为：用象牙筷子吃饭就一定不肯用陶土粗制碗具，必将用犀牛角或玉做成杯盘；餐具改变了，食品也会随之改变，盛的不可能是粗茶淡饭，肯定会升级到山珍海味，珍禽异兽将成盘中之物；食物改变了，将不满足穿着，麻布为衣将会上升为穿绫着缎；穿着改了，下一步座驾、殿宇楼台都会改变。如此下去将一发不可收拾，奢靡之风会很快盛行起来，商朝天下的危机就来了。箕子曾多次进谏，商纣王充耳不闻，依旧我行我素，骄傲恣肆，专横跋扈。箕子感到非常失望，于是装疯卖傻，以避迫害。但仍被囚禁，被罚为奴。中国古代著名的哲学家、思想家、政论家和散文家韩非子，把箕子这种联想，总结为“圣人见微以知著，见端以知末”，这就是见微知著的来历。箕子与微子（商王帝乙的长子，商纣王的庶兄，后外逃隐居）、比干（商王帝文丁次子，帝乙之弟，帝辛的叔叔，后被剖胸挖心）在殷商末年齐名，并称殷末三仁。孔子《论语 · 微子》中记有：“微子去之，箕子为之奴，比干谏而死，殷有三仁焉。”

5. 姜太公钓鱼，愿者上钩

“姜太公钓鱼，愿者上钩”出自晋 · 苻朗《苻子 · 方外》，比喻心甘情愿落入别人的谋划。姜太公（约前 1136—约前 1015）姜姓，吕氏，名尚，字子牙，号飞熊，河内郡汲县（今河南省卫辉市）人，商末周初影响久远的杰出政治家、军事家，周朝开国元勋，兵学奠基人。姜太公是西周初年帮助武王伐纣的功臣之一，是齐国的缔造者，齐文化的创始人，被称为“周师齐祖”“百家宗师”。姜太公出身低微，前半生漂泊不定，困顿不堪。但是他满腹经纶，胸怀凌云壮志，曾去殷商都城朝歌求官未成。他听说西伯侯姬昌尊贤纳士，广施仁政，年高七十二岁时千里迢迢来到西岐，在渭水北岸的磻（pán）溪（今陕西省宝鸡市陈仓区磻溪镇）定居，每日垂钓于渭水，等待时机。姜子牙钓鱼的方法很奇特，鱼竿短，鱼线长，用直钩，没鱼饵，钓竿不进水里，离水面三尺高。人们讥笑他，他一边钓鱼，一边自言自语道："太公钓鱼，愿者上钩。"姜子牙认为曲中取鱼不是大丈夫所为，我宁愿直中取，不向曲中求。他的鱼钩不是为了钓鱼，而是为了等待时机。后来，周文王姬昌知道姜子牙的才能和良苦用心后，斋食三日，沐浴更衣，带着厚礼，亲自聘请姜子牙。于是，姜子牙辅佐周文王兴邦立国，后又辅助周武王姬发灭商建周，立下功勋。姜子牙被周武王封于齐地，实现了建功立业的愿望。

6. 周公吐哺，天下归心

"周公吐哺，天下归心"出自东汉政治家、军事家、文学家和诗人曹操的诗歌《短歌行》：

对酒当歌，人生几何。譬如朝露，去日苦多。
慨当以慷，忧思难忘。何以解忧？唯有杜康。
青青子衿，悠悠我心。但为君故，沉吟至今。
呦呦鹿鸣，食野之苹。我有嘉宾，鼓瑟吹笙。
明明如月，何时可掇？忧从中来，不可断绝。
越陌度阡，枉用相存。契阔谈讌，心念旧恩。
月明星稀，乌鹊南飞。绕树三匝，何枝可依？
山不厌高，海不厌深。周公吐哺，天下归心。

曹操的《短歌行》咏叹求贤若渴之心，告诉我们只有礼待贤才，才能使天下人才向往归顺。周公姬旦（？—公元前1105）姓姬名旦，周文王之子，周武王之弟，因其官至上公，所以称为周公。他辅佐周武王讨伐商纣王，被封于鲁国。周公没有到封国称王，而是选择留在王朝，辅佐周武王治理国家，建立制度，安定社会。后又辅佐周成王摄政，东征平定三叔之乱，摄政还政，归而制礼作乐。孔子的儒家学派，把周公的人格典范作为最高典范，最高政治理想是周公的仁政，孔子终生倡导的是周公的礼乐制度，周公被视为中国儒家传统文化的开创者。《韩诗外传》中的“一沐三握发，一饭三吐哺”，也是讲的“周公吐哺，天下归心”的故事，后以“握发吐哺”比喻在位者礼贤下士，殷切求才。人才是决定民族兴亡、国家发展的重要资源，谁能把握人才，谁就能赢得竞争的主动权，就能把握未来。

第二章 东周春秋战国分

雄鹿群逐

东周（前 770—前 256）是西周之后中国大分裂时期，也是社会制度剧烈转变时期。公元前 770 年，周平王东迁洛邑（今河南省洛阳市），历史进入东周。公元前 256 年，秦国收取东周九鼎，东周朝灭亡，共传二十五王，历时五百一十五年。东周到最后时辖区减少，王室衰微，形同小国，分封得连自己都没有栖身之地。东周又大致分为春秋和战国两个时期，春秋战国时期自公元前 770 年周平王东迁，到公元前 221 年秦国统一天下，历时五百五十年。从时间上看，春秋战国时期并不全然包含在东周王朝里面。东周进入了社会动荡时期，诸侯国之间频繁的兼并战争，加剧了人民的痛苦，大小宗族间的兼并战争，使得社会各阶级、阶层发生了质的变化。当然，这一时期随着铁制农具的出现，大大提高了社会生产力，土地私有化导致地主数量增加，宗族制度开始崩溃，家族制度的地主阶级逐渐出现，国家的政治、经济、文化开始慢慢地由地主阶级支配。领主统治和地主统治交替运动，产生了地主阶级统治的封建社会，推动了社会的进步。中国历史上这一大分裂时期，虽说社会动荡、战争不断、群雄逐鹿、烽火四起，强者胜、弱者亡，智者兴、愚者衰，但也是人才辈出、学术盛行，众论纷纭、各持其说，百花齐放、百家争鸣。各阶级、阶层都涌现出了许多杰出的代表人物，他们的人生追求、事业和著述，极大地丰富了古代历史，影响了数千年的人类进步，这一时期汇聚了中华民族优秀传统文化的源头活水。

东周　名存实亡

东周朝开始，周室已经衰弱到了极点，仅存有天下共主的名义，已经失去实际的控制能力。自此，周王朝的版图大大缩小，仅剩下中原地区，统治范围方圆不足六百里，王畿只有洛阳周围区区两万平方公里。周天子不能担负共主的责任，经常向强大的诸侯求助。于是，各封国开始脱离中央控制，各怀野心，扩张领土。诸侯之间互相攻伐和兼并，战争不断。强大的诸侯便自居霸主，中原诸侯对四夷侵扰打着“尊王攘夷”的口号团结自卫，连续不断的兼并战争推动了封建社会的形成。公元前 440 年，周考王封其弟揭于王城（今河南省洛阳市王城公园一带）建立西周国。公元前 367 年，西周国又分裂为东周、西周两个小国，本来就名存实亡的东周朝寄居于东周国。公元前 307 年，秦国强迁周赧（nǎn）王到西周国。公元前 256 年，东周朝周赧王与西周文公相继去世，秦国轻而易举地收取九鼎，东周朝灭亡。

东周建立

周平王姬宜臼（？—前 720）于公元前 770 年在秦、卫、晋、郑等诸侯国拥立下即位并在秦国军队的护送下，将都城东迁到洛邑（今河南省洛阳市），建立“东周”，同时也是春秋时期的开端。由于以虢国为首的姬姓诸侯国又立周幽王之弟余臣为周王，是为周携王，以望都（今河北省保定市望都县）为都城，周王朝出现二王并立的局面。公元前 760 年，晋文侯诛杀周携王[1]，使周王朝再度重新统一。公元前 720 年，在位五十一年的姬宜臼在诸侯纷争、内外交困中去世，谥

[1]《左传正义》引《竹书纪年》记载：“二十一年，携王为晋文侯所杀。”按《竹书纪年》以晋侯纪年的惯例，取晋文侯二十一年，即公元前 760 年比较合适。

号平王。因太子姬泄父早逝，由周平王之孙、姬泄父之子姬林即位，是为周桓王。

周桓王姬林（？—前 697）即位两年后，即公元前 718 年，晋国曲沃封君曲沃庄伯贿赂周桓王，联合郑国、邢国攻打晋国都城翼城，周桓王派兵支援曲沃。后曲沃庄伯背叛周桓王，周桓王便反过来支持晋国，立晋鄂侯之子晋哀侯为君。周桓王不甘心郑国国君郑庄公在周王朝以卿士身份专权，便压制郑庄公的权力，引发周、郑开战，周桓王肩膀负箭伤，周天子的权威荡然无存。公元前 697 年，姬林因病去世，谥号桓王。太子姬佗即位，是为周庄王。

周庄王姬佗（？—前 682）即位时，周定公的曾孙周公黑肩为卿士。周桓王临终前曾托付周公黑肩，等姬佗死后一定要扶持他的弟弟王子克即位。公元前 694 年，周公黑肩欲杀周庄王而立周庄王之弟王子克，周庄王平定叛乱，周公黑肩被杀，王子克逃亡到南燕国，史称“王子克之乱”。公元前 693 年，周庄王为了笼络齐国，将妹妹周王姬嫁给齐国国君齐襄公为妻。公元前 682 年，姬佗去世，谥号庄王。其子姬胡齐即位，是为周釐（xī）王（亦作周僖王）。

周釐王（周僖王）姬胡齐（？—前 677）即位时，齐桓公在管仲辅佐之下，将齐国治理得国富兵强，并提出“尊王攘夷”的口号。公元前 681 年，周釐王承认了齐桓公的霸主地位。公元前 678 年，周釐王正式册封曲沃武公为晋国国君，晋国实现了曲沃代翼。公元前 677 年，姬胡齐去世，谥号釐王（僖王）。其子姬阆即位，是为周惠王。

周惠王姬阆（？—前 652）即位次年，迎娶陈国女子为王后，史称惠后。周惠王非常贪婪，强占蔿（wěi）国（亦作妫国，今山西省境内）的菜园来畜养野兽，并强取周朝大夫们的房舍、田产，引起大夫们的不满。公元前 675 年，五大夫作乱，并在卫国和南燕出兵支持下，立王子颓（姬胡齐之弟、姬阆的叔父）为周天子，是为周废王，史称“王子颓之乱”。周惠王流亡外逃，郑厉公将周惠王带回郑国，安置在栎（yuè）地（今河南省禹州市）。公元前673年，郑、虢二国联合攻进周朝都城，杀死王子颓和五大夫，周惠王复位。周惠王为表感激，将酒泉（今陕西省东部一带）赐给虢国，将虎牢（今河南省郑州市荥阳市西北）以东的土地赐给郑国，这样周王朝的疆土再一次缩小。公元前652年，姬阆去世，谥号惠王。其子姬郑即位，是为周襄王。

周襄王姬郑（？—前619）即位后，由于周惠王生前非常宠爱王子带，使得王子带有恃无恐，周襄王非常畏惧异母弟王子带。公元前649年，王子带为夺王位，召集成周附近地区的诸戎族攻伐洛邑，焚毁王城东门，王子带被周襄王击败后，逃往齐国。公元前638年，在大臣富辰的劝说下，周襄王将王子带从齐国召回洛邑。王子带不仅没有悔过之心，甚至与周襄王的王后隗（wěi）氏（狄人首领之女）私通。公元前636年，周襄王废黜隗氏。王子带联合狄人军队再次反叛攻周，周军大败。周襄王外逃到郑国的氾（今河南省许昌市襄城县南），史称“子带之乱”。公元前635年，周襄王在晋军的帮助下返回洛邑，于怀邑（今河南省焦作市武陟县）杀死王子带。周襄王为了酬谢晋文公，将河内（今河南省焦作市沁阳市）、阳樊（今河南省济源市西南）两地赐给晋国。此时，诸侯争霸日益激烈，齐桓公、晋文公已凌驾于周王及各诸侯国之上。公元前619年，姬郑去世，谥号襄王。其子姬壬臣即位，是为周顷王。

周顷王姬壬臣（？—前613）在位时，王畿缩小，财政一空，甚至无钱安葬周襄王，周顷王向鲁国讨钱才安葬了周襄王。公元前613年，姬壬臣在位六年后去世，谥号顷王。因公卿争权夺利，发生内乱，晋国派赵盾出兵平息，拥立周顷王之子姬班即位，是为周匡王。

周匡王姬班（？—前607）是东周第八位君王，在位六年。公元前607年，姬班病逝，谥号匡王。其弟姬瑜即位，是为周定王。

周定王姬瑜（？—前586）即位时，大诸侯国对周王朝及周天子早已无尊敬可言，中央权力继续削弱。公元前606年，楚庄王在东周都城洛邑附近阅兵，询问东周大臣皇宫里的九鼎有多重，借“问鼎之轻重”来问鼎中原，暴露野心，周王朝权威已荡然无存。公元前586年，姬瑜去世，谥号定王。其子姬夷即位，是为周简王。

周简王姬夷（？—前572）即位时，周天子几乎没有任何地位。除了晋、楚、秦、宋、郑等国相互攻伐不止以外，位于东南地区的吴国兴起，逐渐强大，屡次攻入楚国，进入了春秋争霸的行列。公元前572年，姬夷病逝，谥号简王。其子姬泄心即位，是为周灵王。

周灵王姬泄心（？—前545）即位时，周王朝早已名存实亡，各诸侯国无视周天子，通过战争扩张势力，强国伐弱国，连年战争，民生疾苦。公元前545年，姬泄心病逝，谥号灵王。因太子姬晋早逝，次子姬贵即位，是为周景王。

周景王姬贵（？—前520）即位时，周天子的地位更是一落千丈，财政极度困难，连生活用的器皿都要向诸侯乞讨。公元前524年，周景王铸造大钱，是我国文献中关于铸钱的最早记录。公元前520年，姬贵病逝，谥号景王。因太子寿早夭，其次子姬猛即位，是为周悼王。

周悼王姬猛（？—前520）在位时，周景王庶长子姬朝在贵族尹国等支持下叛乱，挟走姬猛，占据都城洛邑。晋顷公派兵救出姬猛，扶持姬猛即位。姬猛在位不满一年就病逝，谥号悼王。公元前519年，晋国攻打姬朝，拥立姬猛之弟姬匄（gài）即位，是为周敬王。

周敬王姬匄（？—前476）即位后，与王子姬朝的冲突时有发生。因姬朝在都城洛邑势大，周敬王便迁都至洛邑之东，新都称为成周，旧都称为王城。公元前516年，晋国出兵打败姬朝，姬朝逃往楚国。公元前505年，楚国被吴国击败，险些亡国，周敬王趁机派人到楚国杀死姬朝。次年，周大夫儋（dān）翩带领姬朝支持者起兵举事，周敬王出逃。公元前503年，周敬王在晋国的帮助下回到都城。公元前476年，姬匄去世，谥号敬王。其子姬仁即位，是为周元王。这一年，正处于春秋、战国之交，故史学家以周敬王去世之年作为划分春秋、战国时期的分界点。紧接着韩、赵、魏三家联手在晋阳打败智氏，三家逐步将晋国瓜分，自己分别建立了诸侯国。于是，七雄并立，春秋时期结束，历史拉开了战国争雄的序幕。

周元王姬仁（？—前469）在位时，正值吴、越争霸，越王勾践攻灭吴国后，统帅大军乘胜北渡淮河，在徐（今山东省枣庄市滕州市南）同齐、晋、鲁、宋等国会盟。越王勾践会盟后派人给周元王送去贡品，周元王册命勾践为伯，承认他处于诸侯的领袖地位，越王勾践成为一时霸主。公元前469年，姬仁病逝，谥号元王。其子姬介即位，是为周贞定王。

周贞定王姬介（？—前441）在位期间，晋国的韩、赵、魏、智四卿斗争激烈。公元前453年，晋国的三家大夫赵襄子、韩康子、魏桓子陆续并吞了其他贵族，最后共同攻灭了贵族智伯，形成实际上的三个诸侯国（赵国、韩国、魏国），晋国国君晋幽公反而要分别向他们朝贡。面对天下大乱的局面，周贞定王只能听之任之，无可奈何。公元前441年，姬介因病去世，谥号贞定王。其长子姬去疾即位，是为周哀王。

周哀王姬去疾即位后仅仅三个月便被其弟姬叔袭杀，谥号哀王。姬叔即位，是为周思王。周思王姬叔即位仅五个月又被其弟姬嵬（wéi）弑杀，谥号思王。姬嵬即位，是为周考王。

东西分周

周考王姬嵬（？—前426）即位次年，公元前440年划王畿河南之地，封其弟揭于王城（今河南省洛阳市王城公园一带）。揭建西周国，疆域为瀍（chán）水以西、洛河以南，是为西周桓公。此时，越国日益强大，和齐国、晋国、楚国成为中原霸主，越王灭了滕国，开始向中原发展。公元前426年，姬嵬去世，谥号考王。其子姬午即位，是为周威烈王。

周威烈王姬午（？—前402）即位后，公元前415年西周桓公去世，其子威公继承西周国君位，是为西周威公。公元前403年，周威烈王封晋国大夫韩虔、赵籍、魏斯为诸侯，所谓“三家分晋”，原来的晋国已名存实亡。公元前402年，姬午病逝，谥号威烈王。其子姬骄即位，是为周安王。

周安王姬骄（？—前376）在位期间，于公元前386年封齐国大夫田和为齐侯，所谓“田氏代齐”。公元前376年，韩、赵、魏一起将徒有虚名的晋静公俱酒废为平民，瓜分了他仅有的一点领地，使晋国名实俱亡。同年，姬骄病逝，谥号安王。其子姬喜即位，是为周烈王。

周烈王姬喜（？—前369）即位后，公元前371年秦献公发兵攻占了韩国的六座城市，成为秦国向东发展的开始。当时，周王室已经十分衰弱，诸国都不来朝拜，唯独齐威王来朝拜周天子。公元前369年，姬喜病逝，谥号烈王。其弟姬扁即位，是为周显王。

周显王姬扁（？—前321年）在位期间，诸侯国的变法发展到高潮。公元前367年，西周威公去世，西周国公子根与太子朝争位叛乱，韩、赵两国助公子根在巩（今河南省郑州市巩义市西南）独立，称东周国，公子根为东周惠公。原西周国由太子朝于王城继承君位，称西周国，太子朝为西周惠公。原本领土就已很小的西周国分裂为西周、东周两个小国，其势更弱。之后，西周惠公去世后，其长子姬共之即位，是为西周武公。西周武公去世后，其太子姬咎即位，是为西周文公。自此，周王室的土地全部分封完毕，一寸土地也没有了，连自己也是寄居于东周国。公元前366年，韩、魏两国发兵攻打周显王，逼近洛阳，周王室岌岌可危。于是，秦献公出兵在洛阳城下打败了韩、魏两军。之后，齐国广开言路，任用贤良，发展迅速，称霸东方。秦孝公任用卫国人商鞅进行变法，国力大增，雄踞西方。战国七雄分别先后进行了变法以后，展开了更为激烈的兼并战争。齐国与魏国爆发两次著名的战役：公元前353年的“桂陵之战”和公元前341年的“马陵之战”。公元前321年，姬扁病逝，谥号显王。其子姬定即位，是为周慎靓（jìng）王。

被秦一统

周慎靓王姬定（？—前315）在位时，战国七雄为了壮大自己，各自找寻盟友，著名的纵横家苏秦主张一些诸侯国联合起来对抗秦国，史称“合纵”；而著名的纵横家张仪却主张另一些诸侯国和秦国结盟，攻打其他诸侯国，史称“连横”。公元前315年，姬定病逝，谥号慎靓王。其子姬延即位，是为周赧（nǎn）王（亦称周隐王，又作周然王）。

周赧王姬延（？—前256）是东周最后一位君主，在位五十九年，他也是周朝在位时间最长的君主。周赧王在位期间，因负债于民，他逃债避居宫内台上，故有成语“债台高筑”，周王室岌岌可危，其影响力仅限于王畿（今河南省洛阳市附近）。东周国和西周国位于诸强国之间，不能同心协力，反而彼此攻杀。公元前 307 年，秦武王派右丞相樗（chū）里疾欲入周朝试举周鼎，被周赧王严词拒绝。樗里疾把周赧王逐出东周王宫，强迁至西周国（即王城），国权已为西周公与东周公把持。当时，齐、楚绝交，秦、楚大战，秦攻三晋，秦、齐称帝。面对如此乱世，周赧王只能望而兴叹，无力回天。公元前 256 年，秦国派兵攻西周国，西周文公投降。姬延郁愤而终，谥号赧王。同年，西周文公去世，秦国轻易地收取九鼎和王室珍宝，并且未立新王，宣告历时五百一十五年的东周王朝走向终结。公元前 249 年，秦庄襄王命丞相吕不韦带兵灭掉了位于巩邑（今河南省郑州市巩义市西南）的东周国，东、西两周全部归秦国，意味着周王室的彻底终结。

春秋五霸　风云变幻

春秋（前 770—前 476）是指东周前半期历史阶段，这段历史流传保留下来是因为孔子修订的鲁国国史《春秋》，记载了从鲁隐公元年（前 722）到鲁哀公十四年（前 481）的历史，共二百四十二年，故取名春秋时期。后史学家为了方便起见，一般认为春秋时期从公元前 770 年周平王东迁洛邑（今河南省洛阳市）东周立国起，到周敬王四十四年（前 476）为止［也有学者认为应到鲁国之附庸小邾（zhū）国人左丘明所著《左传》记载之终，即公元前 468 年；或韩、赵、魏灭智，即公元前 453 年；抑或三家分晋，即公元前 403 年］，也就是到战国前夕，共二百九十五年。

春秋初期有一百四十多个大小诸侯国，其中影响比较大的有鲁、齐、晋、秦、楚、宋、卫、陈、蔡、曹、郑、燕、吴、越等十四国。春秋时期周王朝的势力减弱，王室失去控制力，诸侯群雄纷争。周平王东迁洛邑（今河南省洛阳市）以后，西部的秦国吞并了周围的一些戎族部落，成了西方强国。在今山西省的晋国，今山东省的齐国、鲁国，今湖北省的楚国，今北京市与今河北省北部的燕国，以及后来于长江下游崛起的吴、越等国，都吞并了周围一些小国，均强大起来成为大国。于是，在历史上展开了一幕幕大国争霸的激烈场面。据史书记载，春秋两百九十多年间，有四十三名君主被臣下或敌国所杀，五十二个诸侯国被灭，有大小战事四百八十多起，诸侯的朝聘和盟会达四百五十余次。齐桓公、晋文公、宋襄公、秦穆公、楚庄王相继称霸，史称“春秋五霸”。

1. 齐国　尊王攘夷

齐国（前 1044—前 221）是周王朝诸侯国，分为姜齐和田齐两个时代。公元前 1044 年，西周军师姜子牙被首封于齐地营丘（今山东省淄博市临淄区），建立齐国。公元前 221 年，田齐被秦国灭亡，共传四十八位君主，历时八百二十三年。其领地约占有今山东省北部，河北省南部、西部和山西省东南部。齐国原本是东方大国，春秋时期吞并十国以后，成为华夏各国中最富强的诸侯国。首先建立霸业的是齐桓公，他依靠优越的自然条件和丰富的资源优势，任用管仲为相，改革内政，加强对士农工商的管理，改革赋税制度，实行军政合一，国力强盛。以“尊王攘夷”为号召，联合燕国打败了北戎；联合其他诸侯国制止了狄人的侵扰，“存邢救卫”，为邢和卫两国修筑新城，使“邢迁如归，卫国忘亡”。齐国与鲁、宋、郑、陈、卫、许、曹诸国联军侵蔡伐楚，“召陵之盟”后正式成为春秋五霸之首。至齐康公时，齐太公田和自立为君，被周安王册封为诸侯，史称“田氏代齐”，齐国成为战国七雄之一。

吕尚建国

姜子牙姜姓，吕氏，名尚，字子牙，号飞熊，商末周初的政治家、军事家、韬略家，周武王国师、军师，周朝开国元勋，兵学奠基人，尊称太公望。公元前 1046 年，周武王灭商建周。公元前 1044 年，由于姜子牙在兴周灭商中功勋卓著，被首封于齐地营丘（今山东省淄博市临淄区），并战胜了争夺营丘的莱国，建立齐国，定都营丘。齐国的建立稳定了东方，其疆域位于今山东省大部。姜子牙治国有方，推行尊贤尚功，依法治国，从俗简礼，安定民心。他实施“农、工、商”三宝并举的战略国策，使齐国由偏僻荒凉的小国、穷国发展为雄居东方的大国、富国，为后来的齐桓公“九合诸侯，一匡天下”成为五霸之首奠定了基础。姜太公大部分时间在镐京（今陕西省西安市长安区）做周朝中央政权的“太师”，辅佐外孙周成王姬诵、重外孙周康王姬钊。他的嫡长子齐丁公吕伋（jí），也同样在镐京担任虎贲之职，统领王宫卫戍部队。齐国多年基本上由姜太公的三子丘穆公镇守治理。约公元前 1015 年，姜太公去世。其长子吕伋继承君位，是为齐丁公。

齐丁公吕伋（？—约前 975）之妹邑姜是周成王姬诵的生母，吕伋是周成王的舅舅。吕伋赴齐国继任君位，留其子吕衡、吕季在都城镐京辅佐周康王姬钊。约公元前 975 年，齐丁公去世，其嫡长子、嫡次子和嫡三子皆已早亡，嫡四子吕季本该即位，吕季将国君之位让给了同母弟吕得，并且让子孙离开营丘，搬到崔邑（今山东省济南市章丘区黄河乡西南五公里土城村）生活，成为崔姓和丁姓的始祖。吕季被封为太傅，继续留在周王室辅佐周穆王。吕得继承君位，是为齐乙公。

齐乙公吕得（？—前 932）即位后，继续采取齐太公的治国之策，修明政事，顺其风俗，开放工商业，发展渔业、盐业，齐国经济得到了进一步发展，稳固了齐国在诸侯列国中的地位。公元前932年，齐乙公去世。其子吕慈母继承君位，是为齐癸公。

齐癸公吕慈母，生卒年不详，是齐国第四代君主。齐癸公去世后，其子吕不辰继承君位，是为齐哀公。

齐哀公吕不辰（？—前883）是齐国第五任国君。公元前883年，纪国国君纪炀侯向周夷王进谗言陷害齐哀公，周夷王将齐哀公烹杀[1]。并改立齐哀公异母弟吕静继承君位，是为齐胡公。

齐胡公吕静（？—前860）看到兄长齐哀公含冤而死，为防再遭纪国暗算，于公元前862年将都城从营丘（今山东省淄博市临淄区）迁至薄姑（今山东省淄博市临淄区西北五十里）。齐胡公的迁都在齐国引起很大震动，引发众多怨恨。公元前860年，齐哀公同母弟吕山及其私党率营丘人将齐胡公杀死，齐胡公之子也被驱逐出境，吕山自立为君，是为齐献公。

齐献公吕山（？—前851）即位后，于公元前859年，将齐胡公诸子尽数驱逐出齐国，又把首都从薄姑迁到营丘，并扩建营丘城，因营丘临靠淄水，改名为临淄。公元前851年，齐献公去世，其子吕寿即位，是为齐武公。

齐武公吕寿（？—前825）即位十年时，即公元前841年西周王朝召穆公、周定公共理朝政、共和行政，时逢共和元年。公元前826年，齐武公将女儿嫁给周宣王，即姜后。姜后品貌双全，深明大义，以社稷为重，居安思危，以德行感化匡辅周宣王，使得周宣王励精图治，实现“宣王中兴”。公元前825年，齐武公去世。其子吕无忌继承君位，是为齐厉公。

齐厉公吕无忌（？—前816）即位后，昏愦暴虐，惨无人道，引起国人痛恨。

[1] 历史上没有明确纪年周夷王烹杀哀公，《古本竹书纪年》记载，周夷王三年烹杀哀公。周夷王公元前886年即位，故应为公元前883年。

公元前816年，当年被驱逐出境的齐胡公吕静之子同齐人一起杀死齐厉公，齐胡公之子也战死。齐人拥立齐厉公之子吕赤继承君位，是为齐文公。

齐文公吕赤（？—前804）即位后，把参与杀害齐厉公的七十人全部处死。他深刻汲取父亲的惨痛教训，勤于政务，谨慎国事，政局稳定，国泰民安。公元前804年，齐文公去世。其子吕脱继承君位，是为齐成公。

齐成公吕脱（？—前795）是齐国的第十一任君王，在位九年。公元前795年，齐成公去世。其子吕购继承君位，是为齐庄公。

齐庄公吕购（？—前731）在位时间较长，长达六十四年之久。他在位时历史进入春秋时期，他也是春秋战国时期在位时间最长的国君。他在位期间，励精图治，发愤图强，人民休养生息，使得长达近七十年内乱的齐国恢复元气，国势逐渐强盛，为其孙齐桓公称霸中原打下坚实的基础。公元前731年，齐庄公去世。其子吕禄甫即位，是为齐僖公。

齐僖公吕禄甫（？—前698）在位期间，先后主持与多国会盟，平息宋国、卫国和郑国之间的争端；出兵讨伐不向周天子朝觐的宋国、郕（chéng）国，平定了许国、宋国的内乱，与郑国击败狄戎，使齐国形成小霸局面。齐僖公成为与郑庄公、楚武王齐名的“春秋三小霸”之一。公元前698年，齐僖公去世，其长子吕诸儿继承君位，是为齐襄公。

齐襄公吕诸儿（？—前686）在位时，荒淫无道，昏庸无能，与其异母妹文姜乱伦。当时，文姜已经嫁给鲁桓公。公元前694年，鲁桓公与文姜一起回齐国，齐襄公与文姜通奸，鲁桓公知情后怒斥文姜。齐襄公设宴将鲁桓公灌醉，派彭生将其杀害，然后再杀彭生以向鲁国交代。同年，郑国国君郑子亹（wěi）因为年少时曾经和齐襄公发生过争斗，在卫国的首止（今河南省商丘市睢县东南八公里周堂镇乔寨村附近）参加盟会时遭齐襄公杀害。齐襄公曾出兵攻打卫国、鲁国和郑国。齐襄公连杀二君，种种暴行使得齐国政治混乱，人心惶惶。众公子不敢居于国内，大夫管仲、召忽保护公子纠（齐僖公第二子、齐襄公之弟）逃到鲁国，大夫鲍叔牙保护小白（齐僖公第三子、齐襄公之弟）逃到莒（jǔ）国（今山东省日照市莒县）。公元前686年，齐襄公遭大臣连称（其妹为齐襄公的妃子）、管至父（周穆王的后代、管仲族人）、公孙无知（齐庄公之孙、夷仲年之子、齐僖公的侄子、齐襄公堂兄弟）等人所弑杀，公孙无知自立为君。公元前685年，齐国大夫雍廪（lǐn）、高傒（xī）和国懿仲等用计诛杀乱党公孙无知等，公子纠与公子小白争相回国争位。管仲带兵在莒国到齐国的半道堵截杀公子小白，管仲一箭射中小白腰带上的带钩，小白倒地诈死麻痹对方，躲进帐篷车里日夜兼程提前赶回齐国。公子小白在齐国贵族国氏、高氏两家支持下继承君位，成为齐国第十六位国君，是为齐桓公。

五霸之首

齐桓公吕小白（？—前643）即位后，立刻进攻鲁国，发动齐鲁“乾时之战”（亦称干时之战），鲁军大败。鲁国在齐国的施压下杀死齐国公子纠，公子纠的老师召忽自杀，管仲被囚禁。齐桓公欲杀管仲，鲍叔牙劝说：“如果君上只想治理齐国，那么有叔牙和高傒就够了。如果君上想成就天下霸业，那么非管仲不可。”齐桓公采纳了鲍叔牙的建议，不计前嫌，接回管仲并拜为相。自此，君臣同心，励精图治，整顿朝政，大力改革。公元前684年，齐国再次发兵进攻鲁国。鲁庄公听从曹刿的建议，撤退到地形有利于反攻的长勺（今山东省济南市莱芜区苗山镇），活用“一鼓作气，再而衰，三而竭”的原理，以弱胜强击退强大的齐军，史称“长勺之战”。齐桓公任人唯贤，招揽人才，其中最具代表性的便是“桓管五杰”，大家各负其责，尽忠职守。在众位贤人的辅佐下，齐桓公对内整顿朝政，推行改革，实行军政合一和兵民合一的制度；对外尊王攘夷，灭了谭、遂、鄣等小国，北击戎狄，南伐楚国，九合诸侯，使齐国逐渐强盛，成为中原第一个霸主。公元前 681 年，齐桓公再次攻打鲁国，鲁军将领曹沫三战三败，鲁庄公被迫割地请和，与齐桓公于鲁国的柯地（今山东省聊城市东阿县）会盟订约。鲁将曹沫趁机劫持齐桓公，逼其同意退还齐国侵占鲁国的汶阳（今山东省泰安市肥城市汶阳镇）之地。齐桓公先答应退地解除危机，但立刻反悔准备杀死曹沫，管仲劝谏说：“不还汶阳之地给鲁国，只是逞一时之快。倘若因此失信于诸侯，天下就没人帮我们了！”最后齐桓公采纳了管仲的建议，将汶阳之地还给了鲁国。齐桓公的夫人是蔡国君主蔡穆侯的妹妹蔡姬。公元前 657 年，一次蔡姬因荡舟戏水过甚，使齐桓公受惊，齐桓公便将蔡姬送回了蔡国。恼羞成怒的蔡穆侯一气之下安排妹妹蔡姬改嫁，让齐桓公颜面尽失。公元前 656 年，齐桓公一怒之下为了一个女人，发动了一场战争。他率领齐、鲁、宋、陈、卫、郑、许、曹八国的军队对楚国的盟国蔡国进行讨伐，蔡国大败。紧接着，齐桓公率大军联合进攻楚国。楚王派大夫屈完与齐国讲和，双方在召陵（今河南省漯河市郾城区东）订立盟约，史称“召陵之盟”。召陵之盟暂时阻止了楚师的北上，是齐桓公“尊王”的又一次胜利，其霸主地位更加巩固，成为春秋五霸之首。公元前 654 年，齐桓公率领齐、鲁、宋等国军队攻打郑国，包围郑国的新城（今河南省郑州新密市东南）。公元前 645 年，楚国攻打徐国，齐桓公与宋、鲁、陈、卫、郑、许、曹等国在牡丘（今山东省聊城市东北）结盟，派联军救援徐国。联军同时攻打楚国的盟国厉国（今湖北省随州市东北），抄袭楚国后方，以解除徐国之围。然楚军大举进攻，在娄林（今安徽省宿州市泗县东北）打败徐国。齐桓公晚年昏庸无道，他没有听信管仲的忠告，任用易牙、竖刁、开方、常之巫等小人，他们飞扬跋扈，专断蛮横，恣意妄为。贤臣管仲、隰朋及鲍叔牙等相继去世，齐国开始日益衰败。公元前 643 年，一代霸主齐桓公病重，五位公子（公子无亏、公子昭、公子潘、公子元、公子商人）各率党羽争夺君位，互相攻打。齐桓公最后在饥病交迫中饿死，尸体在床上放了六十七天不能收殓，齐国上下一片混乱。其长子吕无亏在易牙、竖刁等支持下，杀群吏，逐走诸公子而即位，是为齐中废公。齐桓公三子原太子吕昭逃亡到宋国避难。因易牙、竖刁等人臭名昭著，吕无亏更不得人心，吕无亏在位仅三个月，便同易牙、竖刁一起被大夫高子、国子弑杀。吕无亏因在位时间短暂而没有谥号。宋襄公率兵并联合邾（zhū）、曹、卫国的军队彻底肃清齐国的反对势力，送太子吕昭回齐国即位，是为齐孝公。

霸业崩溃

齐孝公吕昭（？—前 633）即位时，齐国经历了此次动乱，后继乏人，国力由盛转衰，霸主地位一去不复返。公元前 633 年，齐孝公去世。其子被公子开方（卫国国君卫懿公的庶长子，仕于齐，为齐桓公宠臣）杀害，齐孝公弟公子潘夺位，是为齐昭公。

齐昭公吕潘（？—前 613）在位期间，公元前 632 年，晋、楚两国在卫国城濮（今山东省菏泽市鄄城县西南）爆发“城濮之战”。晋国获胜后，齐昭公参加了晋文公组织的晋、齐、宋、鲁、蔡、郑、卫、莒八国践土（今河南省新乡市原阳县）之盟，结为同盟。公元前 613 年，齐昭公去世，其子吕舍即位。吕舍仅在位五个月，便被齐昭公之弟吕商人弑杀，因没有谥号，被称为齐后废公。吕商人自立君位，是为齐懿公。

齐懿公吕商人（？—前609）荒淫好色，骄恣无道，强夺人妻，令国人大失所望。齐懿公当年为公子时，曾与贵族邴原争夺采邑（食邑）而失败，吕商人怀恨在心。他即位后，尽夺邴氏之田，对早已死去的邴原掘其坟、断尸足。邴原之子邴歜（chù）为报父仇，花言巧语骗得齐懿公的信任，为他做了车夫。时任骖（cān）乘的阎职（又称雍职）有位貌美如玉的妻子，被齐懿公强行纳入后宫自行淫乐。公元前609年，齐懿公在泡温泉归途的马车上，被邴歜与阎职合谋杀害，其子被废为庶人。齐人迎接当初逃往卫国的齐桓公之子公子元回国即位，是为齐惠公。

齐惠公吕元（？—前599）即位后，一连串的争位混战至此结束。齐惠公在位十年，公元前599年去世，其子吕无野即位，是为齐顷公。

齐顷公吕无野（？—前582）在位期间，公元前592年晋景公派遣正卿郤（xì）克出使齐国，郤克本身略显驼背，走路一偏一拐，出使期间遭到齐顷公和其母亲萧同叔子的耻笑。郤克认为受到了奇耻大辱，暗自发誓："如果我不报此仇，今生定不过黄河。"公元前589年，齐国讨伐鲁国，晋国出兵救援，联合鲁、卫、曹与齐顷公在鞌（ān）（今山东省济南市长清区）交战，晋将郤克领兵大败齐军，一雪前耻。公元前582年，齐顷公去世，其子吕环即位，是为齐灵公。

齐灵公吕环（？—前554）在位二十八年，有名相晏弱、晏婴（晏子）父子相继辅政，国事清明。齐灵公起初尊晋为霸主，后欲争霸天下，连续五次出兵伐鲁，但均无战果。晋国面对齐国叛晋伐鲁，不能坐视不管。于是，晋国率十二家诸侯兴师伐齐，齐国大败。齐灵公有一个特别的嗜好：喜欢看后宫女子女扮男装。于是，后宫妇女均身穿男装并很快流行至宫外，使得全国女子竞相效仿，纷纷身着男装。齐灵公虽然下令禁止女扮男装，却屡禁不止。晏子进谏说："如同悬挂牛首于国门口，却卖马肉于宫内，何以禁止？"齐灵公恍然大悟，下令宫内女子不得再穿男服，很快国内就没有女扮男装的怪象了。齐灵公很早就娶了鲁国女子颜懿姬为夫人，无子。颜懿姬陪嫁侄女声姬所生之子吕光被立为太子。后来，齐灵公又娶了仲子、戎子姐妹二人为夫人。齐灵公宠爱戎子，也无子。仲子生子牙，戎子视为己出。宠姬戎子要求立子牙为太子，齐灵公不顾仲子的反对，废除太子吕光，派他出守即墨（今山东省青岛市即墨区），改立公子牙为太子，埋下祸根。公元前 554 年，齐灵公卧病在床不能亲政。大夫崔杼（zhù）与太傅高厚争权，趁机与大夫庆封等大臣从即墨偷偷接回吕光，复立为太子。吕光杀死戎子，齐灵公听闻后吐血而亡。太子吕光继承君位，是为齐后庄公。

齐后庄公吕光（？—前 548）即位后，先将公子牙流放，再派人将其杀死。崔杼杀死高厚，从此独掌朝政。公元前 548 年，齐后庄公因与崔杼之妻东郭姜私通而遭崔杼等人杀害。崔杼拥立齐后庄公异母弟吕杵臼继承君位，是为齐景公。

齐景公吕杵臼（？—前 490）即位后，崔杼出任宰相，庆封担任左相。他在位五十八年，国内局势相对稳定。年幼的齐景公虽有治国安邦的宏伟志向，却没有掌握大局的能力和手段，大权旁落到崔杼、庆封手中。庆封设计除掉崔杼及其家族，独自掌控朝政，后将国政托付于儿子庆舍。荒淫无度的庆封父子，遭到公孙灶、公孙虿（chài）与陈无宇的联合攻击，庆舍被杀，庆封流浪吴国，公孙灶与公孙虿共同执政，并与陈无宇家族展开了争权夺利的斗争。经过十六年的动乱，齐景公政治经验日益丰富，在大夫国弱、晏婴等忠贞之臣的辅佐下，终于走出了大臣专权的阴霾，亲理朝政。他虚心纳谏，认真听取、采纳晏婴、弦张等人的建议，重用贤臣，发展经济，使齐国的国势逐渐恢复。在晋、楚争雄的同时，齐景公积极准备，精心谋划，攻打徐国，征服郯（tán）国、莒国，帮助宋国打败吴国，挑战晋国，力图恢复霸业。公元前500年，齐景公邀鲁定公在齐鲁交界的夹谷（一说今山东省济南市莱芜区南，一说在山东省淄博市淄川区西南）会盟，以共同对付吴国的威胁。会盟时，鲁国大司寇孔子运用智慧和勇气，使鲁国在外交上取得了胜利，使得齐景公归还了从鲁国侵占的郓地、汶阳和龟阴等三处土地，史称“夹谷会盟”。公元前490年，齐景公病重，他废长立幼，托付上卿国夏（史称国惠子）与高张（史称高昭子）立宠妾芮姬所生少子吕荼为太子，其余公子怕遭诛杀，全部出国逃亡，吕荼的异母兄公子寿、公子驹、公子黔投奔卫国，公子驵、公子阳生投奔鲁国。齐景公迁居东莱后去世，太子吕荼即位，是为齐晏孺子。

田氏代齐

齐晏孺子吕荼（？—前489）即位时，齐国田氏家族势力日盛。田氏家族首领田无宇（田桓子）妻子是齐灵公和穆孟姬（鲁国叔孙侨如之女）之女，齐景公的姐姐。田无宇之子田乞任大夫之职，他以大斗借出、小斗收进的方法借给百姓粮食，笼络民心。就在齐景公尸骨未寒之时，田乞酝酿了一场足以颠覆吕氏政权的阴谋。公元前489年，齐晏孺子在位仅十个月，大臣田乞与鲍牧（鲍叔牙的后代）乘虚发动政变，将吕荼先驱后杀，杀死国夏、高张二相，从鲁国迎回吕荼的兄长吕阳生为新君，是为齐悼公。田乞担任国相，夺取了齐国朝政大权，开齐国田氏贵族专政的先河，拉开了“田氏代齐”的序幕。

齐悼公吕阳生（？—前484）在位期间，田乞专擅国政。公元前485年，田乞去世，其子田常（即田成子、田恒）继任其位。齐大夫鲍牧因与齐悼公闹矛盾被杀，鲍牧之子鲍息继任其位。公元前484年，齐国入侵鲁国，被鲁军打败。接着，鲁国联合吴国在艾陵（今山东省济南市莱芜区东南）全歼十万齐军，史称“艾陵之战”。田常趁吴、鲁两国攻打齐国南方之际，乘机怂恿鲍息及齐人毒杀齐悼公，立其子吕壬继承君位，是为齐简公。

齐简公吕壬（？—前481）即位后，分别任用田常和阚止（字子我）为左、右相。公元前481年，田常发动政变，杀死齐简公和阚止，拥立齐简公之弟公子骜继承君位，是为齐平公。

齐平公吕骜（？—前456）即位后，田常自立为太宰。田常选齐国身高七尺以上美女数百人为姬妾，有七十个儿子。自此，田常独揽齐国大权，尽诛鲍、晏诸族。这时，春秋时期已接近尾声，之后由“田氏代齐”，成为战国七雄之一。齐国称霸中原时，楚国连年攻郑，向东扩充势力，国力也很强盛，控制了汉水流域和长江中游。齐桓公死后，齐国内部发生诸子争位、争权斗争时，楚国又向北发展，齐国称霸时的盟国鲁、宋、郑、陈、蔡、许、曹、卫等国先后归附于楚。楚庄王“问鼎之轻重”暴露野心，成为霸主，历史进入战国争雄的大变革时代。

2. 晋国　百年霸业

晋国（前1033—前376）原是戎狄游牧地区的唐国，唐国是殷周之际位于今山西省南部汾河以东的翼城、曲沃、襄汾和绛县之间的一个小国。公元前1033年，周成王时灭唐国后把唐地封给其弟叔虞，国号为“唐”，叔虞故称唐叔虞。晋侯燮（xiè）时改“唐”为“晋”，称“晋国”。公元前376年，晋国末任晋侯晋静公被废为庶民，晋国彻底灭亡，共传四十三位君主，历时六百五十七年。唐叔虞是晋国立国创业的始祖，也是三晋文化的创始人。晋国后来经历了长达六十七年之久以小宗最终取代大宗的“曲沃代翼”内战，到晋献公时，攻灭骊戎、耿、霍、魏、杨，芮、郇、冀等国，击败狄戎，后又采纳荀息假道伐虢之计，消灭强敌虞、虢，史称“并国十七，服国三十八”，打下了晋国百年霸业的基础。晋国鼎盛时期，领地占有今山西省全部、陕西省东部与北部、河北省中部与南部、河南省西部和北部、山东省西北部与内蒙古自治区部分的广大地区，黄河中游皆为晋国所有。至晋文公时，晋、楚两军在城濮大战，晋军打败了楚军，周王参加“践土会盟”，册命晋文公“侯伯”，成为齐桓公之后的第二个霸主。之后，晋襄公接霸，晋景公失霸，晋悼公复霸中原，最后被韩、赵、魏“三家分晋”。春秋时期，晋国从大起到大落，称霸百年有余。

建唐改晋

唐叔虞（生卒年不详）姬姓，名虞，字子于，周武王姬发之子、周成王姬诵之弟，母亲为齐太公吕尚之女邑姜，因封地唐国，史称唐叔虞，建国号为“唐”，都城有今山西省临汾市翼城县里砦（zhài）镇唐城村和南唐乡龙唐村之说（1929 年《翼城县志》记载：叔虞封唐“初都龙唐”）。唐叔虞受封治唐后，因地制宜，因势利导，以夏戎之政治夏戎之地，以夏戎之法理夏戎之民，化解民族矛盾，发展农业、牧业，政绩斐然，功不可没。唐叔虞去世后，其子姬燮即位，是为晋侯燮。

晋侯燮（生卒年不详），姬姓，名燮（一作燮父），迁居晋水之旁（今山西省曲沃市滏河的支流金河附近），都城翼城（今山西省临汾市翼城县苇沟—北寿城遗址，一说山西省临汾市曲沃、翼城两县接界处曲村—天马遗址)，改国号“唐”为“晋”。[1] 晋侯燮去世，其子姬宁族继承君位，是为晋武侯。晋武侯去世后，其子姬服人继承君位，是为晋成侯。晋成侯去世后，其子姬福继承君位，是为晋厉侯。公元前 859 年，晋厉侯去世，其子姬宜臼继承君位，是为晋靖侯。公元前 841 年，周朝镐京发生暴动，周厉王被赶出镐京，召穆公、周定公共和行政。次年，晋靖侯去世，其子姬司徒继承君位，是为晋僖侯。公元前 823 年，晋僖侯去世，其子姬籍继承君位，是为晋献侯。公元前 812 年，晋献侯去世，其子姬费王继承君位，是为晋穆侯。

公元前 808 年，晋穆侯迎娶齐国的宗室女子姜氏为夫人，史称齐姜。公元前 805 年，晋穆侯受周宣王令，率军随周宣王讨伐条戎，惨败而归。晋穆侯对战败深以为耻，正好齐姜生子，晋穆侯便为子取名为“仇”，并立其为太子。公元前 802 年，晋穆侯率军讨伐北戎，与北戎在千亩（今山西省临汾市安泽县北）交战，晋军击败北戎，大获全胜。此时，齐姜生下第二个儿子，于是晋穆侯便为他起名为“成师”。晋穆侯之弟殇叔协助哥哥征战四方，屡立战功，权倾王室。公元前 785 年，晋穆侯去世，其弟殇叔以兄终弟及的方式自立为君，史称晋殇叔。晋国嫡长子继承制第一次被打破，太子姬仇出国避难。公元前 781 年，太子姬仇率领其追随者成功袭杀殇叔，姬仇继承君位，是为晋文侯。

文侯勤王

晋文侯姬仇（前 805—前 746）是晋国第十一任国君，也是晋国历史上一位

[1]《汉书・地理志》记载：“唐有晋水，叔虞子燮为晋侯，是燮以晋水改为晋侯。”山西曲沃、翼城两县接界处，考古队挖出了“晋侯墓地遗址”（又称曲村—天马遗址）。而距离“晋侯墓地遗址”大约 10 多公里处，是苇沟—北寿城遗址，是晋国早期的都城。北寿城遗址在曲沃滏河的支流金河附近，有学者认为金河便是当初的晋水，晋侯因此改国号为“晋”。山西省考古研究所田建文在主持苇沟 北寿城遗址勘探的过程中，依据考古勘探秉持此地为燮父迁徙居晋水旁的所都之地。景元祥所著《晋都曲沃》认为：曲村—天马遗址应该就是唐叔虞始封之地。

杰出的君主。公元前770年，他辅佐周平王东迁，历史进入春秋时期。公元前760年，晋文侯诛杀周携王，结束周王室长达十年的二王并立的局面，为东周初年的局势稳定做出很大贡献。晋文侯在位三十五年，励精图治，使晋国迅速崛起，为晋国后来称霸中原奠定了坚实基础。公元前746年，晋文侯去世，其子姬伯继承君位，是为晋昭侯。

晋昭侯姬伯（？—前739）即位后，在公元前745年把比都城翼城还大的曲沃（今山西省临汾市曲沃县）[1]封给其叔父、晋文侯之弟桓叔（史称曲沃桓叔，名成师）。五十八岁的桓叔是一位具有丰富经验的政治家，他受封后，招贤纳士，苦心经营，曲沃很快发展成为晋国第二个政治、经济、文化中心，实力和影响已经远远超过晋都翼城，晋国从此分裂为翼城和曲沃，也因此埋下了晋国近七十年内乱的祸根。公元前739年，晋国大臣潘父弑杀晋昭侯，欲迎立曲沃桓叔。桓叔进兵翼城夺权，被晋军打败，退回曲沃。晋人诛杀叛党潘父，拥立晋昭侯之子姬平继承君位，是为晋孝侯。

曲沃代翼

晋孝侯姬平（？—前724）即位时，翼城与曲沃完全公开对立，形成两个政权并立的局面。公元前731年，曲沃桓叔去世，其子曲沃庄伯即位。公元前724年，曲沃庄伯在晋国都城翼城弑杀了晋孝侯，曲沃庄伯被晋军追击退回曲沃。晋人立晋孝侯之弟姬郄（xì）继承君位，是为晋鄂侯。

从晋孝侯被杀到晋鄂侯姬郄（？—前718）即位，也就是晋国进入了曲沃代翼的内乱时期。公元前718

[1] 据《读修曲沃县志》，古曲沃得名于境有沃水并萦回盘旋，是为曲沃命名之由。景元祥所著《晋都曲沃》，据《诗经・唐风・扬子水》反映晋大夫潘父勾结曲沃桓叔叛晋的诗分析，诗中扬子水即今白水，白水在曲沃景明、白水村之间，出之绛山，又名绛水，有考古学者认为即晋水，故成师封沃之古曲沃即为今之曲沃。

年，曲沃庄伯野心不死，他联合郑国、邢国伐翼，愚蠢的周桓王受贿后也派兵支援曲沃庄伯，晋鄂侯逃往随地。没想到，曲沃庄伯又与周天子反目，周桓王命虢公讨伐曲沃庄伯，曲沃庄伯兵败逃回曲沃防守，但给晋国造成重创。晋鄂侯之子姬光被立为君，是为晋哀侯。

晋哀侯姬光（？—前708）即位后，公元前717年，晋国怀姓九宗五正（总长）顷父之子嘉父把晋鄂侯姬郄从随地接回鄂地（今山西省临汾市乡宁县）居住，从此下落不明。公元前716年，曲沃庄伯去世，其子曲沃武公即位。公元前710年，本来就内忧外困的晋哀侯，却贸然举兵入侵翼城以南的小城邑陉廷（也属晋国，但相对独立）。公元前709年，原本保持中立的陉廷与曲沃武公联兵伐晋，晋哀侯被俘。晋人立晋哀侯之子姬小子即位，是为晋小子侯。从此，晋国再也没有任何力量对抗曲沃。

晋小子侯姬小子（？—前705）仅在位四年，公元前708年，曲沃武公派自己的叔父姬韩万杀死晋哀侯。公元前705年（据《左传》则为公元前704年），曲沃武公将晋小子侯诱骗到曲沃杀死。周桓王出兵击败曲沃武公，立晋哀侯之弟姬缗（mín）为晋侯，是为晋侯缗。

晋侯缗姬缗（？—前678）是晋国第十七任君主，在位二十八年，为侯氏始祖。公元前678年，曲沃武公出兵伐晋，杀死晋侯缗，并将晋国的珠宝尽献周天子周釐王，周釐王任命曲沃武公为晋君，列为诸侯，改称晋武公。在晋国与曲沃之间，经过长达六十七年的内乱，曲沃桓叔一系彻底打败姬仇一系，曲沃终于吞并了晋国翼城，实现“曲沃代翼”，夺得晋国正统地位。当时，晋武公出兵灭掉荀国（今山西省临汾市襄汾县荀董村附近）后，以荀国旧地赏赐大夫原黯为邑，原黯从此以荀为姓，史称荀息。后荀息生子荀逝敖，荀逝敖生子荀林父、荀骓、荀首，分别为晋国中行氏、程氏、智氏始祖。公元前677年，晋武公去世，其子姬诡诸继承君位，是为晋献公。

骊姬之乱

晋献公姬诡诸（？—前651）即位后，奉行尊王政策，提高声望。公元前672年，晋献公攻打骊戎（今陕西省西安市临潼区西南骊山），得到了骊姬和她妹妹，晋献公对她们姐妹十分宠爱。公元前669年，晋献公面对诸多晋国公子，为汲取曲沃代翼的教训巩固君位，他采纳大夫士蔿（wěi）的建议，尽灭富氏及桓庄之族，将曲沃桓叔、曲沃庄公、晋武公三代旁系子孙全部诛杀，史称“灭桓庄之族”。新建都城绛都，并开始兼并诸侯小国。公元前665年，骊姬生下幼子奚齐，晋献公选定幼子奚齐作为继承人，便安排三个成年儿子分别居外，申生（太子）驻守曲沃、重耳驻守蒲邑（今山西省临汾市隰县西北）、夷吾驻守屈邑（今山西省临汾市吉县城东北十公里麦城村）。公元前656年，骊姬设计在太子所献胙（zuò）肉中下毒陷害太子申生，使其在曲沃自尽，史称“骊姬之乱”。当时，秦穆公为与中原友好，想与当时力量强大的晋国联姻，遂向晋献公求婚。晋献公把与齐姜之女穆姬嫁给秦穆公，以结秦晋之好。公元前655年，在骊姬的离间下，晋献公出兵讨伐公子重耳和夷吾。重耳与赵衰（cuī）、狐偃、介子推等随从，出逃到翟国。翟国攻打戎族部落廧（qiáng）咎如，得到了两个美貌少女，翟君把年少的美女季隗（wěi）嫁给重耳为妻，年长的美女叔隗嫁给赵衰为妻。赵衰与叔隗生有一子，这就是未来影响晋国命运的一代权臣、赵氏孤儿赵武的祖父赵盾。夷吾出逃到梁国，梁国国君把自己的女儿嫁给夷吾，并生下一对龙凤胎，取名圉（yǔ）和妾。晋献公先后灭霍（今山西省霍州市）、耿（今山西省河津市）、魏（今山西省芮城县），采纳荀息假道伐虢之计，灭强敌虞（今山西省平陆县）、虢（今河南省三门峡市陕州区）等国，史称其“并国十七，服国三十八”，统一了汾河流域，扩大领土至黄河南岸，晋国疆土扩张了三倍。但人算不如天算，公元前 651 年，姬诡诸因病去世，谥号献公。晋献公临终前拜荀息为相国，荀息成为春秋晋国有史记录的第一位相国。太子姬奚齐年仅十四岁，骊姬所生第二子悼子年仅一岁。于是，诸公子争位，晋国大乱。公元前 650 年，国相荀息拥立姬奚齐继承君位，是为晋君奚齐。晋君奚齐即位仅十个月，就被大臣里克联合三个公子余党杀死。荀息复立骊姬之子悼子继承君位，仅一个月，里克又杀悼子。公子夷吾的姐姐穆姬是秦穆公的夫人，夷吾以晋国河西地区割让给秦国、将汾阳的城邑封里克为条件，在秦穆公、齐桓公、大臣里克的支持下，回晋国继承君位，是为晋惠公。

晋惠公姬夷吾（？—前 637）即位后，对秦国不守信用，违背承诺，没有割地给秦国，并对里克连弑两君、总揽大权有所忌惮，逼杀里克。公元前 647 年，晋国发生饥荒，晋惠公向秦国乞求购买粮食，秦穆公慷慨资助，运粮船队从雍城到绛城接连不断，史称“泛舟之役”。公元前 646 年，秦国也发生饥荒，向晋国请求购买粮食，晋惠公不仅不给粮食，反而趁机攻打秦国，秦晋关系破裂。晋惠公弃信杀臣、背信弃义，多行不义必自毙。公元前 645 年，秦国发兵大举攻打晋国，韩城大战，晋国大败，晋惠公被俘。晋惠公在姐姐穆姬的求情下，三个月后被放回晋国。晋惠公回国后，向秦国割让了黄河以西的土地。晋惠公派人到翟国诛杀重耳，重耳一行逃到卫国，卫文公见到落魄的重耳，没有善待他们。重耳一行在卫国陷入深山，饥饿难行。介子推偷偷割下自己腿上的肉，煮汤送给重耳吃，这便是“割股奉君”的典故。之后，他们离开卫国，逃往齐国。齐桓公厚礼招待，并把同家族的女子齐姜嫁给重耳。重耳先后到了曹国、宋国、郑国和楚国，其间得到宋襄公、楚成王的国礼接待。公元前 643 年，晋惠公让太子圉（yǔ）到秦国当质子，女儿妾到秦国作侍女，秦穆公遂将河东土地归还给晋国，并把宗族之女怀嬴嫁给太子圉，秦晋关系修好。公元前 641 年，秦国灭了晋国太子圉母亲的母国梁国。公元前 638 年，晋惠公身患重病，太子圉从秦国逃回晋国。公元前 637 年，晋惠公病逝，太子圉继承君位，是为晋怀公。

晋怀公姬圉（约前 655—前 636）即位后，畏惧公子重耳回国夺权，威逼重耳的外祖父狐突召回两个儿子狐毛与狐偃，意欲削弱重耳的势力。狐突因拒不执行，被年轻气盛的晋怀公所杀。狐突之死，将晋国公卿彻底推向了重耳一方。晋怀公的不辞而别，使得秦穆公大怒，他将长期在外流亡的晋公子重耳从楚国邀请到秦国，把同宗的五个女子（包括圉妻怀嬴）嫁给重耳。公元前 636 年，重耳在三千秦兵的护送下，并有将军栾枝和郤（xì）谷为内应，回到阔别十九年的晋国，继承君位，是为晋文公。晋怀公逃到高梁（今山西省临汾市东北），不久被重耳派人所杀。

文公称霸

晋文公姬重耳（约前 697—前 628）即位当年，周王室发生“子带之乱”，周襄王流落郑国。公元前 635 年，晋文公听从赵衰“求霸莫如入王尊周”的建议，约会诸侯，发兵打败并杀死王子带，迎周襄王回到周王城洛邑，得到周王的封赏，周襄王将河内（今河南省焦作市沁阳市）、阳樊（今河南省济源市西南）两地赐给晋国。在晋国史上能获得周王如此封赏的只有三人：唐叔虞、晋文侯和晋文公。此后，晋文公抓到了“尊王”的旗帜，晋国经过几代国君的努力蓬勃兴起。晋文公在位期间，任用狐偃、先轸、赵衰、贾佗、魏犫（chōu）等贤人，整顿内政，增强军队，修明政务，通商宽农，奖罚分明，使晋国国力大增。晋文公把女儿嫁给赵衰，称赵姬，后生有赵同、赵括、赵婴齐三子。赵姬非常贤德，主动提出迎回叔隗、赵盾母子，还把正室地位让给叔隗。之后，晋文公讨伐卫国、曹国，与齐国结盟。公元前632年，楚国攻打宋国，宋国向晋国求救，晋国派兵救援宋国。晋、楚两军在卫国城濮（今山东省菏泽市鄄城县西南）交战，因晋文公流亡时得到楚君的礼遇，他兑现诺言，晋军退避三舍，最后打败楚军，史称“城濮之战”。周王册命晋文公为“侯伯”，成为霸主。同年，晋文公以周天子之命召集诸侯，与齐昭公、宋成公、鲁僖公、蔡庄侯、郑文公、卫叔武及莒子在践土（今河南省新乡市原阳县）会盟，奠定了其春秋霸主地位。公元前630年，晋文公联合秦穆公带兵包围郑国，虽未灭郑，但使其臣服。公元前628年，重耳去世，谥号文公。其子姬欢继承君位，是为晋襄公。

晋襄公姬欢（？—前621）虽没有过硬的手腕，但本性宽厚，性格沉稳，温文尔雅，善纳箴言。他萧规曹随，垂拱而治，对父亲晋文公生前所用的重臣均官居原职，政局稳定。公元前627年，秦国攻打晋国的同姓国郑国时，先灭掉晋附属国滑国（今河南省郑州市巩义市）。秦军在回军途中，在崤山谷中遭遇晋军和姜戎联军埋伏，秦军全军覆没，三员主将皆被俘，史称“崤之战”。崤之战，也是秦晋之好的终点。此役过后，秦国彻底丧失与晋国争霸的资本。面对日渐嚣张的白翟（zhái），晋国紧接着经过“箕（今山西省榆社县讲堂村西南，一说山西省晋中市太谷区东，另说山西省临汾市蒲县西北）之战”，生擒翟人的国君，给白翟人以重击。同年冬，楚成王不甘将霸权交与晋国，出动大军征服陈国、蔡国，进攻郑国。晋襄公因蔡国倒向楚国而出兵伐蔡国，楚成王派令尹子上领兵救援蔡国，经“泜（zhī）水之役”，楚国战败，楚成王将子上处死。晋襄公在位的第一年，面对强敌秦国、翟国、楚国，三战皆捷，将晋国霸权再次推向高峰。他继承了父亲成为中原霸主。这时，晋文公时代的三巨头文公、狐偃、先轸相继离世，晋襄公组建了新一朝的统治结构，晋襄公坐朝，赵衰执政，先且居（先轸之子）掌管军事，诸卿辅佐，使得晋国霸权地位得以延续。公元前626年，晋襄公亲自带兵进军卫国，攻占卫国都城戚城（今河南省濮阳市），并俘获大夫孙昭子孙炎。秦国欲报崤山之仇，趁机由孟明视率兵进攻晋国。先且居领兵迎战秦军，彭衙之战又以晋军的胜利而告终。公元前624年，秦穆公亲自率秦军主力渡过黄河，反扑晋国，攻占晋国的郊（今山西省运城市闻喜县西）和王官（今山西省运城市闻喜县）两邑。晋襄公在赵衰的建议下，避其锋芒，坚壁清野，关门不出。秦穆公退兵后，退出了争霸行列，夯实国基，改变战略向西进军。晋襄公则主动与鲁国、卫国等交好，改善同中原诸国的关系，以展示霸主之德。公元前623年，晋国攻打秦国攻下新城，以报王官之仇。公元前622年，晋国大将赵衰、栾枝、先且居、胥臣相继病逝。公元前621年，晋襄公任用贤能，论功封爵，重组六卿。他为平衡老臣派和新人派，安排新人派三人入六卿，赵盾（赵衰之子）为中军将、狐射姑（即贾季、狐偃之子）为中军佐、先克（先且居之子）为上军将。栾盾（栾枝之子）、胥甲（胥臣之子）为后补；安排老臣派三人也入六卿，箕郑父为上军佐、先蔑为下军将、荀林父为下军佐。赵盾兼任执政大夫，赵盾成为晋国第一个同时担任军、政一把手的大臣。公元前621年，姬欢去世，谥号襄公。因太子夷皋年幼，晋国大臣想立一位年长的君主。赵盾推荐身在秦国晋襄公的弟弟公子雍，狐射姑推荐身在陈国公子雍的异母弟公子乐。公元前620年，赵盾派人半道截杀了公子乐。然而夷皋的母亲穆嬴以过人的勇气和智慧说动了赵盾，为自己的儿子夺回君位。赵盾领兵阻止并在令狐打败护送公子雍回国的秦国军队，拥立太子姬夷皋继承君位，是为晋灵公。

晋灵公姬夷皋（前624—前607）即位第二年，公元前619年，秦国发兵攻打晋国，夺取晋国武城（今陕西省渭南市华州区西）。[1]公元前617年，晋国派兵攻打秦国，夺取秦国少梁（今陕西省渭南市韩城市南）。同年，秦国派兵攻打晋国，夺取晋国北征（今陕西省渭南市澄城县西南）。公元前615年，秦康公率军攻打晋国，夺取晋国羁马（今山西省运城市永济市南）。晋灵公大怒，发重兵进攻秦军，晋军在河曲（今山西省运城市芮城县）与秦军大战取得胜利。公元前613年，周顷王去世，因公卿争权夺利发生内乱。晋国派赵盾率领战车八百乘平息内乱，拥立周匡王即位。晋灵公年长后，喜好声色，好玩狗取乐，生活奢侈，荒淫腐化。他宠信奸臣屠岸贾，不行君道，凶暴残忍，民不聊生。赵盾多次劝谏，让晋灵公感到既讨厌又担心。晋灵公多次设计谋杀赵盾，没能成功。公元前607年，赵盾之弟赵穿在桃园突袭杀死晋灵公。赵盾从洛京迎回在东周做人质的晋襄公之弟、晋灵公的叔叔公子姬黑臀继承君位，是为晋成公。

晋成公姬黑臀（？—前600）即位时，因晋国从骊姬之乱后，诸公子们逃离晋国，从此晋国实行晋无公族（掌君王贵族内部事务）之策，以防止公族觊觎国君之位。晋成公即位后，开始设置公族、馀（yú）子、公行三种官职。授卿士的嫡长子为公族大夫，授卿士的其他儿子为馀子，授他们的庶子为公行。赵盾感恩当年赵姬迎回自己与母亲的恩情，向晋成公推荐他的异母弟赵同、赵括、赵婴齐，晋成公将他们都晋爵为大夫，赵括担任公族大夫，统率旧族。赵盾成为晋国执政的专权者，晋成公也只是个傀儡国君。晋

[1]《史记·秦本纪》引《括地志》说："故武城，一名武平城，在华州郑县东北十三里。"故武城为今陕西渭南市华州区华州街道附近。

成公为保君位，将其女赵庄姬[1]嫁给赵盾之子赵朔为妻，后生有儿子赵武。公元前606年，晋成公因郑国背叛晋国，派兵攻打郑国，两国讲和缔结盟约。楚国因为郑国与晋国结盟，于是出兵入侵郑国。公元前604年，郑国郑襄公刚刚即位，依附晋国而背弃楚国。楚庄王便出兵攻打郑国，并与陈国讲和。晋国将领荀林父率军前往援救郑国，攻打陈国。公元前601年，晋国联合白狄打败秦国，俘虏秦国将军赤。同年，赵盾去世，其子赵朔袭父爵位成为中军将。公元前600年，晋成公与楚庄王争夺霸权，晋国与诸侯联军与楚国交战，打败楚军。同年，姬黑臀在扈邑（今陕西省西安市鄠邑区）去世，谥号成公。其子公子姬据继承君位，是为晋景公。

晋景公姬据（？—前581）即位当年，楚庄王讨伐郑国，晋景公出兵救援郑国，与郑襄公联军在“柳棼（fén）之战”打败楚国军队。公元前599年，楚庄王再次举兵伐郑，晋景公派士会（范武子，士蔿之孙、士缺幼子）率领晋军救援郑国，在“颍北（今河南省禹州市北）之战”中击败楚军。此时，秦国与楚国结盟共同抗晋。公元前597年，楚庄王发兵包围郑国，郑国向晋国求救。晋国派荀林父统帅中军，士会统帅上军，赵朔统帅下军出兵救援，谁知楚国却与郑国讲和。在先谷（先轸之子）的建议下，晋楚两军于邲（bì）（今河南省郑州市荥阳市东北）大战，郑国反而帮楚军进攻晋军，晋军大败，晋国大将智被俘，史称“邲之战”。晋军战败后，晋将先谷担心被追责，叛逃到翟国，晋景公诛灭了先谷家族。公元前593年，晋国派随会灭了赤狄（今山西省长治市一带）。公元前591年，楚庄王去世。晋国出兵讨伐齐国，迫使齐国派太子强（qiáng）到晋国做人质。公元前589年，齐国讨伐鲁国，

[1] 赵庄姬又称孟姬，姬姓，名字不详，“姬”是她的姓，“赵”是丈夫的氏，“庄”是赵朔的谥号。《晋国通史》记载为晋成公之女，而《史记·赵世家》记载庄姬是晋成公的姐姐，据年龄推算应为成公之女，属司马迁之误。

晋国以栾书为下军将，韩厥为司马出兵救援，联合鲁、卫、曹与齐顷公在鞍（ān）（今山东省济南市长清区）交战，齐军大败。史无记载，根据历史事件推断，这一年赵朔去世。[1]公元前587年，赵朔之妻赵庄姬与赵朔的叔叔赵婴齐乱伦东窗事发，赵同、赵括兄弟为了维护赵氏尊严，将赵婴齐逐出晋国，流放齐国。公元前585年，楚国令尹子重攻打郑国，晋国派栾书领军救郑，在绕角（今河南省平顶山市鲁山县）与楚军交战，楚军溃败，史称“晋楚绕角之役”。这一年，晋景公将国都由绛都迁往新田（今山西省临汾市侯马市西北和运城市新绛县横桥乡一带），并改称“新绛”。公元前583年，晋景公发动晋伐蔡攻楚破沈之战，俘虏了楚国大夫申骊和沈国国君揖初，攻入楚国本土，楚军败退。晋国经过此次战役，有力打击和克制了楚国的霸业。同年，赵婴齐亡故，赵庄姬对当年赵同、赵括兄弟流放赵婴齐一直怀恨在心，便向弟弟晋景公诬告赵同、赵括谋反，加上赵氏政敌栾氏、郤（xì）氏一同指证，晋景公发兵包围赵氏下宫，诛杀了赵同、赵括，并灭了赵氏，尽收其田，赠与晋公族晋献侯之后祁奚，史称“下宫之难”。年幼的赵武跟着母亲赵庄姬躲进晋景公宫中幸免于难，赵武便是后世广为流传的“赵氏孤儿”。中军将韩厥（韩献子）原为赵氏家臣，为感念赵衰的养育之恩，进宫强谏晋景公，晋景公刀下留人，让赵武作为赵氏后代，命祁奚将封地还予赵氏。公元前581年，姬据因病去世，谥号景公。太子姬寿曼继承君位，是为晋厉公。

晋厉公姬寿曼（？—前572）即位后，欲同各诸侯国搞好关系，停止征伐。公元前580年，他与秦桓公约定在令狐（今山西省运城市临猗县西）会盟。晋厉公先到，秦桓公不

[1] 历史上没有记载赵朔哪一年去世，但公元前587年，记有赵婴齐与赵庄姬私通一事，并且次年赵同、赵括为此事制裁赵婴齐时，未见赵朔出面。公元前589年，晋军三军中将下军的主帅由赵朔换为了栾书，何况《左传》又称赵朔妻为“赵庄姬”，“庄”即为赵朔谥号，可以推断公元前589年赵朔去世。

肯渡河，住在王城（今陕西省渭南市大荔县东黄河西岸）。两国派使者往返于令狐和王城之间订盟约，史称“夹河之盟”。但随后秦桓公背叛盟约，与狄人（翟人）攻打晋国。公元前579年，晋军在交刚（今地不详，一说在今山西省境内）打败狄人。公元前578年，晋厉公联合齐、鲁、宋、卫、郑、曹、邾（zhū）、滕等国讨伐秦国，在麻隧（今陕西省咸阳市泾阳县西南）与秦军交战，打败秦军，俘虏秦军大将成差，史称“麻隧之战”。公元前576年，直言进谏的上大夫（太宰）伯宗被三郤（xì）[郤锜为上军元帅、郤至为新军副将、郤犨（chōu）为上军副将]诬陷，在狱中自尽。栾氏大夫栾弗忌也被卷入其中，一同被害，史称“栾弗忌之难”。此事件，栾氏与郤氏结下了仇恨，引起晋人的不满。晋国国内权臣集团三郤权倾朝野，气势如虹。公元前575年，郑国背叛晋国而与楚国结盟，晋厉公亲自率兵，联合齐、鲁、卫等国一道出兵渡过黄河攻伐郑国。楚共王率军援救，双方在鄢陵（今河南省许昌市鄢陵县）交战，楚军大败，楚共王的眼睛被射伤，楚共王一怒之下射杀楚将子反，撤军回国，史称“鄢陵之战”。从此，晋国威震诸侯，更想号令天下谋取霸权。公元前573年，由于晋国卿族栾书设计离间，晋厉公安排自己一位宠姬之兄胥童（胥臣之曾孙）攻杀三郤，郤氏凋零。胥童再将卿族栾书、中行偃劫持，请求杀了他们免除后患。晋厉公没有采纳，给栾书、中行偃恢复了大夫之职。同年，栾书、中行偃囚禁了晋厉公，杀死胥童，从周都洛邑迎回公子姬周（晋襄公二子姬捷之孙、晋厉公姬寿曼之侄、姬谈之子）继承君位，是为晋悼公。次年，栾书、中行偃派大夫程滑杀死姬寿曼，谥号厉公。

晋悼公姬周（前586—前558）年仅十四岁即位，博闻广识，沉稳严谨，心存壮志。他即位当天，便顺应民意将晋厉公时的奸佞之臣七人驱逐流放，处死杀害晋厉公的程滑。他推行新政，任人唯贤，整顿民风，匡扶穷人，援助灾民，降低赋税，整顿吏治，严惩贪污，得到晋人的爱戴和拥护。晋悼公重组八卿，任命百官，提拔公族，不到一年的时间，便完全确立了中央集权，晋国上下呈现一片欣欣向荣的景象。他任用四朝忠直老臣韩厥为执政大夫兼中军元帅，韩厥也因此迎来人生事业的巅峰。韩厥果敢坚毅，克己奉公，不畏权贵，待人以宽，知恩图报，不负众望地为晋国的复兴竭尽全力，鞠躬尽瘁。晋悼公任用魏相、士鲂、魏颉及赵武为卿；任命荀家、荀会、栾黡（yǎn）与韩无忌为公族大夫，负责教育卿族子弟；再派士渥浊为太傅，右行辛为司空，并起用弁（biàn）纠、祁奚和荀宾等为官，整顿军政。晋悼公八年之中，联鲁联宋，伐齐纳吴，降郑援陈，娶杞国杞桓公之女联姻，九合诸侯，与戎狄相处融洽，使得晋宗谐睦，举国大治，惠及中原，将晋国霸业推至巅峰。公元前566年，韩厥告老，韩厥的长子韩无忌有略微残疾，推荐弟弟韩起为卿。公元前563年，晋国联合吴国攻伐楚国取得胜利。公元前562年，楚共王率军攻打郑国，并派楚国令尹子囊向秦国求援。秦景公派右大夫詹率军救援，迫使郑简公背弃与晋国的同盟，与楚国结盟。楚国与郑国遂派兵攻打晋国的盟国宋国。晋国援宋，秦国援郑，秦、晋两军在栎（yuè）地（今山西省永济市西南）交战，晋军大败，史称“栎之战”。公元前560年，卿士荀罃（yīng）、士鲂去世，晋悼公重组三军六卿，韩起礼让赵武，辅赵武佐上军，赵韩两家关系更为亲密。公元前559年，晋悼公为报“栎之战”之仇，与荀偃（荀庚之子）率领鲁国叔孙豹、齐国崔杼、宋国华阅和仲江、卫国北宫括、郑国公孙虿及曹国、莒国、邾国、滕国、薛国、杞国、郳（ní）国攻打秦国。晋悼公没有过河，诸侯联军渡过泾河后直入秦腹地棫（yù）林（今陕西省宝鸡市扶风县东北）驻扎，秦军在泾河上游投放毒药，诸侯联军饮水死伤惨重。晋师统帅荀偃号令进军，下军帅栾黡（栾书之子）、下军佐魏绛不听号令，率兵返晋，新三军也一同撤退，荀偃只得退兵。但晋国将领栾针（栾黡的弟弟）和士鞅率军冲入秦军营中，栾针战死，士鞅败回，战争以闹剧收场，史称“迁延（退却之意）之役”。栾黡因其弟战亡而迁怒于士鞅，扬言要杀士鞅。于是，士鞅逃往秦国避难。后士鞅返回晋国，在秦景公的请求下，晋悼公恢复了他的官职。公元前 558 年，年仅二十九岁的姬周因病早逝，谥号悼公。晋悼公在位时的文治武功，挟天子而令诸侯，引领晋国再次称霸中原。其子姬彪继承君位，是为晋平公。

卿族势大

晋平公姬彪（？—前 532）少年即位，上大夫羊舌肸（xī）（叔向）任太傅，张君臣接任父职任中军司马，任命祁奚、韩襄、栾盈、士鞅为公族大夫。公元前 557 年，晋平公发兵攻打齐国，包围齐国都城临淄（今山东省淄博市临淄区），东攻至胶水（今山东省青岛市平度市），南攻到沂水（今山东省临沂市），大获全胜。同年，晋攻打楚国，两军战于湛阪（今河南省平顶山市），晋军攻至楚国方城（濒临汉水的军事防御设施），楚军败退。晋军紧接着攻打许国，得胜而归。晋国下军佐栾盈（一作逞，栾黡之子，栾书之孙）之母栾祁（范宣子之女、范鞅之姐）与栾盈的门客通奸，并将栾氏财产全部吞没，引起儿子栾盈的强烈不满。于是，栾祁联合情人要杀自己的亲儿子，诬告栾盈作乱，由范鞅作证，栾盈被范宣子驱逐，被迫逃奔楚国，不久又逃到齐国。公元前 550 年，齐庄公暗中派遣栾盈回到曲沃，栾盈在曲沃反叛，袭击绛城战败，栾盈战死，曲沃人灭了栾氏家族，史称“栾盈之乱”。同年，齐庄公攻打晋国都城后撤军，以报临淄被围之仇。公元前 549 年，晋平公派韩起到秦国结盟，秦景公派后子针到晋国结盟，由于双方存在分歧，仅同意罢兵休战，但未结盟。公元前 548 年，齐庄公被齐国大臣崔杼（zhù）杀害，晋国趁齐国内乱之际在高唐（今山东省聊城市高唐县）打败齐军，以报复太行一战之仇。公元前 547 年，秦国再派后子针到晋国重新结盟。公元前 541 年，任正卿七年有余的赵武去世，韩起继任中军元帅，开始对晋国长达二十八年的执政。晋平公在位后期，加重赋税，大兴土木，贪图享乐，不务政事，大权旁落六卿，为赵、魏、韩三家分晋埋下了伏笔。公元前 532 年，姬彪去世，谥号平公。其子姬夷继承君位，是为晋昭公。

晋昭公姬夷（？一前 526）在位期间，晋国失去霸主地位。公元前 529 年，晋昭公为恢复霸业，与齐国争夺霸主，召开“平丘（今河南省新乡市封丘县东南三十公里平街村）之会”，会见刘子、齐侯、宋公、卫侯、郑伯、曹伯、莒子、邾娄子、滕子、薛伯、杞伯、小邾娄子等十多国代表。此后晋国渐渐失去霸主地位。公元前 526 年，姬夷因病去世，谥号昭公。其子姬弃疾继承君位，是为晋顷公。

晋顷公姬弃疾（？一前 512）在位时，六卿逐渐壮大，积极向公室夺权，国家大权旁落到赵、魏、韩、智、范、中行六家手中。公元前 520 年，周景王去世，诸王子争夺王位，晋国六卿平定周王室的动乱，扶持周悼王即位，一年后周悼王去世，拥立周敬王即位。公元前 514 年，韩起去世，魏舒（魏献子，晋国名将魏绛之孙，晋军步战的创始者）接任执政。公元前 513 年，赵简子、范献子用四百八十斤生铁，把范宣子制定的“刑书”，铭铸于大铁鼎上，成为晋国的第一部成文法典，史称“铸刑鼎”。公元前 512 年，姬弃疾去世，谥号顷公。其子姬午即位，是为晋定公。

晋定公姬午（？一前 475）在位三十七年，他在位期间卿大夫韩、赵、魏和荀氏家族之间相互混战，国内动荡不安。公元前 501

年，晋卿赵简子赵鞅（赵武之孙、赵成之子）的家臣董安于（时任晋阳宰）修筑晋阳城，是太原第一座古城。同年，鲁国“阳虎之乱”后，阳虎逃到晋国，被赵鞅收留。次年，赵鞅重用鲁国阳虎。从此，阳虎尽心辅佐赵鞅，使得赵鞅几乎成为霸主。公元前 497 年，赵鞅升任晋国正卿。赵鞅想把卫国进贡的五百户人口从邯郸迁到晋阳，其族弟赵午（赵氏旁支邯郸氏，赵胜之子、中行寅的外甥）没有答应，赵鞅囚禁并杀死赵午。赵午之子赵稷据邯郸发动叛乱，范氏、中行氏协助赵稷对抗赵氏。公元前 493 年，赵鞅领兵战于铁（今河南省濮阳市），以少胜多，打败范氏及中行氏，彻底清除范氏及中行氏在晋国的势力。公元前 476 年，赵鞅病逝，智瑶（智氏出于荀氏，也称荀瑶，又称智伯、智襄子）登上了执政宝座。公元前 475 年，姬午去世，谥号定公。其子姬凿继承君位，是为晋出公。

晋出公姬凿（？—前 457）在位期间，智伯担任晋国正卿，在智伯的治理下，晋国国力有所回升。公元前 474 年，智伯出兵伐齐，大胜齐军。随后，智伯与赵卿赵无恤（赵鞅之子）联手南伐郑国，北灭仇由，取得胜利，晋国再次举起中原霸主的旗号。但晋国内部赵、韩、魏、智四卿斗争激烈，赵氏在范氏、中行氏的厮杀中势力削弱，智氏逐渐变为最强的一族。公元前 457 年，四卿共同瓜分了范氏、中行氏出逃时留下的领地，晋出公大怒，求告齐国、鲁国，想借机讨伐四卿，四卿于是反击攻打晋出公。晋出公姬凿在逃亡齐国路上去世，谥号出公。智伯借机占有了范氏、中行氏的领地，总揽一切晋国政务。智伯未敢自立，于次年立晋昭公的曾孙姬骄继承君位，是为晋哀公。

三家分晋

晋哀公姬骄（？—前 434）在位时，公元前 454 年，智伯向赵襄子、魏桓子、韩康子提议，每家割让一百里土地和户口来归晋公室，以壮大晋国。其余三家均割让了土地和一个万户邑，只有赵襄子没有答应。智伯请命晋哀公，联合韩、魏两家一起发兵攻打赵家，兵围晋阳（今山西省太原市晋源区）两年不克。公元前453年，智伯开渠从悬瓮山（今山西省太原市晋祠西）引汾水水灌晋阳。赵氏谋臣张孟谈游说魏、韩，使得赵、魏、韩结盟毁水堤反灌智军，智伯兵败身亡，史称"晋阳之战"。三家联军紧接着一同攻打智氏封邑，一次杀死智伯家族二百余口，尽分其地，天下震惊。智伯的家臣豫让为给主公智伯报仇，用油漆涂身，吞炭变哑，暗伏桥下，暗杀赵襄子未遂，为赵襄子所捕获。豫让临死时，求得赵襄子衣服，拔剑击斩其衣，以示为主复仇，并叹曰："嗟乎！士为知己者死，女为悦己者容。吾其报智氏之仇矣。"然后，豫让伏剑自杀，留下千古绝唱。此后，晋国公室衰退至极，领地几乎尽归三家，晋哀公再无半点权威，彻底成为傀儡，真正成了有名无实的悲哀之君。公元前434年，姬骄去世，谥号哀公。其子姬柳继承君位，是为晋幽公。

晋幽公姬柳（？—前416）在位时，赵烈侯、韩景侯、魏文侯瓜分晋国领地，晋公室仅存绛、曲沃两地。赵、韩、魏三家虽不是诸侯国，但晋幽公恐惧三家权势，反而要朝见赵、魏、韩之君。公元前416年，万念俱灰的姬柳不思进取，却是个好色之徒，他夜出城邑奸淫妇人，被盗所杀[1]，谥号幽公。魏文侯出兵平乱，立晋幽公之子姬止继承君位，是为晋烈公。

晋烈公姬止（？—前389）在位时，面对日益强大的赵、魏、韩，已经无力回天。公元前403年，周威烈王册立韩、赵、魏三家为诸侯国，晋国名存实亡。次年，即为《资治通鉴》中

[1]《史记》载："幽公淫妇人，夜窃出邑中，盗杀幽公。"所谓"盗杀幽公"，是不是被真正的盗贼所杀，尚值得推敲。

春秋和战国的分界点，公元前 389 年，姬止去世，谥号烈公。其子姬颀（qí）继承君位，是为晋孝公（《古本竹书纪年》称作晋桓公）。

晋孝公姬颀（？—前 377）在位十二年，其生活更为艰难，命运更加悲惨，被逐出绛城，屡被迁移，四处为家。公元前 377 年，姬颀去世，谥号孝公。其子姬俱酒继承君位，是为晋静公。

晋静公姬俱酒（？—前 349）是晋国的最后一位君主，在位仅两年。公元前 376 年，韩、赵、魏瓜分了晋国公室仅有的一点土地，废晋静公为庶人，将晋静公和晋国公室迁至屯留（今山西省长治市屯留区南七点五公里古城村）。公元前 358 年，再被迁至端氏（今山西省沁水县东四十五公里端氏古镇），晋国公室易姓为唐，晋国彻底灭亡。公元前 349 年，逃到洛阳的晋静公被韩王派去的刺客韩玘（qǐ）杀害。事实上，从晋哀公时，历史已经由春秋时期逐渐过渡到了战国时期。

3. 宋国　小国争盟

宋国（前 1040—前 286）是周朝的一个诸侯国，国都商丘（今河南省商丘市），国君子姓、宋氏。公元前 1040 年，周成王封商纣王帝辛长兄子启（宋微子）于商朝旧都商丘，建立宋国。公元前 286 年，齐、楚、魏联合攻打宋国，宋国灭亡，共传三十四位君主，历时七百五十四年。其领地约为今河南省东部、江苏省西北部和山东省西南部。当时，宋人善于经商，非常会做生意，使得宋国经济发达，刺绣、桑麻、青铜锻造、农业种植、贸易文明都非常领先，商丘、陶邑、彭城等都市商业极为繁荣。宋国在继承与发展殷商文化，特别是商业文化方面，功不可没。宋国是华夏圣贤文化的源头，处于中国传统文化核心地位的儒家、墨家、道家和名家四大思想之发源地，被誉为礼仪之邦。墨子、庄子和惠子三位圣人皆出自于宋国，孔子的祖籍也在宋国，商丘由此被誉为“中国圣人文化圈”。宋国是商纣王之子武庚发动叛乱前武庚的封地，是一个延续商朝祭祀的诸侯国，宋人多是商朝的遗老遗少，多年挨打受气，低调做人，一直没有什么突出表现。至宋襄公时，盛极一时的霸主齐桓公去世，霸主之位空缺。宋襄公抓住时机，率四国联军打败齐军，拥立齐孝公继承君位，使得宋襄公称霸的野心蠢蠢欲动。“盂之会”宋襄公图霸未成，反被楚成王囚禁。司马迁在《宋微子世家》写道：“小国争盟，祸也。”之后，宋国、楚国发生“泓水之战”，宋襄公临大事而不忘大礼，坚持等楚军渡河摆好阵势方才开战，宋军兵败，宋襄公身负重伤。《春秋》以其多义评价：“功立而名称，军败而德存。”面对残酷的战争，胜败论英雄，这种仁义就显得过于愚昧。宋襄公虽被后人列为五霸之一，也只是徒有其名，名不副实。到宋国最后一任国君宋康王时，四处征伐，处处树敌，东败于齐、南败于楚、西败于魏，齐、楚、魏三国联手灭掉宋国。

微子开国

宋微子子启是宋国的开国国君，商王帝乙的长子、商纣王帝辛的长兄。子启同母兄弟共有三人，其母亲为妾时生有子启和中衍（宋微仲），母亲立为正妃后生有帝辛（商纣王受德），子启因此没有成为商王的继承人。西周初期，公元前1040年，周公旦辅佐周成王平定三监之乱，子启被周成王封于商朝旧都商丘，建立宋国，史称宋微子。宋微子广施仁政，关心百姓，深得殷商遗民的爱戴。宋微子去世后，其后裔担任王朝大臣，其弟子衍（又称仲衍）继承君位，是为宋微仲。

宋微仲去世后，其子子稽继承君位，是为宋公稽。宋公稽去世后，其子子申继承君位，是为宋丁公。宋丁公去世后，其子子共继承君位，是为宋前湣（mǐn）公。宋前湣公去世后，其弟子熙继承君位，是为宋炀公。宋前湣公其长子弗父何（孔子的远祖）被封于栗（今河南省商丘市夏邑县），任宋国国卿。宋前湣公次子鲋（fù）祀对父亲不传子而传弟心怀不满，将宋炀公杀死，鲋祀自立，是为宋厉公。公元前859年，宋厉公去世，其子子举继承君位，是为宋僖公，也称宋厘公。

宋僖公（？—前831）在位时，经过西周朝共和行政，时逢“共和元年（前841）”。公元前831年，宋僖公去世，其子子覸（jiàn）继承君位，是为宋惠公。公元前800年，宋惠公去世，其子（名不详）继承君位，是为宋哀公。宋哀公在位仅一年去世，其子子白继承君位，是为宋戴公。

宋戴公子白（？—前766）在位时，由孔子的七世祖正考父辅佐。宋戴公爱民如子，深受万民拥戴。公元前770年，周平王东迁洛邑，历史进入春秋时期。公元前766年，宋戴公去世，周平王特赐谥号为“戴”。其子子司空继承君位，是为宋武公。

宋武公子司空（？—前748）在位期间，北方游牧部落长狄入侵，宋武公派兄弟司徒皇父率军抵御，在长丘（今河南省新乡市封丘县南）打败长狄人，俘获首领缘斯。皇父和他的两个儿子谷甥、司寇牛父不幸战死。宋武公将女儿仲子嫁给鲁惠公为妻，后生了鲁桓公。公元前748年，宋武公去世，其子子力继承君位，是为宋宣公。

让国肇乱

宋宣公子力（？—前729）在位十九年，公元前729年宋宣公病重，他舍弃其太子与夷，要让位给弟弟公子和。同年，宋宣公去世，其弟公子和继承君位，是为宋穆公。公元前720年，宋穆公病逝，他生前为报宋宣公舍子立己之恩，安排自己的两个儿子子冯和左师勃出居郑国，传位给宋宣公之子与夷继承君位，是为宋殇公。

宋殇公与夷（？—前710）即位时，其父宋宣公兄弟友爱，其叔宋穆公知恩图报，没有遵守父子相传法度，却引起了宋国的祸乱。宋国司马孔父嘉（弗父何之后）有一位如花似玉的妻子魏氏，奸臣太宰（宰相）华督（宋戴公之孙、好父说之子）觊觎魏氏已久。公元前710年，华督杀害孔父嘉，抢夺其妻魏氏。宋殇公得知后大怒，欲惩罚华督。华督一不做二不休，遂杀害了宋殇公，从郑国迎回公子子冯继承君位，是为宋庄公。

宋庄公子冯（？—前692）在位时期，任用华督为国相。公元前701年，宋庄公强行干预郑国国政，迫使郑昭公逃亡卫国，拥立郑厉公为君。此后数年，宋国与郑国之间多次发生战争。公元前700年，鲁桓公和郑厉公在郑国的武父（今山东省菏泽市东明县西南）结盟，两国联军进攻宋国。公元前699年，郑国联合纪、鲁两国军队与齐、宋、卫、燕四国军队交战，结果四国军队兵败。公元前698年，宋庄公为报四国军队兵败之仇，联合齐、蔡、卫、陈四国攻打郑国，攻入郑国都城，焚烧渠门。公元前692年，宋庄公去世，其子子捷继承君位，是为宋后滑公。

宋后滑公子捷（？—前682）在位时，公元前689年，宋国联合鲁、齐、陈、蔡四国攻打卫国。公元前684年，宋、鲁两国交战，鲁军在乘丘（今山东省济宁市兖州区东）大败宋军，宋国将领南宫万身负箭伤被俘，后被释放，史称“乘丘之战”。公元前683年，宋后滑公为雪乘丘之耻，发兵入侵鲁国，却遭惨败。同年，宋后滑公因南宫万与其争夺猎物而恼怒，辱骂南宫万，使得南宫万心生怨恨。公元前682年，宋后滑公和南宫万一起喝酒、下棋发生争执。宋后滑公说：“当年我敬重你，是因为你当时是一条汉子，现在你在我眼里不过是一个可怜的被敌人抛弃的俘虏！”南宫万乘着酒醉，用拳脚将宋后湣公当场打死。春秋乱世，弑君如宰鸡，宋后湣公只因为一句玩笑话，便丢了性命。南宫万连杀太宰华督和大夫仇牧，改立宋后湣公之弟子游继承君位，是为宋前废公。

宋前废公子游（？—前682）即位时，宋国几位公子都逃到萧邑（今安徽省宿州市萧县一带），宋后湣公另一弟子御说逃到亳邑（今河南省商丘市虞城县谷熟镇西南三十五里）。南宫万之弟南宫牛领兵包围亳邑，萧邑大夫萧叔大心与宋国公子们一起反击，杀死南宫牛。宋前废公即位不到三个月也被杀，宋庄公之子、宋后湣公之弟子御说继承君位，是为宋桓公。南宫万逃到陈国，陈国人安排美女陪他喝酒，灌醉后用皮革把南宫万包裹起来，送回宋国，宋人将南宫万剁成肉酱。萧叔大心因平定内乱有功而被封于萧邑建立子爵萧国，为宋国附庸国。

宋桓公子御说（？—前651）在位时期，多次参加诸侯盟会，曾出兵援救郑国、邢国，安定周王室。公元前681年，宋桓公和鲁、齐、陈、蔡、邾各国国君在北杏（今山东省聊城市东阿县北部）结盟。同年，宋桓公和齐国齐桓公在柯地（今山东省聊城市东阿县）结盟。公元前678年，宋、齐、卫诸侯联军出兵攻打郑国，与郑国讲和后，宋桓公和鲁、齐、陈、卫、郑等国国君在幽地结盟。公元前666年，楚国攻打郑国，宋桓公派兵与齐、鲁两国援救郑国。公元前659年，狄人侵扰邢国，宋桓公与齐桓公、曹昭公率领联军救援邢国，打败狄人。公元前657年，宋桓公与齐、江、黄三国国君在阳谷联盟。公元前656年，齐桓公率领宋桓公与鲁僖公、陈宣公、卫文公、郑文公、许穆公、曹昭公各诸侯的联军入侵蔡国，蔡军溃败。联军接着进攻楚国，迫使楚国签订“召陵（今河南省漯河市郾城区东）之盟”，齐桓公成为春秋五霸之首。公元前655年，宋桓公与鲁僖公、齐桓公、陈宣公、卫文公、郑文公、许僖公、曹昭公在首止相会，并会见周惠王的太子姬郑，以安定周王室。公元前651年，宋桓公病逝，其太子子兹甫继承君位，是为宋襄公。子兹甫曾有意让贤于庶兄目夷（子鱼），目夷以为废嫡立庶，不合礼制，为躲避弟弟的让贤，回避去了卫国。

霸业成空

宋襄公子兹甫（？—前637）继承君位后，召庶兄目夷回来封其为国相，主管军政大权，辅佐自己处理朝政。任命贤臣公孙固为司马，公孙固尽职尽责，内修国政，仁义治国，宋国国力有较大提升。公元前651年，齐桓公约各路诸侯王在葵丘（今河南省商丘市民权县林七乡西村）相会结盟，宋襄公前去参加并接受盟约。其主要内容为：不准把水祸引向别国；不准因别国灾荒而不卖给粮食；不准更换太子；不准以妾代妻；不准让妇女参与国家大事。公元前643年，齐桓公重病，齐国五公子各率党羽争位发生内乱，太子吕昭逃亡到宋国避难。公元前642年，宋襄公率领卫国、曹国和邾国等四国联军打到齐国，齐人里应外合，拥立太子吕昭继承君位，是为齐孝公。宋襄公因此声名鹊起，加上齐桓公死后，诸侯霸主之位空缺，宋襄公遂生称霸野心，雄心勃勃地想确立霸主地位。他在曹南（今山东省菏泽市）会盟曹、邾两国，同年因曹国不服，出兵曹国，征服卫、邾、曹、滑等几个小国，形成势力集团。而陈、蔡、楚、郑等国在齐国结盟，形成另一大势力集团。公元前639年，宋襄公在鹿上（今安徽省阜阳市阜南县城西谷河南岸的公桥乡阮城村）首次会合诸侯，宋襄公以盟主之位自居，引起齐君和楚王的不满。宋襄公没征求齐国、楚国的同意，又自做主张约定当年秋天在盂地（今河南省商丘市睢县西北）会合诸侯。目夷劝说宋襄公："宋是小国，小国要争当霸主会招来灾祸。"宋襄公称霸心切，不听劝告，且为讲诚信不带军队与楚、陈、蔡、许、曹、郑等六国之君参加相会。“盂之会”宋襄公图霸失败，被楚成王抓捕，带回楚国囚禁。在鲁僖公的调解下，宋襄公才被释放归国。公元前 638 年，宋襄公因郑国支持楚成王做诸侯霸主而领兵攻打郑国，楚国派大将成得臣率兵救援郑国而向宋国发起攻击。宋、楚两军在泓水（今河南省商丘市柘城县西北）相遇。目夷建议，楚强我弱，趁楚军渡河之机发兵将他们消灭。宋襄公却说：“我们号称仁义之师，怎么能趁对方渡河攻打呢？”等楚军全部过河，宋襄公坚持等楚军排兵布阵好再进攻。结果宋军大败，宋襄公大腿负了箭伤，史称“泓水之战”。宋襄公不汲取失败的教训，还认为：“一个有仁德之心的君子，作战时不攻击已经受伤的敌人，同时也不攻打头发已经斑白的老年人。尤其是古人作战时，并不靠关塞险阻取胜，寡人的宋国虽然就要灭亡了，仍然不忍心去攻打没有布好阵的敌人。”目夷气愤地说：“打仗是以胜利为目的，还说什么君子之道！真按君王说的去做，就去当奴隶服侍他国算了，还何必打仗呢？”公元前 638 年，晋国公子重耳经过宋国，宋襄公按国礼接待重耳，并送给重耳八十匹马。公元前 637 年，宋襄公伤痛发作，不治而亡。其子子王臣继承君位，是为宋成公。宋襄公虽然被后人列为春秋五霸之一，但实际上并没有真正得到过诸侯霸主的地位。

争位之乱

宋成公子王臣（？—前 620）是宋国第二十一任国君，在位十七年。他在位期间，公元前 633 年，楚成王派令尹子玉带兵讨伐宋国，宋成公向晋国求救。晋文公感恩宋襄公当年的礼遇善待，发兵攻伐曹、卫以解宋围。公元前 632 年，晋文公经“城濮之战”，打败楚国成为霸主。公元前 620 年，宋成公去世，其弟子御杀了宋成公的太子和大司马公孙固，自立为君，史称宋后废公。宋后废公在位仅一年，被宋人所杀。宋成公的幼子子杵臼继承君位，是为宋昭公。

宋昭公子杵臼（？—前611）于公元前619年继承君位，他对待嫡祖母王姬（宋襄公的夫人、周襄王的姐姐）不加礼遇，使得王姬心生不满。公元前619年，王姬依靠戴氏族人剪除宋昭公的党羽，杀死宋襄公的孙子孔叔和公孙钟离、大司马公子卬（áng）。公元前618年，楚国派兵攻打郑国，鲁国的公子遂联合晋、宋、卫、许四国援救郑国。公元前617年，楚穆王和蔡庄侯联军准备攻打宋国。宋昭公在司寇华御事的建议下，畏惧楚国而采用委曲求全之策，主动臣服，并屈身陪同楚穆王到野外打猎。公元前613年，宋昭公与鲁文公、陈灵公、卫成公、郑穆公、许男（男是爵位，许武公时男改为公）、曹文公、晋国赵盾在新城会盟。公元前612年，宋昭公与晋灵公、卫成公、蔡庄侯、陈灵公、郑穆公、许昭公、曹文公在扈地（今河南省新乡市原阳县西）结盟。宋昭公在位期间，暴虐无道，不恤民情，人心尽失。而他担任右师的弟弟子鲍，礼贤下士，尊长爱幼，救济灾民，深得宋人拥护。公元前611年，早已对宋昭公心生不满的王姬，安排宋昭公去孟诸（今河南省商丘市东北、虞城县西北）打猎，派遣帅甸半道将其杀死，拥立其弟子鲍继承君位，是为宋文公。

宋文公子鲍（？—前589），为人贤明，礼待国人，且生得英俊潇洒，连自己的嫡祖母王姬都对其钟爱有加，想与之私通，宋文公没有答应。公元前610年，晋国荀林父、卫国孔达、陈国公孙宁、郑国石楚谴责宋国人杀害宋昭公，联合出兵攻打宋国。宋右师华元来到晋军，详细讲明宋国的实情和宋文公的人品，并送上几车金帛，晋国荀林父承认了宋文公即位的合法性，遂命令联军撤兵离去。公元前 609 年，宋文公平定了宋武公等族人及宋昭公之子、宋文公同母弟子须的叛乱，安定人心，稳定国家。公元前 607 年，楚国命令郑国攻打宋国，宋文公派右师华元（华督曾孙）、乐吕带兵抵御。双方在大棘（今河南省商丘市柘城县安平镇西南一带）开战，华元被俘，乐吕战死，宋军大败。公元前 605 年，宋武公、宋穆公的族人联合曹国攻打宋国，宋文公派军队包围曹国。公元前 600 年和公元前 599 年，宋文公两度派兵进攻包围滕国。公元前 597 年到公元前 595 年，楚庄王连续三次攻打宋国，包围宋国长达九个月，致使都城断粮，岌岌可危，楚军方罢兵撤军。公元前 589 年，宋文公去世，其子子瑕继承君位，是为宋共公。宋文公在位二十多年，受晋楚称霸之害，保持中立的宋国地位降低，国内终止了公子争位的混乱，基本趋于稳定。

宋共公子瑕（？—前 576）即位后，任华元为右师、鱼石为左师、荡泽为司马、华喜为司徒、公孙师为司城、向为人为大司寇、鳞朱为少师寇、向带为太宰、鱼府为少宰。其中，六大臣鱼石、荡泽、向为人、鳞朱、向带、鱼府均属于桓族。宋共公为避水患，将国都由商丘迁至相城（今安徽省宿州市萧县西南、淮北市西北）。鲁成公的妹妹伯姬嫁给宋共公为妻，即宋伯姬。公元前 579 年，宋共公先后与晋、楚结盟。之后，宋共公又把都城迁回商丘。公元前 576 年，宋共公去世。世袭司马荡泽（宋襄公之弟公子荡的曾孙，亦称唐山）趁机叛乱，杀死太子肥。右师华元欲逃亡晋国，到了黄河边，在鱼石的劝说下，以大局为重返回。华元回到商丘平定了叛乱，杀死荡泽，荡氏被诛灭。鱼石、向为人、鳞朱、向带、鱼府五人担心平定荡泽会波及桓族而逃亡到楚国。宋共公少子子成继承君位，是为宋平公。

弥兵运动

宋平公子成（？—前532）即位三年后，即公元前573年，郑国、楚国进攻宋国，攻陷了彭城（今江苏省徐州市），将自宋国投奔楚国的鱼石、向为人、鳞朱、向带、鱼府人安置在彭城。公元前572年，晋悼公等诸侯联军包围彭城，彭城投降，晋国人带走在彭城的五个宋国大夫，安置在瓠（hù）丘（今山西省运城市垣曲县东南）。公元前571年，宋国右师华元与鲁、晋、卫、曹、邾在戚地（今河南省濮阳市）会见，商讨征服郑国，郑国让步讲和。之后，宋平公与其他诸侯多次攻打齐国。当时，宋国太子痤心狠手辣，做事不留余地。左师向戌、太师伊戾对他既害怕又讨厌。公元前547年，向戌、伊戾二人诬陷太子结盟楚国谋反，宋平公将太子痤囚禁，太子痤上吊自尽，其弟子佐被立为太子。事后宋平公了解真相后，将伊戾烹杀。由于晋楚争霸的局面，一些小国及其人民饱经战乱，尤其是郑、宋两国，常常是被争夺的目标，深受其害。公元前546年，宋国大夫向戌发起了“弭兵”（休兵）运动，邀集了晋、楚、秦、齐、宋、鲁、郑等十多个诸侯国，在宋国召开了规模盛大的休兵会议，促成各大诸侯国结盟休战，晋、楚平分霸权未再发生战争，各国得以安宁生息数十年。宋国虽然作为弱国，但发起的“弭兵”运动对春秋时期的变局产生了很大影响。公元前532年，宋平公去世，其太子子佐继承君位，是为宋元公。

宋元公子佐（？—前517）即位次年，楚国攻打蔡国。宋元公派右师华亥与鲁、晋、齐、卫、郑等国使者会见，商议救援蔡国。公元前530年，宋元公派大夫华定访问鲁国，两国互通友好。公元前529年，宋元公与鲁、晋、卫、郑等国国君在平丘（今河南省新乡市封丘县东南三十公里平街村）会盟。公元前524年，邾国军队入侵鄅（yǔ）国（今山东省临沂市北），俘虏鄅国百姓。鄅国国君的夫人是宋国大臣向戌之女，鄅国请求宋元公出兵援助。公元前522年，宋元公派兵进攻邾国，占取虫地（今山东省济宁市东），迫使邾国把鄅国的俘虏全部释放。同年，邾、郳、徐三国使者会见宋元公，在虫地结盟。同年，宋元公猜忌华族和向氏，使得华向、华定、华亥与向宁共同谋反，杀死公子寅、公子御戎、公子朱、公子固、公孙援、公孙丁，把太子栾和他的同母兄弟公子辰、公子地作为人质扣押。宋元公也将华亥之子华无戚、向宁之子向罗、华定之子华启作为人质囚禁。经过谈判，双方妥协，互派人质，盟誓讲和。同年，宋元公杀死华氏、向氏的人质而攻打华、向两族。华氏、向氏逃亡到陈国，华登逃到吴国。公元前521年，华氏、向氏返回进攻宋国，华登率领吴军救援华氏。晋、曹相继出兵援宋，联军打败华氏，将华氏一族围困。公元前520年，华登赴楚国求援，楚国派遣使者向宋元公施压，迫其赦免华氏，华氏一族流亡至楚国，内乱至此平息。公元前517年，宋元公去世，其太子子栾继承君位，是为宋景公。

宋景公子栾（？—前453）即位后，一心想依靠晋国来遏制楚国，而晋国与楚国却使得宋国左右为难。当时，宋国的叛臣大多在楚国避难，逍遥生活。公元前515年，宋景公为了护送被季孙氏驱逐在外的鲁昭公回国，派大夫乐祁与晋、卫、曹、邾、滕五国在扈地（今河南省新乡市原阳县西）会盟，由于晋国大夫范献子接受季孙氏的贿赂，没能达成共识。公元前504年，宋景公盲目派大夫乐祁出使晋国以争取晋国的支持，不料乐祁在晋国与赵简子喝酒，以不尊晋定公被杀，宋国使臣死于晋国，发生重大外交事故。公元前504年，宋景公再派大夫乐大心出使晋国，乐大心担心凶多吉少，拒绝出使。宋景公偏听偏信大臣子明的挑唆，将乐大心驱逐，为后来的悲剧命运埋下了伏笔。公元前499年，宋国的诸公子公子辰、公子仲佗、公子石彄（kōu）、公子地等联合乐大心发动叛乱，占据数座城池，导致后来公族子弟篡权夺位，宋国君臣关系彻底破裂。由于国内的动荡不安，宋国一度对外基本没有什么大的军事行动。直到公元前487年，曹国叛晋攻宋，宋、曹两国交恶。宋景公亲自率军攻伐曹国，杀死曹国末代国君曹伯阳，灭了曹国。公元前486年，郑国出兵讨伐宋国，包围宋国的雍丘（今河南省开封市杞县）。宋国将领皇瑗带兵包围郑军，在雍丘全歼郑军。到公元前476年周敬王时，历史已经进入战国时代，弱小的宋国已经没有什么话语权。宋景公无子，过继其侄子公孙周（《史记》称之为公孙纠）之子子启为养子，并立为太子。公元前453年，宋景公去世，公孙周另子子得（《史记》作子特）攻杀兄长太子子启继承君位，是为宋后昭公。[1]

宋后昭公（？—前404）在位时，拜墨子为宋国大夫，参与国政。楚国曾两次出兵，包围宋国国都，未能取胜。宋后昭公好大喜功，常被阿谀奉承者蒙蔽。晚年任用戴欢为大宰，戴欢与司城皇专政，但二人不和，互相攻击。后司城子罕（子剔成）击败戴欢，且将宋后昭公驱逐，宋后昭公出逃到鄙（指边境）。宋后昭公幡然醒悟，认识到自己身为君王，却落得离开国家失掉社稷的下场，是因为身边宠爱的全是阿谀奉承之流。后潜心改过，三年后复位，重振国家，后世对宋国这段时间的记载存在空白。公元前404年，宋后昭公去世，其子子购由继承君位，是为宋悼公。

宋悼公子购由（？—前396）在位八年，公元前396年去世，其子子田继承君位，是为宋休公。宋休公子田（？—公元前363年）在位二十三年，公元前373年去世，其子子

[1]《春秋左氏传·哀公二十六年》记载："景公无子，取元公庶曾孙公孙周之子德及启畜于公宫。及景公卒，先立启，后立德，是为昭公。"而《史记·宋微子世家》记载："景公杀昭公父纠，故昭公怨杀太子而自立。"

辟兵继承君位，是为宋辟公。

戴氏取宋

宋辟公子辟兵（？—前370）即位后，面对国破家亡的残局，不思进取，却荒淫无道，奢侈荒唐，大兴土木，建筑苏宫。宋辟公将刑罚大权交由司城子罕（子剔成）行使，致使大权旁落，宋君已名存实亡。公元前370年，宋辟公在位仅三年，便被司城子罕篡夺王位，是为宋剔成君。司城子罕是宋戴公的后人，以戴为氏，史称“戴氏取宋”。

宋剔成君子罕（？—前329）在位四十一年，赵国、秦国通过改革逐渐强盛，宋、卫、鲁、郑等国基本上是垂死挣扎，宋剔成君在朝不保夕的恐慌中度日。公元前329年，宋剔成君之弟戴偃发兵叛乱，宋剔成君兵败，逃亡齐国。戴偃自立继承君位，是为宋康王，他也是宋国最后一位国君。

身死国亡

宋康王戴偃（？—前286）即位后，欲做最后的挣扎以恢复霸业。公元前318年，戴偃开始称王，是为宋康王。同年，宋康王向东出兵打败齐国，夺取五座城池。向南发兵打败楚国，夺地三百里。向西征讨打败魏国，夺取两城。灭掉滕国，尽得其地。宋康王的四处征伐，与齐国、魏国、楚国同时为敌，加速了宋国的灭亡。宋康王被胜利冲昏头脑，沉溺酒色，草菅人命，残杀大臣、百姓，民不聊生。他甚至霸占自己的舍人韩凭貌美的妻子何氏，将韩凭囚禁、服刑，最后夫妻双双自尽，诸侯们都称他为“桀宋”。宋康王的残暴行径没能恢复霸业，却已经是内忧外患，四面楚歌。公元前286年，齐国国君齐湣王联合楚、魏两国攻打宋国，宋康王被杀，齐、楚、魏共同瓜分了宋国的土地，宋国灭亡。宋康王用最后的疯狂，断送了曾经繁荣辉煌的宋国。

4. 秦国　西部边陲

秦国（前770—前207）地处偏僻的西部边陲，是周王朝西方小国。公元前770年，秦襄公被周平王封为诸侯，建立秦国。公元前221年，秦王嬴政灭掉六国，建立秦朝，公元前207年，秦王子婴向刘邦投降，秦朝灭亡，共传三十三位君主，历时五百六十三年。秦人早期与戎人杂居错处，远离中原，是周朝华夏族在中国西北地区建立的诸侯国。秦国治都秦邑（今甘肃省天水市清水县东北），先后迁都汧（qiān）邑（今陕西省宝鸡市陇县东南）、雍城（今陕西省宝鸡市凤翔区南）、泾阳（今陕西省咸阳市泾阳县北）、栎（yuè）阳（今陕西省西安市北）和咸阳（今陕西省咸阳市东、西安市西北），其领地约占有今陕西省关中、汉中，甘肃省东南部，四川省中东部。秦人先祖嬴姓部族早在殷商时期镇守西戎，颇受商朝重视。至秦孝公时，秦孝公派兵护送周平王东迁，被封为诸侯，秦国才步入关东，开始发展。秦国社会经济以农业为主，晚期出现了铸铁农具，手工业以冶铜和制陶最为发达。春秋时期，秦国一直都受到各诸侯国的排斥。各诸侯国视秦国为蛮夷，连年大举用兵征讨秦国。从秦文公开始，经过数代国君的努力，秦国向西讨伐西戎，取得节节胜利，谋求到自己的发展空间。直到秦穆公时，他励精图治，储备力量，开疆拓土，打败中原霸主晋国，征服众多西部小国和西戎，称霸西戎，终成春秋五霸之一。

秦人先世

秦非子秦嬴（？—前858），嬴姓，秦氏，名非子，号秦嬴，是上古部族首领颛顼的后裔，其先祖伯益辅佐舜帝驯服众多鸟兽，被舜帝赐为嬴姓，秦非子是周朝诸侯国秦国开国君主。西周周孝王时，秦非子因养马有功被周天子封到秦地为附庸国，以秦邑（今甘肃省天水市清水县东北）为治都。公元前 858 年，秦非子秦嬴去世，其子秦侯继承君位。公元前 848 年，秦侯去世，其子嬴公伯继承君位。公元前 845 年，嬴公伯去世，其子嬴秦仲继承君位。周宣王时，任命秦仲为大夫，令其率军进攻西戎。公元前 822 年，秦仲在与西戎交战中，战败阵亡，其长子嬴其（嬴姓，赵氏）继承君位，是为秦庄公。公元前 821 年，秦庄公击败西戎，收复犬丘（今陕西省咸阳市兴平市）。周宣王把犬丘封给了秦国，封秦庄公为西陲大夫。公元前 778 年，秦庄公被犬戎所杀，其长子世父率军与犬戎作战，把君位让给弟弟嬴开，是为秦襄公。

位列诸侯

秦襄公嬴开（？—前 766）即位时，戎狄势力仍非常强大，直接威胁秦国的基业。秦襄公兼有周天子大夫之职，镇守边陲压力巨大。公元前 777 年，秦襄公审时度势，将其妹穆嬴嫁与西戎丰王为妻，与西戎和亲。公元前 776 年，秦襄公将都城迁到汧（qiān）邑（今陕西省宝鸡市陇县东南），占据汧邑膏腴之地，大力发展生产，加强武备，为秦国社会的发展和强盛奠定了基础。同年，戎兵大举围攻秦国的犬丘，秦襄公之兄世父率军顽强抵抗，不幸城破被俘。在其妹穆嬴的周旋下，一年后世父被释放归秦，秦戎双方一度和睦相处。公元前 771 年，申侯联合缯（zēng）国、犬戎进攻周朝都城镐京，西周灭亡，秦襄公与卫武公、晋文侯、郑武公等率兵营救西周，拥立周平王即位，立下卓著战功。公元前 770 年，秦襄公派兵护送周平王东迁，秦国华丽转身，由附庸小国被封为诸侯，正式成为周朝的诸侯国，秦国正式立国，也是春秋时期的开始。这时，秦人才逐步东进关中，获得在关中地区自由发展的机会，发展农业和以冶铜、制陶为代表的手工业，逐步壮大。公元前766年，秦襄公率兵讨伐西戎，打到岐山（今陕西省宝鸡市东）时突然病逝，其子（名不详）继承君位，是为秦文公。

秦文公（？—前716）在位时，在汧水、渭水的汇合地（今陕西省宝鸡市）营建城邑，设立记事史官。公元前750年，秦文公派兵攻打西戎，西戎兵败。秦文公收编了当地的周朝遗民，把秦国地盘扩展到岐山，而把岐山以东的土地献给周天子。公元前746年，秦文公设立诛灭三族的刑法。秦文公扩张领地，立法治理，使得秦人生活安定，农业得以发展。公元前718年，秦文公的太子秦静公（未即位）去世，改立孙子嬴立为继承人。公元前716年，秦文公去世，其孙嬴立（嬴姓，赵氏）继承君位，是为秦宪公（亦作秦宁公）。

秦宪公嬴立（？—前704）即位后，从原居住地西新邑迁居都城平阳（今陕西省宝鸡市陈仓区）。公元前714年，秦宪公派兵攻打亳戎（西戎一支）的荡社（今陕西省西安市东南），亳戎首领亳王战败逃往西戎，荡社被灭。公元前709年，芮国国君芮伯万的母亲芮姜嫌弃他宠姬太多，将芮伯万赶出芮国，芮伯万便来到魏城（今山西省芮城县北）居住。公元前708年，秦宪公趁芮伯万在外之际，派兵攻打芮国，却被芮军打败。同年，周桓王派兵联合秦军一起包围魏城，俘虏芮伯万。公元前704年，胸怀大志的秦宪公英年早逝。秦宪公有三个儿子，长子赵说和次子赵嘉是鲁姬子所生，少子赵曼是王姬所生。秦宪公死后，老贵族们担心大权旁落，意图挟秦王以令朝臣。于是，大庶长弗忌、威垒和三父联合王姬废黜太子赵说，改立年仅五岁的少子赵曼继承君位，是为秦出子。公元前698年，大庶长弗忌、三父等合谋派人暗杀秦出子，复立旧太子嬴说继承君位，是为秦武公。

秦武公嬴说（？—前 678）即位后，以杀秦出子之罪，诛杀弗忌、三父三族，恢复王室大权。他先后征服吞并了绵诸、邶（bèi）戎、冀戎、义渠戎、翟和貘（mò）等戎族，秦国势力达到关中渭水流域，开始初设县制以加强国家统治管理。公元前 678 年，秦武公去世，其子嬴白未能继位，受封于平阳（今陕西省宝鸡市陈仓区），其弟嬴嘉继承君位，是为秦德公。秦武公死后，首开活人殉葬制度之风，陪葬的人多达六十六人。

秦德公嬴嘉（？—前 676）在位时，随着秦国在关中的势力日益强大，梁国国君、芮国国君已来秦国朝贡。公元前 676 年，秦德公下令在历法中设立伏日，下令修建伏日祭祀的伏祠。自此，便有了农历六月三伏天的说法，即“冷在三九、热在三伏”。同年，秦德公因病去世，其长子嬴恬继承君位，是为秦宣公。

秦宣公嬴恬（？—前 664）在位期间，公元前 675 年，周王朝发生宫廷政变，五大大夫在卫国、南燕国支持下攻打周王室，把周惠王赶出了朝廷，外逃至郑国，王子颓篡位。秦宣公认为秦国实力不足，没有插手动乱。他按兵不动，韬光养晦，和平发展。但好景不长，晋献公自恃实力强大，数次入侵秦国。公元前 672 年，秦国第一次和晋国开战，以弱胜强，打败晋军。秦国自此终于抬起头来，向所谓的文明大国挑战。公元前 664 年，秦宣公去世。他生有九子，却没有安排任何一个即位。其弟嬴载继承君位，是为秦成公。公元前 660 年，秦成公在位四年去世。秦成公生有七子，也同样没有安排儿子即位。其弟嬴任好继承君位，是为秦穆公。

称霸西戎

秦穆公嬴任好（？—前 621）在位期间，广纳贤士，大胆任用他国的外来人才，开秦国任用客卿制度之先河，以抑制本国的贵族势力。他励精图治，任用贤良，讨伐戎人，扩张疆土。秦穆公通过伯乐相马，广揽人才，用五张羊皮赎回楚国平民百里奚并任为大夫。秦穆公整顿内政，奖励生产，国家逐步富强。后来，秦国打败中原霸主晋国，二十多个西部小国和西戎部落归附秦国，扩张了一千多里土地，国小民弱的秦国到秦穆公时逐渐强大起来，做了西部的霸主，秦穆公终成春秋五霸之一。秦穆公即位当年，便亲自率兵征伐茅津（今山西省运城市平陆县西南茅津村一带）一带的戎人，取得了胜利。公元前 656 年，秦穆公为图霸业，争取强大的晋国支持，向晋献公提亲，晋献公把大女儿穆姬嫁给了秦穆公，以结秦晋之好。公元前 647 年，秦穆公慷慨相助晋国饥荒，向晋国运粮船队从雍城到绛城接连不断，史称“泛舟之役”。公元前 646 年，秦国也发生饥荒，晋惠公不仅不给粮食支援，反而趁机攻打秦国，秦晋关系破裂。公元前 645 年，秦穆公亲率大军攻打晋国，“韩原（今陕西省渭南市韩城市境内）大战”让晋国大败，晋惠公被俘。晋惠公在姐姐穆姬的求情下，三个月后被放回晋国。秦穆公与晋惠公订立盟约，晋惠公回国后，向秦国割让了黄河以西的土地，并派其子公子圉（yǔ）到秦国做人质。秦穆公为了彻底掌控公子圉，把自己的女儿怀嬴嫁给了公子圉。公元前 638 年，公子圉听说父亲晋惠公病重，图谋晋国国君之位，偷偷跑回晋国即位（晋怀公），惹怒了秦穆公。秦穆公遂将流亡在外的晋国公子重耳从楚国邀请到秦国，并将同族的五个女子（包括怀嬴）嫁给重耳。公元前 636 年，晋国公子重耳在秦穆公派兵帮助下攻取晋都绛都，成功登上国君之位（晋文公）。公元前 630 年，秦穆公、晋文公出兵围攻郑国，迫使郑国臣服，并与郑国结盟。公元前628年，晋文公、郑文公相继去世，秦穆公想借机攻打郑国、晋国，谋求霸业。公元前627年，秦穆公派兵攻打郑国时，先灭了晋国的附属国滑国（今河南省郑州市巩义市）。晋襄公大怒，遂与姜戎联军在崤山伏击秦军，秦军大败，秦国孟明视、西乞术、白乙丙三位大将皆被俘获，后逃回秦国，史称“崤之战”。自此，秦晋之好也宣告结束。公元前624年，秦穆公同孟明视率大军，浩浩荡荡杀奔晋国。秦军势如破竹，晋军坚守不出，秦军攻占晋国的郊（今山西省运城市闻喜县西）和王官（今山西省运城市闻喜县）两邑。秦穆公退兵后，退出争霸行列，调整战略向西进军。为了夯实国基，壮大国力，秦穆公四处搜求人才，重用他国客卿，西边从西戎招揽由余，东边从楚国宛邑得到百里奚，又从宋国迎来蹇（jiǎn）叔，还从晋国招来丕豹、公孙支等。这些谋臣武士，尽心竭力，全力辅佐秦穆公，使秦国迅速发展，兵强马壮。秦穆公先后灭掉西方戎人所建立的十二个国家，开辟国土千余里，在函谷关以西一时称霸西戎，得到周天子周襄王的祝贺，并赐金鼓。公元前621年，秦穆公去世，太子嬴罃（yīng）（晋文公姐姐穆姬之子）继承君位，是为秦康公。由于晋国的遏制，秦穆公图霸中原、向东发展的梦想终未实现。

走向衰落

秦康公嬴罃（？—前609）即位时，其表兄弟晋襄公去世，晋国发生动乱。在晋襄公夫人穆嬴（太子夷皋之母）的施压下，晋国卿士赵盾改变了立晋襄公庶弟公子雍为君的主张，并出兵在令狐（今山西省运城市临猗县西南）拦截打败了秦康公护送公子雍回晋国的秦军，史称“令狐之役”。赵盾改立太子夷皋即位（晋灵公）。公元前619年，秦康公派兵攻打晋国，夺取晋国的武城（今陕西省渭南市华州区西），以报令狐之仇。公元前617年，晋国攻打秦国，夺取秦国的少梁（今陕西省渭南市韩城市南）。同年，秦康公派兵攻打晋国，夺取晋国北征（今陕西省渭南市澄城县西南）。公元前615年，秦康公派兵攻打晋国，夺取晋国的羁马（今山西省运城市永济市南）。晋灵公出兵在河曲（今山西省运城市芮城县）交战，秦军大败。公元前609年，秦康公去世，其太子嬴稻继承君位，是为秦共公。秦康公在位期间，秦国与晋国多次发生战争，大伤元气，秦国也从秦穆公时期的西戎霸主逐渐走向衰落。

秦共公嬴稻（？—前605）在位时，公元前608年，晋国赵穿带兵进攻秦国的盟国崇国。公元前607年，秦共公因晋国擅自入侵其盟国崇国，派兵包围晋国的焦（今河南省三门峡市陕州区）。公元前605年，秦共公去世，其子嬴荣继承君位，是为秦桓公。

秦桓公嬴荣（？—前577）在位时，向东发展的道路被晋国切断，秦桓公只能与西方和北方的戎狄联盟，以图谋晋国。公元前601年，晋国会同白狄攻打秦国，俘获秦国将领赤。公元前594年，秦桓公派兵攻打晋国，两军在辅氏（今陕西省渭南市大荔县）交战，晋国将领魏颗俘获秦将杜回，秦军兵败。公元前589年，鲁成公和楚国公子婴齐、蔡景侯、许灵公、秦国右大夫说、宋国华元、陈国公孙宁、卫国孙良夫、郑国公子去疾、齐国大夫、曹国、邾国、薛国和鄫国在蜀地（今山东省泰安市西）结盟。公元前581年，晋景公去世，晋厉公继位后，想与秦国罢兵结盟。公元前580年，晋厉公约秦桓公在令狐（今山西省运城市临猗县西）会盟。秦桓公不肯渡河住在王城（今陕西省渭南市大荔县东黄河西岸），两国派使者往返于令狐和王城之间订立“夹河之盟”。秦桓公回国后就背叛盟约，联络狄人图谋讨伐晋国。公元前579年，秦国约白狄攻打晋国，晋国在交刚（今地不详，一说在今山西省境内）击败白狄。公元前578年，晋国派遣大夫魏相赴秦国，以绝秦书，历数秦穆公、秦康公、秦共公三代君主屡次背弃盟约、破坏两国友好挑起战争的罪状，向秦国宣战。随后，晋厉公联合齐、鲁、宋、卫、郑、曹、邾、滕八路诸侯讨伐秦国，在麻隧（今陕西省咸阳市泾阳县西南）与秦军交战，大败秦军，俘虏秦军大将成差，史称“麻隧之战”。此役秦桓公的数万军队丧命，秦国几代君主积累的有生力量被消耗，秦桓公精神上受到重创。公元前577年，秦桓公去世，其子嬴石继承君位，是为秦景公。

联楚攻晋

秦景公嬴石（？—前537）治理秦国长达三十九年，继续奉行联楚攻晋的方针，在他的努力下，将秦国的势力不断推向中原。公元前564年，秦景公派士雃（jiān）到楚国请求援军攻打晋国，楚共王驻兵在武城（今河南省南阳市北）作为秦国的援军，秦国攻打晋国，晋国国内正遭受饥荒，无力反击。公元前562年，楚共王率军攻打郑国，并派楚国令尹子囊向秦国求援。秦景公派右大夫詹率军救援，迫使郑简公背弃与晋国的同盟，与楚国结盟。楚国与郑国遂派兵攻打晋国的盟国宋国。晋国援宋，秦国援郑，秦、晋两军在栎（yuè）地（今山西省永济市西南）交战，晋军大败，史称“栎之战”。公元前561年，楚国派子囊，秦国派庶长无地在杨梁（今河南省商丘市东南）会师，联合攻打宋国。公元前559年，晋悼公与荀偃（荀庚之子）率领鲁国叔孙豹、齐国崔杼、宋国华阅、仲江、卫国北宫括、郑国公孙虿、曹国、莒国、邾国、滕国、薛国、杞国、郳国一同攻打秦国，诸侯联军渡过泾河后直入秦腹地棫林（今陕西省宝鸡市扶风县东北）驻扎，秦军在泾河上游投放毒药，诸侯联军饮水死伤惨重，尴尬收兵，史称“迁延之役”。公元前549年，晋平公派韩起到秦国结盟，秦景公派弟弟后子针到晋国结盟，由于双方存在分歧，仅同意罢兵休战但未结盟。公元前547年，秦晋双方弭兵后，秦景公着力改善与晋国的外交关系，秦国再派后子针到晋国重新结盟，重温秦晋之好。同年，秦、楚联军攻打郑国，击败郑国。公元前541年，秦景公之弟后子针遭人诬陷，带着上千辆财宝、物品逃亡晋国。公元前537年，秦景公去世，其子嬴籍继承君位，是为秦哀公。

秦哀公嬴籍（？—前501）即位同年，其叔父后子针回到秦国。公元前527年，楚国为了联合秦国制约晋国，两国联姻，秦国公主孟嬴（秦景公之女、秦哀公之长妹）原本要嫁给楚国太子建，楚平王见其貌若天仙，绝世美丽，在费无忌的教唆下，楚平王抢走了未过门的儿媳妇，自娶孟嬴为夫人。公元前506年，吴国攻陷楚国国都，楚国大夫申包胥千里迢迢来到秦国求救，秦哀公没有同意。申包胥在秦国宫门外痛哭七天七夜，秦哀公才发兵救楚，与楚军联合击败了吴军，吴王阖闾收兵回国，楚昭王得以复国。公元前501年，秦哀公去世，因太子秦夷公（名不详，未即位）早逝，秦夷公之子嬴宁继承君位，是为秦惠公。

秦惠公嬴宁（？—前492）又称秦前惠公，在位九年。公元前492年，秦惠公去世，其子嬴盘继承君位，是为秦悼公。秦悼公嬴盘（？—前477）在位十五年，在位期间在雍城（今陕西省宝鸡市凤翔区南）筑城。公元前477年，秦悼公去世，其子嬴剌继承君位，是为秦厉共公。秦厉共公嬴剌（？—前443）即位次年，即公元前476年，周天子周敬王去世，历史进入战国时代。

5. 楚国　荆楚蛮夷

楚国（约前 1042—前 223）又称荆、荆楚，是春秋战国时期位于长江流域的诸侯国，国君为芈姓、熊氏。约公元前 1042 年，周成王封楚人首领熊绎为子爵，居丹阳（今湖北省宜昌市秭归县东）[1]，建立楚国，地域千里，后迁都郢（今湖北省荆州市江陵县）。公元前 223 年，秦国灭亡楚国，共传四十二位君主，历时八百一十九年。楚国人自称为蛮夷，英勇好战，全力攻伐华夏诸侯。楚人五年不出兵，认为是莫大耻辱，死后不得见祖宗。楚国在春秋时先后吞并四十五国，为领地最大的诸侯国。楚国疆土最大时西起大巴山、巫山、武陵山，东至大海，南起南岭，北至今河南省中部、安徽省和江苏省北部、陕西省东南部、山东省西南部，幅员辽阔。楚国境内的长江流域蛮人、淮河流域夷人和华夏诸侯国人，经过长期的争战、融合、文化交流，在荆楚地区形成有共同语言、共同经济生活、共同文化和共同心理素质的楚族，楚族人积累的楚文化，丰富了华夏文明。华夏文明从黄河流域得以延伸到长江流域，楚国起着巨大的作用。从楚武王称王，到楚成王任用令尹斗子文治理国家逐步强盛，齐、楚争霸，结盟诸侯，再到楚庄王饮马黄河、问鼎中原，成为春秋五霸之一。

楚人祖先

最早三苗被禹战败后，在长江流域建立起较大的部落联盟，其中荆楚势力最大。芈姓是荆楚势力的主要力量，是所谓“祝融八姓”

[1] 楚国立国后第一个国都丹阳的具体位置，一直是历史学界、考古学界长期争论的热点。根据鲁国之附庸小邾国人左丘明的《子革对灵王》记载：“与君王哉！昔我先王熊绎，辟在荆山，筚路蓝缕，以处草莽，跋涉山林，以事天子，唯是桃弧、棘矢，以共御王事。”秭归处于巫山与荆山之间，属于荆山的范围，辟在荆山指的是辟在处于荆山西部的秭归之丹阳。故大多认为丹阳在今湖北省宜昌市秭归县东。也有以汉代司马迁的《史记·楚世家》、汉末颖容的《春秋三传例》和西晋杜预的《左传释例》为依据，说在今湖北省宜昌市枝江市。还有说在今湖北省襄阳市南漳县一带，还有专家学者则认为，古丹阳应该在丹水之阳，与淅水交汇处，也就是如今湖北省丹江口库区所在地。

之一，始祖为季连。到商衰周兴的周文王时，季连的后世子孙鬻（yù）熊任芈姓季连部落酋长，他审时度势，率族及时归附周王室，接受周文化，鬻熊成为周文王的火师（古官名，掌管火事）。鬻熊当时就提出“为天下人谋福祉的政令，就是道”这一进步的政治思想。他是楚国最早的缔造者，誉为楚国的祖先。鬻熊去世后，其子熊丽接任楚人的首领。熊丽去世后，其子熊狂接任首领。熊狂去世后，其子熊绎接任首领。

初建楚国

熊绎大约在公元前 1042 年，被周成王封为子爵，居于丹阳（今湖北省宜昌市秭归县东），建立楚国，成为楚国的第一任君主。熊绎在位时期，发展生产，扩大疆土，辅佐周室。熊绎筚路蓝缕，以启山林，即从荆山偏远之地，乘坐柴车，身穿破衣，跋山涉水向周天子进贡桃木弓、枣木箭等。他与齐国国君齐丁公、卫国国君卫康伯、晋国国君晋侯燮、鲁国国君伯禽一起辅佐周康王。熊绎去世后，其子熊艾继任楚君之位。

熊艾在位时，楚国已经强大起来，周昭王曾两次南征楚国，但都被熊艾击败。熊艾去世后，其子熊䵣（dá）继承君位。熊䵣去世后，其子熊胜继承君位。熊胜无子，去世后，其弟熊杨继承君位。公元前 887 年，熊杨去世，其子熊渠继承君位。

熊渠（？一前 877）是楚国第六任君主，他智勇双全，堪称楚国一代明君。熊渠在位时，实行近交远攻的策略，先后攻打庸国（今湖北省十堰市竹山县）、扬越（今湖北省中部）、鄂国（今湖北省鄂州市、武汉市一带），将楚国势力推进至江汉平原，控制了长江中游的铜矿，使楚国逐渐兴盛起来，奠定楚国之后数百年蓬勃发展的基础。雄心勃勃的熊渠直接仿效周天子，僭越将三子全部封王，大儿子熊康封为句亶（dǎn）王（今湖北省荆州市一带），二儿子熊红封为鄂王（今湖北省鄂州市、武汉市一带），小儿子熊执疵封为越章王（今湖北省荆州市和鄂州市之间），此举在当时可谓石破天惊。公元前 878 年，周厉王即位，以暴虐著称，熊渠担心被周天子讨伐，遂取消三子王号，不敢再声张。公元前 877 年，熊渠去世。长子熊康早逝，次子熊红即位。公元前 875 年，熊渠少子熊执疵发动政变，弑杀其兄熊红，自立为君，改名熊延。

熊延（？—前 847）在位二十八年，公元前 847 年，熊延去世，其子熊勇继承君位。公元前 838 年，熊勇去世。熊勇无子，其弟熊严继承君位。

熊严（？—元前 828）是楚国第十任国君，在位十年。熊严生有四子，长子熊伯霜（熊霜）、次子熊仲雪、三子熊叔堪和四子熊季徇。公元前 828 年，熊严去世，其长子熊霜继承君位。公元前 822 年，熊霜去世。因大弟熊仲雪早逝，二弟熊叔堪争位失败，后避难于濮地[1]，三弟熊季徇继承君位，史称熊徇。公元前 800 年，熊徇去世，其子熊咢继承君位。公元前 791 年，熊咢去世，其子熊仪继承君位，是为楚若敖。

楚若敖熊仪（？—前 764）在位期间，公元前 770 年周平王东迁，历史进入春秋时期。公元前 764 年，楚若敖去世，谥号若敖，此为楚君有谥号的开始。楚若敖长子熊坎继承君位，公元前 758 年，熊坎去世，谥号楚霄敖。其子熊眴（xuàn）继承君位，是为楚厉王［亦称楚蚡（fén）冒］。

楚厉王熊眴（？—前 741）为政残暴，生性凶狠。一次，楚国人卞和在荆山得到一块璞玉，进献给楚厉王。楚厉王让玉匠鉴定为一块石头，楚厉王认为被欺骗，便砍掉卞和的左脚。但

[1] 关于濮地史籍无记载具体地点，有观点认为在今湖北省西部的清江流域和湖南省西北部的澧水、沅水下游地区的濮人居住地。

楚厉王在位时，能够开疆拓土，征服陉隰[1]，使楚国实力增强。楚国随着对周边民族的征服，融合蛮夷元素的楚文化开始萌芽。公元前 741 年，熊眴去世，谥号厉王。楚厉王之弟熊通杀楚厉王之子自立君位，是为楚武王。

楚武王熊通（？—前 690）即位后，与邓国（今湖北省襄阳市）联姻，娶邓国公族女子为夫人，史称邓曼。楚厉王时失去左脚的卞和将那块璞玉再进献给楚武王，楚武王让玉匠鉴定仍为石头，于是砍掉卞和的右脚。公元前 738 年，楚武王挥师渡汉，远征南阳盆地，攻打周朝设在汉北的重镇，未能得手。楚武王转而攻打江汉平原西部，灭掉权国（今湖北省宜昌市当阳市）。楚武王在权国故地设置权县（权县成为中国历史上第一个县，楚国成为中国最早创立县制的诸侯国），任命斗缗（mín）为权尹（权县的长官）。后来，斗缗叛变楚国，楚武王派兵包围权县并杀死斗缗，将权县的百姓迁到那处（今湖北省荆门市沙洋县），改派阎敖治理那处。公元前 704 年，楚武王请随国（今湖北省随州市西北）随侯派遣使者向周天子进言，请求尊封楚国国君名号，但周桓王没有同意，楚武王遂自称王号，称为楚武王，开启诸侯称王之先河（而之前楚蚡冒的楚厉王称号，仅见于《韩非子》）。同年，楚武王在沈鹿（今湖北省荆门市钟祥市东）会合诸侯军队，黄、随两国没有参加会见。楚武王责备黄国、讨伐随国，在汉水、淮水之间打败随军，随国被迫与楚国订立盟约。公元前 703 年，楚武王派遣道朔和巴国使者到邓国访问，道朔和巴国使者被邓国所杀。楚武王与巴国联军攻打邓国，包围鄾（yōu）地（今湖北省襄阳市北）。楚、巴两军夹攻，邓军大败。公元前 700 年，楚武王派兵攻打绞国，大败绞军，强迫绞国订立城下之盟。公元前 699 年，楚武王派屈瑕率军攻打罗国，在鄢水（今湖北

[1]《左传》记载“先君蚡冒所以服陉隰也”，但没说明陉隰在哪里。

省西北部汉江直流蛮河）被罗国和卢戎联军打败。公元前690年，周庄王责备随侯奉立楚国为王，随国便与楚国关系疏远，随、楚两国遂生嫌隙。楚武王大怒，率兵大举攻打随国，随国求和，再次与楚国结盟。楚武王熊通死于伐随途中，谥号武王。其子熊赀（zī）继承君位，是为楚文王。

争霸中原

楚文王熊赀（？—前675）即位后，将都城从丹阳（今湖北省宜昌市秭归县东）迁至郢都（今湖北省荆州市江陵县）。当年被砍掉双脚的卞和抱着那块璞玉在楚山下哭泣，楚文王听说后，让玉匠鉴定并加工这块璞玉，发现真是一块宝玉，把它命名为“和氏之璧”。从楚文王时，楚国开始举兵北上，逐鹿中原。公元前688年，楚文王假道邓国，北上攻灭了申国（今河南省南阳市）。公元前687年，楚师自申返楚途中讨伐邓国。公元前684年，楚文王派兵攻打蔡国（今河南省驻马店市上蔡县）。息国（今河南省信阳市息县）是蔡国的南邻，蔡夫人和息夫人是出身于陈国公室的姐妹。一次，美貌如玉的息夫人从陈国经蔡国回息国，蔡侯以姐夫名义挽留求见，言谈举止轻浮，惹怒息侯。于是，息侯派人对楚文王说：“请您假装进攻息国，我们向蔡国求援，蔡哀侯一定会派军队支援，楚国可乘机攻灭蔡国。”楚文王听从息侯的计策，在莘地（今河南省驻马店市汝南县）击败蔡军，蔡哀侯被楚师俘获并被带回郢都（今湖北省荆州市江陵县）。蔡哀侯得知实情，恼羞成怒，大骂息侯诡计多端，楚文王不仁不义。楚文王架起油鼎，准备烹杀蔡哀侯。楚国权臣鬻（yù）拳审时度势，劝诫楚文王不能杀蔡哀侯，以免失去人心，四面受敌。楚文王怒火难消，不听劝阻，执意烹杀。鬻拳拔刀架在楚文王脖子上说道：“我宁可与你一同去死，也不愿见您失信于天下诸侯！”楚文王方赦免了蔡哀侯。蔡哀侯怨恨息侯，便故意向楚文王渲染息夫人的美貌。楚文王贪恋息夫人的美貌，以巡游为名来到息国。楚文王以武力俘虏息侯，灭亡息国，将息夫人带回楚国，纳娶为妃（后为楚文王生有两子熊艰、熊恽）。楚文王安排息侯担任守卫城门的士兵，蔡哀侯在楚国被软禁九年后去世。公元前679年，齐、宋、陈、卫、郑五国国君在鄄（juàn）邑（今山东省菏泽市鄄城县）会盟，齐国成为五国中的霸主。公元前678年，楚文王为向齐国示威，进攻居天下之中的郑国（郑都在今河南省郑州市新郑市）。公元前675年，巴国军队袭击楚国权县的那处，权尹阎敖因无防备而弃守。楚文王大怒，处死阎敖，致使阎敖的族人作乱与巴国一同谋反。公元前674年，楚文王率军平叛，在津地（今湖北省荆州市江陵县或宜昌市枝江市）却被巴军打败。大臣鬻拳关闭宫门，拒不迎纳打了败仗回国的楚文王，并告诉楚文王如果能击败黄国，方可向宗庙交代。楚文王率兵转攻黄国（今河南省信阳市潢川县），打败黄国军队。撤军途中，楚文王熊赀暴病而亡，谥号文王。鬻拳两次冒犯先王，引剑自刎，他以忠义赤诚，敢于犯颜直谏而留名青史。楚文王之子熊艰继承君位，是为楚堵敖。

楚堵敖熊艰（？—前672）在位时，面对日渐强大的楚国，却不思进取，无心治国，整日飞鹰走狗，打猎游荡，不务正业。公元前672年，楚堵敖欲杀害弟弟熊恽，熊恽逃到随国。熊恽联合随国人袭击并杀死楚堵敖，夺得国君之位，是为楚成王。

楚成王熊恽（？—前626）即位后，广施仁德恩惠，与诸侯修好结盟，进贡周天子，以巩固王位。他镇压夷越各族，先后灭亡弦、黄、英、夔（kuí）等国，大力开拓疆域。从公元前666年，齐、楚争霸开始，楚国与齐国争夺中原腹地郑国，楚成王连续攻打郑国取得胜利。公元前656年，齐桓公因蔡侯将他的夫人蔡姬改嫁而生怒，同时为遏制楚国北进，他亲率齐、鲁、宋、陈、卫、郑、许、曹等八国军队南下攻打蔡国，蔡军溃败。齐桓公紧接着进攻楚国，楚国派大夫屈完与齐讲和，在召陵（今河南省漯河市郾城区东）订立盟约，史称“召陵之盟”。齐桓公称霸中原，暂时遏制了楚师的北上。公元前655年，楚国避开齐国锋芒，派令尹斗子文发兵灭掉弦国（今河南省信阳市息县、潢川县间）。公元前654年，齐桓公率领齐、鲁、宋等国军队攻打郑国，楚成王亲自率军北上围攻齐国的盟国许国（今河南省许昌市）以救援郑国。郑国向齐国请和，许国向楚国臣服。楚成王调整战略向东发展，公元前648年，楚成王攻打江国（今河南省信阳市息县西），灭掉黄国（今河南省信阳市潢川县城西北一带，都城位于隆古乡）。公元前646年，楚成王灭掉英国（今安徽省六安市金寨县东南一带），把楚国势力推进到淮河中游一带。公元前645年，楚成王发兵攻打徐国（都城为徐城，今江苏省宿迁市泗洪县），齐桓公与宋、鲁、陈、卫、郑、许、曹等国在牡丘（今山东省聊城市东北）结盟，派联军救援徐国。联军同时攻打楚国的盟国厉国（今湖北省随州市东北一带），抄袭楚国后方，以解除徐国之围。楚军长驱直入，大举进攻，在娄林（今安徽省宿州市泗县东北一带）打败徐国。楚成王与齐桓公争霸十余年，楚国取得辉煌的成果。公元前639年，宋襄公以盟主之位自居，在盂地（今河南省商丘市睢县西北一带）会合诸侯。“盂之会”楚成王抓捕了宋襄公，并带回楚国囚禁。在鲁僖公的调解下，宋襄公才被释放归国。公元前638年，宋襄公出兵讨伐郑国，楚成王援郑伐宋。楚、宋两军在泓水（今河南省商丘市柘城县西北）大战，宋军大败，宋襄公身负重伤，不久身亡。公元前637年，晋国公子重耳经过楚国，楚成王以诸侯国礼相待。公元前633年，楚成王派兵灭掉夔国。公元前632年，楚成王攻打宋国，晋国派兵救援宋国，晋、楚两军在卫国城濮

（今山东省菏泽市鄄城县西南）交战，晋军兑现承诺退避三舍，最后打败楚军，史称“城濮之战”。公元前626年，楚成王欲废黜太子熊商臣改立王子熊职为太子。太子熊商臣发动政变，率领宫中警卫军包围楚成王，逼迫楚成王熊恽上吊自杀，谥号成王。楚成王一生驰骋天下，战果累累，却处理不好家事，最后遭子逼杀，死不瞑目。其太子熊商臣继承君位，是为楚穆王。

楚穆王熊商臣（？—前614）即位后，因他的师傅潘崇助其即位有功，潘崇被任命为太师，执掌国家大事，并且兼管宫中警卫军。楚穆王尽力改变楚国在城濮之战后的劣势，先后灭亡江国、六国、蓼（liǎo）国等，进一步控制江淮地区（今安徽省中、西部）。他发兵攻打并迫使郑国与楚国请和，攻占陈国壶丘（今河南省驻马店市新蔡县东南），平定斗宜西（子西）和仲归（子家）叛乱。公元前624年，楚穆王攻打江国（今河南省信阳市息县西南），晋国出兵攻打楚国以救援江国。公元前623年，秦国攻打晋国，攻占新城。楚穆王趁机迅速出兵灭掉江国。公元前622年，楚穆王迁建新都，史称上鄀（今湖北省襄阳市宜城市东南）。同年，楚穆王因六国（今安徽省六安市北）背叛楚国而亲近东夷，派遣成大心和仲归率军灭掉六国；派遣公子燮（xiè）率军灭掉蓼国（今河南省信阳市固始县东北）。公元前620年，晋国赵盾与齐、宋、卫、陈、郑、许、曹等国国君在扈地（今河南省新乡市原阳县西）会盟，从此开始了由大夫主盟诸侯会盟的局面。大夫主盟，加上齐国动乱、晋君年幼、秦晋之争，这种形势对楚国北进极为有利。公元前618年，楚穆王北征攻打的第一个目标是郑国。同年，楚穆王因陈国归服晋国，出兵攻打陈国，攻克陈国的壶丘（今河南省驻马店市新蔡县东南）。二次发兵陈国，陈国却以弱胜强，打败楚军，双方讲和。公元前617年，楚国大夫斗宜申和仲归谋反，被楚穆王平叛诛杀。同年，楚穆王和蔡庄侯驻兵厥貉（jué mò）（今河南省周口项城市西南），准备攻打宋国。宋昭公被迫请求归服，并亲自引导楚穆王在孟诸（今河南省商丘市东北）打猎。自此，宋、郑、陈等中原国家转而依附楚国。公元前616年，楚穆王兴兵攻打麇（jūn）国（今湖北省西北部），打败麇军，楚国已成为左右中原局势的主要强国。公元前615年，楚穆王出兵征伐俘虏舒国国君、宗国国君，进而攻打巢国，使楚国势力进一步向江淮地区（今安徽省中、西部）发展。公元前614年，楚穆王熊商臣去世，谥号穆王。其子熊侣即位，是为楚庄王。

楚庄王熊侣（？—前591）不满二十岁即位，面对国内矛盾重重、国外争霸激烈的复杂局面，静观其变，以感辨奸，三年不问政事，假装沉湎酒色，暗自掌握全局，韬光养晦，储备力量。公元前612年，晋国发兵攻伐楚国的附庸国蔡国（今河南省驻马店市上蔡县一带），在楚国的家门口蔡庄侯国破人亡，楚庄王依然视而不见，漠不关心。公元前611年，楚国发生空前饥荒；巴国东部的山戎族趁机袭扰楚国西南边境；东方的夷、越之族也趁机作乱，派兵入侵楚国的东南边境；楚国的庸国各蛮族部落发动叛乱；麇国各夷族部落发生暴动，天灾人祸使楚国几陷崩溃。而楚庄王依旧静坐钓鱼台，坐山观虎斗。楚庄王不鸣则已，一鸣惊人，时机成熟之后，他远离酒色，亲自处理朝政，运筹帷幄，开启霸业。楚庄王首先平定内乱，灭掉庸国，稳定统治，然后北上图霸。公元前608年，晋国的盟国郑国主动与楚国结盟，而陈国却与晋国结盟。楚庄王主动发兵，攻打陈国，紧接着攻打宋国。晋国大夫赵盾联合宋、陈、卫、曹诸国军队攻郑以救陈、宋。公元前607年，楚庄王命令郑国攻打宋国，以打击晋国。郑、宋于大棘（今河南省商丘市柘城县安平镇西南一带）开战，宋军大败。晋国联合卫、陈进攻郑国，楚庄王发兵救援郑国。公元前606年，楚庄王亲领大军北上，攻打陆浑之戎（今河南省洛阳市嵩县东北一带，散居黄河南、熊耳山北之阴地，又称阴地戎，后被晋国灭），楚军直抵周天子都城洛邑附近。楚庄王阅兵示威，周定王惶恐不安，派周大夫王孙满慰劳楚庄王。楚庄王问王孙满东周皇宫的九鼎之大小、轻重，王孙满委婉地回答道："在德不在鼎，周德虽衰，天命未改，鼎之轻重，未可问也。"公元前605年，楚庄王任命若敖氏为相，若敖氏却发动叛乱，楚庄王一举击灭若敖氏全族。公元前601年，楚庄王发兵灭掉舒国（今安徽省合肥市庐江县西南四十里的古舒城）。公元前599年，楚庄王出兵讨伐郑国，晋国士会率领晋军救援郑国，击败楚军。公元前598年，陈国司马夏徵舒因为陈灵公私通其母夏姬（郑穆公之女），发动叛乱将陈灵公射杀。楚庄王率军讨伐陈国平叛，诛杀夏徵舒。楚庄王与其弟子反都看上了貌美的夏姬，申公巫臣婉转劝阻，楚庄王却将夏姬嫁给连尹襄老。楚庄王攻破陈国后，欲以陈国故地设置县。楚国公侯申叔时进谏说："楚国义举出兵陈国平乱，如今却占据其地，以后何以称霸天下？"于是，楚庄王恢复陈国，迎回太子陈午（陈成公）即位。公元前597年，楚庄王任令尹孙叔敖为中军将，子重为左军将，子反为右军将，三军精锐部队北伐郑国。经过长达三个月的激战，楚军占领郑国，郑襄公袒胸露臂请罪求和，楚、郑两国结盟。谁知晋国派荀林父率三军渡过黄河驰援郑国。楚、晋两军于邲（今河南省郑州市荥阳市东北）大战，晋军大败，但楚国连尹襄老被射杀身亡。经过邲之战后，楚庄王饮马黄河，进逼中原诸侯国，迫使郑、许归附，继而灭掉萧国，三次进攻宋国，围宋九月有余。中原主要小诸侯国皆背晋归楚，楚庄王奠定了春秋五霸的地位，成为中原霸主。公元前591年，志得中原的楚庄王熊侣突然病逝，谥号庄王。年仅十多岁的太子熊审继承君位，是为楚共王。饮马黄河、问鼎中原的楚庄王，人亡霸灭，尸骨未寒，便生内乱，国力直线下降，楚国逐步退出争霸行列。

楚共王熊审（？—前560）年幼即位，其叔父子重（婴齐，楚庄王之弟）任令尹摄政君事，掌握楚国的军政大权。令尹子重为首的王族与申公巫臣为首的屈氏卿族矛盾激化。子重、司马子反对巫臣怀恨在心，巫臣预感到危机来临，为避政敌的迫害，他以到晋国运回连尹襄老的尸体为名，悄悄送心仪已久的连尹襄老之妻夏姬到了郑国，二人结婚。子重、子反杀掉了巫臣留在楚国的同族，瓜分了其家族的财产。悲痛万分的巫臣投奔了晋国，被晋景公任命为邢大夫，这便是“楚才晋用”典故的由来。当晋、楚两国争霸中原时，长江下游崛起了吴、越两个诸侯国。公元前584年，巫臣为报家仇，建议晋国联合吴国（都城在今江苏省苏州市），夹击楚国。晋景公遂派巫臣带着战车、人马前往吴国，巫臣教吴国人驾驶战车，为吴国训练军队，拉开了楚国衰落、吴国崛起的序幕。随着吴国的实力大增，吴国连续攻打楚国，占领了原属楚国的小国，成为楚国的劲敌。公元前575年，郑国被迫背叛晋国与楚国结盟，晋厉公联合齐、鲁、卫等国一道出兵攻打郑国。楚共王率军援救，双方在鄢陵（今河南省许昌市鄢陵县）交战，晋军打败楚军，并射伤楚共王的眼睛，史称“鄢陵之战”。鄢陵之战，暂时阻挡了楚国北上的势头，楚国中原霸权地位失落，成了楚共王的终身遗憾。公元前570年，楚共王派遣子重率军攻打吴国，攻克鸠兹（今安徽省芜湖市东南一带），抵达衡山（今安徽省马鞍山市当涂县东北六十里的横山），在衡山却被吴军打败，楚将邓廖被俘。紧接着吴军反攻楚国，占领驾地。[1] 子重因打了败仗，回楚后心脏病发作而亡。公元前562年，楚共王率军攻打郑国，并派楚国令尹子囊向

[1]《左传 · 襄公三年》记载：“三年春，楚子重伐吴，为简之师，克鸠兹，至于衡山。使邓廖帅组甲三百、被练三千以侵吴。吴人要而击之，获邓廖。其能免者，组甲八十、被练三百而已。子重归，既饮至，三日，吴人伐楚，取驾。驾，良邑也。”

秦国求援。秦景公派右大夫詹率军救援，迫使郑简公背弃与晋国的同盟，与楚国结盟。楚国与郑国遂派兵攻打晋国的盟国宋国。引发晋国援宋、秦国援郑，秦、晋两军“栎之战”，晋军大败。公元前560年，楚共王熊审去世，谥号共王。其子熊招继承君位，是为楚康王。

楚吴相争

楚康王熊招（？—前545）刚刚即位，吴国违背当时春秋战国时期诸侯之国遵循的“闻丧不伐”的战争规则，突袭楚国。楚军用败兵之计，在庸浦（今安徽省芜湖市无为市南）将吴军诱入包围圈，吴军惨败，吴国大将公子党被俘。公元前559年，楚康王派子囊率兵攻打吴国，在皋舟（今安徽省合肥市巢湖市西北）被吴军打败，楚国公子宜谷被俘。公元前558年，楚康王进行了体制改革，他任命令尹、大司马的同时，增设了右尹、右司马和左司马三个职务，重新分配权力，建立相应的制衡机制，加强了王权。随着吴国的羽翼渐丰，尤其是吴国的水师非常强大，开始对楚国不断骚扰。公元前549年，楚康王训练了“舟师”，加强水上作战，以应对吴国。同年，舒鸠国（今安徽省六安市舒城县东南）因离吴国太近，被吴国讨伐，被迫背信楚国归服了吴国，使楚康王大怒。公元前548年，楚康王命令令尹子木率大军前往攻讨舒鸠，占领舒鸠战略重镇离城（今安徽省六安市舒城县西）。吴国出兵救援舒鸠，楚、吴两军在战场上僵持七天七夜，吴军战败，舒鸠被灭。楚康王在舒鸠故地设县，强有力地打击了吴国对楚国的挑战。紧接着吴王诸樊亲自率军进攻楚国的巢邑（今安徽省合肥市巢湖市东北），以报舒鸠之仇。于是，一场空城计在楚国抵抗吴国进攻的战争中上演。巢邑守军大开城门，吴军不费吹灰之力占领巢邑，被埋伏在城墙后的巢邑守将包蒯，吴军大败，吴王诸樊被一箭射死后斩首。楚军再次得胜，捍卫了国家的尊严。这一年，楚康王推行了“量入修赋”的经济改革，公平征收军赋，发展生产，增加国力。公元前 547 年，楚国与秦国联合向东攻打吴国，但吴国早有准备，戒备森严。楚、秦联军转锋攻打郑国，俘获了郑国两位大将印堇父和皇颉。楚康王弟公子围想冒认俘获皇颉的功劳，楚大夫伯洲犁配合演绎了一出“上下其手”的故事。同年，附属晋国的郑国攻打臣服楚国的许国，楚康王为兄弟两肋插刀，率兵征伐郑国取得胜利。楚晋争霸，你征我伐，争霸战使得两国人民背上了沉重的负担，社会矛盾激化，附属国也苦不堪言。晋国赵武和楚国令尹子木素有交情，二人努力推动两国走上了和平的道路。公元前 546 年，楚、晋、滕、邾、齐、鲁、卫、陈、蔡、郑、曹、许等国政要受宋国向戌的邀请，齐聚宋都商丘蒙门（东北门），共商和平大业，订立罢战盟约。约定各国罢战，晋楚并霸，晋的盟国必须朝楚，楚的盟国也要朝晋，大家奉晋、楚为共同霸主。由于秦、齐属大国，所以规定秦不朝晋，齐不朝楚。而邾、滕分别为齐、宋附属国，故不与结盟。向戌弭兵，使得晋、楚争霸百年的宿怨基本结束。公元前 545 年，楚康王去世，其子熊员继承君位，是为楚郏（jiá）敖。楚康王在位十五年，北争晋国，东御吴国，南征北战，终于同晋平分霸权，与晋定公一起坐上了中原霸主的宝座。

楚郏敖熊员（？—前 541）年幼体弱，即位后任命其父楚康王之弟王子围为令尹，掌握军政大权。王子围野心勃勃，觊觎王权。公元前 541 年，王子围出使郑国，半路上听说楚郏敖病重，于是返回楚国。王子围进入楚王宫探视楚郏敖病情，用帽子带将楚郏敖勒死，并杀死楚郏敖之子公子莫、公子平夏，自立为君，是为楚灵王。

楚灵王熊围（？—前 529）是春秋时代有名的昏暴之君，虽雄心勃勃，立志兴霸，却花天酒地，穷奢极欲。他连年穷兵黩武，对外扩张不止，肆意滥杀无辜，耗巨资大兴土木，使得军民不稳，民心尽失。公元前537年，楚灵王邀请各诸侯国来楚国的申地会合，晋国、鲁国和卫国没来参加，宋国更是只派了一个代表，使楚灵王恼怒不已。楚灵王骄奢跋扈，侮辱别国使臣，滥杀他国随从，为楚国埋下了祸根。之后，楚灵王四处征讨，举兵进攻吴国的朱方（今江苏省镇江市丹徒区东南），杀死在朱方避难的原齐国令尹庆封及族人。三年时间，楚、吴之间相互攻伐，各有胜负。公元前535年，楚灵王建成“举国营之，数年乃成”的宏大离宫章华台（今湖北省潜江市龙湾镇附近），当时被誉为“天下第一台”。公元前534年，楚灵王借平定陈国内乱为名，令其弟公子弃疾率兵趁机灭掉陈国，陈君留逃往郑国，陈故地被置为县，楚灵王任穿封戌为权尹。公元前531年，楚灵王不顾诸侯调解，借口蔡灵侯杀父，诱骗蔡灵侯到申地，在蔡灵侯醉酒后将蔡灵侯及七十名随从一同杀害，然后出兵灭掉蔡国，甚至杀了蔡国世子有祭神，任命熊弃疾（楚灵王之弟）为蔡公。楚灵王如此为所欲为，逐渐失去民心。公元前530年，楚灵王亲自率兵攻伐徐国而威慑吴国。前线传来捷报后，他便高枕无忧，不及时班师，却领军在乾溪（今安徽省亳州市东南）游玩。公元前529年，楚国被楚灵王打击或剥夺的大姓贵族及其他反对力量乘机叛乱。蔡公弃疾等人趁机杀掉楚灵王的太子禄和公子罢敌，立公子比（楚灵王三弟、弃疾三兄）为王，是为楚初王。消息传到乾溪，楚灵王的军队立刻瓦解逃散。多行不义必自毙，失人心者失天下。真正成了孤家寡人的楚灵王，无人相助，甚至找不到一碗饭吃，独自走入深山自缢而亡。蔡公弃疾假称楚灵王杀了回来，吓得公子比和公子黑肱自杀。于是弃疾夺取政权，登上王位，是为楚平王。

楚平王熊弃疾（？—前516）即位后，改名熊居。公元前529

年，楚平王为笼络人心，缓和破裂的诸侯关系，便扶持亡国五年的陈国复国。他找到蔡景侯的小儿子庐，立为蔡国国君（蔡平侯），使亡国三年的蔡国同样复国。楚平王为了联合秦国制约晋国，由楚国太子建与秦国公主孟嬴（秦景公之女、秦哀公之长妹）订婚，促成两国联姻。公元前 527 年，楚平王派太子少师费无忌前往秦国为太子迎娶孟嬴。孟嬴到达楚国郢都后，佞臣费无忌见孟嬴貌若天仙、绝世美丽，为取悦楚平王，费无忌强烈建议楚平王自娶孟嬴。楚平王遂将太子妃掉包，安排一名齐女冒名秦国公主嫁给太子，抢走了未过门的儿媳妇，自娶孟嬴为夫人（后生子熊轸，即楚昭王）。丑闻泄露后，费无忌担心太子建即位后对自己不利，不断离间楚平王和太子建的关系。公元前 523 年，楚平王派太子建去城父（今安徽省亳州市谯城区东南边陲）戍守边疆。公元前 522 年，费无忌诬告太子建与太子太师伍奢谋反，结果伍奢和其长子伍尚被楚平王杀死，伍奢二儿子伍员（伍子胥）逃奔吴国，为楚国埋下了隐患，导致后来伍子胥破楚入郢、掘墓鞭尸。太子建先逃到宋国，后避宋国华氏之乱，又逃往郑国。太子建勾结晋人策划反郑败露，被郑人所杀，太子建之子白公胜逃到吴国。公元前 519 年，吴国派公子光为元帅出兵伐楚，楚国令尹子瑕带病同司马蔿（wěi）越出征，子瑕死于行军途中，楚军溃败。公元前 516 年，熊居去世，谥号平王。不满十岁的太子熊轸继承君位，是为楚昭王。

楚昭王熊轸（？—前 489）即位次年，佞臣费无忌引起楚人怨恨，被令尹子常诛杀。同年，吴王僚借楚平王国丧之机攻伐楚国，吴王派其弟公子掩余和公子烛庸率军包围楚国的六邑（今安徽省六安市北）、潜邑（今安徽省六安市霍山县东北）二邑。不料吴国国内发生宫廷政变，吴王僚被其堂兄弟公子光派刺客专诸刺杀身亡，公子光自立，即吴王阖闾（hé lǘ）（一作阖庐），公子掩余逃奔徐国（今安徽省宿州市泗县），公子烛庸逃奔钟吾国（今江苏省宿迁市）。公元前512年，吴王阖闾要求徐国和钟吾国分别引渡公子掩余和公子烛庸，徐国和钟吾国纵容二位公子逃奔楚国，被楚国安置在养邑（今河南省周口市沈丘县），并为其筑城割田。吴王阖闾出兵，一举攻灭了徐国和钟吾二国。同年，阖闾与伍子胥率军攻打楚国，夺取楚国舒邑，诛杀掩余、烛庸二公子。公元前511年，阖闾再次发兵攻打楚国，夺取了楚国的六邑（今安徽省六安市北）和潜邑（今安徽省六安市霍山县东北）。公元前509年，楚国派子常、囊瓦率军攻打吴国，被吴国击败，丢掉居巢。这段时期，楚昭王从各国娶了许多年轻貌美的妻子，包括越王勾践之女越姬。公元前506年，吴王阖闾亲自带兵，拜孙武为大将，伍子胥为副将，联合唐国、蔡国一道西进讨伐楚国，吴军在柏举（今湖北省黄冈市麻城市东北）击败楚军主力，然后五战五胜，仅十天时间即攻入楚都郢城（今湖北省荆州市江陵县），郢都被吴师蹂躏，残破不堪，吴国创造了春秋时期攻占大国都城的先例，史称“吴破楚入郢之战”。伍子胥掘开楚平王的坟墓，挖出尸体，抽打了三百鞭才罢休。楚昭王逃出郢都，逃到郧国（今江苏省南通市如皋市东），郧公斗辛其弟斗怀想加害楚昭王，斗辛护送楚昭王再逃到随国（今湖北省随州市）。楚大夫申包胥跑到秦国求援，申包胥哭了七天七夜之久，秦哀公才答应出兵。公元前505年，秦、楚联军一起将吴王阖闾和吴军赶出楚国，楚国收回都城复国。长期称霸恃强凌弱的楚国，遭此大败，国力大为削弱，一时再也无力北上争霸。公元前504年，阖闾派太子夫差率军再次讨伐楚国，攻取了楚国的番（pó）邑（今江西省上饶市鄱阳县），迫使楚昭王迁都于鄀（ruò）地（今湖北省襄阳市宜城市东南），称为“载郢”。公元前496年，楚国出兵灭了顿国（今河南省周口市商水县）。公元前495年，楚国灭亡胡国（今河南省漯河市郾城区、舞阳县一带），俘虏了胡国国君胡子豹。公元前494年，楚昭王联合陈、随、许发兵包围蔡国国都，蔡人出降，楚昭王把蔡国迁移到长江、汝水之间。公元前491年，楚国攻下夷虎（今安徽省淮南市寿县东）。公元前489年，吴国攻打陈国，楚昭王率兵救援陈国，楚昭王在行军途中病重，越姬信守与楚昭王同生共死的承诺而自尽，熊轸病逝军中，谥号昭王。昭王临终前欲将王位传给兄弟，但大弟公子申担、二弟公子结和三弟公子闾均没有接受。楚昭王与越姬之子熊章继承君位，是为楚惠王。

惠王复兴

楚惠王（？—前432）即位后，重用子西、子期、子闾等人，改革政治，发展生产，与民休息，扩大领土，使楚国国势得以迅速复苏。当时，吴王夫差击败越王勾践后，全力北上争霸，北伐齐、晋。公元前487年，令尹子西将太子建（楚惠王伯父）之子白公胜从吴国召回楚国，任命他为巢邑大夫，称为白公。公元前482年，楚惠王于黄池（今河南省新乡市封丘县西南）大会诸侯，与晋定公争当盟主。公元前479年，白公作乱，袭杀令尹子西、子期，劫持楚惠王，将其囚禁在高府欲杀之，被楚惠王逃脱。白公胜自立为楚王，仅一个月，古叶邑（今河南省平顶山市叶县叶邑镇）令尹沈诸梁即叶公，组织楚国方城（军事防御设施）之外军队平定叛乱，打败白公，白公走投无路自缢身亡，楚惠王恢复王位。公元前478年，楚惠王举兵北伐陈国，杀死陈滑公，灭掉陈国，并以陈地设置为县。公元前473年，越国灭了吴国，楚惠王与秦修好，向东发展。公元前447年，楚惠王派兵攻灭蔡国，蔡侯齐逃亡他国。公元前445年，楚惠王灭亡杞国（今山东省潍坊市安丘市东北），楚国的领土已扩张到东海、淮海、泗水一带。公元前432年，熊章去世，谥号惠王。

其子熊中继承君位，是为楚简王。楚惠王与楚昭王一样，是一位有作为的国君，在他的努力下楚国重新复强，以大国强国的地位步入战国的行列，成为战国七雄之一。

6. 燕国　苦寒之地

燕国（前1044—前222）是周王朝诸侯国，都城为燕城（今北京市房山区琉璃河镇东北董家林村）。公元前1044年，周武王封其弟姬奭（shì）于蓟城（今北京市）为燕召公，建立燕国。公元前222年，秦国灭亡燕国，共传四十一位君主，历时八百二十二年。其领地约占有今中国北京市、河北省北部，今辽宁省、吉林省的一部分，最强大时拥有今北京市、天津市、辽宁省的全部，朝鲜、韩国、今中国河北省、吉林省、山西省、内蒙古自治区的一部分。燕国在八百多年的历史中，曾建有五座都城，分别为燕城（北京市房山区琉璃河镇东北董家林村）、临易（今河北省保定市容城县）、蓟城（今北京市西南）、易水（今河北省保定市易县故城南）和襄平（今辽宁省辽阳市）。燕国建国后与中原各地来往甚少，文化相对中原比较落后，所以经济不发达，实力相对较弱，自然也无力与中原争雄。加上燕国是苦寒之地，当时有“宁得十里于宋，勿得百里于燕”的说法。燕国燕山以南以农业为主，以北以牧业为主，燕山地区和冀东地区同时兼有农业和牧业。燕国的渔业、盐业区域主要分布于渤海沿岸和各岛屿，以及辽水、鸭绿江下游沿岸等地区。燕国的冶金手工业和青铜手工业有了飞跃的进步，达到相当高的水平。燕国作为一种特定的历史环境，聚集了多种文化，诸文化因素的渗透酿成燕文化。燕文化以商文化因素为主，融合了周文化和北方其他民族文化因素。春秋时期，燕国成为山戎的打击对象，燕国曾多次求助于齐国以保平安。直到战国末期，燕国才逐步强大，跨入战国七雄行列。

始封燕国

燕召公姬奭（生卒年不详），为燕国的始祖。公元前 1044 年，周武王灭商后，封其弟姬奭于蓟城（今北京市）为燕召公，建立燕国（亦称北燕）。他受封后派长子姬克管理燕国，自己留在镐京（今陕西省西安市长安区沣河以东）担任太保辅佐朝廷。他推行周成王治国安邦理念，授田于民，发展生产，政通人和。周成王去世后，燕召公继续辅佐周康王，开创“四十年刑措不用”的“成康之治”，为周朝打下延续八百多年的坚实基础。公元前 1039 年，燕召公去世，其子姬克继承君位，是为燕侯克。

燕侯克去世后，其三弟姬旨继承君位，是为燕侯旨。燕侯旨去世后，其子姬舞继承君位，是为燕侯舞。燕侯舞去世后，其子姬宪继承君位，是为燕侯宪。燕侯宪去世后，其子姬和继承君位，是为燕侯和。之后，中隔数世不明，至姬圣继承君位，是为燕伯圣。又有数世不明，到姬坤继承君位，是为燕侯坤。公元前 865 年，燕侯坤去世，燕惠侯继承君位。

燕惠侯（？—前 827）在位期间，西周国人暴动，周厉王逃到彘地（今山西省霍州市东北），周定公、召穆公共同执政，史称“共和元年（前 841）”。公元前 827 年，燕惠侯去世，其子姬庄继承君位，是为燕厘侯。公元前 791 年，燕厘侯去世，其子燕顷侯继承君位。燕顷侯在位时，诸侯并起，西周朝衰败而亡。公元前 770 年，周平王东迁，恰逢西周和春秋交界，燕国开始进入春秋舞台。公元前 767 年，燕顷侯去世，其子燕哀侯继承君位。燕哀侯在位仅两年，公元前 765 年，燕哀侯去世，其子姬郑继承君位，是为燕郑侯。公元前 729 年，燕郑侯去世，其子燕穆侯继承君位。公元前 711 年，燕穆侯去世，其子燕宣侯继承君位。公元前 698 年，燕宣侯去世，其子燕桓侯继承君位。

山戎袭扰

燕桓侯（？—前 691）即位当年，山戎出兵讨伐燕国，为躲避山戎的侵扰，燕桓侯被迫将国都从蓟城迁至临易（今河北省保定市容城县晾马台乡南阳村村南南阳遗址），燕国国力日衰。公元前 691 年，燕桓侯去世，其子燕庄公继承君位。

燕庄公（？—前 658）在位期间，公元前 664 年，山戎侵犯燕国，燕庄公向齐国求救。齐桓公率军救援燕国，齐军大败山戎，追击至孤竹（今河北省秦皇岛市卢龙县）而回。燕庄公为表谢意，亲自送齐桓公出境，不知不觉进入齐国境内。东周时，一般诸侯相送不出自己的国境。齐桓公遂将燕庄公入齐的地方割送给燕国，燕国与齐国成为紧密联盟。燕庄公下令在此筑城，取名为燕留（今河北省沧州市一带）。公元前 658 年，燕庄公去世，其子燕襄公继承君位。

燕襄公（？—前 618）即位后，燕国大败山戎，吞并蓟国（今北京市区北）。公元前 657 年，燕襄公迁燕都到蓟城（今北京市西南），为后来燕国向冀北、辽西发展奠定了基础。公元前 618 年，燕襄公去世，其子燕前桓公继承君位。公元前 602 年，燕前桓公去世，其子燕宣公继承君位。公元前 587 年，燕宣公去世，其子燕昭公继承君位。

由弱转强

燕昭公（？—前 574）在位期间，他向东出击东胡，设置上谷、渔阳、右北平、辽西、辽东五郡，筑燕长城，西起造阳（今河北省张家口市），东经辽东，又东至满潘汗（今朝鲜清川江），燕国国势逐渐由弱转强。公元前574年，燕昭公去世，其子燕武公继承君位。此时的燕国，依然默默驻守在东北之地，始终处于沉寂状态。公元前555年，燕武公去世，其子燕前文公继承君位。

燕前文公（？—前549）在位时，北方戎狄各部逐渐强大，而燕国国势不佳，燕前文公被迫将都城蓟城迁至易水（今河北省保定市易县故城南）作为下都，原都城蓟城为上都。公元前549年，燕前文公去世，其子燕懿公继承君位。公元前545年，燕懿公去世，其子姬款继承君位，是为燕惠公。

燕惠公（？—前536）在位时，宠臣很多，他想要新立宠臣姬宋为大夫，遂引发与朝臣们矛盾升级。公元前539年，燕国大夫们勾结起来共同诛杀姬宋，燕惠公非常害怕，于是逃亡到齐国。公元前536年，齐景公联合晋国一同发兵攻打燕国，护送流亡四年的燕惠公回国复位。燕惠公回国后便去世了，其子燕悼公继承君位。公元前529年，燕悼公去世，其子燕共公继承君位。

燕共公（？—前524）即位时，活跃在太行山以东戎狄部族的鲜虞国（后来的中山国）已初具规模，占据着赵、齐、燕三国的咽喉之地。公元前527年，晋国上军将荀吴（中军将荀偃之子中行穆子）发兵讨伐鲜虞，而燕国、齐国均无动于衷，致使晋国未能取得彻底的成功，鲜虞部族散落在各深山野林，以后形成了更大规模的中山国。公元前524年，燕共公去世，其子燕平公继承君位。公元前505年，燕平公去世，其子燕前简公继承君位。公元前493年，燕前简公去世，燕献公（身份不详）继承君位。

燕献公（？—前465）在位期间，公元前476年，周王朝周元王即位，中原各诸侯国混战不休，中原已经进入了战国时代。而燕国地处东北边陲，地理优势让燕国成功避开了春秋战国时代的许多战乱，但是燕国处于战国大浪潮之下，已经很难置身事外。

7. 鲁国　礼仪之邦

鲁国（前1043—前255）是周王朝诸侯国，定都曲阜（今山东省济宁市曲阜市）。公元前1043年，周成王封其弟周公旦于奄国（今山东省济宁市曲阜市之东）故土，周公留在镐京辅佐周成王，让其长子伯禽代为赴任，建立鲁国。公元前255年，楚国灭亡鲁国，共传三十六位君主，历时七百八十八年。鲁国国力最强时，其领地北至泰山，南达徐淮，东至黄海，西抵山东定陶。鲁国“封土不过百里”，起初疆域较小，后来陆续吞并周边的极、项、须句、根牟等小国，并夺占了曹、邾、莒、宋等国部分土地，成为西周大国。在鲁桓公、鲁庄公、鲁僖公时，鲁国最为强盛，一度与齐国争夺东方的霸主。直至战国初期，仍有数个诸侯国向鲁国进贡。在“礼崩乐坏”的时代，鲁国则成为典型周礼的保存者和实施者，从来无心漠视周天子而称霸，世人称“周礼尽在鲁矣”，享有“礼义之邦”的美称。在周代的众多邦国中，鲁国是姬姓“宗邦”，诸侯“望国”，正如清朝史学家高士奇所言“周之最亲莫如鲁，而鲁所宜翼戴者莫如周”。鲁国出现许多知礼、明礼之士，如臧僖伯、臧哀伯、臧文仲、柳下惠、曹刿、夏父展、里革、匠人庆、叔孙豹、子服景伯（子服何）、孔子、曾子、左丘明等，尤其是孔子以礼乐之学教授生徒，创立儒学。虽然立国七百八十八年的鲁国，被楚国灭亡，然而鲁国的礼乐传统经孔门师徒的弘扬深入人心，世代传承，它并没有因为鲁国的灭亡而丧失。

伯禽建国

鲁公伯禽（生卒年不详），姬姓鲁氏，周武王之弟周公旦之子，是鲁国第一任国君。公元前1043年，周公辅佐天子周成王东征灭掉了伙同武庚叛乱的奄国（今山东省济宁市曲阜市之东），周公受封于奄国故土。周公留在镐京辅佐周成王，让其长子伯禽代为赴任，沿用周公初封地西鲁（今河南省平顶山市鲁山县）称号，建立鲁国。伯禽在位四十六年，坚持使用周礼治理鲁国，建国之初就奠定了丰厚的周文化基础。公元前998年，鲁公伯禽去世，其子姬酋继承君位，是为鲁考公。鲁考公在位四年，公元前994年鲁考公去世，其弟姬熙继承君位，是为鲁炀公。公元前988年，鲁炀公去世，其子姬宰继承君位，是为鲁幽公。鲁幽公在位时，平淡度日，得不到公族的扶持，也没有天子的祝福。公元前973年，鲁幽公被其弟姬晞（xī）弑杀，姬晞自立君位，是为鲁魏公。公元前924年，鲁魏公去世，其子姬擢（zhuó）继承君位，是为鲁厉公。公元前887年，鲁厉公去世，其弟姬具继承君位，是为鲁献公。公元前855年，鲁献公去世，其子姬濞（bì）继承君位，是为鲁真公。公元前825年，鲁真公去世，其弟姬敖继承君位，是为鲁武公。

长幼之乱

鲁武公姬敖（？—前817）在位期间，公元前817年，在周宣王的干预下，鲁武公长子姬括未能立为太子，少子姬戏被立。公元前816年，鲁武公去世，太子姬戏继承君位，是为鲁懿公。公元前807年，鲁懿公兄长姬括之子伯御不甘心放弃原本属于他的王位，发动叛乱，与鲁人攻击弑杀鲁懿公，鲁武公三子姬称的保姆孝义保，给自己的儿子穿上姬称的衣服顶替姬称被杀，使得姬称得以逃命。鲁人立伯御继承君位，是为鲁废公（亦称鲁公伯御）。公元前796

年，周宣王盛怒之下兴兵讨伐鲁国，杀死鲁废公，立鲁武公三子姬称继承君位，是为鲁孝公。公元前769年，鲁孝公去世，其子弗湟继承君位，是为鲁惠公。

隐公居摄

鲁惠公姬弗湟（？—前723）在位四十六年，他励精图治，勤于政事，百姓悦服，国势大振。鲁惠公原配夫人孟子没有生子并早逝，鲁惠公纳孟子的婢女声子为妾室，生子姬息（亦称息姑）。为了巩固宋、鲁两国的关系，鲁惠公派人到宋国提亲，宋武公答应将二女儿仲子嫁到鲁国给鲁惠公庶长子公子姬息为妻。鲁惠公见仲子漂亮无比，遂自娶为夫人，生子姬允，被立为太子。公元前723年，鲁惠公去世，因太子年幼，由庶长子姬息代掌国君之位，是为鲁隐公。

鲁隐公姬息（？—前712）摄政期间，与周边的小国关系相处得比较和睦。公元前721年，鲁隐公将女儿嫁给纪国国君为妻。公元前715年，鲁国和莒国在浮来（今山东省日照市莒县城西）结盟。公元前713年，鲁国联合齐、郑两国攻打宋国和许两。公元前712年，滕国、薛国国君前来朝拜鲁国。同年，鲁国大夫公子姬挥（字羽父），建议杀掉太子姬允以使鲁隐公真正、安稳地做国君，也借此为自己求得宰相的职位。鲁隐公拒绝了姬挥，并表明太子已经长大，自己准备把国君之位还给姬允。姬挥害怕太子姬允知道此事于己不利，遂向姬允诬陷鲁隐公想要除掉姬允，想真正成为国君。于是，姬挥与姬允密谋，将鲁隐公杀害。其弟太子姬允继承君位，是为鲁桓公。

鲁桓公姬允（约前731—前694）在位期间，公元前709年娶齐僖公之女、齐襄公异母妹文姜为夫人，遣公子姬挥赴齐国行迎娶之事，鲁桓公与文姜后生子姬同。公元前694年，鲁桓公与文姜一起回齐国，齐襄公与文姜乱伦通奸，鲁桓公知道后怒斥文姜。齐襄公设宴将鲁桓公灌醉，派彭生将其杀害，迫于鲁国压力，齐襄公杀死彭生以向鲁国交代。其子姬同继承君位，是为鲁庄公。

曹刿论战

鲁庄公姬同（？—前662）在位时，公元前686年，齐襄公遭大臣连称、管至父、公孙无知等人所杀，公孙无知自立为君。次年，鲁庄公因支持流亡在鲁国的齐国公子纠继任齐国国君，从而与在莒国流亡而抢先回国即位的公子小白（齐桓公）结怨。齐桓公即位后立刻进攻鲁国，发动齐鲁"乾时（今山东省淄博市桓台县）之战（亦称干时之战）"，鲁国战败。鲁国在齐国的施压下杀死齐国公子纠，公子纠的老师召忽自杀，管仲被囚禁。齐桓公欲杀管仲，在鲍叔牙的劝说下，齐桓公不计前嫌，接回管仲并拜其为相。公元前684年，齐国再次发兵进攻鲁国。鲁庄公听从曹刿的建议，暂时避开齐军锋芒，撤退到地形有利于反攻的长勺（今山东省济南市莱芜区苗山镇），活用"一鼓作气，再而衰，三而竭"的原理，以弱胜强击退强大的齐军，史称"长勺之战"，《左传》经典篇目《曹刿论战》即记载此役。同年，宋、鲁两国交战，鲁军在乘丘（今山东省济宁市兖州区东）大败宋军，史称"乘丘之战"。宋国将领南宫万身负箭伤被俘，后被释放。公元前683年，为雪乘丘之耻，宋国发兵入侵鲁国，却再遭惨败。公元前681年，齐桓公再次攻打鲁国，鲁军将领曹沫三战三败，鲁庄公被迫割地求和，与齐桓公于柯地（今山东省聊城市东阿县北部）会盟。鲁将曹沫趁机劫持齐桓公，逼其同意退还齐国侵占鲁国的汶阳（今山东省泰安市肥城市汶阳镇）之地。齐桓公先答应退地解除危机，但立刻反悔准备杀死曹沫，在管仲的劝谏下，齐桓公将汶阳之田还给了鲁国。公元前669年，鲁庄公亲自到齐国迎娶齐襄公之女公主哀姜为夫人，哀姜妹妹叔姜作为陪嫁为妾一同嫁到鲁国。哀姜无子，妹妹叔姜生子姬启，另有宠妃孟任生子姬斑。公元前662年，鲁庄公突然病重，他想立姬斑为太子即位。而鲁庄公的三位弟弟庆父、叔牙和季友（三人及其后人同为鲁桓公之后，史称“三桓”），却各有主张。庆父（字仲孙）私通鲁庄公夫人哀姜，在叔牙的支持下图谋君位，正直的季友支持鲁庄公立姬斑为储君。叔牙为保家人，被季友要挟饮鸩自尽。鲁庄公病逝，公子姬斑继承君位仅两月，在庆父的挑唆下，牧马人力大无穷的荦（luò）将姬斑杀死。庆父立叔姜之子、年仅八岁的公子姬启继承君位，是为鲁闵公。

三桓势大

鲁闵公姬启（？—前660）即位后，其叔父季友知道姬斑之死跟庆父有关，便逃到陈国。庆父为掩人耳目，也前往齐国。公元前661年，鲁闵公和齐桓公在齐国落姑（亦称洛姑，今山东省济南市平阴县）结盟，请求齐桓公帮助季友回国。齐桓公派人从陈国召回季友回国任鲁国宰相。公元前660年，庆父与哀姜合谋收买并派大夫卜漪在武闱（wéi）（王宫里的小门）弑杀鲁闵公，夺得君权。季友带领公子姬申（鲁庄公子、鲁闵公弟）逃往邾国（今山东省济宁市邹城市）。庆父荒淫无道，连杀两任君主，使得鲁国朝政混乱，百姓苦不堪言。鲁国人准备杀掉庆父，庆父逃到莒国（今山东省日照市莒县），哀姜逃到莒国的邻国邾国。公元前659年，公子姬申在季友的帮助下返回鲁国继承君位，是为鲁僖公。

鲁僖公姬申（？—前627）即位当年，请求莒国把庆父送回鲁国，庆父自知罪孽深重，在被押回鲁国途中自缢而死。齐桓公责令邾国将哀姜引渡回齐国，在回齐国途中将其杀死，并把她的尸体运送到鲁国，以表示结盟诚意。从公元前643年齐桓公去世齐国发生内乱，到公元前632年晋楚“城濮（今山东省菏泽市县鄄城县西南）之战”，天下都处于“无伯”的状态，中原形势变化莫测，诸侯征伐此起彼伏，中小诸侯国生存极其严酷。鲁僖公审时度势，运用智慧和诡异，游刃有余，以最小的代价换取最大的收获，为鲁国寻得生机。鲁僖公趁宋襄公插手齐国内乱想做霸主最后被楚国打败的时机，攻打邻居小国邾国，占领土地，捞取实惠。公元前639年，鲁僖公会同楚国等诸侯会盟于齐国，逐渐与楚国加强联系，并协调解决楚成王囚禁宋襄公事件。鲁僖公采用依靠楚国制约齐国的战略，谋求东部霸权。公元前632年，楚、宋交战，晋援宋伐楚，晋国取得“城濮之战”的胜利，晋文公成为霸主。鲁僖公参加了晋文公组织的“践土（今河南省新乡市原阳县）会盟”，良化了与晋国的关系，分得了曹国的土地济西之田（今山东省菏泽市郓城县与鄄城县之间）。公元前627年，鲁僖公去世，其子姬兴继承君位，是为鲁文公。

季氏专权

鲁文公姬兴（？—前609）在位时，鲁国公室逐步走向衰退。以季孙氏为首的“三桓（季孙氏、叔孙氏、孟孙氏）”逐渐凌驾于公室之上，掌握鲁国实权。当时秦、晋争霸，鲁国弱小而以晋为尊。公元前616年，北狄鄋（sōu）瞒国（今山东省淄博市高青县高城镇一带）讨伐鲁国，鲁文公派叔牙之孙叔孙得臣领兵抗敌，大获全胜，俘获鄋瞒国国君侨如。鲁国权臣鲁庄公二子公子遂，人称东门襄仲，他帮助鲁文公推行“依晋联齐”的外交政策，东门襄仲直接会见齐昭公、晋襄公，与晋国权臣赵盾会盟，率领鲁国大军征伐四方，使得东门家族的力量也越加强盛。公元前609年，鲁文公去世。

东门襄仲因与鲁文公宠姬敬嬴关系密切，他在取得齐惠公的支持下，杀死鲁文公与齐女所生的公子姬恶、公子姬视，拥立敬嬴之子姬倭（tuǐ）继承君位，是为鲁宣公。

鲁宣公姬倭（？—前591）即位后，发现三桓势力日益强盛，便任东门襄仲为鲁国最大权臣，加以制衡。公元前600年，东门襄仲去世，其子公孙归父代父为卿，参与国政。公元前591年，公孙归父奉鲁宣公之命出访晋国，期望以晋国之力，对付三桓。在公孙归父回国途中，不想鲁宣公病逝，季友之孙季文子（即季孙行父）乘机发动政变，驱除东门氏。公孙归父无家可归，投奔齐国，退出鲁国政坛。季文子立鲁宣公子姬黑肱继承君位，是为鲁成公。

鲁成公姬黑肱（？—前573）在位期间，季文子开始把持朝政，从此开启了季氏祖孙几代人的执政专权之路。季文子为人谨小慎微，克俭持家，执掌鲁国朝政三十多年，厉行节俭，开启一代俭朴风气。公元前589年，齐国讨伐鲁国，晋国出兵救援，联合鲁、卫、曹与齐军在鞍（今山东省济南市长清区）交战，齐军大败。公元前578年，晋国联合齐、鲁、宋、卫、郑、曹、邾、滕等国讨伐秦国，在麻隧（今陕西省咸阳市泾阳县西南）与秦军交战，大败秦军，史称“麻隧之战”。公元前573年，鲁成公去世，其子姬午继承君位，是为鲁襄公。

鲁襄公姬午（？—前542）继位后，任三朝元老季文子为丞相，鲁国在季文子的治理下，保持了相对稳定。公元前570年，鲁襄公第一次到晋国朝见。公元前568年，对鲁国公室忠心耿耿、廉洁奉公的季文子去世，没有留下任何私产积蓄。其子季武子（季孙宿）世袭父位执政。季武子是古代著名的政治家、外交家，他巧妙利用晋、齐、楚三大强国之间的矛盾关系，周旋其中，多次为鲁国化险为夷。公元前567年，滕国君主滕成公第一次前来朝见鲁襄公。公元前 566 年，郯（tán）国国君第一次前来朝见鲁襄公。公元前 562 年，季武子巧用礼法制度，增设中军，季氏、叔孙氏、孟氏三桓分三军之民，达到分鲁的目的，从而紧紧地团结三桓的力量，为季氏的繁荣发展奠定不可磨灭的强大基石。公元前 542 年，鲁襄公去世，其与敬归（胡国人）所生太子姬野继承君位。太子姬野即位仅三个月，因悲伤过度而去世。季武子立鲁襄公与敬归的妹妹齐归主子姬稠继承君位，是为鲁昭公。

鲁昭公姬稠（？—前 510）在位时，公元前 537 年，季武子罢去中军而四分公室，季孙称左师，孟氏称右师，叔孙氏则以叔孙为军名。自此，季氏专权，三桓日益强大，鲁国公室日益弱小。公元前 535 年，季武子去世，其子季悼子死于季武子之前，季悼子之子季平子继立为季氏宗主，执掌鲁国专权。季平子大权在手，飞扬跋扈，不可一世。成为傀儡国君的鲁昭公，计划彻底摆脱三桓凌驾公室现状。公元前 517 年，季平子与郈（hòu）昭伯斗鸡引发矛盾，季平子发怒侵占郈氏封地，同时与臧昭伯也有很大矛盾，季平子将臧氏家臣囚禁起来。郈氏与臧氏一起诉冤于鲁昭公。早已对季平子专权不满的鲁昭公联合郈氏、臧氏，讨伐季平子。作为三桓的叔孙氏、孟孙氏发兵援救季氏，击败鲁昭公的军队。公元前 517 年，鲁昭公流亡到齐国，孔子得知鲁昭公逃到齐国后，追随鲁昭公赶到齐国。鲁昭公在齐国遭到慢待，随往晋国求助。季平子用重金贿赂晋国六卿，晋国让鲁昭公暂居乾侯（今河北省邯郸市成安县东部）。从此，季平子摄行君位，俨然鲁国君主。孔子向齐景公宣传自己的政治主张，被齐相国晏婴反对，于是孔子返回鲁国。公元前 510 年，鲁昭公在乾侯病逝，鲁人拥立其弟姬宋继承君位，是为鲁定公。

阳虎之乱

鲁定公姬宋（？—前495）即位后，国政依旧被季平子把持。公元前505年，季平子去世，其子季桓子（即季孙斯）继任季孙氏宗主兼鲁国执政。季孙氏的家臣阳虎看新家主季桓子年幼，将其囚禁，从而代替季桓子执鲁政达三年之久，史称“阳虎之乱”。滕文公和孟子、阳虎讨论治国的方法时，阳虎认为：“想要富裕就不能太仁慈，仁慈的人是不会富起来的。”这便是他“为富不仁”的故事。公元前502年，阳虎计划杀掉季桓子，季桓子用计半道逃脱。公元前501年，三桓联合起来反攻阳虎，阳虎兵败，逃往齐国，劝说齐景公攻打鲁国而被囚禁。公元前501年，阳虎逃脱跑到晋国，被赵简子赵鞅收留。“阳虎之乱”平定后，季桓子任用孔子帮助三桓打击当权的家臣。鲁定公听说孔子开坛讲学，主张“君君臣臣”及“仁政”，召见孔子，与孔子分析鲁国的内忧外患。孔子建议他外联齐国，内部重振君威，出谋制定了一系列措施，得到鲁定公的信赖并被重用。孔子被任命为中都宰（中都的地方官，掌管刑事），隔年升为司空。公元前500年，齐景公邀鲁定公在齐鲁交界的夹谷（一说今山东省济南市莱芜区南，一说在山东省淄博市淄川区西南）会盟，以共同对付吴国的威胁。在会盟会上，大司寇孔子运用智慧和勇气，义正词严地反击齐使，不战而屈人之兵，使鲁国在外交上取得了胜利，齐景公无奈归还了从鲁国侵占的郓地、汶阳和龟阴等三处土地，史称“夹谷会盟”。公元前499年，孔子再升为大司寇，并代理宰相。他推行讲求孝道，稳定家庭，安定社会，使得鲁国一度社会和谐，经济发展，国富民强。同年，逃往晋国的阳虎被晋国赵简子赵鞅重用，从此尽心辅佐赵鞅，使得赵鞅几乎成为霸主。公元前498年，孔子拆毁鲁国公族季孙氏、叔孙氏、孟孙氏三桓的私邑，名义上是为了防止家臣据城叛乱，实际上是摧毁三桓的根基，逐步消解三桓的强盛势力，史称“堕三都”。季孙氏的费邑（今山东省临沂市费县）和叔孙氏的郈（hòu）邑（今山东省泰安市东平县）先后被堕除，并收其甲兵。孟孙氏不肯堕除郕（chéng）邑（今山东省泰安市宁阳县），鲁定公派兵攻打，孟孙氏早有防备，未能取胜，堕三都宣告失败。公元前 497 年，季桓子将孔子逼走，孔子离开鲁国，开始周游列国的旅程。公元前 495 年，鲁定公去世，其子姬蒋继承君位，是为鲁哀公。

孔子回国

鲁哀公姬蒋（？—前 468）即位期间，鲁国在齐国、吴国这两个大国的夹缝里生存，处境十分艰难。公元前 492 年，季桓子病逝，其子季康子（季孙肥）继承季孙氏宗主，主政国事。此时，鲁国公室更加衰弱，以季氏为首的三桓日益强盛。季康子作为鲁国的权臣，位高权重，使得叔孙氏、孟孙氏很不满，三桓之间的关系出现嫌隙。公元前 484 年，齐国入侵鲁国，叔孙氏、孟孙氏怨恨季孙氏专权，没有听从季康子的号令将齐人拦在国土之外。季康子任用孔子的弟子冉有领军，击退了齐军，紧接着联合吴国在艾陵（今山东省济南市莱芜区东南）全歼十万齐军，史称“艾陵之战”。同年，季康子派人迎孔子回国，在外周游十四年的孔子终于回到鲁国。自此，孔子开始了晚年修书的事业，给我们留下了诸如《春秋》《论语》《诗三百》等儒家经典之作。公元前 483 年，季康子推行“用田赋”（实行按田亩收税）税制改革，虽加速了礼崩乐坏的进程，却促进“井田制”的瓦解，加速了鲁国向封建社会的转变，顺应了历史的发展。公元前 479 年，中国古代的思想家、政治家、教育家，儒家学派创始人孔子病逝。自此，鲁哀公已没有任何权力，完全被三桓架空，他在位已经十六年，却无任何建树。公元前 468 年，季康子去世。

鲁哀公认为伐灭三桓的时机来了，结果反被三桓追赶，被迫逃往越国。同年，鲁哀公在越国去世，其子姬宁继承君位，是为鲁悼公。

鲁悼公姬宁（？—前437）在位期间，由季康子曾孙季昭子辅佐。鲁悼公虽无所作为，但在位时间较长，达三十一年之久。公元前465年，春秋最后一位霸主越王勾践去世，但并没有减弱诸侯列强的称霸。弱小的鲁国政权仍受三桓掌控，鲁悼公依旧做个傀儡国君。没有环境、缺少经济支撑的鲁国，其优秀儒学者们开始流散于各诸侯国。公元前437年，鲁悼公去世，其子姬嘉继承君位，是为鲁元公。

齐鲁相争

鲁元公姬嘉（？—前416）在位时，已经进入战国时代，诸侯之间的纷争不再是争霸，而是以灭国为目的的战争。三桓中的叔孙氏和孟孙氏为齐国所破，只剩季孙氏一族。季孙氏的北部封地也为齐国所侵占，只剩下孤城费邑（今山东省临沂市费县）。孔子的弟子冉求、子贡、子思等人成为鲁国朝堂的常客，研究鲁国的出路。公元前416年，鲁元公去世，其子姬显继承君位，是为鲁穆公。

鲁穆公姬显（？—前383）在位时，大胆实行政治改革，官分文武，废除世亲世禄制度，任命博士公仪休为鲁相，推行“食禄者不得与下民争利”的民生政策。三桓家族的势力已经偃旗息鼓，鲁公室终于将季孙氏赶出鲁国政治，国君重掌大权。季孙氏在封地费邑（今山东省临沂市费县西北）建立独立小国费国，不再参与鲁国政治。鲁穆公礼贤下士，曾隆重礼拜孔伋（即子思，孔鲤之子、孔子的嫡孙），请教治国方略，容许墨子在鲁国组织学派，授徒传道，使鲁国一度出现安定局面。公元前412年，齐宣公发兵攻打鲁国。鲁穆公想任用卫国人吴起领军，但由于吴起妻子是齐国人，鲁穆公有所顾虑。吴起渴望功成名就，杀妻以表决心。鲁穆公任命吴起为将，率军打败齐军。后有人进谗言认为弱小的鲁国，却负有战胜国的盛名，容易招致诸侯国对鲁国的图谋，鲁穆公遂罢免了吴起，吴起离开鲁国投奔了魏国。公元前411年，齐国攻取鲁国一座城池。公元前408年，齐国攻取鲁国的郕（chéng）邑（今山东省泰安市宁阳县）。公元前383年，鲁穆公去世，其子姬奋继承君位，是为鲁共公。

鲁共公姬奋（？—前353）在位期间，齐国田午弑杀齐废公田剡（shàn）自立，是为田齐桓公，国内动荡不安。公元前373年，鲁共公出兵伐齐攻入阳关（今山东省泰安市东南）。公元前353年，鲁共公去世，其子姬屯继承君位，是为鲁康公。

鲁康公姬屯（？—前344）在位时，鲁国在大国齐、楚、魏的夹缝中生存，齐国打败了魏国，楚国兼并了越国，鲁国根本无法参与中原事务而苟延残喘。公元前344年，鲁康公去世，其子姬匽（yǎn）继承君位，是为鲁景公。

鲁景公姬匽（？—前323）在位时，鲁国国势更弱，强国逐步蚕食周边诸侯国，弱国只能依附于强国。之前，鲁国因继承了完备的周礼体制，受到诸侯国们在礼制上的推崇，诸侯盟会时，鲁国一般都在邀请之列。随着魏国、齐国、楚国的强大和后来崛起的秦国，孤守着周礼的鲁国，彻底沦为弱小诸侯国。公元前323年，鲁景公去世，其子姬叔继承君位，是为鲁平公。

鲁平公姬叔（？—前303）在位时，当时战国七雄中除赵国外其余六国都已称王，魏、楚、燕、赵、韩合纵攻秦，齐、秦两霸争雄，鲁国的存在更显得微不足道。鲁平公依然推行仁政，重用孟子的门徒乐正子为执政大臣。他所推崇的旧礼、规矩，已无法改变鲁国亡国的命运。公元前303年，鲁平公去世，其子姬贾继承君位，是为鲁缗公（亦称鲁文公）。

鲁缗公姬贾（？—前280）在位二十三年，大国争雄更加激烈，无足轻重的鲁国并不被大国重视。公元前280年，鲁缗公去世，其子姬仇继承君位，是为鲁顷公。

楚灭鲁国

鲁顷公姬仇（？—前249）是鲁国的最后一位国君。公元前278年，秦国攻破楚国都城郢都（今湖北省荆州市江陵县），楚顷王东迁至陈丘（今河南省周口市淮阳区），楚国元气大伤。公元前260年，秦国、赵国长平之战后，秦国再无匹敌之国。此时的鲁国，更加失去存在感。公元前255年，楚国出兵攻灭鲁国，楚考烈王迁鲁顷公于莒城（莒国在公元前431年被楚简王所灭，后归齐国占领，今山东省日照市莒县）。公元前249年，鲁顷公将随身携带的周礼、仪礼书籍秘密藏于墙壁之中，在无限惆怅中于柯地（今山东省聊城市东阿县）去世，鲁国绝祀。

8. 吴国　王室蛮夷

吴国（约前1123—前473）是周王朝的诸侯国，第一代国君是周文王的伯父太伯，国都梅里，后迁都吴（今江苏省苏州市）。约公元前1123年，太伯和二弟仲雍来到荒凉的江南，定居梅里（今江苏省无锡市新吴区梅村街道），建立吴国，也称勾吴、工吴、攻吾、大吴、天吴、皇吴。公元前473年，越国灭亡吴国，共传二十五位君主，历时六百五十年。吴国有着王室的血统，属于周朝在南土的同宗与南方土著蛮夷的结合。领地占有今江苏省、安徽省两省长江以南部分及环太湖浙江省北部，太湖流域是吴国的核心。吴国鼎盛时灭亡淮夷、徐夷、州来、巢、钟离、钟吾、邗（hán）等一众东夷之国和楚国属国而疆域大为扩张，成为东南霸主。吴国与中原的诸侯国交往越来越密切，也逐步开始与其他诸侯国争雄，也有齐桓公、晋文公、楚庄王、吴王阖闾、越王勾践为春秋五霸的说法。吴国曾一度击败郯、胡、沈、陈、许、蔡、顿、鲁；“吴破楚入郢之战”是吴王阖闾创造攻占大国都城先例；吴王夫差“夫椒之战”向南征服越国，“艾陵之战”大败齐军，“黄池之会”与诸侯会盟，一步步走向强大，欲图霸中原。然吴国四处征战，元气大伤，越王勾践，卧薪尝胆，养精蓄锐，出兵灭吴，终成霸主。

太伯奔吴

太伯（约前 1165—前 1074）是第一位吴国君主，姬姓，以国为氏，称吴太伯。周太王生有三子，长子太伯（泰伯）、次子仲雍和三子季历。季历之子姬昌（周文王）聪明早慧，周太王想传位于姬昌，但因为传位于长子的传统，使得周太王非常纠结。太伯和二弟仲雍为了不让父亲为难，大约在公元前 1123 年前后，借采药的机会一起逃到荒凉的江南，定居梅里（今江苏省无锡市新吴区梅村街道），自创基业，建立了勾吴古国。太伯、仲雍接受当地习俗，主动融入当地文化，并把中原先进的农耕技术带到当地，上千小部族自愿归附勾吴古国。“太伯奔吴”促进了中原文化与东南文化的融合与交流，对长江下游地区的开发有着重大的意义。太伯建国后，大力兴修水利，发展农业生产，深得百姓爱戴。他三让天下和开发江南的功德，受到后世敬仰。吴太伯无子，他去世后，其弟仲雍继承君位。仲雍去世后，其子季简继承君位。季简去世后，其子叔达继承君位。叔达去世后，其子周章继承君位。周天子周武王找到了周章，正式封周章为吴国君，封周章之弟仲到成周（今河南省洛阳市）附近的虞（今山西省运城市平陆县境内）为虞国君，位列为诸侯。周章去世后，其子熊遂继承君位。熊遂去世后，其子柯相继承君位。柯相去世后，其子强鸠夷继承君位。强鸠夷去世后，其子馀（yú）桥疑吾继承君位。公元前 920 年，馀桥疑吾去世，其子柯卢继承君位。公元前 861 年，柯卢去世，其子周繇（yáo）继承君位。公元前 829 年，周繇去世，其子屈羽继承君位。公元前 795 年，屈羽去世，其子夷吾继承君位。夷吾在位时，公元 770 年周平王东迁，历史进入春秋时期。

公元前 762 年，夷吾去世，其子禽处继承君位。公元前 723 年，禽处去世，其子转继承君位。公元前 682 年，转去世，其子颇高继承君位。公元前 672 年，颇高去世，其子句卑继承君位。公元前 622 年，句卑去世，其子去齐继承君位。公元前 586 年，去齐去世，其子寿梦继承君位。

日渐崛起

吴王寿梦（前 620—前 561）即位后，始称吴王。寿梦励精图治，发展生产和兵车力量，出兵楚国，会盟诸侯，朝礼天子，吴国方始日益强大，为后来吴国的强盛奠定了基础。公元前 585 年，寿梦亲自到洛邑（今河南省洛阳市）朝见刚刚登基的周简王，并在沿途访问许多诸侯国。这是吴国建国以来第一次朝见周天子，也是第一次出使中原。吴、周本是一脉，寿梦在洛邑认祖归宗，周简王大喜，赐给他特殊礼遇。公元前 584 年，寿梦派兵攻打郯国（今山东省临沂市郯城县），迫使郯国与吴国讲和。同年，逃亡晋国被晋景公重用的楚国大夫申公巫臣，带着战车、人马被派往吴国，促使吴、晋通好。巫臣为吴国训练军队，吴国从此日渐崛起。吴国开始进攻楚国、巢国（今安徽省合肥市巢湖市）和徐国（今江苏省宿迁市泗洪县），尤其是连续攻打楚国，占领原属楚国的蛮夷小国。公元前 576 年，吴国与鲁、晋、齐、宋、卫、郑等国在钟离会盟，这是吴国第一次参加中原诸侯之间的会盟。公元前 570 年，楚共王派遣子重率军攻打吴国，攻克鸠兹（今安徽省芜湖市东南二十五里），抵达衡山（今安徽省马鞍山市当涂县东北六十里的横山）。楚军在衡山被吴军打败，楚将邓廖被俘。紧接着吴军反攻楚国，占领驾地。公元前 568 年，吴王寿梦遣使与鲁、晋、宋、陈、卫、郑、齐等国在戚地（今河南省濮阳市）结盟。公元前 563 年，吴王寿梦和鲁襄公、晋悼公、宋平公、卫献公、曹成公、齐国太子光等在柤（zū）地（今江苏省徐州市邳州市北）会盟。公元前 561 年，寿梦去世，谥号兴王。寿梦有四子，长子诸樊、次子余祭、三子夷昧、四子季札。寿梦临终前想把王位传于知书达礼、仁爱贤明的四子季札，季札不肯接受，四兄弟互相谦让，最终其长子诸樊继承君位，是为吴顺王。

吴楚交战

吴顺王诸樊（？—前 548）即位后，公元前 560 年，楚共王去世，楚康王刚刚即位，吴国违背当时“闻丧不伐”的战争规则，突袭楚国，在庸浦（今安徽省芜湖市无为市南）被楚军打败，吴国大将公子党被俘。公元前 559 年，楚康王派子囊率兵攻打吴国，在皋舟（今安徽省合肥市巢湖市西北）被吴军打败，楚国公子宜谷被俘。同年，舒鸠被吴国攻伐，被迫背楚归吴。公元前 548 年，楚国令尹子木率军攻打舒鸠，楚军占领舒鸠战略重镇离城（今安徽省六安市舒城县西）。吴国出兵救援，吴、楚两军在战场上僵持七天七夜，吴军战败，舒鸠被灭。紧接着吴王诸樊亲自率军进攻楚国的巢邑（今安徽省合肥市巢湖市东北），以报舒鸠之仇。于是，楚军用空城计，巢邑守军大开城门，吴军轻而易举地占领巢邑，被埋伏的楚军包剿，吴军大败，吴王诸樊被一箭射死后斩首，谥号顺王。其次弟余祭即位，是为吴安王。诸樊战死沙场，成为中国历史上第一位战死沙场的诸侯国君。

吴安王余祭（前587—前544）继位后，将四弟季札分封在延陵（今江苏省常州市、无锡市江阴市一带），故称延陵季子。之后派季子出使鲁国、齐国、郑国、卫国和晋国，沟通了与各诸侯国的关系。公元前545年，齐国令尹庆封戴罪从齐国逃奔吴国。余祭将朱方县（今江苏省镇江市丹徒区东南）赐给庆封，作为他的奉邑，并将自己的女儿嫁给庆封为妻。之后，楚灵王举兵进攻吴国的朱方，杀死在朱方避难的齐国令尹庆封及族人。公元前531年，余祭去世，谥号安王。其三弟夷昧即位，是为吴度王。

吴度王夷昧（前580—前527）即位后，罢兵安民，友好各国，安安稳稳地做了几年太平吴王。公元前527年，吴王夷昧身患重病，想把王位传给四弟季札，被季札再度拒绝，季札逃避到边邑延陵隐居。夷昧病逝，谥号度王。群臣只好拥立夷昧的嫡长子州于继承君位，改名僚，是为吴武王，也称吴王僚。

吴王僚（？—前515）在位期间，公元前522年，楚国发生动乱，佞臣费无极诬告太子建与太子太师伍奢谋反，伍奢和其长子伍尚被杀死，伍奢二儿子伍员（伍子胥）逃奔到吴国，吴王僚的堂兄公子光以宾客之礼接待他。公元前515年，伍子胥看出公子光有篡位的野心，遂将勇士专诸推荐给公子光，自己则退隐乡下等待时机。吴王僚借楚平王国丧国内动荡，借机派弟弟公子掩余和公子烛庸率军包围楚国的六邑（今安徽省六安市北）、潜邑（今安徽省六安市霍山县东北）二邑。不料吴国国内发生宫廷政变，吴王僚被其堂兄公子光派刺客专诸刺杀身亡，谥号武王，史称“专诸刺王僚”。公子光自立君位，即吴王阖闾（一作阖庐），是为吴道王。公子掩余逃奔徐国（今安徽省宿州市泗县），公子烛庸奔钟吾国（今江苏省宿迁市）。

吴破楚入郢之战

吴道王阖闾（前547—前496）极具政治胆识，他即位后，广纳人才，任贤使能，采纳良策，听取民声。阖闾以楚国旧臣伍子胥为相，以齐人军事家孙武为将军，孙武献出了自己的军事著作《兵法十三篇》。一次，孙武把宫中美女近百人分成两队，排兵布阵，演习给阖闾观看。担任队长的两名宫妃不仅不听命令，而且大笑不止。孙武欲军法处置，阖闾及时阻止。孙武以“臣既已受命为将，将在军，君令有所不受”为由，将两名宫妃斩杀。阖闾虽万分难舍，但也更加了解了孙武的用兵之道。他们研究确定先破强楚、再服越国的争霸方略，然后积聚粮食，充实兵库，采取了一系列改革措施，提高经济实力，储备军事力量。楚国则联越制吴，吴、越之间战争不断。公元前512年，吴道王阖闾要求徐国和钟国分别引渡公子掩余和公子烛庸，徐国和钟吾纵容二位公子逃奔楚国，被楚国安置在养邑（今河南省周口市沈丘县），并为其筑城割田。这给了吴王出兵的借口，吴道王阖闾派孙武、伍子胥出兵一举攻灭了徐国和钟吾二国。同年，阖闾与伍子胥率军攻打楚国，夺取楚国舒邑，诛杀掩余、烛庸二公子。公元前511年，阖闾再次发兵攻打楚国，夺取了楚国的六邑（今安徽省六安市北）和潜邑（今安徽省六安市霍山县东北）。公元前509年，楚国派子常、囊瓦率军攻打吴国，被吴国在豫章击败，吴军夺取了楚国的居巢。公元前506年，吴王阖闾亲自带兵，拜孙武为大将，伍子胥为副将，联合唐国、蔡国一道西进攻伐楚国，吴军在柏举（今湖北省黄冈市麻城市东北）击败楚军主力，然后五战五胜，仅十天时间即攻入楚都郢城（今湖北省荆州市江陵县），楚昭王逃到随国（今湖北省随州市西北），郢都经吴师蹂躏，残破不堪，吴国创造了春秋时期攻占大国都城的先例，史称“吴破楚入郢之战”。伍子胥掘开楚平王的坟墓，挖出尸体，抽打了三百鞭才罢休。公元前 505 年，越王允常得知吴王阖闾在郢都，吴国国内空虚，于是率军攻打吴国，吴国另派军队迎击越军。楚大夫申包胥跑到秦国求援，秦哀公派军队救楚击吴。虽然秦军、越军接连击败吴军，但吴王阖闾仍然滞留楚国乐不思归。阖闾之弟夫概跑回吴国，自立为吴王。阖闾闻知此事，便率军返回吴国，攻击夫概，夫概兵败投奔楚国。吴国退兵后，楚昭王才得以回到郢都，收回都城复国，但楚国已经元气大伤。公元前 504 年，阖闾派太子夫差率军再次讨伐楚国，攻取了楚国的番（pó）邑（今江西省上饶市鄱阳县），迫使楚昭王迁都于鄀（ruò）地（今湖北省襄阳市宜城市东南），称为“载郢”。从此，吴国称霸一方，威震天下。公元前 496 年，吴王阖闾兴师讨伐越国，越王勾践带兵在檇（zuì）李（今浙江省嘉兴市南）抗击吴军。越军派遣敢死队三次冲锋，全部战败。最后越王安排一批死刑犯走到吴军阵前，举剑自尽以麻痹吴军，越军趁势攻击，在姑苏（今江苏省苏州市）大败吴军，吴王阖闾受伤而亡，谥号道王。其子夫差继承王位。

复仇胜越

吴王夫差（前 527—前 473）即位后，不忘杀父之仇，厉兵秣马，训练军队，伺机报仇。公元前 494 年，吴王出动全部精兵讨伐越国，在夫椒（今江苏省无锡市滨湖区马山街道）大败越军，终于报了姑苏兵败之仇。越王勾践仅剩五千余人，被围困会稽山（今浙江省绍兴市南），史称“夫椒之战”。勾践派出大夫文种通过吴国太宰伯嚭（pǐ）向吴国求和，表示愿以越国作为吴国的奴仆之国。吴国大将伍子胥以少康中兴为例劝谏吴王夫差不能答应求和，要斩草除根，以绝后患。吴王夫差没有采纳伍子胥的建议，而听从太宰嚭之言，终与越国停战，两国订立和平盟约，吴国撤军回国。公元前492年，越王勾践与大夫文种、范蠡等官员向吴国臣服到了吴国，勾践给夫差喂马，范蠡做奴仆。两年后，夫差认为勾践真心归顺了他，就放勾践回到越国。

图霸中原

公元前489年，吴王夫差听说齐景公死后大臣田乞与鲍牧乘虚发动政变，新君幼小无势，准备兴兵北伐齐国。伍子胥劝谏说，勾践卧薪尝胆，积蓄力量，立志报仇，此人不死，必为吴国大患，如今不攻打越国，反而远征齐国，岂非大错特错。公元前484年，吴王不听劝阻，执意率大军北上讨伐齐国，在艾陵（今山东省济南市莱芜区东南）全歼十万齐军，史称“艾陵之战”。夫差召见鲁哀公索取百牢（百牢指猪牛羊各一百），占领齐、鲁两国南疆土地。之后，吴王夫差为争霸中原，连续出兵攻打齐国、鲁国，耗费巨大。越王勾践带领越国群臣朝拜吴王、献上丰厚贡礼，并进献美女西施以惑其心、乱其谋，吴王大喜。伍子胥看到后心中充满担忧，认为吴国不久要亡于越国。公元前484年，伍子胥趁出使齐国之机，把自己的儿子委托给齐国鲍氏，并如实禀报吴王夫差。吴王夫差听闻后大怒，赐给伍子胥属镂（lòu）之剑（吴王夫差的宝剑）令其自尽。

骄兵亡国

公元前482年，吴王夫差亲自带领大军北上，在黄池（今河南省新乡市封丘县西南）与诸侯盟会，想称霸中原保全周室。夫差与晋定公争夺盟主之位，最终晋定公当了盟主，史称“黄池之会”。越王勾践趁吴国精兵在外，突然袭击吴国，俘获吴国太子友。吴王夫差班师回国，国内空虚，士卒疲惫，无力再战，只好派使者带上厚礼与越国求和。公元前 478 年，越王勾践再次率兵讨伐吴国，在笠泽（今江苏省苏州市吴江区）大败吴军。公元前 476 年、公元前 475 年，越国连续攻打吴国，使吴国元气大伤。公元前 473 年，越国发兵彻底打败吴国，越王勾践想把吴王夫差流放甬东（今浙江省舟山市），给他百户人家，让他颐养天年。吴王夫差说道："我老了，不能再侍奉越王。我后悔不听伍子胥之言，让自己陷到这个地步。"于是拔剑自刎，国破身死，吴国灭亡。自此，越王勾践北上徐州，会盟诸侯，一时号称霸主，横行江淮。

9. 越国　神秘古国

越国（约前 2032—前 222）是中国夏、商、西周及春秋战国时期中国东南方的诸侯国。约公元前 2032 年，夏后姒少康之子姒无余受封会稽（今浙江省绍兴市），建立于越部落，是越国的前身，故而又称"于越"。公元前 222 年，秦国灭亡越国，共传四十八位君主，历时一千八百一十年。神秘的古国越国，都城先后有会稽（今浙江省绍兴市）、琅琊（今山东省临沂市附近）[1]、姑苏（今江苏省苏州市）。越国始祖为夏朝君主少康的庶子无余，是华夏先祖大禹直系后裔中的一支。相传大禹巡行天下，登上会稽山（今浙江省绍兴市南）朝见四方诸侯，去世后便葬在会稽山。夏朝少康时，为延续禹王陵的守护与祭祀工作，便封其庶子无余于会稽，是为越侯无余，以绍兴市禹王陵为中心，以部落联盟的形式存在。当时的越国，已经有了相当规模的农业和手工业，其发展高峰是在春秋的中后期，越王允常和勾践统治越国的时候，越国的势力有了迅速发展，在南方地区，仅仅次于楚国和吴国。尤其是越王勾践卧薪尝胆，最终消灭吴国，并且出兵向北渡过淮河，在徐州与齐、晋诸侯

[1] 清顾栋高《春秋大事表》记载："春秋时琅琊，为今山东沂州府。"文中的沂州府即今临沂市。

会合，势力范围一度北达齐鲁，东濒东海，西达今皖淮、赣鄱，雄踞东南，其领地占有今江苏省、浙江省、安徽省、江西省、山东省等省份的全部或者部分地区，成为战国初期墨子认定的楚国、魏国、齐国、越国四大强国之一。按照齐桓公、晋文公、楚庄王、吴王阖闾、越王勾践为春秋五霸的说法，越王勾践也为春秋五霸之一。之后，因贵族间的相互残杀，越国政局混乱、社会动荡、经济倒退，越王勾践开创的霸业也走向衰落。越王无强（qiáng）时，兵败楚国，身死国灭。

早期越国

神秘的越国在历史上的记载十分稀少，至公元前 621 年，越国已传位三十五个国君，越侯无壬继承君位。公元前 591 年，越侯无壬去世，越侯无瞫（shěn）继承君位。公元前 565 年，越侯无瞫去世，其子越侯夫谭继承君位。公元前 538 年，越侯夫谭去世，其子允常继承君位。

越王允常（？—前 497）是越国历史上第一位颇有作为的君主，他开始称越王，开疆拓土，与吴争霸。允常是越国霸业活动的开创者、奠基者。他在位期间，接受中原各地先进生产技术，发展农业、陶瓷业、纺织业、造船业、编织业等，尤其重视冶炼业，兵器先进，国力强盛，遂向外四处扩张。当时，吴国正与楚国征战，越国趁机开始征伐吴国。公元前 505 年，越王允常得知吴王阖闾占领楚国都城郢城（今湖北省荆州市江陵县），吴国国内空虚，趁机发兵攻打吴国。公元前 496 年，越王允常去世，其子越王勾践继承君位。

吴越争雄

越王勾践（？—前 464）因其“卧薪尝胆”的典故，使他成为不惧怕失败与屈辱、敢于忍辱的英雄形象。勾践即位当年，吴王阖闾兴兵讨伐越国。越王勾践带兵在檇李（今浙江省嘉兴市南）抗击，越军派遣敢死队三次冲锋，全部战败。勾践安排一批死刑犯在阵前举剑自尽以麻痹吴军，趁势全力反攻，在姑苏（今江苏省苏州市）打败吴军，吴王阖闾受伤而亡。公元前494年，吴国夫差即位后，出动全部精兵征伐越国。越军在夫椒（今江苏省无锡市滨湖区马山街道）兵败，勾践仅剩五千兵退守会稽山（今浙江省绍兴市南），并被吴军围困 。越王勾践在大夫范蠡的建议下，派大夫文种向吴国求和，并向吴国太宰伯嚭行贿，进献美女、财宝。吴国国相伍子胥进谏吴王："如今赐良机，不灭越，此后将会追悔莫及。"而太宰伯嚭从中周旋，最后吴王夫差没有采纳伍子胥之言，赦免了越王勾践，并从越国撤军。公元前492年，越王勾践与大夫文种、范蠡等官员向吴国臣服到了吴国。夫差安排勾践夫妇俩住在阖闾大坟旁边的一间石屋里，勾践给夫差喂马，范蠡做奴仆。夫差每次坐车外出，勾践就虔诚地给他拉马。过了两年，夫差认为勾践真心归顺了吴国，就释放勾践回到越国。勾践回国后，时刻不忘吴国之辱，他在自己的屋里挂了一只苦胆，每顿饭都要尝尝苦味，以提醒自己不忘吴国曾经带来的耻辱。他身着粗布，粗茶淡饭，与百姓一起耕田播种，勾践夫人也带领妇女养蚕织布，发展生产。勾践夫妻与百姓同甘共苦，激励了全国上下齐心努力，奋发图强，以早日灭吴雪耻。同时，勾践贿赂吴王，麻痹对方，收购吴国粮食，使之粮库空虚；赠送木料，耗费吴人财力物力兴建宫殿；散布谣言，离间吴国君臣，使夫差杀害伍子胥；施用美人计将美女西施送给夫差，消磨夫差的心志，使其不问政事。越王勾践，卧薪尝胆，养精蓄锐，储备军力，富国强兵。公元前482年，吴王夫差率领精兵北上，在黄池（今河南省新乡市封丘县西南）与诸侯会盟，越王勾践趁机发精兵攻打吴国，击败吴军，俘获吴国太子友，迫使吴国求和。公元前478年，越王勾践再度率领大军攻打吴国，在笠泽（今江苏省苏州市吴江区一带）大败吴军，吴国自此一蹶不振。公元前476年，越王勾践再次征伐吴国。这一年，周天子周敬王去世，历史进入战国时代。公元前475年，越军围困吴国。公元前473年，越军攻入吴都（今江苏省苏州市），太宰伯嚭被杀，吴王夫差拔剑自刎，吴国灭亡。

号令中原

公元前473年，越王勾践灭掉吴国，一时威名大震。紧接着，越王勾践北渡淮水，在徐（今山东省枣庄市滕州市南）与齐、晋、鲁、宋等国会盟，向周天子纳贡，周元王承认越王勾践为伯，越王勾践成为最后一位华夏诸侯霸主。越国大臣范蠡隐退，文种称病不朝。公元前472年，一心想要北上称霸中原的勾践与主张偏安江南一隅的文种发生冲突，文种被勾践赐死。公元前468年，鲁国为三桓所逼，被迫逃亡越国的鲁哀公去世。这一年，越王勾践迁都琅琊（今山东省临沂市附近），号令中原。公元前465年，越王勾践去世，其子鹿郢继承君位。

越王鹿郢（？—前459）即位后，虽励精图治，但越国全盛时期已经结束。公元前459年，越王鹿郢去世，其子越王不寿继承君位。

越王不寿（？—前448）即位后，已经没有称霸的野心，只是默默无闻、平平淡淡度日。公元前449年，越王不寿派使者迎娶秦厉共公之女为妻。公元前448年，野心勃勃的太子朱勾发动政变，残忍地将越王不寿杀害，朱勾自立为王。

越王朱勾（？—前411）即位后，是越王勾践之后越国国势最强时期。公元前 414 年，越王朱勾出兵吞并了滕国（今山东省枣庄市滕州市）。公元前 413 年，越国灭了郯国（今山东省临沂市郯城县），俘虏郯国君主鸪。公元前 411 年，越王朱勾去世，其太子翳（yì）继承君位。

衰败南归

越王翳（？—前 375）即位期间，公元前 404 年，他出兵灭掉齐国附庸国缯国（今山东省枣庄市）。公元前 379 年，齐、楚日盛，虎视越都琅琊（今山东省临沂市附近），越国霸业逐步衰败，被迫返回江南，越王翳迁都吴（也称姑苏，今江苏省苏州市）。公元前 375 年，越王翳之弟豫，为了继承王位发动叛乱，连续谋害三个王子，并挑唆越王企图除掉太子诸咎，遭到越王拒绝。太子诸咎担心被害，索性率领军队赶走了豫，发动宫廷政动，杀害越王翳。不久，太子诸咎又被越人杀死，越国陷入一片内乱。在吴地的越国人拥立诸咎之子错枝为王，错枝目睹多次宫廷政变和杀戮，成为历史上第一个不愿继承王位而躲进山洞的人。错枝被迫即位，却一直力求逃离王位。公元前 373 年，越人不甘心让吴人操纵越国政治，越国故地的卿大夫寺区率兵平叛，杀死公子豫，进军吴地打击吴国旧贵族，废黜越王错枝，寺区等拥立越王翳之子无余（又名之侯）为越王，号称莽安。

越王无余（？—前 361）在位十二年，公元前 361 年，寺区之弟思弑杀了无余，拥立无余之子无颛（zhuān）为越王。

越王无颛（？—前 343）即位时，越国从诸咎之乱后，宫廷不断发生弑君、弑父的悲剧，贵族间互相残杀，政局混乱，社会动荡，经济倒退，越王勾践开创的霸业一去不复返。无颛即位后，为了摆脱颓势，重新将国都迁回故都会稽（今浙江省绍兴市），依然不能改变越国衰落的命运。公元前 343 年，无颛去世，其弟无强即位。

越被楚亡

越王无强（？—前 306）面对越国江河日下的残局，欲力挽狂澜，重振越国昔日的雄风。公元前 306 年，越王无强和楚怀王共议讨伐齐国，但是楚怀王未出兵，引起了无强的不满。齐威王田因齐派使者游说越王，于是，越王无强调转矛头进攻楚国。楚怀王早有准备，集中兵力迎击越军，越军大败，无强被杀，北伐的越军在徐州也被齐军打败。楚国吞并越国土地，在长江边的石头山（今江苏省南京市鼓楼区清凉山）上建立金陵邑，成为当时最大的“巨无霸”，越国基本灭亡。越王无强生前未指定王位继承人，导致他的长子玉、次子蹄各以正统自居，王族子弟们相互争位，分崩离析，国土分裂。他们迁居长江南部的今浙江省、福建省沿海一带，与当地闽人一起创建东越国和闽越国，二者依然争战不休。公元前 222 年，秦将王翦降服了越君，秦朝在长江以南的吴国、越国故地设置会稽郡，郡治设于吴县（今江苏省苏州城区），越国彻底灭亡。

战国七雄　兼并统一

战国（前 475—前 221）是中国历史上继春秋时期之后的大变革时期，这一时期，也就是东周的后期。公元前 475 年周元王开始，至公元前 221 年秦国统一中原期间，历时两百五十四年。这一时期各国混战不休，故被后世称之为战国。战国的名称，源于西汉学者刘向根据《国策》而编注《战国策》。战国时期是中国的农业、纺织业、思想、科技、军事和政治发展的黄金时期，铁器开始出现与青铜器并进使用，商业的繁荣促进了货币的发展。春秋时的井田制被取消，世袭的等级制度被瓦解，昔日的贵族失去了社会地位，而一些平民通过经商或其他的机会致富，成为政治集团中举足轻重的人物，政治官僚制度发生了变化。图强求存的各诸侯国展开了许多举世闻名的变法和改革，出现了诸子争鸣的文化高潮，在统一中国的进程中，经历着封建社会取代奴隶社会的划时代的变革。春秋时期，各诸侯只想争霸，征服其他诸侯国。而战国时期，各国旧势力退出历史舞台，新兴地主阶级相继掌权，各诸侯亦不复将周天子放在眼里，先后称王，有了实现统一的欲望，战争更加惨烈。

战国时期打破了春秋时期原来的势力格局，江南的吴国、越国销声匿迹，鲁、卫、宋、郑等国逐渐衰退；强大的齐国被田氏取代后已显败象；大国晋国为韩、赵、魏三家所分；楚国被吴国大败后元气大伤，吴起的改革胎死腹中。通过兼并战争，楚在南，赵在北，燕在东北，齐在东，秦在西，韩、魏在中间，逐渐形成了秦、楚、燕、齐、韩、赵、魏七个大国，史称“战国七雄”。在长期激烈的攻击和防御战争中，地主政权的秦国对领主、地主混合政权的六国进行猛烈进攻，最终秦国取得胜利，建立了统一全国的封建地主王朝——秦朝。

1. 魏国　王室附晋

魏国（前403—前225）来源于三家分晋，姬姓，魏氏，是周朝周王族诸侯国之一，也是战国七雄之一。其先祖为周王室，被封毕地，后投奔晋国为大夫。公元前403年，魏文侯被周威烈王正式封为诸侯，建立魏国，始都安邑（今山西省运城市夏县西北禹王村），魏惠王从安邑迁都大梁（今河南省开封市）。公元前225年，秦国灭亡魏国，共传八位君主，历时一百七十八年。其领地曾占有约今山西省南部，今河南省北部、中部和东部，今陕西省东部，今河北省南部，今江苏省北部。魏国地处原晋国中相对落后的地区，经济上不如韩国；军力上赶不上赵国；地理上东、西、南、北分别被齐国、秦国、楚国、赵国挤压，处于劣势。战国时期，魏国魏文侯首先任用平民李悝（kuī）实行变法，改革政治，奖励耕战，兴修水利，发展封建经济。魏国建立了较为集权的政体，使国家得以巩固，国力迅速增强。特别是魏文侯起用名将吴起，建立了强大的军队，抑制赵国，灭掉中山，连续击败秦、齐、楚诸国，开拓大片疆土，使魏国一跃成为中原霸主。然在与赵国的战争中，齐国围魏救赵，“桂陵之战”中魏国惨败；在攻打韩国时，齐国攻魏救韩，齐将孙膑采用减灶诱敌的谋略，“马陵之战”再次打败魏军，魏国的实力受到重挫。魏惠王与齐威王经过“徐州相王”，魏惠王正式称王。面对秦国东进的强大攻势，魏襄王采用国相公孙衍的“合纵”策略，同样遭遇失败。从此，魏国一蹶不振，在秦国的攻伐中，节节败退，至魏王假时，魏国被秦国所灭。

魏氏起源

魏国始祖为周文王第十五子毕公高，因为封国在毕地而得姓。毕国在西周末期亡于西戎，其后裔沦为平民。毕公高的后代毕万在春秋初期投奔晋献公，受到重用，升为晋大夫。公元前661年，晋献公命毕万灭姬姓魏国，并把魏地（今山西省运城市芮城县一带）封给毕万，魏氏由此得姓。公元前636年，毕万之子魏犨（chōu）因随公子重耳出亡有功，晋文公重耳继位后，令魏犨承袭魏氏的封邑魏邑（今山西省运城市芮城县），是为魏武子，列为晋大夫。自此，魏氏在晋国逐渐强大起来。公元前453年，魏襄子之孙魏桓子联合赵氏、韩氏在“晋阳之战”中打败智氏，尽分其地。至此，晋国实际上已被三家瓜分，名存实亡。

魏国建立

魏文侯魏斯（？—前396）是战国时期魏国开国君主，是魏国百年霸业的开创者，他改变了魏国落后的面貌，增强了魏国的国力。公元前445年，魏文侯接替祖父魏桓子之职，继承晋国魏氏领袖。公元前419年，晋国魏氏在少梁（今陕西省渭南市韩城市西南）筑城，秦国派兵进攻，两军在少梁交战两年。公元前417年，魏军击败秦军，再次在少梁筑城。公元前409年，魏文侯派遣乐羊、吴起统帅军队，经过三年苦战，于公元前407年占领了中山国（今河北省中部太行山东麓一带）。同年，晋国魏氏攻伐秦国，攻占秦国河西之地，筑洛、阴县两城，秦军退守洛水（今陕西省境内洛水）。公元前403年，魏、赵、韩一起被周威烈王正式封为诸侯，魏国建立，国都安邑（今山西省运城市夏县西北禹王村），魏斯开国，是为魏文侯。魏文侯礼贤下士，选贤任能，招揽各方人才，内修德政，外治武功，任用魏国平民李悝、戎狄人翟（dí）璜为相，李悝著有《法经》，推行变法改革。他任用魏国平民乐羊、卫国吴起等为将，带领军队开疆拓土。任用弟弟魏成、魏国平民西门豹为大臣，推行政务。魏国在战国初期首先强盛起来，独霸中原。魏国的强大，使得韩、赵、秦非常担心，于是诸侯国之间摩擦不断。公元前396年，魏文侯病逝，其太子魏击继承君位，是为魏武侯。

称霸中原

魏武侯魏击（？—前370）即位第二年，即公元前395年，李悝去世。魏武侯接手了一个强盛的魏国，他按照父亲魏文侯、李悝制定的国策、国法执掌魏国朝政，在经历短暂的休整后，魏武侯一展宏图，征战天下，再一次将魏国的百年霸业推向高峰，一时称霸中原。公元前393年，魏国两线同时作战，攻打郑国与秦国。在酸枣（今河南省新乡市延津县西南）筑城，扼制郑国。名将吴起在注城（今河南省平顶山市汝州市西）大败秦军。由于魏与赵、韩一起向黄河南岸发展，进攻郑国和宋国，与楚国发生利益冲突。于是，三晋与楚国发生多次激战，楚国被三晋连续击败，中原土地接连丧失，魏国则在中原站稳了脚跟。公元前391年，魏武侯第一次与韩国、赵国结成三晋同盟，三晋联军大败楚军于大梁（今河南省开封市）、榆关（今河南省郑州市中牟县西南），轻取襄陵［今河南省商丘市睢（jū）县］，并顺势对残余楚军进行清剿，向楚国腹地挺进。楚悼王向秦国求援，秦惠公出兵攻伐韩国，攻取宜阳（今河南省洛阳市宜阳县西）六座城池。公元前390年，魏武侯看后院失火，率兵与韩军进攻秦军主力，大战于武城（今陕西省渭南市华州区西），不分胜负。齐国田和趁机率军攻打驻楚国襄陵的魏军，占领了襄陵城。公元前389年，秦军出重兵讨伐魏国西河郡，魏国郡守吴起率兵在阴晋（今陕西省渭南华阴市东）反击，以少胜多击败秦军，取得了辉煌的战果，史称“阴晋之战”。此战过后，魏国吴起率军势如破竹进入关中平原，横扫河西。公元前387年，吴起率军攻打秦国，在武下（今陕西省渭南市华州区东）大败秦军，并向秦国腹地推进。此时，秦惠公去世，年仅两岁的公子昌秦出公继承君位，其母亲小主夫人当政，秦国进一步沦落。同年，魏武侯任吴起为将，率军讨伐齐国至灵丘（今山东省枣庄市滕州市东）。这一年，魏国相国田文去世，公叔痤接任国相，并娶魏国公主为妻。公叔痤畏忌吴起，采用离间计，导致吴起投奔楚国，公叔痤则稳居相位，多年执掌魏国权柄。公元前383年，赵敬侯涉足中原，攻打魏国的附属国卫国，魏武侯出兵在兔台（今河北省邯郸市成安县）大败赵军，三晋联盟瓦解。公元前382年，赵敬侯再次出兵攻伐卫国，魏武侯联合齐侯剡（shàn）共同抵挡赵军，卫慎公出兵攻取赵国的刚平（今河南省濮阳市清丰县西南），一直打到中牟邑（今河南省鹤壁市西），夺取了赵国河东大片土地。公元前 381 年，赵国出兵攻击侵略到本土的卫军，魏武侯出兵救援攻打赵国，楚悼王攻打魏国后方救援赵国，赵敬侯乘机反攻，夺取魏国棘蒲邑（今河北省邯郸市魏县南）和黄城（今河南省安阳市内黄县西）。魏国向赵国求和，三晋再次联合。之后，魏武侯发兵攻打楚国、齐国。公元前 376 年，魏武侯、韩哀侯与赵敬侯将晋静公废为庶人，瓜分了晋国公室仅有的土地。公元前 370 年，魏武侯去世，其子魏罃（yīng）、魏缓争位，赵国与韩国也参与魏国废立之事。后魏罃击败并杀死其弟魏缓，继承君位，是为魏惠王。

兵败桂陵、马陵

魏惠王魏罃（前 400—前 319）即位时，正是魏国鼎盛时期。公元前 366 年，韩、魏两国发兵攻打周显王，逼近洛阳，秦献公出兵在洛阳城下打败了韩、魏联军。公元前 364 年，魏惠王把都城从安邑（今山西省运城市夏县西北禹王村）迁至大梁（今河南省开封市）。同年，秦献公出兵攻打魏国，夺回秦国的故土河西之地，一直打过黄河，深入魏国境内到石门（今山西省运城市西南），斩首六万人。公元前 362 年，魏国公叔痤担任将领，率军与韩、赵两国联军在浍水（今浍河，汾河支流，源出今山西省翼城县东南，流经绛县、曲沃县、侯马市、新绛县等入汾水）北岸交战，大败联军，俘获赵国将领乐祚（zuò）。同年，秦军在少梁（今陕西省渭南市韩城市西南）大败魏军，俘虏魏国将领公叔痤，攻取庞城（今陕西省渭南市韩城市东南）。秦献公早年在流亡魏国时，公叔痤对他非常友好，秦献公盛情款待公叔痤后，将其放回魏国。公元前 361 年，公叔痤因病去世。他在去世前，向魏惠王推荐时任中庶子的卫国公族公孙鞅（即商鞅）接替他的职位，并建议如果不用此人，便将其杀掉，不能让他离开，以免成为后患。魏惠王没有采纳公叔痤的意见，公孙鞅得知秦孝公求贤，向西投奔了秦国，并得到秦孝公的重用。魏惠王在位时重用名将庞涓，军事实力大增。然而，庞涓嫉贤妒能，陷害同窗孙膑，而魏惠王全然不知其中利害，导致孙膑逃脱后入了齐国。公元前 355 年，魏惠王与秦孝公在杜平（今陕西省渭南市澄城县东）会盟。公元前 354 年，赵国进攻魏国的盟国卫国，夺取了漆及富丘两地（均在今河南省新乡市长垣市）。于是，魏国围攻赵都邯郸。公元前 353 年，赵国向齐国求援。齐国派田忌大将军出兵救赵国，采用孙膑之计，所谓声东击西、围魏救赵的战法，袭击魏都大梁（今河南省开封市东南）。魏将庞涓赶回应战，孙膑却在桂陵（今河南省新乡市长垣市西南）伏袭，打败魏军，这便是历史上著名的“桂陵之战”。楚国派景舍统率楚军救援赵国，夺取了魏国的土地。公元前 352 年，秦孝公趁魏国国内空虚之机，任命大良造商鞅率兵长驱直入，包围魏国并占领魏国旧都安邑（今山西省运城市夏县西北）。同年，魏惠王扭转了局势，魏、韩联合又打败齐军，迫使齐国休战请和，魏国以中原霸主自居。公元前 351 年，秦国商鞅再次率兵包围并占领魏国固阳（即定阳，今陕西省延安市东）。公元前 350 年，魏惠王与秦孝公在彤地（今陕西省渭南市华州区西南）会盟修好，秦、魏紧张关系得到缓和。公元前 343 年，赵国公子赵刻率军攻打魏国的首垣（今河南省新乡市长垣市东北）。公元前 341 年，魏惠王发兵攻打韩国汝南的梁、赫，韩国求救于齐国。齐威王抓住魏、韩皆疲的时机，任命田忌为主将、田婴为副将、孙膑为军师率兵攻打魏国，直趋大梁。魏国派太子申为上将军、庞涓为将军带兵抵挡反击。孙膑采用退兵减灶之计、诱敌深入、设伏歼敌，设计将魏军诱入马陵（今山东省临沂市郯城县马陵山）埋伏圈，全歼魏军，魏国大将庞涓自杀，魏太子申被俘，这便是历史上著名的“马陵之战”。经过马陵之战，齐国国力迅速发展，称霸东方，却也招来南方霸主楚国的忌恨。而魏国兵败马陵，军事实力从根本上被削弱，同年秦国乘虚而入，秦孝公在商鞅的建议下，联合齐、赵两国攻打魏国，魏军大败，魏惠王被迫割让河西部分土地求和。魏国从此丧失了独霸中原的能力。公元前 338 年，秦国再次攻伐魏国，在岸门（今山西省河津市南）击败魏军，俘获魏将魏错。同年，秦国联合大荔戎包围了魏国的郃（hé）阳（今陕西省渭南市合阳县东南）。公元前 334 年，魏惠王在徐（今山东省枣庄市滕州市南）尊齐威王为王，齐威王也承认魏惠王的王号，史称“徐州相王”，魏惠王正式称王。公元前 333 年，赵肃侯派兵攻打魏国，包围魏国的黄城（今河南省安阳市内黄县西），但未能攻克。公元前 332 年，齐国联合魏国攻打赵国，赵肃侯下令挖开黄河大堤放水淹灌齐、魏联军，齐、魏联军撤退。公元前 330 年，秦军于雕阴（今陕西省延安市甘泉县南）打败魏军，迫使魏惠王献出河西之地。公元前 329 年，秦军又攻占魏国的汾阴（今山西省运城市万荣县西南）、皮氏（今山西省运城市河津市西）、焦（今河南省三门峡市西）、曲沃（今山西省临汾市曲沃县）等地。公元前 328 年，秦军乘胜攻伐魏国，攻取魏国蒲阳（今山西省临汾市隰县）。魏国在秦军数次强大攻势之下，又被迫割让上郡十五县（今陕西省东北部地区）给秦国。公元前 326 年，赵、韩联军包围魏国的襄陵（今河南省商丘市睢县）。公元前 323 年，楚国于襄陵击败魏军，夺取八座城邑。公元前 322 年，秦国又攻取了魏国的曲沃、平周（今山西省介休市）等地。魏惠王不得不驱逐国相惠施，停止联齐、楚抗秦策略。起用张仪为相，采用张仪提出的外交策略“连横”，联合秦、韩以伐齐、楚。张仪的真正意图，是要魏国联合秦国而让其他诸侯国仿效。公元前 319 年，魏惠王没有采纳张仪的建议，在齐、楚、燕、赵、韩等国的支持下，驱逐张仪回秦国，任公孙衍为魏相。同年，魏惠王去世，其子魏嗣继承君位，是为魏襄王。

合纵失败

魏襄王魏嗣（？—前 296）即位后，面对秦国咄咄逼人的东进政策，他采用了国相公孙衍的“合纵”策略。公元前 318 年，公孙衍发动魏、楚、燕、赵、韩五国第一次合纵攻秦，以楚怀王为纵长攻打秦国，被秦军击溃。公元前 317 年，秦国派庶长樗里疾在修鱼（今河南省新乡市原阳县西）大败三晋联军，“合纵”随即失败。同年，齐军在关津（边防关卡）打败魏军。公元前 314 年，秦国派樗里疾攻取魏国的曲沃。公元前 312 年，魏军进攻齐国，并与秦国一起征讨燕国。公元前 311 年，魏军进攻卫国，攻下两座城。公元前 301 年，魏国与秦国联合攻打楚国。同年，秦国、齐国、韩国、魏国联军共同攻打楚国，在沘（bǐ）水旁的垂沙（今河南省南阳市唐河县）大破楚军，史称“垂沙之战”。公元前 296 年，魏国与秦国讲和，秦国归还占领的魏国领地。同年，魏襄王去世，其子魏遫（chì）继承君位，是为魏昭王。

伊阙之战

魏昭王魏遫（？—前 277）即位时，韩襄王去世，魏、韩两国局势动荡不安。公元前 295 年，秦国攻打魏国，夺取魏国的襄城（今河南省许昌市襄城县）。公元前 294 年，秦昭王派兵攻打韩国，秦国将领向寿夺取了武始（今河北省邯郸市武安市南），左庶长白起夺取了新城（今河南省洛阳市伊川县西南）。韩国派使臣赶往魏国，请求增援。公元前293年，魏昭王命大将公孙喜领兵与韩军抵抗秦军。秦国主将白起领军，以少胜多，在伊阙（今河南省洛阳市区南约二公里处的龙门）全歼魏、韩联军，魏将公孙喜被杀，秦军攻占伊阙，夺取魏国五座城池及安邑以东韩国的大部分地区，魏、韩两国割地求和，这便是历史上著名的“伊阙之战”。从此，秦国打开东进中原的通道，以不可抗御之势向中原扩展。公元前290年，魏国河东的四百里土地全部割让给秦国。公元前289年，秦军攻打魏国，夺取魏国大小城池六十一座。公元前287年，秦军攻打魏国，夺取魏国的新垣（今山西省运城市垣曲县）、曲阳（今河北省保定市西南）。公元前286年，秦国攻打魏国，魏国割故都安邑（今山西省运城市夏县）给秦国求和，秦国将安邑之民全部驱赶到魏国，仅留下安邑城。同年，齐湣王联合楚、魏攻打宋国，宋康王被杀，齐、楚、魏瓜分了宋国的土地，宋国被灭。公元前284年，燕国联合秦、赵、韩、魏五国一起攻打齐国，在济西（今山东省菏泽市郓城县与鄄城县之间）打败齐军，齐国国君齐湣王外出逃亡至莒城（今山东省日照市莒县）。公元前283年，秦国夺取魏国的安城（今河南省新乡市原阳县西南）。公元前277年，魏昭王去世，其子魏圉继位，是为魏安釐王。

抗秦救赵

魏安釐王魏圉（？—前243）即位后，魏国一直处于秦国的不断讨伐之中。公元前276年，秦将白起攻取魏国两座城池。同年，魏安釐王封其弟魏无忌为信陵（今河南省商丘市宁陵县）君。信陵君礼贤下士，宽厚爱人，广揽门客，自成势力。公元前275年，秦相国兼穰（ráng）侯魏冉率军进攻魏国，韩军赴援，魏、韩两军皆被击败，魏安釐王割让温城（今河南省焦作市温县）求和。公元前

274年，魏安釐王与齐国再订南北合纵同盟，被秦国魏冉再攻，夺取四座城池。公元前273年，魏安釐王与赵惠文王联合攻击韩国，包围华阳（今河南省郑州市新郑市北），秦国出兵救援韩国，击败联军，魏国割让南阳（今河南省焦作市修武县以西）给秦国求和。公元前257年，秦军包围赵国都城邯郸，赵国向魏国求援。魏安釐王惧怕秦国，不愿出兵。赵国平原君的妻子是信陵君的姐姐，信陵君利用魏安釐王的宠妃如姬，盗出魏王兵符，信陵君以精兵八万开赴前线，一举击溃秦军，威震六国。信陵君因盗兵符，十年不敢回国，一直留在赵国。公元前247年，秦国蒙骜攻取魏国的高都（今山西省晋城市东北）和汲（今河南省新乡市卫辉市西南）。魏安釐王与信陵君和解，拜他为上将军。信陵君召集燕、赵、韩、魏、楚五国联军抗秦，大败蒙骜，联军乘胜追击至函谷关，秦军闭关不出。后秦人使用反间计，信陵君上将军之位被夺。公元前243年，魏安釐王与信陵君同年病死。魏安釐王之子魏增继承君位，是为魏景湣王。

魏景湣王魏增（？—前228年）即位时，秦国对魏国的压力不断加大，魏国依然是秦国的重点讨伐对象。公元前242年，秦将蒙骜率军攻打魏国，夺取魏国的酸枣、燕邑、虚邑、长平、雍丘、山阳城等二十座城池，将其设置为东郡。公元前241年，魏、韩、赵、卫、楚五国联合攻打秦国，夺取秦国的寿陵，在函谷关被秦军打败。公元前240年，秦军夺取魏国汲地（今河南省新乡市卫辉市西南）。公元前238年，秦军夺取魏国的垣邑、蒲阳、衍邑。公元前228年，魏景湣王去世，其子魏假继承君位，是为魏王假。

魏被秦亡

魏王假（？—前225）是战国时期魏国的最后一位国君，在位仅三年。公元前225年，秦将王贲引黄河、鸿沟水灌魏国大梁城，城内死伤无数，魏王假投降，魏国灭亡，秦国设其为郡县。

公元前209年，陈胜、吴广起兵反秦，魏国王族后人魏咎、魏豹两兄弟参加起义。陈胜攻取魏地后，魏咎被立为魏王，魏国复国，定都城临济（今山东省淄博市高青县高城镇西北一公里处）。公元前208年，秦将章邯消灭陈胜之后，包围临济。魏咎提出保证魏地百姓身家性命的条件后投降，自焚而死，魏豹逃奔楚国。楚怀王拨给魏豹数千人，魏豹带兵攻下了魏地二十余城，楚怀王立魏豹为魏王。魏豹带领精兵跟从项羽进入关中，与秦军作战。公元前206年，项羽将魏豹从大梁徙于河东（今山西省中南部），以平阳（今山西省临汾市）为都，封为西魏王。公元前205年，魏豹归降刘邦，后魏豹以探亲为由回魏，叛离汉王。刘邦派韩信攻魏，魏豹被杀，把河东并为汉郡，魏国彻底灭亡。

2. 韩国　四面受敌

韩国（前403—前230）是周王朝诸侯国，来源于三家分晋，姬姓，韩氏，战国七雄之一。公元前403年，韩景侯被周威烈王正式封为诸侯，建立韩国，初都阳翟（今河南省许昌市禹州市），后迁都新郑（今河南省郑州市新郑市）。公元前230年，韩国第一个被秦国所灭，共传十一位君王，历时一百七十三年。其领地约占今河南省中部、西部和今山西省东南部。韩国由于地处中原，北临魏、赵，东有齐，南有楚，西有秦，四面受敌，完全没有发展的空间，国土也是战国七雄之中最小的一个。但韩国以其著名的兵器——弩，为各国所畏惧，所谓“天下之强弓劲弩皆从韩出”。韩国国势最强盛的时期是韩昭侯时，法家申不害为相，进行申不害变法，内政修明，成小康之治。由于地理位置所限，韩国屡遭列强欺凌。短暂的强盛之后，迅速衰落，成为魏、齐争霸的资本，秦、齐战争的缓冲带，苟延残喘。韩国曾参加魏国倡导的合纵攻秦而遭失败；同魏国一起被秦国要挟共同伐楚。韩废王错误判断形势联赵抗秦，在秦国大军的猛烈攻势下，韩国成为山东（崤山以东）六国中第一个为秦国所灭的诸侯国。

助晋称霸

韩国的先人为春秋时曲沃桓叔的庶子晋国大夫韩万，公元前679年，受封于韩原（今陕西省渭南市韩城市）。韩万去世后，其子韩赇伯任大夫之位。韩赇伯去世后，其子韩简任大夫之位，是为韩定伯。韩定伯去世后，其子韩舆任大夫之位，是为韩子舆。韩子舆去世后，其子韩厥继任大夫之位，是为韩献子。晋悼公任命韩献子为晋国执政大夫兼中军元帅，韩献子迎来人生事业的巅峰，成为晋国一人之下万人之上的正卿，一生侍奉晋灵公、晋成公、晋景公、晋厉公、晋悼公五朝，是一位稳健的政治家。韩献子深明大义，主持公道，先力主赵盾无罪，后又保护了“赵氏孤儿”赵武，再后又力保赵氏后裔赵武重新得封，成为天下闻名的忠义之臣。在韩献子的努力下，奠定了韩氏部族立国的根基。公元前566年，韩献子告老还乡，其长子韩无忌（韩穆子）当立为卿，韩无忌自称有疾，便将卿位让予其弟韩起，是为韩宣子。公元前541年，赵武去世，韩宣子继任中军元帅，开始对晋国长达二十八年的执政。韩宣子协助晋悼公复兴晋国霸业。公元前497年，韩宣子去世，其子韩须任大夫之位，是为韩贞子。春秋末年，韩贞子率领韩氏迁于平阳（今山西省临汾市西）。韩贞子去世后，其子韩不信任大夫之位，是为韩简子。韩简子去世后，其子韩庚任大夫之位，是为韩庄子。韩庄子去世后，其子韩虎任大夫之位，是为韩康子。公元前453年，韩康子与赵襄子、魏桓子一起攻灭智伯瑶，三分智地。公元前425年，韩康子去世，其子韩启章任大夫之位，是为韩武子。韩武子时，公元前423年，韩氏攻打郑国，杀死郑幽公。公元前409年，韩武子去世，其子韩虔继任其父大夫之位，是为韩景侯。韩景侯继续对外扩张，公元前408年，攻打郑国，夺取雍丘（今河南省开封市杞县）。

初封建国

韩景侯韩虔（？—前400）是韩国的开国国君，公元前403年，韩与魏、赵一起被周威烈王正式封为诸侯，韩国建立，初都阳翟（今河南省许昌市禹州市）。韩景侯在位初期，韩国政治混乱，政令不一，群臣吏民无所适从。韩景侯实行了系列改革，提倡中央集权的君主专制体制，主张以“术”治国。“术”主要是指国君任用、监督和考核臣下的方法，以考察的结果进行赏罚，提拔重用忠诚可靠之臣，贬除狡诈奸猾之人。他大力发展农业，广泛使用铁制农具，推广一岁两熟制，提高开垦耕作效率和粮食产量，生产水平有了根本性的提高。韩景侯非常重视手工业、商业、贸易和货币流通。公元前400年，韩景侯联合魏国、赵国进攻楚国，一直打到楚国桑丘（今山东省济宁市兖州区西北约二十公里小孟镇东桑园村），郑国乘机出兵包围韩国都城阳翟（今河南省许昌市禹州市）。同年，韩景侯去世，其子韩取继承君位，是为韩烈侯（也称韩武侯）。

三晋联盟

韩烈侯韩取（？—前387）在位初期，其叔父韩傀（guī）（字侠累）任相国，大臣严遂与韩傀争权结怨。一次，严遂在朝堂上指责韩傀，被韩傀大骂。严遂欲拔剑杀死韩傀，韩傀被卫士们救下，严遂逃亡至齐国。公元前397年，严遂花重金收买聂政将韩傀刺杀。韩烈侯继续奉行韩景侯的国策，发展农业、商业，繁荣经济。外交上，韩烈侯继续团结魏国与赵国。公元前393年至公元前389年，三晋联盟与齐、楚、秦、郑联盟之间进行大战。公元前387年，韩烈侯去世，其子韩猷（yóu）继承君位，是为韩文侯。

韩文侯韩猷（？—前377）即位时，由于上两代国君韩景侯、韩烈侯的努力，韩国势力已经强盛。韩文侯继续向外扩张，扩大领地。公元前385年，韩国举兵讨伐郑国，攻取其阳城（今河南省郑州市登封市东南）。同年，韩国向宋国发起进攻，一直打到宋国都城彭城（今江苏省徐州市），俘虏宋君。公元前380年，韩文侯发兵进攻齐国，打到桑丘（今河北省保定市徐水区漕河镇西）。韩文侯时，三晋同盟关系开始破裂，时有战争发生。公元前377年，韩文侯去世，其子韩屯蒙继承君位，是为韩哀侯。

攻灭郑国

韩哀侯韩屯蒙（？—前374）在位期间，依然重视发展农业、手工业和商业。公元前376年，韩哀侯与赵敬侯、魏武侯废末任晋侯晋静公为庶民，将之迁至屯留，晋国正式消亡。公元前375年，韩哀侯出兵灭掉郑国，迁都新郑（今河南省郑州市新郑市）。公元前374年，韩国大臣韩严（又作韩山坚）发动叛乱，杀死韩哀侯，韩哀侯之子韩若山继承君位，是为韩共侯（又称韩懿侯、韩庄侯）。

韩共侯韩若山（？—前363）在位期间，公元前369年魏国发生内乱，魏国公子魏缓勾结韩国、赵国联合讨伐魏国，一举攻克魏国城邑葵（今河南省焦作市西北），再挥军西进，攻打魏都安邑（今山西省运城市夏县西北）。公元前367年，从东周朝分裂出的西周国的西周威公去世，公子根与太子朝争位叛乱，韩共侯联合赵成侯助公子根在巩（今河南省郑州市巩义市西南）独立，成立东周国，将西周国一分为二。公元前 363 年，韩共侯病逝，其子韩武继承君位，是为韩昭侯。

申不害变法

韩昭侯韩武（？—前 333）在位期间，公元前 362 年，秦军在西山打败韩军。公元前 361 年，宋国攻占韩国的黄池（今河南省新乡市封丘县西南）。同年，魏国攻占韩国的朱邑。公元前 358 年，秦国出兵在西山（今河南省熊耳山以西）击败韩军。公元前 357 年，韩昭侯派兵攻打东周，占领东周的陵观、邢丘。公元前 355 年，韩昭侯任用法家申不害担任国相，进行申不害变法。申不害运用法家的权术，推行中央集权的君主专制体制，继续主张以“术”治国，内政修明，改革弊政，国富兵强，达小康之治，使韩国国势达一时最强，诸侯不敢再来侵伐。公元前 341 年，申不害去世，韩国的变法未能很好地延续下去。公元前 339 年，秦军攻占韩国的宜阳（今河南省洛阳市宜阳县西）。公元前 333 年，韩昭侯去世，其子韩康继承君位，是为韩宣惠王（又称韩威侯、韩宣王）。

称王合纵

韩宣惠王韩康（？—前 312）即位时，中原局势日益混乱，各国之间征伐激烈。公元前 326 年，赵国联合韩国，向魏国发起攻击，包围魏国的襄陵（今河南省商丘市睢县）。战争持续到次年，魏军战胜赵、韩两国联军，韩国将领韩举被俘获。公元前 325 年，秦国君主秦惠文王公然称王，魏国君主魏罃（yīng）为了制约秦国的发展，便拉拢列国，在巫沙（今河南省郑州市荥阳市北）与韩康会见，承认韩康为王。自此，韩君开始正式称王。公元前319年，秦国攻击韩国，攻取了韩国的鄢陵（今河南省许昌市鄢陵县）。公元前318年，在魏国公孙衍的倡导下，韩国、魏国、楚国、赵国、燕国发起五国的第一次合纵攻秦，被秦军击败。公元前317年，秦国派庶长樗里疾发动“修鱼（今河南省新乡市原阳县西）之战”，在浊泽（古长社县，今河南省许昌市长葛市东北）活捉了韩国将领申差，大败三晋联军，“合纵”随即失败。之后，韩国派太子仓到秦国做质子求和，韩国遂依附于秦国。公元前312年，韩国同秦国一起攻打楚国，于丹阳（今湖北省宜昌市秭归县）打败楚将屈丐带领的楚军。同年，韩宣惠王去世，其太子韩仓继承君位，是为韩襄王。

秦韩交战

韩襄王韩仓（？—前296）在位期间，公元前308年，秦相甘茂领兵攻打韩国的宜阳（今河南省洛阳市宜阳县西）。在韩国守军的顽强抵抗下，甘茂率五万精兵攻宜阳五个月，未能奏效，激烈的战争持续到第二年，秦军损兵折将，士气低落。楚国人甘茂客居秦国为相，在秦国受到樗里疾、公孙郝的攻击，只能背水一战，以立战功。甘茂散尽家财，全部赏给士兵，重赏之下必有勇夫，终于攻下宜阳，取得胜利。同年，韩国派太子婴去秦国求和。公元前302年，太子婴自秦国返回韩国。公元前301年，秦国出兵攻伐韩国，攻取韩国穰（ráng）城（今河南省南阳市邓州市），韩国再次与秦结盟。同年，秦国、齐国、韩国、魏国联军共同攻打楚国，在沘水旁的垂沙（今河南省南阳市唐河县）大破楚军，史称“垂沙之战”，楚国自此衰落。公元前296年，韩襄王去世，其太子韩咎继承君位，是为韩釐王。

韩釐王韩咎（？—前273）在位期间，公元前294年，秦昭王派兵攻打韩国，秦国将领向寿领兵夺取了韩国武始（今河北省邯郸市武安市南），左庶长白起夺取了韩国新城（今河南省洛阳市伊川县西南）。于是，韩国向魏国请求救援。公元前293年，魏昭王派大将公孙喜率十万大军参战。秦军与韩、魏联军对峙于伊阙（今河南省洛阳市区南约二公里处的龙门），秦将白起率兵以少胜多，全歼韩、魏联军，公孙喜被杀，占领伊阙，史称“伊阙之战”。韩、魏在这一战后，走向衰落，秦国东出之门彻底打开。公元前291年，秦国再次攻打韩国，夺取韩国的宛城（今河南省南阳市）。公元前290年，韩国把武遂（今山西省运城市垣曲县东南）一带二百里的土地割让给秦国。公元前286年，秦军在夏山打败韩军。公元前284年，燕国联合秦、赵、韩、魏五国联军共同伐齐。齐军与联军在济西（今山东省菏泽市郓城县与鄄城县之间）激战，齐国战败，齐愍王出逃莒城（今山东省日照市莒县）。公元前275年，秦国相国兼穰侯魏冉攻打魏国。韩釐王派大将暴鸢（yuān）率军救援魏国，韩、魏联军被魏冉击败，暴鸢逃往魏都大梁（今河南省开封市）。公元前273年，赵、魏十二万联军进攻韩国华阳（今河南省郑州市新郑市北），华阳紧邻韩国都城新郑，是韩战略要地。韩国向秦国求援，秦相魏冉派白起救援韩国，在华阳城下打败赵、魏联军。同年，韩釐王去世，其子韩然继承君位，是为韩桓惠王。

韩桓惠王韩然（？—前239）在位期间，公元前262年，秦国大将白起率兵进攻韩国，占领韩国野王（今河南省焦作市沁阳市）等五十城。韩桓惠王割上党（今山西省长治市）给秦国求和。但上党郡守冯亭不愿归秦，又无力抗秦，遂率上党郡的军民归降赵国。赵国接受上党，派名将廉颇率重兵进驻长平（今山西省晋城市高平市西北）抵抗秦军。公元前260年，秦、赵爆发“长平之战”，赵军惨败，四十多万人被坑杀。公元前250年，秦将蒙骜出兵讨伐韩国，韩国被迫割让成皋（别称虎牢，今河南省郑州市荥阳市汜水镇）、巩（今河南省郑州市巩义市西南）等地给秦国。秦国的地界延伸至大梁，设置三川郡。公元前239年，韩桓惠王去世，其子韩安继承君位，是为韩废王。

首被秦灭

韩废王韩安（？—前226）是韩国的末代国君，他即位时，韩国大部分土地已丧失，国家危如累卵，已成为七国中最弱小的诸侯国，处于灭亡的边缘。秦国的主要兵力进攻赵国，赵国一直处于劣势。公元前233年，秦军在樊於期的率领下继续攻伐赵国，从上党直袭赤丽和宜安（今河北省石家庄市藁城区西南二十里），造成了对赵国都城邯郸的包围。赵王赵迁从北方调回了防御匈奴的大将李牧率军与秦军大战，秦军战败，几乎全军覆灭。昏懦的韩废王见秦国战败，错误判断赵国势盛，外交上与赵国结盟，韩、赵联合抗秦。秦国于是转向对韩开战，韩国已无力抵挡秦国的进攻。公元前231年，韩废王将南阳（今河南省境太行山南、黄河以北地区）献给秦国。同年，秦王政任命韩国降将内史腾为南阳郡守。公元前230年，秦国派内史腾率十万大军渡过黄河攻取韩国，一路所向披靡，韩将申犰（qiú）全力凑集了五万军队抵抗秦军，在秦军的猛烈攻势下韩军战败。秦军攻破韩都新郑（今河南省郑州市新郑市），俘虏韩废王，以韩地建颍川郡，建郡治于阳翟（今河南省许昌市禹州市），韩国灭亡。韩废王被软禁于陈县（今河南省周口市淮阳区）。公元前226年，韩国旧贵族在故都新郑发动叛乱起兵反秦，秦国出兵平定了叛乱。秦军为了根除祸患，将软禁中的韩废王处死，谥号废王。韩国由于地理位置被魏国、齐国、楚国和秦国包围，成为影响秦国东进的障碍，第一个被秦国所灭。

3. 赵国　胡服骑射

赵国（前 403—前 222）是周王朝时期诸侯国，来源于三家分晋，嬴姓，赵氏，战国七雄之一。公元前 403 年，赵烈侯被周威烈王正式封为诸侯，建立赵国，初都晋阳（今山西省太原市），至赵敬侯时迁都中牟邑（今河北省鹤壁市西），后又迁至邯郸（今河北省邯郸市），赵成侯时期又立邢为信都（今河北省邢台市），为赵之别都。公元前 222 年，秦国灭亡赵国，共传十一位君主，历时一百八十一年。其领地约占有今山西省北部、中部和今河北省中部、西南部，今内蒙古自治区的一部分。赵武灵王施行"胡服骑射"，建立起中国历史上第一支成建制的骑兵，灭亡中山国，成为东方六国最强大的诸侯国，与秦国展开了数十年的争霸。赵国有丰富的土地资源，有河套平原、华北平原、大同平原、太原盆地，地势平坦，沃野千里，水源丰富，比较适宜农业生产，赵国农业、畜牧业、手工业、商业都得到了不同程度的发展。赵国与秦国经过"长平之战"，几乎全军覆没而走向衰落。在秦国的强大攻势下，邯郸被克，赵王迁被俘，赵国灭亡。

赵氏起源

赵国的始祖造父，当年在西周时为周穆王驾车，并在平定徐国徐偃王叛乱时立了战功，被周穆王封赏赵城（今山西省临汾市洪洞县），造父族开始称为赵氏。至赵成子赵衰（cuī）（？—前 622）时，赵衰跟随晋文公重耳经历十九年流亡生涯，多次帮助晋文公脱险。晋文公即位后，将女儿赵姬嫁给赵衰为妻，并任赵衰为上卿。公元前632年，赵衰随晋文公参与“践土（今河南省新乡市原阳县）之盟”，奠定晋国盟主地位。

独大晋国

公元前622年，赵衰去世，其子赵盾（即赵宣子）继承上卿之位，后立为正卿。赵盾（前655—前601）执政期间，权倾朝野，使赵氏一族独大晋国。赵盾辅佐晋襄公、晋灵公、晋成公三朝，维持了晋文公开创的霸业。公元前601年，赵盾去世，其子赵朔继承上卿之位。赵庄子赵朔（前637—前589）娶晋成公之女赵庄姬为妻。公元前597年，晋国荀林父任中军元帅、赵朔将下军、栾书为副率师与楚进行“邲（今河南省郑州市荥阳市东北）之战”，晋军失败。公元前589年，齐国讨伐鲁国，晋国以栾书将下军，韩厥为司马出兵救援，联合鲁、卫、曹与齐顷公在鞍（今山东省济南市长清区）交战，齐军大败。因史无记载，根据有关历史事件推断，这一年赵朔去世。

下宫之难

公元前583年，晋国发生“下宫之难”，除赵朔与赵庄姬之子赵氏孤儿赵武幸免于外，赵氏被灭族。在韩献子韩厥的力荐下赵武重新得封。赵文子赵武（前589—前541）在晋悼公即位后被任为卿，虽居八卿之末，却跨越了从大夫到卿的质变。公元前560年，三十岁的赵武任佐上军，后提升晋国正卿，执掌晋国的国政，力主和睦诸侯，终于促成晋国和楚国的“弭兵之盟”，也使得赵氏在晋国得以复兴。公元前541年，赵文子赵武去世，其子赵景子赵成继任赵氏宗主，任晋国卿。公元前518年，赵成去世，其子赵简子赵鞅继任赵氏宗主，任晋国大夫。赵鞅是杰出的政治家、军事家、改革家，是赵国基业的开创者。公元前503年，赵鞅平定东周朝王子朝叛乱，迎周敬王回到都城。公元前476年，赵简子赵鞅去世，其子赵毋恤承袭父亲晋卿之职，史称赵襄子，但晋国正卿由智伯瑶取而代之。赵襄子聪敏智慧，胆识过人。公元前475年，赵襄子约代国代王（赵襄子的姐姐是代王的夫人）到夏屋山（今山西省忻州市代县东北）相见，赵襄子借机刺杀代王，赵军随即兴兵讨伐代国，灭了代国（今山西省大同市与河北省张家口市蔚县一带，代都今蔚县代王城镇），将其领土并入赵氏版图。公元前453年，晋国智伯联合韩、魏两家一起发兵攻打赵家，兵围晋阳。赵氏谋臣张孟谈游说魏、韩，反而使得赵、魏、韩结盟灭掉智氏，尽分其地。赵襄子当年因为长兄赵伯鲁所让即位，故封赵伯鲁之子赵周于代国，称代成君。赵周早逝，赵襄子立赵周之子赵浣为赵氏的继承人。公元前425年，赵襄子去世，其子赵嘉驱逐赵浣，自立为君，是为赵桓子。赵桓子在位时，迁都中牟邑（今河南省鹤壁市西）。赵桓子仅在位一年便去世，赵人杀赵桓子之子，按照赵襄子生前之意复迎赵浣继承君位，是为赵献子。公元前409年，赵献子去世，其子赵籍继承君位，是为赵烈侯。

赵国建立

赵烈侯赵籍（？—前400）是赵国的开国国君，公元前403年，周威烈王正式封魏、赵、韩为诸侯，赵国建立。赵烈侯在位时，任用公仲连、牛畜、荀欣、徐越等人，任人唯贤，勤俭节约，施以仁政，政通人和。公元前400年，赵烈侯去世，因其太子赵章年幼，故由其弟赵武侯（史书未载其名）继承君位。

赵武侯（？—前387年）在位期间，公元前391年，他响应魏武侯号召，第一次与魏国、韩国结成三晋同盟，三晋联军大败楚军于大梁（今河南省开封市）、榆关（今河南省郑州市中牟县西南），轻取襄陵（今河南省商丘市睢县），并顺势对残余楚军进行清剿，向楚国腹地挺进。公元前387年，赵武侯去世，赵国拥立赵烈侯之子赵章继承君位，是为赵敬侯。

赵魏相争

赵敬侯赵章（？—前375）即位后，开始涉足中原。公元前386年，赵敬侯将都城从中牟邑（今河南省鹤壁市西）迁到邯郸（今河北省邯郸市），并将新都城规划成两大区域，宫城区（行政中心）与大北城（商业中心），使得邯郸迅速发展起来。公元前385年，赵国出兵齐国，在灵丘（今山东省枣庄市滕州市东）击败齐军。公元前384年，赵敬侯出兵援救魏国，在廪（lǐn）丘（今山东省菏泽市郓城县西北水堡）大败齐军。公元前383年，赵敬侯出兵攻打魏国的附属国卫国，魏武侯出兵在兔台（今河北省邯郸市成安县）大败赵军，三晋联盟瓦解。公元前382年，赵敬侯不满魏武侯插手赵国对卫国的扩张，赵国修筑刚平城（今河南省濮阳市清丰县西南），决定对卫国再次出手。齐国和魏国援助卫国进攻赵国，卫慎公出兵夺取赵国的刚平城，一直打到中牟邑（今河南省鹤壁市西），夺取了赵国河东的大片土地。公元前381年，赵国出兵攻击侵略到本土的卫军，魏武侯出兵救援攻打赵国，楚悼王攻打魏国后方救赵，赵敬侯乘机反攻，夺取魏国棘蒲邑（今河北省邯郸市魏县南）和黄城（今河南省安阳市内黄县西）。魏国向赵国求和，三晋再次联合。公元前380年，齐国攻打燕国，夺取燕国的桑丘（今河北省保定市徐水区漕河镇西）。赵敬侯联合魏国、韩国攻打齐国，直至桑丘（今河北保定市徐水区漕河镇西）。公元前376年，赵敬侯与魏武侯、韩哀侯共同将晋静公废黜为平民，正式灭掉晋国，瓜分了晋国的残余领地。公元前 375 年，赵敬侯去世，其子赵种继承君位，是为赵成侯。

赵成侯赵种（？—前 350）即位后，任用大臣太戊午担任国相。公元前 372 年，赵成侯出兵攻打卫国，夺取卫国七十三座乡邑（王畿郊内置六乡，郊外置六遂，诸侯各国亦有乡、遂，乡邑指乡遂的城邑）。同年，魏国军队在蔺地（今山西省吕梁市离石区西）打败赵国军队。公元前 371 年，赵军与秦军在高安（今地不详，一说今山西省运城市临猗县西南）交战，赵军击败秦军。公元前 370 年，赵国攻打齐国，直至鄄地（今山东省菏泽市鄄城县）。同年，魏赵交战，赵郑攻伐。公元前 369 年，赵成侯发兵攻打魏国，打败魏军。公元前 368 年，赵成侯出兵侵略齐国，占领齐国长城。同年，赵国联合韩国一起攻打周朝。公元前 367 年，从东周朝分裂出的西周国的西周威公去世，公子根与太子朝争位叛乱，赵成侯联合韩国助公子根在巩（今河南省郑州市巩义市西南）独立，成立东周国，将西周国一分为二。公元前 362 年，魏国公叔痤担任将领，率军与韩、赵两国联军在浍水（今浍河，汾河支流，源出今山西省翼城县东南，流经绛县、曲沃县、侯马市、新绛县等入汾水）北岸交战，大败联军，占领赵国皮牢（今山西省临汾市翼城县东北），俘获赵国将领乐祚。同年，赵成侯与韩昭侯在上党（今山西省长治市）会面。公元前 358 年，赵成侯与魏惠王在葛孽城（今河北省邯郸市肥乡区西南）会盟。公元前 356 年，赵成侯与齐国、宋国在平陆会盟，与燕国在阿地会盟。公元前 354 年，赵国进攻魏国的盟国卫国，攻占漆、富丘两地（均在今河南省新乡长垣市），于是魏国出兵围攻赵都邯郸。公元前 353 年，赵国向齐国求援，齐国派大将军田忌出兵救赵国，采用孙膑之计，所谓声东击西、围魏救赵的战法，袭击魏都大梁。魏将庞涓赶回应战，齐国大将孙膑在桂陵（今河南省新乡市长垣市西南）伏袭，打败魏军，史称“桂陵之战”。公元前350年，赵成侯去世，其太子赵语继承君位，是为赵肃侯。

走向鼎盛

赵肃侯赵语（？—前326）即位之初，可谓内忧外患。首先是公子赵緤（xiè，同“绁”）与他争夺君位，其次是魏国、齐国、秦国等强国看到赵国的悄然崛起而虎视眈眈。赵肃侯首先平定叛乱，打败赵緤，迫其逃奔韩国，稳固了自己的君主之位。然后与各诸侯国几乎连年征战，可以说是戎马一生，基本保住了赵国的基业。公元前344年，赵肃侯派兵攻打齐国，夺取齐国高唐（今山东省聊城市高唐县）。公元前343年，赵国公子赵刻率军攻打魏国的首垣（今河南省新乡市长垣市东北）。公元前333年，赵肃侯派兵攻打魏国，包围魏国的黄城（今河南省安阳市内黄县西），但没有攻克。同年，赵肃侯下令修筑长城。公元前332年，齐国联合魏国攻打赵国，赵肃侯下令挖开黄河大堤放水淹灌齐、魏联军，齐、魏联军撤走。公元前326年，赵、韩联军包围魏国的襄陵（今河南省商丘市睢县）。同年，赵肃侯去世，其子赵雍继承君位，是为赵武灵王。

赵武灵王赵雍（？—前295）即位时，秦、楚、燕、齐、魏五国各派精兵一万人前来赵国参加赵肃侯的葬礼，实际上是五国密谋伺机讨伐赵国。赵武灵王命令赵国全境处于戒严状态，赵军一级戒备，准备随时战斗；并命令来会葬的五国军队不得进入赵国边境，只许五国使者携带各国国君的吊唁之物入境。年仅十五岁的赵武灵王挫败了五国阴谋，化解了亡国危机。他在位期间，令赵国人抛弃长袍宽袖，改着胡服，淘汰战车，改习骑马射箭，也就是军事上推行的“胡服骑射”军制政策，建立了精锐的骑兵，不断推动赵国军力日益强盛，国力大增。西北打败了林胡、楼烦二族，北边开辟云中（今内蒙古自治区呼和浩特市托克托县）、雁门（今山西省忻州市代县）、代（今河北省张家口市蔚县）三郡，并从今天的河北省张家口到内蒙古自治区巴彦淖尔市五原县修筑了“赵长城”。自赵武灵王奠定赵国强盛根基后，赵国君主正式称王。魏国魏文侯时占领中山国（今河北省定州市），不到三十年，中山国就摆脱了魏国的控制，得以复国。而中山国正好楔在赵国的中央地带，给赵国的国家安全和统一带来了极大的威胁。赵武灵王在位时，展开了连续对中山国的进攻，并且把赵国的战略调整为向北进军胡地。公元前 321 年，赵武灵王迎娶韩国王室的女子韩姬为夫人，促成赵韩联姻。公元前 314 年，赵国的邻国燕国发生了严重的内乱，史称“子之之乱”。公元前 312 年，赵武灵王派乐池（原中山国国相）到韩国迎立燕国质子公子职为燕王（燕昭王），燕国遂解除与韩攻赵的盟约。赵武灵王与韩姬生子赵章，曾被立为太子。赵武灵王之后得赵国大臣吴广之女孟姚，称吴娃，二人生子赵何。赵武灵王因宠爱吴娃废太子赵章，新立赵何为太子。公元前 301 年，赵军攻破中山国都城灵寿（今河北省石家庄市平山县三汲乡），中山王妾子次虫逃亡齐国，赵人立中山王尚为傀儡王。公元前 299 年，赵武灵王壮年退位，将王位禅让给太子赵何，是为赵惠文王。赵武灵王在赵国构建二元政治，本意想让儿子负责国内政治，自己作为相当于太上皇的主父，可以全心专注于赵国激烈的对外军事斗争。公元前 298 年，赵武灵王向秦国施加压力，迫使秦王嬴稷任命楼缓为秦相，以便为赵国谋得更多的利益。公元前 297 年，赵武灵王利用巡视刚夺取的云中、雁门二郡的机会，迫使河西楼烦王臣服。公元前 296 年，赵武灵王废黜中山王尚，将其迁徙到肤施（今陕西省榆林市东南、无定河北岸），灭掉中山国。同年，封长子赵章于代，号称安阳君，派田不礼为相，辅佐公子赵章。随着新王赵何的日益壮大，赵武灵王内心生起无限的失落，他打算把公子赵章立为代王，赵何与代王两王并行，自己作为父王统治二王重掌赵国朝政，却遭到宰相肥义的公开反对。公元前295年，赵章趁赵武灵王游沙丘宫（今河北省邢台市广宗县大平台村）之机发动叛乱，赵惠文王杀死公子赵章、田不礼及其党羽，赵武灵王被幽禁沙丘宫三个月，饿死宫中，终年四十六岁，史称“沙丘宫变”。

赵惠文王赵何（约前309—前266）执政后，任用蔺相如、廉颇、平原君赵胜、赵奢等文武大臣，赵国政治清明，武力强盛。公元前289年，赵国与燕、韩、魏、齐五国联兵进攻秦国，迫使秦国废除帝号，并使秦国把先前夺取的王公、符逾两地归还赵国。公元前285年，秦国、赵国在中阳（今山西省吕梁市中阳县）会面。公元前284年，燕国与秦、韩、赵、魏五国举兵伐齐，大败齐军，齐湣王逃入莒城（今山东省日照市莒县）。而赵国最大的对手秦国在变法革新中，国势逐渐超过赵国，秦国派大将白起攻取赵国的蔺（今山西省吕梁市离石区西）、祁（今山西省晋中市祁县东南）两城。公元前283年，秦、赵两国在穰城（今河南省南阳市邓州市）会面。同年，赵国廉颇率军讨伐齐国，长驱深入齐境，攻取阳晋（今河南省周口市郸城县西，原为卫国领地，后属齐国），威震诸侯，廉颇被拜为上卿。公元前281年，秦昭襄王向赵国索要赵国从楚国得到的和氏璧，声称用十五座城交换。赵国派遣蔺相如拿着和氏璧奔赴秦国，见秦国毫无诚意，蔺相如用智慧和勇气将和氏璧完整拿回赵国，史称“完璧归赵”。公元前280年，秦将白起攻打赵国，斩首两万人，攻占了代光狼城（今山西省晋城市高平市城西南约十公里康营村）。[1]公元前 279 年，秦昭襄王想与赵国讲和，以便集中力量攻击楚国，约赵惠文王在西河外的渑池见面，互修友好。赵惠文王带蔺相如前往赴会，蔺相如请秦王为赵王击缶，赢得外交胜利，史称“渑池会盟”。蔺相如因功被封为上卿，位在廉颇之上，引起廉颇的不满。蔺相如以国家大局为重，不计较个人恩怨，时常回避忍让廉颇，才有了后来著名的“负荆请罪”“将相和”。之后，赵国攻齐伐魏，一度强盛，成为东方六国阻挡秦国东进的屏障。公元前 266 年，赵惠文王去世，其太子赵丹继承君位，是为赵孝成王。

秦赵争霸

赵孝成王赵丹（？—前 245）年幼即位，执政当年便联合齐国击退秦军的进犯。公元前 265 年，秦国进攻赵国，攻下赵国三座城池。赵孝成王派长安君到齐国做人质，齐国方出兵，击退秦军。公元前 262 年，秦国进攻韩国。韩桓惠王割让上党郡（今山西省长治市）给秦国求和。上党郡守冯亭不愿归秦，归降赵国。公元前 260 年，赵国中秦国的反间计，赵孝成王任用赵括代替老将廉颇，改守为攻，在长平（今山西省高平市西北）主动全线出击秦军。秦将白起实行反包围，赵括战死，赵军全军覆没，赵国大

[1]《史记 · 白起王翦列传》记载：“昭王十三年，而白起为左庶长，将而击韩之新城。是岁，穰侯相秦，举任鄙以为汉中守。其明年，白起为左更，攻韩、魏于伊阙，斩首二十四万，又虏其将公孙喜，拔五城。起迁为国尉。涉河取韩安邑以东，到乾河。明年，白起为大良造。攻魏，拔之，取城小大六十一。明年，起与客卿错攻垣城，拔之。后五年，白起攻赵，拔光狼城。”《史记正义》注解：“光狼故城在泽州高平县西二十五里也。”《资治通鉴注》（宋 · 胡三省撰）记载：“（周赧王）三十五年（公元前 280）秦白起败赵军，斩首二万，取代光狼城。”故有认为“代”和“光狼城”为并列地名，即代郡和光狼城。宋代的胡三省感叹：“史既不先序其兵行之路，后又无考，光狼城之所，阙疑可也。”顺治版《高平县志》中记载，“强营村属二十四都神山里，昔秦拔赵于光狼城即其地”。乾隆版《高平县志》中开始用“康营”代替“强营”，传说因为当地百姓嫌“强营”字杀气太重，便改为“康营”。康营村村东阁上嵌有清同治元年（1862）刻石的“古光狼城”匾额。故“光狼故城”目前一般被认为在高平城西南约十公里的康营村。

震，史称“长平之战”。长平之战后，赵国从巅峰急转直下，走向衰落。公元前 259 年，秦国令五大夫王陵率军直攻赵都邯郸。赵将廉颇率军顽强抵抗，赵相平原君赵胜亦散家财于士卒，鼓励军民共赴国难，秦军久攻不下。次年，秦昭襄王令王龁（hé）接替王陵为主将，增兵十万继续围攻邯郸，赵孝成王被迫向魏、楚两国求救。公元前 258 年，平原君赵胜奉赵孝成王之命出使楚国，门客毛遂自荐随往，即著名典故“毛遂自荐”。公元前 257 年，楚国出兵十万救赵国。而魏国魏安鳌王却不愿出兵，由于赵国平原君的妻子是魏国信陵君魏无忌的姐姐，信陵君利用魏安鳌王的宠妃如姬盗得虎符，夺其兵权，出兵八万救赵，赵、魏、楚三国联军打败秦军。公元前 251 年，燕王喜派丞相栗腹率军进攻赵国鄗（hào）城（今河北省邢台市柏乡县固城店镇），同时派大将卿秦率军进攻赵国代地（今河北省张家口市蔚县）。赵国派廉颇率八万军队迎击栗腹，派乐乘率五万军队迎击卿秦，燕军大败，燕军主将栗腹被杀，卿秦、乐闲被俘。赵孝成王封廉颇为信平君，担任代理相国，封乐乘为武襄君。公元前 249 年，乐乘与廉颇一同出兵包围燕国燕都。公元前 248 年，秦将蒙骜率兵攻打赵国，夺取了太原（今山西省太原市）、榆次（今山西省晋中市榆次区）、新城（今山西省朔州市朔城区西南）、狼孟（今山西省太原市阳曲县东北）等三十七座城池。公元前 247 年，赵国和燕国交换国土，赵国把龙兑、汾门、临乐给燕国；燕国把葛城、武阳、平舒给赵国。公元前 245 年，赵孝成王去世，其太子赵偃继承君位，是为赵悼襄王。

赵悼襄王赵偃（？—前 236）即位后次年，解除了廉颇的职务，派乐乘代替在外领兵的廉颇。廉颇因受排挤而发怒，攻打乐乘，乐乘逃走，廉颇也离开赵国投奔魏国去了大梁（今河南省开封市）。赵国因为多次被秦军围困，赵悼襄王想再任用老将廉颇，派遣使者去大梁慰问廉颇。廉颇的仇人郭开，暗中贿赂使者，使者归国后谎称："廉将军虽老，尚善饭；然与臣坐，顷之三遗矢矣！"使廉颇再也没得到为国报效的机会。之后，楚人将廉颇暗中迎接到楚国。公元前243年，赵悼襄王派将领李牧率军攻打燕国，夺取燕国武遂（今河北省保定市徐水区西北的遂城镇）和方城（今河北省廊坊市固安县南）。同年，廉颇老将在抑郁不乐中死于楚国寿春（今安徽省淮南市寿县）。公元前241年，赵军统帅庞煖（nuǎn）率领赵、楚、魏、燕四国精锐部队，进攻秦国的蕞（zuì）地（今陕西省西安市临潼区东北），因没能攻克，转而攻打齐国，夺取齐国饶安（今河北省沧州市盐山县新县镇村东北）。同年，赵、韩、魏、卫、楚五国结成南北合纵联盟，共同讨伐秦国，夺取秦国寿陵，但在函谷关被秦军打败。公元前239年，魏国将邺地（今河北省邯郸市临漳县西南）割让给赵国。公元前236年，赵悼襄王派兵攻打燕国，夺取燕国的狸（lí）阳城（今河北省沧州市任丘市北）。战事还未结束，秦国将领王翦、桓齮（yǐ）、杨端和趁机率军进攻赵国，夺取邺地的九座城邑。同年，赵悼襄王去世。赵悼襄王生前曾纳妓女为妃，史称"赵悼倡后"，生子赵迁。赵悼襄王废黜与正妻所生长子太子赵嘉，改立品行不端的赵迁为太子。赵迁继承君位，是为赵王迁（亦称赵幽缪王）。

走向灭亡

赵王迁（？一前222）即位后，赵国屡遭秦国攻打，接连丢失多个重镇。公元前234年，秦国大举向赵国进攻，以所取的赵地建立雁门郡（今山西省河曲县、五寨县、宁武县以北，恒山以西，内蒙古自治区黄旗海、岱海以南）和云中郡（今内蒙古自治区土默特右旋以东，大青山以南，卓资以西，黄河南岸及长城以北）。公元前233年，秦将桓齮率秦军进逼赵都邯郸，攻打赵国的赤丽和宜安（今河北省石家庄市藁城区西南二十里），形势危急。赵王迁从代雁门调回李牧，任命其为大将军，李牧率军在肥地（今河北省石家庄藁城区一带）击败秦军，史称“肥之战”。赵王迁封李牧为武安君。同年，秦军再度进攻赵国，大败赵军，夺取宜安、平阳和武城。公元前232年，秦军第三次大举进攻赵国，南路军推进邺邑平阳（今河北省邯郸市临漳县西），威胁赵国首都邯郸，北路军推进太原，经太行山进攻番吾（今河北省石家庄市平山县东南）要地。大将军李牧率军首先给番吾秦军以沉重的打击，再攻南面之敌，驱逐秦军退出赵境，史称“番吾之战”。公元前231年，赵国的代地发生大地震，灾情严重。公元前229年，秦国大举兴兵攻打赵国，秦将王翦率军攻下井陉（今河北省石家庄市井陉县）。李牧和将军司马尚率军顽强抵抗秦军。秦国使用反间计，派人用重金收买赵王迁的宠臣郭开，在郭开的诋毁下，李牧被杀害，司马尚被撤职。公元前228年，秦将王翦趁机猛攻赵国，大败赵军，攻克邯郸，赵王迁被俘，赵国灭亡。秦王政把赵王迁流放到房陵（今湖北省十堰市房县）的深山中。故太子赵嘉被赵国贵族在代国旧地拥立为王，是为赵代王。赵代王继续率领赵国军民抵抗秦军前后达六年之久。公元前222年，秦军向代地进军，赵代王终因寡不敌众，代地被秦将王贲攻破，赵嘉被虏，全族被迁至咸阳，赵国彻底灭亡。

4. 楚国　鼎盛大国

战国时期，楚国的版图达到鼎盛，从原本方圆数十里的小国变成了沃野千里的大国，领地最大时到达江淮、东海、南海、巴蜀，占据了半壁江山。随着吴国和越国的衰落，南方只有楚国一家独大。秦国、齐国、三晋等大国，千方百计地遏制楚国的发展。当时，中小诸侯在秦国和楚国之间徘徊不定，于是有了“朝秦暮楚”的说法。

到楚简王时，灭亡莒国；楚悼王时任用吴起变法，楚国走向强盛；楚宣王审时度势、楚威王联秦制魏，向西发展，疆土西起大巴山、巫山、武陵山，东至大海，南起南岭，北至今河南省中部、安徽省和江苏省北部、陕西省东南部、山东省西南部，幅员广阔，楚国进入鼎盛时期。楚怀王合纵攻秦失败，又遇张仪“诈楚”，楚国走向衰落。楚怀王灭掉越国后，“垂沙之战”败于秦、齐、韩、魏联军，元气大伤，割地被囚，客死他乡。楚考烈王援赵抗秦，攻灭鲁国后，合纵再遭失败。最后，秦军攻破楚都寿春，楚王负刍被俘，楚国正式灭亡。

灭亡莒国

楚简王熊中（？—前408）公元前432年即位，楚国国威不减，征战四方。公元前431年，楚简王出兵北伐，灭亡莒国（今山东省日照市莒县），以莒为邑。公元前413年，楚简王派兵攻打魏国，攻至上洛（今陕西省商洛市洛南县）。公元前408年，楚简王去世，其子熊当继承君位，是为楚声王。

楚声王熊当（？—前402）即位后，无能错乱，穷兵黩武，国事积弊日深，社会动荡不安。公元前402年，楚声王被“盗”所杀。[1]其子熊定与熊疑（亦称熊类）兄弟争夺君位，熊定败逃魏国，熊疑继承君位，是为楚悼王。

鼎盛时期

楚悼王熊疑（？—前381）即位时，三晋已经强大，楚国陷入一种被逼的窘境。公元前400年，三晋联军在乘丘（今山东省济宁市兖州区东）打败楚军。公元前393年，楚国攻打韩国，

[1]《资治通鉴》在周威烈王二十四年记载：“盗杀楚声王，国人立其子悼王。”

夺取了负黍（shǔ）（今河南省郑州市登封市西南）。公元前391年，三晋联军再次出兵，大败楚军，攻占大梁（今河南省开封市）、榆关（今河南省郑州市新郑市东北），轻取襄陵（今河南省商丘市睢县），并顺势向楚国腹地挺进。于是，楚国向秦国求救，秦惠公出兵攻伐韩国，攻取宜阳（今河南省洛阳市宜阳县西）六座城池。自此，三晋与楚国的矛盾日益尖锐。楚悼王面对困境，苦于没有良策而求贤若渴。公元前385年，卫国改革家、军事家吴起自魏国到楚国，得到楚悼王的信任，获任宛城太守，一年后升任令尹。吴起大刀阔斧地进行改革，削减大贵族的特权，整顿吏治，开发边远地区，改革军制，建设楚国国都郢（今湖北省荆州市江陵县西北），史称“吴起变法”。吴起变法取得了巨大成果，使国贫兵弱的楚国很快强盛起来了。吴起领兵南征百越部落，西伐秦国军队，但魏国的威胁，成为楚悼王的心腹大患。公元前381年，赵国出兵攻击侵略到本土的卫军，魏武侯出兵救援攻打赵国，楚悼王派吴起率兵攻打魏国后方救赵，收复了北方原陈国、蔡国被三晋占去的土地，并占领了卫国的部分土地。在前线传来胜利捷报的同时，楚悼王却不幸病逝。吴起赶回都城时，因吴起变法得罪的楚国贵族趁机发动兵变，攻打吴起，吴起临危卧伏王尸。贵族们用箭射伤吴起，王尸亦中数箭。楚悼王之子熊臧继承君位，是为楚肃王。楚肃王按楚国的律法，凡用兵器触到国王尸体的，一律处死，并罪及三族，除旭城君一人逃走外，其余七十多家贵族被一网打尽。

楚肃王熊臧（？—前370）即位时，借平叛除掉了诸多旧贵族，减少了很多阻力，进一步扩大和巩固了王权，国内矛盾相对得到缓和，发展生产也有了一个更安定的环境，但外来的压力依然很大。公元前377年，蜀国攻伐楚国，攻取兹方（今湖北省荆州市松滋市），楚国被迫筑扞关（今湖北省宜昌市西），进行防御。公元前

375年，魏国攻伐楚国榆关（今河南省郑州市中牟县西南），韩国乘机而攻灭郑国，并迁都至新郑（今河南省郑州市新郑市）。公元前371年，魏国出兵攻占楚国鲁阳（今河南省平顶山市鲁山县）。公元前370年，楚肃王去世，楚肃王无子，其弟熊良夫继承君位，是为楚宣王。

霸业再起

楚宣王熊良夫（？—前340）在位期间，各国内部改革持续进行，诸侯之间的兼并战争更加激烈，形势错综复杂。楚宣王采取了休兵息民的政策，对外妥协退让，不主动出击，发展生产，保持实力。但他洞察形势，抓住有利时机，关键时候加入兼并战争的行列，攻城略地，开拓疆域，使楚国在战国时期出现了最强盛的局面，为楚威王和楚怀王在后来发起的争霸战争打下了坚实的基础。楚宣王为扩展地域，乘秦、魏激战之机，沿汉水西上，占领褒汉（今陕西省汉中市）之地，将楚国势力扩张至巴蜀地区。公元前357年，楚宣王派右尹黑来迎娶秦国女子，与秦国联姻。公元前354年，魏军攻围赵都邯郸，赵国向齐、楚求援。赵国派田忌、孙膑围魏救赵，取得桂陵之战的胜利；楚国派景舍统率楚军援赵，既夺取了魏国的土地，又与赵、齐结好。随后楚军遣师西侵巴地（巴国东南，今重庆市以东）。公元前340年，楚宣王去世，其子熊商继承君位，是为楚威王。

楚威王熊商（？—前329）即位后，继承其父楚宣王伐魏救赵与开拓巴蜀的格局，一生以恢复楚庄王时代的霸业为志向，成为继楚悼王后使楚国国势发展最强的君王。公元前338年，秦国国君秦孝公去世，其子秦惠文王即位。楚国与韩国、赵国奉行“联秦制魏”的方针。次年，楚威王与韩昭侯、赵肃侯都派使者前往秦国，向秦惠文王致贺。公元前334年，齐威王与魏惠王在徐州会盟，互相承认其王位，并相约合力讨伐楚国，引起楚威王的极大愤怒。公元前333年，楚威王亲率大军征伐齐国，在徐州大败齐军。楚威王在位期间，继续奉行向南、向西发展的战略，向南连续出兵巴国（今四川省盆地东部、湖北省恩施市），攻占今重市庆巫溪县、巫山县、奉节县一带，置为巫郡。向西攻下江州（今重庆市渝中区）东面的阳关（今重庆市涪陵区城北长江与乌江交汇处的白鹤梁，古称巴子梁）[1]，攻陷巴国国都江州（今重庆市渝中区）及其陪都垫江（今重庆合川区），并进入云南省和四川省西南地区。当时，楚国的势力达到战国时期的顶峰，其版图之大，西起大巴山、巫山、武陵山，东至大海，南起五岭，北至汝、颖、沂、泗，囊括长江中下游及支流众多的淮河流域。公元前329年，楚威王去世，其子熊槐继承君位，是为楚怀王。

走向衰落

楚怀王熊槐（？—公元前296）即位时，楚国国势达到顶峰，与先后崛起的齐国、秦国并列为三大强国，楚国成了当时疆土最大、人口最多、军队最强盛的诸侯国。楚怀王开始重用屈原等大臣，针对主要弊政进行一系列的革新，却引来楚国大部分贵族的反对。公元前323年，楚国打着送魏公子高返回魏国的旗号，派大司马昭阳带兵攻入魏国，在襄陵（今河南省商丘市睢县）大破魏国军队，夺取魏国八座城池。公元前319年，楚怀王任用魏国人公孙衍代表自己为总联络人，组织合纵攻秦。公孙衍从楚入魏，与魏惠王商议攻秦大计。魏惠王罢免魏相张仪，并驱逐其回秦国，任命公孙衍为魏相。公元前318年，公孙衍发动魏、楚、燕、赵、韩五国第一次合纵攻秦，以楚怀王为纵长，但被秦军击溃。公元

[1] 北魏郦道元《水经注·江水一》记载："江水东迳阳关巴子梁，江之两岸，犹有梁处，巴之三关，斯为一也。"

前313年，楚、齐联军攻取秦国的曲沃，阻断了秦国东出的通道。这时，秦、齐两国已经强盛起来，楚国对双方的倾向是一个重要的砝码，两国开始争取楚国的支持。自齐国大破燕国之后，楚国与齐国结盟和好，秦国想要打击削弱齐国，就必须拆散齐楚联盟。公元前312年，秦国张仪欺骗楚怀王，答应只要楚国与齐国断绝，秦国就归还楚国商於（今河南省淅川县西南）六百里地。楚怀王贪图便宜，信以为真，与齐国断交后只得六里地。楚怀王恼羞成怒，发兵攻打秦国，被秦将魏章大破于丹阳（今湖北省宜昌市秭归县）。楚怀王再次举全国之力进攻秦国，又惨败于蓝田（今陕西省西安市蓝田县），这就是历史上著名的张仪“诈楚”事件。公元前311年，秦国攻取楚国召陵（今河南省漯河市郾城区东），韩、魏两国趁机进攻楚国的中原领土，楚国大国地位瓦解，从此走向没落。公元前306年，越王无强和楚怀王共议讨伐齐国，但是楚怀王未出兵，引起了无强的不满。于是，越王无强进攻楚国。楚怀王早有准备，集中兵力击败越军，无强被杀，越国基本被灭。楚国吞并越国土地，在长江边的石头山（今江苏省南京市清凉山）上建立金陵邑（今江苏省南京市），成为当时最大的“巨无霸”。公元前301年，秦国、齐国、韩国、魏国联军共同攻打楚国，在沘水旁的垂沙（今河南省南阳市唐河县）大破楚军，史称“垂沙之战”，楚国元气大伤。公元前300年，秦国的华阳君芈戎攻打楚国，斩首三万人，斩杀楚国大将景缺，攻占了楚国襄城（今河南省许昌市襄城县）。公元前299年，秦国攻占了楚国八座城池，秦昭襄王约楚怀王到武关（今陕西省商洛市丹凤县东武关河北岸）会面结盟。楚怀王没有听昭睢（suī）、屈原的劝告，执意前往武关，被秦国劫持到咸阳后扣留。秦昭襄王逼迫他割地保命，要求割让巫郡（今重庆市巫山县）、黔中郡（今湖南省吉首市）两地，楚怀王愤然拒绝。秦昭襄王无奈之下将楚怀王长期囚禁。

公元前 298 年，齐湣王释放在齐国做人质的楚国太子熊横回到楚国，楚人拥立太子熊横继承君位，是为楚顷襄王。

楚顷襄王熊横（？—前 263）即位当年，秦昭襄王因楚国新立君王以对付秦国而大怒，从武关发兵攻打楚国，大败楚军，斩杀楚军五万余人，夺取楚国析邑等十六座城池。公元前 297 年，楚怀王想先逃到赵国绕道回楚国，赵国国君赵武灵王已退居代地，其子赵惠文王刚继位不久，因害怕秦国而不敢接纳楚怀王。楚怀王再次逃奔魏国，途中被秦兵抓回。公元前 296 年，楚怀王在懊悔和郁闷中患病客死咸阳，秦国把他的灵柩送回楚国。自此，秦、楚两国彻底断交，楚国已更加衰落。公元前 292 年，楚顷襄王为了谋求再次与秦国讲和，迎娶秦国女子，秦、楚联姻和解。公元前 286 年，齐湣王联合楚、魏攻打宋国，宋康王被杀，齐、楚、魏瓜分了宋国的土地，宋国被灭。公元前 285 年，秦国、楚国在宛城（今河南省南阳市）会面。公元前 284 年，楚顷襄王与秦、赵、魏、韩、燕等国共同攻打齐国，夺取淮北。公元前 283 年，楚顷襄王与秦昭襄王分别在鄢（今湖北省襄阳市宜城市）、穰邑（今河南省南阳市邓州市）两次友好相会。公元前 281 年，楚顷襄王派遣使者到各国，重新策划合纵，想以此攻打秦国。公元前 280 年，秦国先发制人，派大将司马错领兵攻打楚国，楚军兵败，秦军攻占了黔中（今湖南省吉首市），楚国割汉水以北及上庸（今湖北省十堰市竹山县）给秦国求和。公元前 279 年，秦将白起再次领兵攻打楚国，攻占了鄢城（今湖北省襄阳市宜城市）、邓县（今湖北省襄阳市）、西陵（今湖北省宜昌市）。公元前 278 年，秦将白起再度率军攻打楚国，夺取楚国的都城郢都（今湖北省荆州市江陵县），焚毁楚国先王墓地夷陵（今湖北省宜昌市）。楚顷襄王的军队溃败，退往东北固守陈丘（故陈国，今河南省周口市淮阳区），并将都城迁到陈丘。三间大夫屈原看到国破家亡，极度痛苦，完全绝望，自沉于汨罗江，以身殉楚。公元前277年，秦国把侵占的楚地安置在黔中郡。公元前276年，楚顷襄王集中东部地区的士兵十万余人，向西收复秦国攻占的楚国长江沿岸十五邑设置郡县，以拒秦国。公元前272年，楚顷襄王派遣三万军队驰援赵、魏、韩三国攻打燕国，并派大臣黄歇陪同太子熊完到秦国做质子，与秦国讲和。太子熊完为质子期间，娶秦襄王之女生子熊启。公元前263年，楚顷襄王患病，楚国大臣黄歇安排熊完换了衣服扮成楚国使臣的车夫，以偷梁换柱之计，使太子熊完逃回楚国。同年，楚顷襄王去世，其太子熊完继承君位，是为楚考烈王。

援赵抗秦

楚考烈王即位后，为报答黄歇，公元前262年，任命黄歇为楚国令尹，封为春申君，赐给淮河以北十二县封地。同年，楚考烈王将楚都由陈国故都陈郢（今河南省周口市淮阳区）迁至寿春（今安徽省淮南市寿县），并与赵国结盟。楚考烈王之子熊启，被秦国封为昌平君，仕于秦国，后被秦王嬴政派往郢陈（即陈丘，今河南省周口市淮阳区）以安抚楚民。楚考烈王国内无子，春申君对此非常担忧。赵人李园入楚后，将妹妹李嫣嫣先嫁给春申君，然后移花接木，待李嫣嫣有身孕后送给楚考烈王，封为王后，生子熊悍，立为太子。春申君、李园也因此备受重用，地位显贵。秦、赵长平之战后，赵国日衰。公元前259年，秦将白起乘胜围攻赵都邯郸，想攻灭赵国。公元前258年，赵国平原君赵胜携毛遂出使楚国求救。公元前257年，楚国由黄歇调兵遣将，大将景阳为统帅领兵十万救赵，赵、魏、楚三国联军打败秦军。秦军虽败，但实力未减，之后秦出兵重创三晋，楚国援赵抗秦，使自己的形势变得十分不利。公元前255年，楚考烈王出兵攻灭鲁国，楚王迁鲁顷公于莒城（鲁国仅余此一城，今山东省日照市莒县）。公元前 241 年，春申君组织东方诸侯国最后一次合纵，楚考烈王担任六国盟约首脑，春申君当权主事，他任命庞暖为联军主帅，联军进攻秦国到函谷关（今河南省三门峡市灵宝市），秦国倾全国之兵出关迎战，打败六国联军。楚考烈王把战败的罪责归于春申君，从此开始冷落黄歇。公元前 238 年，楚考烈王病逝，其太子熊悍（实为黄歇之子）继承君位，是为楚幽王。

楚幽王熊悍（？—前 228）即位后，李园担心移花接木之事败露而发动政变，杀死春申君黄歇，并将其满门抄斩。楚幽王安排李园取代春申君黄歇，任命其为楚国令尹，李园自此把持楚国朝政近十年，楚国的国力更加一蹶不振。公元前 228 年，楚幽王去世，因楚幽王无子，其弟熊犹继承君位，是为楚哀王。

楚哀王熊犹（前 266—前 228）即位仅仅两个月，其庶兄负刍（一作楚考烈王之弟）揭发宫闱秘事，以熊犹可能是黄歇之子而非楚考烈王亲子为借口，将其诛杀，将李园一族满门抄斩，负刍继承君位，是为楚王负刍（chú）。

最终覆灭

楚王负刍（前 265—？）即位不到两年，公元前 226 年，秦军讨伐楚国，大破楚军，占领十余城。紧接着，秦国派大将李信率二十万大军进攻楚国的平舆（今河南省驻马店市平舆县北）、寝（今安徽省阜阳市临泉县）和陈丘（今河南省周口市淮阳区）等地。楚军趁秦军不备，进行反击，大败秦军，杀秦军七个都尉，收回失地。公元前 225 年，仕于秦国的昌平君熊启于郢陈（即陈丘，今河南省周口市淮阳区）反秦，收复了以楚国前都城郢陈为中心的失地，后作战不利，向淮南败退。公元前 224 年，楚军袭击原楚都郢所在地的秦之南郡（今湖北省武汉市以西至重庆市巫山县以东；郡治设在今湖北省江陵县东北郢城，后迁江陵）。同年，秦国老将王翦领兵六十万攻伐楚国，楚军大败。公元前223年，秦军攻入楚都寿春（今安徽省淮南市寿县），楚王负刍被俘。楚将项燕拥立在淮南的昌平君熊启为末代楚王，定都兰陵（今山东省临沂市兰陵县）。昌平君据吴越之地，以长江为屏障，组织最后的力量抗秦，很快被秦将蒙武领兵击败，昌平君被流箭射死，项燕自杀，楚国灭亡。

5. 燕国　跻身七雄

默默无闻的燕国，一直处于弱势。到了战国时代，燕国兵力有所增长，但其国土面积不如楚，步卒数量不及魏，车、骑数量少于赵，军粮储备难抵齐，作战兵器输于韩。到了战国末期，燕国才真正强大，成为战国七雄之一。至燕易王时与秦国联姻，合纵称王。燕王子之时，爆发“子之之乱”，齐国出兵打败燕军并统治燕国三年。燕昭王联合秦、韩、赵、魏打败齐军，迫使东胡后退千里，造就盛世，跻身七雄之列。燕惠王时，兵败赵国。燕武成王时，燕齐相争，被齐国打败。到最后一位国君燕王喜时，兵败赵国。“荆轲刺秦”失败后，秦国出兵燕国，燕国灭亡。

合纵称王

公元前465年，燕献公去世，燕前简公之子燕孝公继承君位。

燕孝公（？—前455）在位十年，公元前455年，燕孝公去世，其子姬戴继承君位，是为燕成公。公元前434年，燕成公去世，其子姬杨继承君位，是为燕闵公。公元前415年，燕闵公去世，其子燕后简公继承君位。公元前370年，燕后简公去世，其子燕后桓公继承君位。公元前362年，燕后桓公去世，其子姬乞陶继承君位，是为燕后文公。

燕后文公姬乞陶（？—前 333）在位期间，公元前 356 年，燕国与赵国在阿地举行会盟。当时有个东周洛阳人名叫苏秦，早年投入鬼谷子门下，学习纵横之术，学成游历多年，潦倒而归。公元前 335 年，苏秦来到燕国，一直没有受到燕后文公的接见。公元前 334 年，苏秦终于得到与燕后文公见面的机会，他据理分析了天下大势，提出“合纵”六国以抗秦的战略思想，得到燕后文公的赏识。燕国资助他前往赵国游说，赵肃侯采纳了他的合纵之策。苏秦接着相继说服了韩宣惠王、魏襄王、齐宣王和楚威王。于是，燕、赵、韩、魏、齐、楚六国联合起来，苏秦佩带六国相印，担任纵约长，共同对抗秦国。苏秦合纵六国后，返回赵国，被赵肃侯封为武安君。秦国派使者欺骗齐、魏，使得齐、魏讨伐赵国，合纵联盟土崩瓦解。公元前 333 年，秦惠王将公主嫁给燕国太子姬文远。同年，燕后文公去世，其子姬文远继承君位，是为燕易王。

燕易王姬文远（？—前 321）刚刚即位，公元前 332 年齐国齐宣王趁燕国治理丧事之机出兵攻打燕国，夺取燕国十座城邑。合纵失败后的苏秦已经返回燕国，得到姬文远的厚待，并官复原职。苏秦出使齐国，游说齐宣王道：“燕国和秦国是联姻之国，齐国占领燕国的城池等于是与强秦结下了仇怨”，齐宣王只好归还燕国的十座城邑。公元前 324 年，苏秦与姬文远的母亲私通，姬文远知情后，依然善待苏秦。苏秦担心被杀，向姬文远建议到齐国任职能更好地为燕国效力，遂逃往齐国，被齐宣王任用为客卿。苏秦鼓动齐宣王增高宫殿、扩大林园，显示齐宣王的地位，想借此来削弱齐国的财力，替燕国效力。公元前 323 年，燕国国君姬文远开始称王，即燕易王。公元前 321 年，燕易王去世，其子姬哙继承君位，是为燕王哙。

燕王哙（？—前 314）好贤行仁，具有理想主义。他即位后，不甘寂寞，重用国相子之进行改革。公元前 318 年，燕王哙联合楚、韩、魏、赵四国攻打秦国，但未能取胜，于是各自退兵。燕王哙勤以治国，俭以养德，一心效仿古代圣贤。他不贪钱、不贪权、不贪食、不贪色，只追求声名。苏秦在齐国死后，齐宣王重用他的弟弟苏代，并派苏代出使燕国。当时，燕国国相子之位高权重，专断政事，办事果断。苏代替好友子之进谏言善，燕国大臣鹿毛寿进一步唆使，燕王哙竟做出荒唐之举，公元前 316 年，将君位禅位于国相子之。

子之之乱

燕王子之（？—前 314）行使国王职权三年，公元前 314 年，燕王哙的太子姬平联合将军市被发动叛乱，兴兵包围王宫，攻打子之。结果叛乱失败，太子姬平与市被死于乱军之中，举国混乱，人心惶惶，史称“子之之乱”。齐宣王在孟子的建议下，出兵讨伐燕国，燕军大败，燕王哙和子之被杀，中山国也趁机出兵攻占了燕国的部分领土，齐国统治燕国接近三年。由于燕国军民奋力抵抗，加上赵、韩、秦、楚等国的压力，齐国不得不退兵。当时，赵国想吞并中山国，不愿燕国就此破灭，赵武灵王于公元前 312 年派将军乐池领兵护送在韩为人质的公子姬职（姬平之弟）回到燕国，拥立姬职继承君位，是为燕昭王。

伐齐破胡

燕昭王姬职（前 335—前 279）即位后，励精图治，招贤纳士，决心振兴伤痕累累的燕国以报仇雪耻。燕昭王不拘一格广纳人才，一时如武将剧辛从赵国来，谋士邹衍从齐国来，屈庸从卫国来，乐毅从魏国来等，真是人才济济。乐毅是名将乐羊之后，才学出众，深通兵法，燕昭王任用乐毅为亚卿，委以国政和兵权，改革内政，发展生产，积蓄力量。公元前 284 年，燕昭王拜乐毅为上将军，率倾国之兵联合秦、韩、赵、魏五国伐齐，大获全胜，五年内接连攻下齐国七十余城，齐湣王外出逃亡，燕王终于报了当年齐国入侵燕国之仇。此役后，齐国疆土只剩莒（今山东省日照市莒县）、即墨（今山东省青岛市即墨区）二都。之后，燕昭王派燕将秦开领兵攻伐东胡，迫使东胡从燕国东北部后退千余里，燕国领土向东北扩展到辽东一带。燕国再次向南进军，攻占了中山国的许多地方。燕国随即开始修筑北长城，西起造阳（今河北省张家口市宣化区东北），东达汉城（今韩国首尔）。燕国的疆域到了历史上的最大范围。燕昭王伐齐破胡，造就燕国盛世，终使燕国跻身于战国七雄之列，步入黄金时代。公元前 279 年，燕昭王去世，其子姬秋寿继承君位，是为燕惠王。

兵败赵国

燕惠王姬秋寿（？—前 272）为太子时，与将军乐毅有过节，燕惠王即位当年，齐国使用反间计离间燕惠王和乐毅，燕惠王随派骑劫代替乐毅担任将领，乐毅逃亡赵国。骑劫平庸无能，缺乏军事才能，他代替乐毅为将，使得燕军人心动摇。齐国即墨守将田单向燕军诈降，采用火牛阵，于夜间在千余头牛角上缚上兵刃，尾上缚苇灌油，以火点燃，猛冲燕军，并以五千勇士随后冲杀，大败燕军，燕将骑劫被杀，田单乘胜收复失陷的七十余城，趁势复国。田单从莒城迎接齐襄王，返回齐国都城临淄。战后，燕惠王派人致歉乐毅，得到乐毅谅解。燕惠王封乐毅之子乐间为昌国君，乐毅和燕国通好往来于燕国、赵国之间，燕国、赵国均任命他担任客卿。公元前 272 年，由于燕国统治集团内部斗争，燕惠王被燕国国相、成安君公孙操所杀，其子姬荤继承君位，是为燕武成王。

燕齐相争

燕武成王姬荦（？—前258）在位期间，公元前265年，齐国将领田单率军攻打燕国，夺取燕国的中阳（今河北省保定市唐县）。公元前259年，燕国趁赵国在长平之战大败次年，诱使赵国北部的武垣令傅豹、王容、苏射率众投奔燕国。公元前258年，燕武成王去世，其子姬冥继承君位，是为燕孝王。公元前255年，燕孝王去世，其子姬喜继承君位，是为燕王喜。

为秦所灭

燕王喜（？—前222）是燕国最后一位国君。他在位时，听取丞相栗腹的建议，于公元前251年派栗腹率军进攻赵国鄗（hào）城（今河北省邢台市柏乡县固城店镇），同时派大将卿秦率军进攻赵国代地（今河北省张家口市蔚县）。赵国派廉颇率八万军队迎击栗腹，派乐乘率五万军队迎击卿秦，燕军大败，主将栗腹被杀，卿秦、乐闲被俘。公元前249年，赵国派乐乘与廉颇一同出兵包围燕都易水（今河北省保定市易县故城南）。公元前247年，赵国和燕国交换国土，赵国把龙兑、汾门、临乐给燕国；燕国把葛城、武阳、平舒给赵国。公元前243年，赵悼襄王派将领李牧率军攻打燕国，夺取燕国武遂（今河北省保定市徐水区西北的遂城镇）和方城（今河北省廊坊市固安县南）。公元前236年，赵国再次率军攻伐燕国，攻取狸阳城（今河北省沧州市任丘市北）。燕国屡屡战败，秦国则以救援燕国为名，不断出兵攻占赵国。公元前232年，在秦国做人质的燕太子丹逃回燕国。公元前230年，秦国灭了韩国。公元前228年，秦国攻灭赵国，一直向北进军，逼近燕国。公元前227年，燕国太子丹派荆轲携带燕国督亢（今河北省保定市涿州市、易县，廊坊市固安县一带）地图和秦叛将樊於期首级，与秦舞阳（燕国贤将秦开之孙）前往秦国诈降，企图刺杀秦王嬴政。荆轲刺秦失败，荆轲被杀，秦国以此为借口派王翦与辛胜率军大举进攻燕国。燕、代联军于易水（今河北省保定市易县故城南）之西组织抵抗，秦军大败燕、代联军。公元前226年，秦将王翦率军攻破燕上都蓟城（今北京市西南），燕王喜及太子丹率公室卫军逃往辽东，以襄平（今辽宁省辽阳市）为都。秦将李信带兵乘胜追击至衍水（今辽宁省辽阳市东北浑河支流太子河），再败太子丹，消灭了燕国卫军主力。愚昧的燕王喜听信代王嘉的建议，派人斩杀太子丹，将其首级献给秦国以求和，秦国没有答应。鉴于燕、赵残余势力已成囊中之物，为集中兵力对付魏、楚，秦国暂停对辽东的进攻。公元前222年，秦王嬴政派王翦之子王贲将军率军进攻燕国辽东，俘虏燕王喜，燕国灭亡。秦在燕地设渔阳郡、右北平郡、辽西郡及辽东郡等。

6. 齐国　田氏代齐

战国初期，被称作春秋五霸之首的齐国，经过“桂陵之战”“马陵之战”，把前霸主魏国打得由盛转衰，直到战国中期，齐国国力仍然超出秦国。齐平公时，太宰田常大权独揽，大盗窃国。齐康公时，田常曾孙田和为相，姜姓齐国为田氏取代，所谓“田氏代齐”。到田齐桓公时，面对诸侯并伐的局面，他创办高等学府“稷下学宫”，招揽天下贤士，开始对诸侯发动反击，扭转败局，使齐国转危为安。齐威王任用田忌、孙膑，围魏救赵、围魏救韩，取得“桂陵之战”“马陵之战”的胜利。齐威王与魏惠王经过“徐州相王”，开始战国称王。齐宣王出兵燕国，统治燕国近三年。齐湣王即位后，开启秦、齐争霸的时代，“垂沙之战”与多国联军战胜楚国；联合韩、魏攻伐秦国，迫使秦王割地求和；联合楚、魏攻打宋国，杀死宋康王，灭亡宋国，齐国国势达到巅峰。齐国的强盛，引起各诸侯国的不安，秦国率先攻打齐国，攻占了其九座城。紧接着，燕国联合秦、韩、赵、魏五国联合伐齐，五年内攻下七十余城，齐都临淄沦陷，齐湣王被杀，齐国几乎亡国。齐襄王虽然胜燕复国，但国势衰落，再也无力与秦抗衡。秦国在灭亡韩、赵、魏、楚、燕五国之后，全力攻伐齐国，齐废王不战而降，齐国灭亡。原齐国王族田儋与其堂弟田荣、田都、田横移居狄县，举兵起义，再称齐王。最后到田横时仅剩五百余人，逃亡海岛。在汉王刘邦的追击和招安下，田横与五百将士，守义不辱，集体殉难。

田氏代齐

齐平公吕骜（？—前456）在位期间，太宰田常（田乞之子，亦称田成子、田恒）独揽齐国大权，他分割齐国从安平（今山东省淄博市临淄区东十里石槽村）以东到琅邪（今山东省青岛市琅琊台景区西北）的土地，作为自己的封地，其封邑已远远大于齐平公的直辖地区，占有齐国的半壁江山。田氏家族专权于齐平公、齐宣公、齐康公三代。田常在国君的后宫中纵情声色，生子多达七十多个，全部分封到了齐国的重要城邑，田氏子嗣遍布朝野。齐平公面对强大的田氏无能为力，任由田常独揽齐国政权，自己只是个傀儡国君，庄子称其为“大盗窃国”，田成子取齐，也就是后世常引用成语“窃钩者诛，窃国者侯”的由来。田常在齐国朝堂作威作福二十多年，他死后，其子田襄子田盘继任父位，担任齐国国相。公元前456年，齐平公在无限郁闷中去世，其子吕积继承君位，是为齐宣公。

齐宣公吕积（？—前405）即位后，任用田襄子之子田庄子田白为相。齐宣公的傀儡命运依然无法改变，他灰心丧气，绝望至极，甚至不想参与任何齐国朝政之事。公元前453年，晋国韩、赵、魏灭掉智氏。公元前 413 年，齐国出兵讨伐晋国，毁黄邑（今山东省聊城市冠县南梁堂乡黄城），围阳狐（今河北省邯郸市大名县东北）。公元前 412 年，齐国出兵讨伐鲁国，被鲁国吴起领兵打败。公元前 411 年，齐国攻取鲁国一座城池。公元前 408 年，齐国攻取鲁国的郕邑（今山东省泰安市宁阳县）。公元前 405 年，齐宣公去世，其子吕贷继承君位，是为齐康公。

齐康公吕贷（？—前 379）即位时，田和继承父亲田白的相位，独揽朝政。公元前 403 年，三晋讨伐齐国至长城脚下，俘虏齐康公。他们朝见周天子，周威烈王册封韩、赵、魏三家为诸侯。公元前 391 年，齐康公的命运变得更为悲惨，他被田氏迁于海岛（今山东省青岛市即墨区田横岛），食一城，以奉姜姓之祀。不久唯一的食邑也被田氏收回，齐康公生活困难到在地上挖洞为灶的地步，极其艰难。田和自立为君，主政齐国。公元前 390 年，田和与魏、楚、卫于浊泽（古长社县，今河南省许昌市长葛市东北）会盟，魏文侯向周安王及诸侯建议封田和为诸侯。公元前 387 年，自鲁国投奔魏国的大将吴起率军讨伐齐国至灵丘（今山东省枣庄市滕州市东）。公元前 386 年，田和被周安王列为诸侯，是为齐太公，姜姓齐国为田氏取代，开启田姓齐国一百六十五年的基业，史称“田氏代齐”。公元前 384 年，齐太公去世，其长子田剡（shàn）继承君位，是为齐废公。公元前 379 年，齐康公去世，绝子无后，吕尚至此绝祀。公元前 375 年，齐废公及其孺子田喜被其弟田午所弑杀，田午自立为君，是为田齐桓公。

转危为安

田齐桓公田午（？—前 357）在位前期，公元前 373 年，鲁国攻入齐国阳关（今山东省泰安市东南），魏国攻击齐国博陵（今山东省聊城市茌平区西博平镇西北三十里），燕国也在林壶击败齐军。公元前 372 年，卫军攻占齐国薛陵（今山东省聊城市阳谷县东北）。公元前 370 年，赵军攻占齐国甄（zhēn）城（今山东省菏泽市鄄城县北十二公里旧城镇）。面对诸侯并伐、多次战败的局面，田齐桓公在国都临淄（今山东省淄博市临淄区）稷门附近创建了世界上最早的官办高等学府“稷下学宫”，招揽天下贤士，并开始对诸侯发动反击，扭转了齐国屡战屡败的局面。在田齐桓公的努力下，齐国转危为安，为此后齐威王的强邦打下良好基础。公元前 357 年，扁鹊来到齐国见到田齐桓公，在其疾病由轻到重的演变过程中连劝了三次，田齐桓公讳疾忌医而不听劝，后扁鹊见齐君已病入膏肓，无法医疗，连夜逃出齐国。当年，田齐桓公病逝，其子田因齐继承君位，是为齐威王。

战国称王

齐威王田因齐（？—前 320）即位后，善于选贤任能，礼贤重士，发展生产，操练兵马，励志图强。他任用邹忌为相、田忌为将、孙膑为军师，大胆进行政治改革，修明法制，赏罚分明，国力日强。他继续办好稷下学宫，广招天下贤士议政讲学，使之成为当时的学术文化中心。公元前 356 年，三晋趁齐国国丧之机，出兵攻打齐国的灵丘（今山东省枣庄市滕州市东）。齐威王在平陆与赵国、宋国会晤。公元前 354 年，赵国进攻魏国的盟国卫国，夺取了漆、富丘两地（均在今河南省新乡市长垣县）。于是，魏国派兵包围赵国都城邯郸（今河北省邯郸市）。公元前 353 年，赵国向齐、魏求援。齐威王令田忌大将领兵救援赵国，采用军师孙膑声东击西、围魏救赵的计谋，围攻魏都大梁（今河南省开封市），打败魏将庞涓，取得“桂陵（今河南省新乡市长垣市西南）之战”的胜利。公元前 351 年，齐威王被眼前的胜利冲昏头脑，开始贪图玩乐，不理政事。同年，鲁国攻打齐国，进入阳关（今山东省泰安市东南），三晋攻打齐国直到博陵（今山东省聊城市茌平区西博平镇西北三十里）。公元前 350 年，卫国攻打齐国，占领齐国的薛陵（今山东省聊城市阳谷县东北）。公元前 348 年，赵国攻打齐国，占领齐国的甄城（今山东省菏泽市鄄城县北十二公里旧城镇）。公元前 348 年，面对新的危机，齐威王在姬妾虞姬的规劝下，幡然醒悟，再次励精图治。齐威王首先烹杀佞臣阿大夫等，处死举荐人才不当的大夫牟辛，重用即墨为大夫。并率领各诸侯国去朝见周天子，亲自拜访秦国。公元前 341 年，魏国发兵攻打韩国汝南的梁、赫，韩国向齐国求救。齐威王抓住魏、韩皆疲的时机，任命田忌为主将、田婴为副将、孙膑为军师率兵攻打魏国，直趋大梁，诱使魏军回救，以解韩国之困。魏太子申为上将军、庞涓为将军带兵抵挡反击。孙膑采用退兵减灶、诱敌深入、设伏歼敌的策略，设计将魏军诱入马陵（今山东省临沂市兰陵县马陵山）埋伏圈，全歼魏军，魏国大将庞涓自杀，魏太子申被俘，这便是历史上著名的“马陵之战”。经过桂陵之战、马陵之战的胜利，齐国力量迅速发展，称霸东方，开始称雄于诸侯，却也招来南方霸主楚国的记恨。公元前 334 年，齐威王与赵肃侯在平陆会晤。同年，齐威王同魏惠王在徐（今山东省枣庄市滕县东南）会盟，魏惠王率领韩国等一些小国朝见齐威王，尊齐威王为王，齐威王不敢独自称王，也承认魏的王号，史称“徐州相王”。公元前 323 年，秦军入侵齐国，齐国派主将匡章领兵，双方在桑丘（今河北省保定市徐水区漕河镇西）交战，击败秦军。公元前 322 年，齐国国相邹忌与将军田忌争权失和，田忌被邹忌陷害，逃亡楚国。公元前 320 年，齐威王去世，其子田辟强（qiáng）继承君位，是为齐宣王。

统治燕国

齐宣王田辟强（？—前 301）即位后，发扬光大稷下学宫，集中儒家、墨家、道家、法家、兵家、刑家、阴阳家、农家、杂家各学派的学者，著书立说，开展学术研究，形成前所未有的百家争鸣局面，创造了中国灿烂的“先秦文化”。公元前 318 年，宋国出兵夺取齐国五座城池。公元前 316 年，燕王哙将君位禅位于国相子之，导致公元前 314 年燕国发生“子之之乱”，齐宣王采纳孟子的建议，趁机命匡章率“五都之兵”“北地之众”，五十天攻占燕国都城蓟（今北京市西南），燕国几乎灭亡，齐国统治燕国近三年。之后在赵、韩、秦、楚的压力下，齐国退兵。此战为齐国的衰落埋下伏笔，三十年后燕昭王为报此仇血战齐国。相传齐国无盐邑（今山东省泰安市东平县东平镇无盐村南）有女子钟无艳（亦称钟离春），德才兼备，却容颜丑陋，年四十未嫁。她自请见齐宣王，陈述齐国危难四点，为齐宣王所采纳。公元前 312 年，齐宣王杀王后，娶钟无艳为后。齐宣王在钟无艳的进谏下，拆渐台、罢女乐、退谄谀（chǎn yú）、进直言、选兵马、实府库，齐国一时稳定发展。齐宣王还有一个叫夏迎春的爱姬，美若天仙，深得宠爱。齐宣王有事就找钟无艳出谋划策，无事便找夏迎春寻欢作乐，于是有“有事钟无艳，无事夏迎春”之说。公元前 301 年，齐宣王去世，其子田地即位，是为齐湣王。

齐秦争霸

齐湣王田地（？—前 284）即位后，开启齐秦争霸的时代。齐湣王任用从秦国逃回的田文（齐宣王之侄，亦称孟尝君）为相国。相国田文专权，对内培植势力，营私舞弊，对外则频繁组织合纵战争。公元前 301 年，秦、齐、韩、魏联军共同攻打楚国，在沘水旁的垂沙（今河南省南阳市唐河县）大破楚军，史称“垂沙之战”，楚国自此衰落。公元前 298 年，齐将匡章领兵联合韩、魏攻伐秦国，战争持续三年，于公元前 296 年攻入秦国赖以为生的天险函谷关，迫使秦王割地求和，齐国国势达到巅峰。公元前 294 年，齐国发生了影响极其恶劣的政治事件，贵族田甲劫持了齐湣王，而田甲与孟尝君田文素来交好，事败后，齐湣王怀疑孟尝君，一怒之下罢免了孟尝君，并且将其党羽一并铲除，史称“田甲劫王”。孟尝君逃到魏国，被魏昭王任为宰相，这给苏秦后来施展政治诱骗创造了巨大的空间。公元前 288 年，秦王称西帝，齐湣王为东帝。公元前 286 年，齐湣王联合楚、魏攻打宋国，宋康王被杀，齐、楚、魏瓜分了宋国的土地，宋国被灭。齐国南侵楚国，西侵三晋，国势再升。齐湣王甚至想吞并二周，成为天子。然而，齐国在强盛的背后，使各国感到不安，为日后的衰落埋下隐患。公元前 285 年，秦国大将蒙武攻打齐国，攻占了九座城。公元前 284 年，燕昭王以乐毅为上将军领兵联合秦、韩、赵、魏五国攻伐齐国，五年内攻下七十余城，一直攻入齐都临淄（今山东省淄博市临淄区），齐国仅剩莒城（今山东省日照市莒县）、即墨（山东省青岛市即墨区）二都，齐国的强国地位永远成为历史。齐湣王逃入莒城，被楚将淖（zhuō）齿杀死。其子田法章改名换姓在莒城太史敫（jiǎo）家中做用人，与太史敫的女儿私通。齐人找到田法章后，拥立他在莒城继承君位，是为齐襄王。

复国势衰

齐襄王田法章（？—前 265）即位后，在莒城生活了五年，并立太史敫的女儿为王后，史称君王后。公元前 279 年，齐国使用反间计离间燕惠王和乐毅，燕惠王任用平庸无能、缺乏军事才能的骑劫代替乐毅担任将领。齐国即墨守将田单向燕军诈降，采用火牛阵，于夜间在千余头牛角上缚上兵刃，尾上缚苇灌油，以火点燃，猛冲燕军，并以五千勇士随后冲杀，大败燕军，骑劫被杀，田单乘胜收复失陷的七十余城，趁势复国。田单从莒城迎接齐襄王，返回齐国都城临淄（今山东省淄博市临淄区）。于是，齐襄王封田单为安平君。齐国虽然复国，但元气大伤，再也无力与秦国抗衡。公元前 274 年，赵国将领燕周率军攻打齐国，夺取齐国的昌城（今山东省淄博市张店区东南二公里处昌城村）、高堂（今山东省淄博市临淄区敬仲镇）二地。公元前 271 年，赵国大臣蔺相如率军攻打齐国，攻至齐国的平邑（今山东省临沂市平邑县）后撤军。公元前 270 年，秦国攻打齐国的刚邑（今山东省泰安市宁阳县）和寿邑（今山东省泰安市东平县）二城。公元前 265 年，齐襄王去世，其子田建继承君位，史称齐废王。

不战而降

齐废王田建（约前 280—前 221）是战国时代田齐的亡国之君，在位时间长达四十四年。齐国一方面在非常贤德的太后君王后的扶持下得到安定；另一方面也由于秦国实行远交近攻的策略，笼络齐国，首先进攻韩国、魏国、赵国等三晋，齐国才得以安享太平。公元前 249 年，君王后去世，君王后的族弟后胜执政。后胜是个贪官，在秦国的不断贿赂下，后胜向齐废王屡进谗言，使得齐国对秦国与其他五国的战争袖手旁观，且放松战备。公元前 221 年，秦王在灭亡韩、赵、魏、楚、燕五国之后，命王贲率领秦军讨伐齐国。齐废王慌忙在西部集结齐军主力四十万，抵挡秦军。秦军避开齐军西部主力，由原来的燕国南部南下直奔齐都临淄（今山东省淄博市临淄区）。面对突然从北面来攻的秦军，齐军措手不及，土崩瓦解。齐废王出城投降，齐国灭亡。秦国在齐地设置齐郡和琅琊郡。齐废王被秦国迁之共地（古共城县，今河南省新乡市辉县市），在太行松柏之间，饥饿而死，可怜又可恨。

守义不辱

齐国灭亡后，原齐国王族田儋（dàn）与其堂弟田荣、田都、田横移居狄县（今山东省淄博市高青县东南），一时在当地势力雄厚，家族强盛，颇得人心。公元前209年，爆发陈胜、吴广起义。田儋趁机杀死狄县县令，举兵起义，自立为齐王，向东攻取齐国故地。公元前208年，秦将章邯率军打败陈胜后，随即挥军在临济（今山东省淄博市高青县高城镇西北一公里处）围攻魏王魏咎。魏咎派周市向齐、楚两国求援。田儋与楚将项它率军随周市援救魏国。章邯在临济城下打败齐、魏援军，田儋称王九个月被杀。齐人拥立齐废王之弟田假为王。一个月后，田假被田儋的堂弟田荣起兵轰走，田假逃亡楚地。田荣立田儋之子田市（fú）为齐王。公元前207年，田荣之弟田都和齐废王之孙田安背叛田荣，随项羽入关。公元前206年，田荣自立为齐王，起兵反抗项羽。公元前205年，田荣战败而死，项羽再立田假为齐王。同年，田荣之弟田横收集齐国散兵数万人，在城阳（今山东省青岛市城阳区）起兵攻打项羽。此时，汉王刘邦追击项羽进入彭城（今江苏省徐州市）。楚军撤军至彭城与汉军作战。田横击败田假，田假再次投楚军后被项羽所杀。田横收复失地，拥立田荣之子田广为王。公元前203年，汉王刘邦一方面派郦食其游说田横，希望他们归顺汉朝；另一方面却派大将韩信领兵突然攻陷临淄（今山东省淄博市临淄区）。田横大怒，于是烹杀郦食其。在汉将灌婴的追击下，田广在逃亡途中被杀，田横仅剩五百余人，逃亡海岛（今山东省青岛市即墨区田横岛），自立为王。刘邦消灭了项羽后，招安田横。田横在离洛阳三十里的尸乡（今河南省洛阳市偃师区首阳山镇），守义不辱，高喊：“大义载天，守信覆地，人生遗适志耳！”遂横刀自刎。田横的五百余名部下，听到田横死讯，全部在海岛自杀，集体殉难。田横及五百壮士宁死不屈的精神，一直受到后人的赞扬。龚自珍在《咏史》诗中写道：“田横五百人安在？难道归来尽列侯。”

7. 秦国　实现统一

战国时期的秦国逐步走上中兴，而后一步步强大起来。随着魏国和楚国的相继衰落，形成了齐国、秦国东西争霸的局面。秦、齐两国展开了争取其他诸侯国、孤立对方的斗争，韩、魏、赵、楚、燕等国则在联秦抗齐和联齐抗秦中摇摆不定。于是，出现了连横和合纵。连横，一些诸侯国联合秦国攻打其他诸侯国，事一强以攻众弱；合纵，诸侯国联合起来攻打秦国，合众弱以攻一强。秦国自商鞅变法以后，逐渐成为七国中实力最强的诸侯国，向东扩展势力，先是打败了三晋，割取魏在河西的全部土地，后又向西、南、北扩充疆土。自秦厉共公之后，到秦出公在位时，贵族乱政，大臣专权，数易君主，国力日衰。到秦献公时，灭掉西戎狄族，出兵魏国，夺取秦国的故土河西之地，取得秦国前所未有的胜利。秦孝公时重用商鞅实行变法，国力日强，为秦统一天下奠定了基础。秦惠文王效仿其他六国称王，采用张仪之策连横诸侯，各个击破。秦武王结盟魏国，联越制楚。秦昭襄王联合齐、韩、魏“垂沙之战”大破楚军，秦军“伊阙之战”全歼韩、魏联军，彻底打开东出之门。与赵国“长平之战”，赵军几乎全军覆没。秦国四处征战，战胜对手，一代大国崛起。之后秦并两周，并吞六国，实现统一。

国力日衰

秦厉共公嬴刺（？—前443）于公元前477年继承君位，在位三十四年。公元前475年，蜀国前来秦国进贡。公元前472年，楚国前来秦国进贡。公元前471年，西戎部落的义渠国（今甘肃省庆阳市宁县北）前来秦国进贡，西戎部落的绵诸国（今甘肃省天水市东）前来向秦国求援。公元前463年，晋国、楚国前来秦国进贡。公元前461年，秦国派兵两万攻打西戎大荔（今陕西省渭南市大荔县东），夺取其王城（今陕西省渭南市大荔县朝邑镇一带）。公元前457年，秦厉共公亲自率军讨伐西戎绵诸（今甘肃省天水市北道区社棠镇绵诸村一带）。公元前453年，晋国智襄子（荀瑶）的林地被赵、韩、魏三家瓜分。次年，其族人智开及其从属逃亡到秦国。公元前449年，越国派使者迎娶秦厉共公之女。公元前448年，晋国智襄子族人智宽及其从属逃亡到秦国。公元前445年，楚国与秦国结盟。公元前444年，秦国派兵征伐义渠（今甘肃省庆阳市宁县北），俘虏其国君。公元前443年，秦厉共公去世，其长子嬴欣继承君位，是为秦躁公。

秦躁公嬴欣（？—前429）在位时，公元前430年，义渠国向秦国发起大规模的进攻，直至渭水蒿（hāo）域，最后被秦军击退。公元前429年，秦躁公去世，秦国大臣将其弟公子嬴封从晋国迎回继承君位，是为秦怀公。

秦怀公嬴封（？—前425）在位时，秦国贵族开始乱政。不幸的秦怀公在位四年，有名无实，更无政绩，国政被旧贵族所操纵。公元前425年，秦国掌握军政大权的庶长晁（cháo）率领众臣围攻秦怀公，秦怀公被迫自杀。由于太子昭子早逝，众臣迎立昭子之子嬴肃继承君位，是为秦灵公。

秦灵公嬴肃（？—前415）在位时，公元前419年，秦灵公为了向东扩张，迁都泾阳（今陕西省咸阳市泾阳县北），作为带有军事性质的临时都城。同年，晋国魏氏在少梁（今陕西省渭南市韩城市西南）筑城，秦国派兵进攻，两军在少梁交战两年。公元前 417 年，魏军击败秦军，再次在少梁筑城。公元前 415 年，秦灵公去世。秦怀公之子、秦灵公叔父嬴悼子夺得君位，是为秦简公。秦灵公时年十岁的儿子嬴师隰（亦称嬴连）为防不测，逃到邻国魏国，开始长达二十九年的流亡生涯。

秦简公嬴悼子（？—前 400）即位后，进行了一定的政治、经济、礼制改革。公元前 413 年，秦简公出师攻伐晋国魏氏，败于郑邑（今陕西省渭南市华州区西南）。公元前 409 年，秦简公下令允许官吏带剑以防身，次年允许百姓带剑。他实行按土地亩数征收租税的政策，承认了“私田”的合法性。由此，秦国开始向封建制度转化。同年，晋国魏氏攻伐秦国，攻占秦国河西之地及筑洛、阴县两城，秦军退守洛水（今陕西省境内洛水）。为加强防御，保障国内的安定，秦简公组织军民在东境修筑长城。这是战国时期最早的长城，南起今陕西省渭南市华阴市东南小张村附近，由此趋向东北越过渭河，沿洛河右岸北上，经大荔、蒲城、白水等县，北止于今渭南市白水县黄龙山南麓，称为秦东长城。公元前 403 年，魏、赵、韩被周威烈王封为诸侯。公元前 400 年，秦简公去世，其子嬴仁继承君位，史称秦惠公。

秦惠公嬴仁（？—公元前 387）在位期间，公元前 389 年，秦惠公亲率五十万大军进攻河西，想从魏国手中夺回河西之地，却在阴晋（今陕西省渭南市华阴市东）败于魏将吴起。此后魏国修筑河西要塞以压制秦国，直至吴起离开魏国前，秦国从未夺回河西之地。公元前 387 年，秦国对蜀国发动进攻，攻占了南郑（今陕西省汉中市内）。秦惠公虽未夺回河西之地，却也完成了入主汉中的壮举。同年，秦惠公病逝。其子年仅两岁的嬴昌继承君位，是为秦出公。

秦出公嬴昌（前388—前385）年幼继位，由其母秦小主夫人主持朝政。秦小主夫人重用宦官与外戚，朝政混乱，贤臣隐居，地主和自耕农强烈不满，百姓怨愤，国内矛盾尖锐。公元前385年，流亡在魏国的秦公子秦灵公之子嬴师隰回到秦国，发动政变。秦小主夫人派军队捉拿嬴师隰，但军队在途中哗变倒向嬴师隰。在秦都雍城（今陕西省宝鸡市凤翔区南）秦小主夫人和秦出公被杀。嬴师隰继承君位，是为秦献公。秦国自秦厉共公之后，到秦出公在位时，经过四代乱政，大臣专权，数易君主，国政不稳，国力日衰。

灭戎伐魏

秦献公嬴师隰（前424—前362）在位二十四年，休养生息，大胆改革，其中包括废止活人殉葬、迁都、扩大商业活动、编制户籍和推广县制，并且数次发动收复河西（今山西省、陕西省之间黄河南段以西地区）失地的战争，为秦孝公时期的商鞅变法奠定了基础。公元前384年，秦献公废除自秦武公时秦国实行三百多年的活人殉葬制度。同年，秦献公出兵灭掉西戎狄族，建置狄道县。公元前383年，秦献公将都城从秦国西部的雍城（今陕西省宝鸡市凤翔区南）迁到秦国东部、靠近河西地的栎（yuè）阳（今陕西省西安市北）。公元前379年，秦献公把蒲、蓝田、善、明氏等边境地区改建成县，由自己直接掌控，国君力量得到加强。公元前378年，秦国初行为市，开始对工商业进行规范管理，抽取营业税，为秦国国库带来较大的收入，经济实力倍增。公元前375年，秦献公以户籍相伍，把五户人家编为一伍，农忙时互助生产，农闲时进行军事训练。有人犯法，一伍连坐。因而人人自危，互相监督，秦国的社会治安得到改善。公元前366年，韩、魏两国发兵攻打周显王，逼近洛阳，周王室岌岌可危。于是，秦献公出兵在洛阳城下打败了韩、魏两军，提高了秦国在诸侯国中的地位，秦国开始将注意力转向对外开疆拓土。公元前364年，秦献公出兵攻打魏国，夺回秦国的故土河西之地，一直打过黄河，深入魏国境内到石门（今山西省运城市西南），斩首六万余人，取得秦国前所未有的巨大胜利。秦献公将夺回的土地赏给地主和贵族，国内矛盾有所缓解。周显王向秦献公祝贺，赐其为伯。公元前362年，秦军在少梁（今陕西省渭南市韩城市西南）大败魏军，俘虏魏国将领公叔痤，攻取庞城（今陕西省渭南市韩城市东南）。秦献公早年流亡魏国时，公叔痤对他非常友好，秦献公盛情款待公叔痤后，将其放回魏国。公元前361年，秦献公去世。其子嬴渠梁继承君位，是为秦孝公。

变法图强

秦孝公嬴渠梁（前381—前338）在位期间，重用商鞅实行变法，奖励耕战，并迁都咸阳（今陕西省咸阳市东、西安市西北），建立县制行政，开阡陌，发展农业生产，加强中央集权。对外，秦国与楚国和亲，与韩国订立盟约，联齐、赵攻魏国都城安邑（今山西省运城市夏县），拓地至洛水以东，自此国力日强，为秦统一天下奠定了基础。秦孝公即位期间，齐威王、楚宣王、魏惠王、燕文公、韩昭侯、赵成侯并立，黄河和崤山以东的战国六雄已经形成。秦国地处偏僻的雍州，不参加中原各国诸侯的盟会，被诸侯们疏远。面对相对落后的秦国，穷则思变，秦孝公以恢复秦穆公时期的霸业为己任，广施恩德，救济孤寡，招募战士，论功行赏，并在国内颁布了著名的求贤令，命国人大臣献富国强兵之策。卫国人商鞅在公叔痤死后，没有得到魏惠王的重用，听闻秦孝公的求贤令，便携带李悝（kuī）的《法经》投奔秦国，得到秦孝公的信任并委以重任。公元前359年，秦孝公命商鞅颁布《垦草令》，激励农业生产，抑制商业发展，削弱贵族、官吏的特权，实行统一的税租制度。公元前356年，在秦孝公的大力支持下，任命商鞅为左庶长开始第一次变法，拉开了变法的序幕。改革户籍制度，明令军法，奖励军功，废除世卿世禄制度，建立军功爵制，奖励耕织，重农抑商，严惩私斗，改法为律，制定秦律和推行小家庭制。经过第一次变法后，秦国国力大增。公元前358年，秦国出兵在西山（今河南省熊耳山以西）击败韩军。公元前357年，楚宣王派右尹黑来迎娶秦国女子，与秦国联姻。公元前355年，秦孝公与魏惠王在杜平（今陕西省渭南市澄城县东）会盟，结束了秦国长期不与中原诸侯会盟的局面。当时，秦国的变法遇到强大阻力，旧氏族用心险恶，鼓动、挑拨太子嬴驷（亦称赵驷）以身试法。当时，太子封地的白氏一族为太子纳粮，商鞅的政敌以沙石置换上纳太子府的粮食，不知实情的太子怒杀里正等十多人，引起极大民愤，使推行新法的商鞅左右为难。商鞅平衡利弊后，惩罚了太子的两位老师，对嬴虔施以劓刑（割去鼻子），罢官罢爵，夺其封地；对右傅处以黥（qíng）刑（脸上刺字），同样罢官罢爵夺其封地，流放陇西大山，在旧氏族和嬴氏公族中引起轩然大波。秦孝公回到宫中知情后，以公室之法处置太子，废除太子爵位，将其放逐秦国山野，这为商鞅日后的悲惨结局埋下祸根。公元前353年，齐国围魏救赵，“桂陵之战”打败魏国。公元前352年，秦孝公趁魏国国内空虚之机，任命大良造商鞅率兵长驱直入，包围魏国并占领魏国旧都安邑（今山西省夏县西北）。公元前351年，商鞅又率兵包围并占领魏国固阳（即定阳，今陕西省延安市东）。同年，秦孝公将国都从栎阳（今陕西省西安市北）迁至咸阳（今陕西省咸阳市东、西安市西北），拜商鞅为大良造，开始第二次变法。开阡陌封疆，废井田，制辕田，允许土地私有及买卖，推行县制，加收口赋，统一度量衡，燔（fán）诗书而明法令，塞私门之请，禁游宦之民和执行分户令等。商鞅变法是战国时期持续时间最长、涉及面最广、改革最彻底的一次变法。秦国经过两次变法，国富兵强，实力雄厚，百姓富裕，路不拾遗，秩序安定，国力强大。周显王派使臣赐予秦孝公霸主称号，诸侯各国派使者前来祝贺。公元前 350 年，秦孝公与魏惠王在彤地（今陕西省渭南市华州区西南）会盟修好，秦、楚紧张关系得到缓和。公元前 341 年，魏国在马陵（今山东省临沂市郯城县马陵山）之战遭受齐国重创，主将庞涓自杀，太子申被俘。同年，秦孝公在商鞅的建议下，联合齐、赵两国攻打魏国，魏军大败，魏惠王被迫割让河西部分土地求和，商鞅因战功获封商於十五邑（今陕西省商洛市境内），号为商君。公元前 338 年，秦国再次攻伐魏国，在岸门（今山西省运城市河津市南）击败魏军，俘获魏将魏错。同年，秦国联合大荔戎包围了魏国的郃阳（今陕西省渭南市合阳县东南）。公元前 338 年，秦孝公病逝。其太子嬴驷继承君位，是为秦惠文王。

称王连横

秦惠文王嬴驷（前 356—前 311）当年被秦孝公放逐时，便对商鞅怀恨在心，但他放逐期间也深知民间疾苦，得到了很好的磨砺，体会到变法带来的好处。秦惠文王即位时，商鞅威望极高，几乎家家户户都知道商君之法。尤其是秦孝公病重期间，商鞅独揽军政大权，使秦国内部权力斗争激化。秦惠文王对商鞅非常顾忌，秦献公之子公子虔等一帮人就乘机捏造谣言说商鞅造反。于是，秦惠文王即位当年便派人抓捕商鞅，商鞅逃到封邑商於（今陕西省商洛市）起兵攻打郑县（今陕西省渭南市华州区），秦惠文王派兵征伐，商鞅战败死于彤地（今陕西省渭南市华州区西南）。秦惠文王将商鞅的尸身带回咸阳，车裂后示众，诛灭商鞅全家。秦惠文王虽然诛杀了商鞅，但新法并未被废除。公元前 331 年，秦惠文王趁义渠发生内乱之机，派庶长操领兵平定义渠。公元前 330 年，秦国大良造公孙衍领兵于雕阴（今陕西省延安市甘泉县南）打败魏军，迫使魏国献出河西之地。公元前 329 年，秦军攻取魏国的河东汾阳（今山西省运城市万荣县西南）、皮氏（今山西省运城市河津县）、焦（今河南省三门峡市西南）、曲沃（今山西省临汾市曲沃县）等地。公元前 328 年，秦军乘胜攻伐魏国，攻取魏国蒲阳（今山西省临汾市隰县）。魏国在秦军的数次强大攻势之下，又被迫割让上郡十五县（今陕西省东北部地区）给秦国。从此，秦国不仅把魏国黄河以西的地盘全部吞并，而且在黄河的东岸建立了向东扩张的基地。公元前 327 年，秦国在义渠（今甘肃省庆阳市宁县）设县，义渠称臣，秦国占有了西北地区大片的优良牧场。公元前 324 年，秦惠文王效仿其他六国，自称为王。公元前 318 年，魏国公孙衍发动魏、赵、韩、燕、楚五国合纵攻秦，被秦军击败。公元前 317 年，秦惠文王派庶长樗里疾于修鱼（今河南省新乡市原阳县西）大破魏、赵、韩三国联军，斩首八万余人，诸侯合纵失败。表面臣服的西方义渠伺机发兵，在李帛城奇袭秦军，以少胜多大破秦将嬴华。面对东西夹攻的局势，秦惠文王及时调整战略，于公元前 315 年采用司马错之策攻伐蜀国，破蜀军于葭萌关（今四川省广元市昭化区昭化镇），伐灭蜀国。秦国、齐国虽然都强大起来，但齐、楚结盟却力压秦国。公元前 312 年，秦国张仪欺骗楚怀王，诱使齐、楚断交，秦国答应归还楚国商於（今河南省南阳市淅川县西南）六百里地为代价。楚怀王信以为真，遂与齐国断交，后只得六里地。楚怀王恼羞成怒，发兵攻打秦国，被秦将魏章大破于丹阳（今湖北省宜昌市秭归县）。后楚怀王再次举全国之力进攻秦国，又惨败于蓝田（今陕西省西安市蓝田县），这就是历史上著名的张仪“诈楚”事件。公元前311年，秦国攻取楚国召陵（今河南省漯河市郾城区东），韩、魏两国趁机进攻楚国在中原的领土，楚国从此走向没落。而秦国的关中、汉中、巴蜀连成一片，秦国对六国形成了居高临下的压迫形势。秦惠文王采用张仪的连横之策，张仪遂先后游说魏王、楚王、韩王、齐王、赵王和燕王，从政治外交上将合纵诸侯分化瓦解，各个击破。没有等到张仪回到秦国，公元前311年，秦惠文王去世。其子嬴荡继承君位，是为秦武王。

秦武王嬴荡（前329—前307）身高体壮，喜武好战。他即位后，政治上设置丞相，驱逐张仪；外交上结盟魏国，联越制楚；军事上攻拔韩国宜阳（今河南省洛阳市宜阳县西），设置三川，平定蜀乱；经济上修改封疆，更修田律，疏通河道，筑堤修桥。但秦武王在位时间较短，意外身亡，诸多夙愿未能实现。秦武王即位期间，宠爱重用乌获、任鄙和齐国孟贲三位武将。秦相国张仪在秦武王为太子时二人就有嫌隙，再加上许多大臣说张仪不讲信用，反复无常，出卖国家。张仪担心被杀，以齐宣王憎恨他提出出使魏国可引起齐魏战争为由，借机逃到魏国。公元前309年，张仪在魏国去世。公元前308年，秦相甘茂与庶长封领兵攻韩国宜阳，战争持续五个月未能奏效。秦相甘茂为楚国人，在秦国受到樗里疾、公孙郝攻击，只能背水一战，以立战功。公元前307年，甘茂散尽家财，全部赏给士兵，重赏之下必有勇夫，终于攻下宜阳，斩首六万余人。秦军乘胜渡过黄河，夺取武遂（今山西省运城市垣曲县东南）并筑城，韩襄王被迫派太子婴去秦国求和。同年，秦武王与孟说比赛举“龙文赤鼎”，不料秦武王大鼎脱手，砸断胫骨，气绝而亡。秦武王无子，群臣迎立秦武王异母弟、在燕国做人质的公子嬴稷回国继承君位，是为秦昭襄王。

大国崛起

秦昭襄王嬴稷（前325—前251）在位五十六年，是中国历史上在位时间较长的国君之一。秦昭襄王年少即位，由母亲宣太后听政，宣太后异父长弟魏冉任将军。公元前306年，秦将向寿和公孙奭对右丞相甘茂不满，遂进谗言诋毁，甘茂担心惹祸上身，假借讨伐魏国为由，投奔了齐国。公元前301年，秦国出兵讨伐韩国，攻取韩国穰城（今河南省南阳市邓州市），韩国再次与秦结盟。同年，秦、齐、韩、魏联军共同攻打楚国，在沘水旁的垂沙（今河南省南阳市唐河县）大破楚军，史称“垂沙之战”，楚国自此衰落。公元前300年，秦国的华阳君芈戎攻打楚国，斩首三万余人，斩杀楚国大将景缺，攻占了楚国襄城（今河南省许昌市襄城县）。同年，秦丞相樗里疾病逝，楼缓继任丞相。公元前299年，秦国攻占了楚国八座城池，秦昭襄王约楚怀王到武关（今陕西省商洛市丹凤县东武关河北岸）会面结盟。楚怀王到武关后，被秦国劫持到咸阳后扣留。秦昭襄王逼迫他割地保命，要求割让巫郡（今重庆市巫山县）、黔中郡（今湖南省吉首市）两地，楚怀王愤然拒绝后被长期囚禁。公元前298年，秦昭襄王派军出武关攻打楚国，斩首五万余人，攻占楚国十六座城。同年，齐国联合韩、魏攻伐秦国，战争持续三年，于公元前296年攻入秦国赖以为生的天险函谷关，迫使秦王割地求和，齐国国势达到巅峰。公元前294年，秦昭襄王派兵攻打韩国，秦将向寿夺取了韩国武始（今河北省邯郸市武安市南），左庶长白起夺取了韩国新城（今河南省洛阳市伊川县西南），韩国向魏国求援。公元前293年，魏昭王派大将公孙喜率十万大军参战。秦军与韩、魏联军于伊阙（今河南省洛阳市区南约二公里处的龙门）大战，秦将白起率兵以少胜多，全歼韩、魏联军，公孙喜被杀，占领伊阙，史称“伊阙之战”。此战之后，秦国彻底打开了东出之门。公元前291年，秦国再次攻打韩国，夺取韩国的宛城（今河南省南阳市）。公元前290年，韩国把武遂（今山西省运城市垣曲县东南）一带两百里的土地、魏国将河东四百里的土地割让给秦国。公元前289年，秦国大良造白起、客卿司马错率军攻打魏国，一直打到轵（zhǐ）城（今河南省济源市），攻占了大小六十一个城邑。公元前286年，秦军在夏山打败韩军。公元前288年，秦昭襄王称西帝，齐湣王称东帝。公元前287年，秦国攻打魏国，攻占了新垣（今山西省运城市垣曲县）、曲阳（今河北省保定市西南）。公元前286年，秦国攻打魏国，魏国割故都安邑（今山西省运城市夏县）给秦国求和，秦国将安邑之民全部驱赶到魏国，仅留下安邑城。公元前285年，秦国、楚国在宛城（今河南省南阳市）会面。秦国、赵国在中阳（今山西省吕梁市中阳县）会面。秦国大将蒙武攻打齐国，攻占了九座城。公元前284年，燕国的上将军乐毅同赵、秦、韩、魏会面，五国联军大举攻打齐国，攻占齐国七十余城。公元前283年，秦、赵二国在穰城（今河南省南阳邓州市）会面。同年，秦国攻打魏国，攻占魏国的安城（今河南省新乡市原阳县西南）。公元前281年，秦昭襄王得知赵国得到楚国的和氏璧，便向赵惠文王索要和氏璧，声称用十五座城交换。赵国派遣蔺相如拿着和氏璧奔赴秦国，见秦国毫无诚意，蔺相如用智慧和勇气将和氏璧完好带回赵国，史称“完璧归赵”。公元前280年，秦将白起攻打赵国，斩首两万余人，攻占代光狼城（今山西省晋城市高平市城西南约十公里康营村）。秦将司马错领兵攻打楚国，攻占了黔中（今湖南省吉首市），楚国割汉水以北及上庸（今湖北省十堰市竹山县）给秦国求和。公元前279年，秦昭襄王想同赵国讲和，以便集中力量攻击楚国，约赵惠文王在西河外的渑池见面，互修友好。赵惠文王带蔺相如前往赴会，蔺相如请秦王为赵王击缶，赢得外交胜利，史称“渑池会盟”。公元前278年，秦将白起攻打楚国，攻占了楚国国都郢都（今湖北省荆州市江陵县），焚烧了楚国先王坟墓彝陵（今湖北省宜昌市），楚国被迫迁都到陈丘（故陈国，今河南省周口市淮阳区）。公元前276年，秦将白起攻取魏国两座城池。公元前275年，秦相国兼穰侯魏冉率军进攻魏国，韩将暴鸢带兵救援，秦军击败魏、韩联军，魏国割让温城（今河南省焦作市温县）给秦国求和。公元前274年，秦国魏冉再次攻伐魏国，夺取四座城池。公元前273年，魏、赵联军攻打韩国的华阳（今河南省郑州市新郑市），秦国出兵营救韩国，在华阳城下打败联军，斩首十三万余人，魏国割让南阳（今河南省焦作市修武县以西）给秦国求和。公元前265年，秦国攻取赵国三座城，赵孝成王派长安君到齐国做人质求得齐国出兵，击退秦军。公元前262年，秦国大将白起率兵进攻韩国，占领韩国野王（今河南省焦作市沁阳市）等五十城。韩桓惠王割让上党郡（今山西省长治市）给秦国求和。上党郡守冯亭不愿归秦，归降赵国。公元前260年，赵孝成王任用赵括代替老将廉颇，改守为攻，在长平（今山西省晋城市高平市西北）主动全线出击秦军。秦将白起实行反包围，赵括战死，赵国四十万军队被活埋，几乎全军覆没，赵国大震，史称“长平之战”。公元前259年，秦国令五大夫王陵率军直攻赵都邯郸。赵将廉颇率军顽强抵抗，赵相平原君赵胜亦给士卒散家财，鼓励军民共赴国难，秦军久攻不下。次年，秦昭襄王令王龁接替王陵为主将，增兵十万继续围攻邯郸，赵孝成王被迫向魏、楚两国求救。公元前257年，楚国出兵十万、魏国信陵君魏无忌盗取虎符出兵八万救援赵国，赵、魏、楚三国联军打败秦军。秦昭襄王令白起出兵，白起自称病重，后带病上路，半道白起被秦昭襄王赐剑命其自刎。公元前251年，秦昭襄王去世，其子嬴柱继承君位，是为秦孝文王。

吕氏风投

秦孝文王嬴柱（前 303—前 250）曾受封安国君，与夏姬生子异人（子楚），母子均不受安国君宠爱。异人早年被送往赵国邯郸做人质。赵国商人吕不韦认为异人奇货可居，建议异人认秦太子安国君的爱妃华阳夫人（不能生育）做母亲，并到秦国花重金帮助异人运作。吕不韦将自己绝美善舞的姬妾赵姬送于异人，生子嬴政（其实是吕不韦之子）。秦国围攻赵国邯郸时，赵孝成王想杀了异人。异人在吕不韦的帮助下，与吕不韦一起逃回秦国。吕不韦游说安国君的宠妃华阳夫人（楚国人，无子嗣），立异人为继承人，改名子楚。秦孝文王服丧期间，下令大赦罪人，按功表彰先王功臣，优待宗族亲属。公元前 250 年，秦孝文王服丧期满后正式即位，册立正妻华阳夫人为王后，立子楚为太子。不料，秦孝文王即位三天便离奇去世，在位时间只有短短的三天，是秦国历史上在位时间最短的国君。其太子嬴子楚继承君位，是为秦庄襄王。

秦庄襄王嬴子楚（前 281—前 247）即位后，任命吕不韦为秦国丞相，封为文信侯。赵孝成王派使者将赵姬母子送回秦国，主动与秦国交好。公元前 250 年，秦将蒙骜出兵讨伐韩国，韩国被迫割让成皋（别称虎牢，今河南省郑州市荥阳市汜水镇）、巩（今河南省郑州市巩义市西南）等地给秦国。秦国的地界延伸至大梁（今河南省开封市），设置三川郡。公元前 249 年，东周文公与诸侯密谋攻打秦国，秦庄襄王获悉，命吕不韦率军攻灭东周国，迁东周公到阳人聚（今河南省平顶山市汝州市西），以阳人聚地赐周君，奉其祭祀。至此，周王朝最后残余的势力被铲除。接着，秦军继续蚕食三晋，再攻占大片土地。公元前 248 年，秦庄襄王命蒙骜攻打赵国，夺取了太原（今山西省太原市）、榆次（今山西省晋中市榆次区）、新城

（今山西省朔州市朔城区西南）、狼孟（今山西省太原市阳曲县东北）等三十七座城池。公元前247年，秦国蒙骜攻取了魏国的高都（今山西省晋城市东北）和汲（今河南省新乡市卫辉市西南）。魏国上将信陵君召集燕、赵、韩、魏、楚五国联军抗秦，大败蒙骜，联军乘胜追击至函谷关，秦军闭关不出。同年，秦庄襄王英年病逝，时年三十五岁。其子十三岁的嬴政（赵政）继承君位，是为秦王政（秦始皇）。

秦王政（前259—前210）年少即位，尊吕不韦为仲父，国政皆由吕不韦把持。当时，吕不韦家有奴仆达万人之多，门下食客达三千人，食邑有河南洛阳十万户。吕不韦命门客编纂其所知见闻，著有著名的《吕氏春秋》。吕不韦长期与太后赵姬偷情，但随着秦王政年纪渐长，吕不韦担心事情败露惹祸上身，便把自己的门客嫪毐（lào ǎi）剪眉除须，假施腐刑，扮成宦官，送进宫献给太后，供其淫乐。太后赵姬为掩人耳目，携嫪毐搬迁至秦国旧都雍城（今陕西省宝鸡市凤翔区南）居住，二人生有两子。嫪毐日渐得到太后的宠信，有恃无恐，愈加嚣张。公元前239年，他被封为长信侯，以山阳（今山东省菏泽市巨野县一带）为其住地，以河西太原郡为其封地，所得赏赐丰厚，权倾朝野，使得吕不韦的权势受到制衡，二人矛盾升级，势同水火。公元前238年，吕不韦派人向秦王政告密嫪毐与太后淫乱且生子的丑闻。嫪毐遂与太后合谋利用秦王政在雍城蕲年宫举行冠礼之机，动用秦王政与太后御玺发动叛乱，围攻蕲年宫，兵败后转攻咸阳宫，最后被秦王政的军队打败。秦王政将嫪毐车裂，曝尸示众，把他与太后所生的两个私生子摔死，把母亲赵姬关进雍城的萯（fù）阳宫，史称“蕲年宫之变”。公元前237年，秦王政免除吕不韦国相之位，将其放逐到洛阳封地。公元前236年，秦国趁赵国出兵攻燕国之机，秦将王翦、桓齮、杨端率军进攻赵国，夺取邺地（今河北省邯郸市临漳县西南）的九座城邑。公元前235年，秦王政下令吕不韦全家流放巴蜀，吕不韦自作自受，在途中饮鸩自尽。秦王政掌权后，任用尉缭和李斯等人，加紧统一步伐，采取远交近攻、分化瓦解的国策，用金钱收买六国权臣，打乱六国合纵局面，连年出兵蚕食六国。

实现统一

公元前234年，秦国大举向赵国进攻，以所取的赵地建立雁门郡和云中郡。公元前233年，秦将桓齮率秦军进逼赵都邯郸，攻打赵国的赤丽和宜安（今河北省蒿城西南二十里），赵将李牧率军在肥地（今河北省石家庄藁城区一带）击败秦军，史称“肥之战”。公元前232年，秦军第三次大举进攻赵国，南路军推进邺邑平阳（今河北省邯郸市临漳县西），威胁赵国首都邯郸，北路军推进太原，经太行山进攻番吾（今河北省石家庄市平山县东南）要地，被赵国大将军李牧率军击败，秦军退出赵境，史称“番吾之战”。公元前231年，韩国把南阳（今河南省境太行山南、黄河以北地区）献给秦国。秦王政任命韩国降将内史腾为南阳郡守。公元前230年，秦国派内史腾率十万大军渡过黄河攻取韩国，攻破韩都新郑（今河南省郑州市新郑市），俘虏韩王安，以韩地建颍川郡，郡治阳翟（今河南省许昌市禹州市），韩国第一个被秦国灭亡。公元前229年，秦国大举兴兵攻打赵国，秦将王翦率军攻下井陉（今河北省石家庄市井陉县）。秦国使用反间计，派人用重金收买赵王迁的宠臣郭开，在郭开的诋毁下，抗秦大将李牧被杀害、司马尚被撤职。公元前228年，秦将王翦趁机猛攻赵国，大败赵军，攻克邯郸，赵王迁被俘，赵国灭亡。赵国贵族拥立赵国故太子赵嘉在代国旧地（今河北省张家口市蔚县一带，都代王城蔚县代王城镇）为赵代王，组织军民抵抗秦军，前后达六年之久。公元前227年，燕国太子丹派荆轲携带燕国督亢（今河北省保定市涿州市、易县，廊坊市固安县一带）地图和秦叛将樊於期首级，与秦舞阳（秦开之孙）前往秦国诈降，企图刺杀秦王政。荆轲刺秦失败，荆轲被杀。秦国以此为借口派王翦与辛胜率军大举攻伐燕国。燕、代联军于易水（今河北省保定市易县故城南）之西组织抵抗，秦军大败燕、代联军。公元前226年，秦将王翦率军攻破燕都蓟城（今北京市西南），燕王喜及太子丹率公室卫军逃往辽东。秦将李信带兵乘胜追击至衍水（今辽宁省沈阳市沈河区），再败太子丹，消灭了燕国卫军主力。秦国为集中兵力对付魏、楚，暂停对辽东的进攻，燕国已名存实亡。公元前225年，秦将王翦之子王贲攻伐魏国，包围魏都大梁（今河南省开封市），引黄河、鸿沟水灌城，魏王出降，魏国灭亡。同年，秦将李信率二十万大军进攻楚国的平舆（今河南省驻马店市平舆县北）、寝（今安徽省阜阳市临泉县）和陈丘（今河南省周口市淮阳区）等地。楚军趁秦军不备，进行反击，大败秦军，杀秦军七个都尉，收回失地。秦国老将王翦领兵六十万人攻伐楚国，楚军大败于蕲（今安徽省宿州市东南）。公元前223年，秦军攻入楚都寿春（今安徽省淮南市寿县），楚王负刍被俘。楚将项燕拥立昌平君熊启为末代楚王，定都兰陵（今山东省临沂市兰陵县）。秦将蒙武领兵击败楚军，昌平君被流箭射死，项燕自杀，楚国灭亡。公元前222年，秦军向代地（今河北省张家口市蔚县东北）进军，秦将王贲攻破代地，赵嘉被虏，全族被迁至咸阳，赵国彻底灭亡。同年，秦王政派王贲将军率军进攻燕国辽东，俘虏燕王喜，燕国灭亡。秦在燕地设渔阳郡、右北平郡、辽西郡及辽东郡等。公元前221年，秦将王贲从燕国南下进攻齐国，俘虏齐废王，齐国灭亡。秦国在齐旧地建立了齐郡（今山东省淄博市东北）和琅琊郡（今山东省青岛市黄岛区琅琊镇西南夏河城）。秦王政用了短短十年的时间，从公元前230年灭韩国至公元前221年灭齐国，统一全国，结束了战国二百五十多年列国长期混战的局面，实现了华夏民族的统一，建立了中国历史上第一个多民族中央集权国家——秦王朝。历史进入了君主的帝国时代。

知识典故

1. 尊王攘夷

“尊王攘夷”一词最早见于《春秋公羊传》，本义为“尊勤君王，攘斥外夷”，即尊崇周王的权力，维护周王朝的宗法制度，抵御北方游牧民族及南方荆蛮的大举入侵。后来成为面对外族入侵时，结成民族统一战线的政治术语。公元前685年，齐国齐桓公即位后，拜管仲为相。齐国经过了内政、经济、军事等多方面改革，有了雄厚的物质基础和军事实力，在管仲的建议下，打出了“尊王攘夷”的旗帜，以诸侯长的身份，挟天子以伐不服。齐国曾联合七国讨伐楚国，迫使楚国加盟，听从齐国指挥，这就是历史上的“召陵之盟”。经过“召陵之盟”，齐国取得了“尊王”的胜利。齐桓公数次发动帮助诸侯国攘斥夷狄战争而大获赞赏，保护了中原诸国，成就了齐国的霸业，其事迹被后世称为“尊王攘夷”。

2. 曹刿论战

“曹刿论战”出自《左传 · 庄公十年》，讲述了鲁国曹刿在“长勺之战”中对此次战争的一番评论，并在战时活用“一鼓作气，再而衰，三而竭”的战术击退强大齐军的史实。齐桓公继承君位后，想争取霸主的地位。公元前684年，齐国发兵攻打鲁国。正在鲁庄公万分焦急之时，鲁国一个叫曹刿的普通百姓求见。曹刿劝鲁庄公只有想到百姓疾苦、得到民心才能取胜，并请求允许他一同作战。鲁庄公同意后，在长勺战场，曹刿与鲁庄公同坐一辆战车，曹刿等到齐国鲍叔牙三次擂鼓后，方命令出兵追击，得胜凯旋。“长勺之战”说明了在战争中应如何正确运用战略防御原则，只有取信于民，实行避敌锋芒、敌疲我打的正确战术，选择反攻和追击的有利时机，才能以小敌大，以弱胜强。

3. 管鲍之交

“管鲍之交”出自《列子 · 力命》，管仲说：“生我者父母，知我者鲍子也。”春秋时，齐国政治家管仲和鲍叔牙相知最深、关系密切，后常比喻交情深厚的朋友。管仲与鲍叔牙相交至深，彼此了解，相互信任。管仲比较贫穷，鲍叔牙相对富裕，两人合伙做生意，管仲出资少而分利多。手下人对此颇有意见，鲍叔牙却解释说：“管仲不是贪心，他家生活困难，是我自愿让给他的。”管仲生意亏本、出师不利，全是鲍叔牙鼎力相助。齐桓公与公子纠争位时，管仲曾助公子纠即位射过齐桓公一箭，齐桓公即位后欲处死管仲。鲍叔牙劝说：“如果君上只想治理齐国，那么有叔牙和高傒就够了。如果君上想成就天下霸业，那么非管仲不可。”齐桓公采纳了鲍叔牙的建议，不计前嫌，拜管仲为相。自此，君臣同心，励精图治。在管仲的辅佐下，齐桓公首先成就了霸业，成为春秋五霸之首。管仲和鲍叔牙之间深厚的友情，已成为中国代代流传的佳话。人们常常用“管鲍之交”来形容好朋友之间的深厚友谊。

4. 假道伐虢，唇亡齿寒

“假道伐虢，唇亡齿寒”出自《左传 · 僖公五年》：“辅车相依，唇亡齿寒者，其虞虢之谓也。”意思是嘴唇没有了，牙齿就会感到寒冷，比喻利害密切相关。春秋时候两个小国虞国和虢国，相处和睦，关系密切。公元前 677 年，晋献公继承君位。他把目光盯上了虞、虢二国，以便扫除向中原地区发展的障碍。晋国想灭虢国，但在晋国和虢国之间隔着一个虞国，讨伐虢国必须经过虞地。晋献公派人送给虢公很多美女，使得虢公整日吃喝玩乐，再派大臣荀息向虞公送去良马玉璧，用重礼行贿借道，去讨伐虢国。虞大夫宫之奇建议："千万不能答应，虢虞好比嘴唇与牙齿，虢国灭了，虞国还能生存吗？所谓唇亡齿寒。"虞公说："人家晋国是大国，现在特意送来美玉、宝马和咱们交朋友，难道咱们借条道让他们通过都不行吗？"公元前 658 年，晋献公借道虞国灭了虢国，晋军返回时，偷袭灭掉虞国。虞公贪图小利，出卖友国，最终毁了嘴唇，亡了牙齿。

5. 老马识途

"老马识途"出自《韩非子 · 说林上》，意思是老马认识走过的路，比喻有经验的人对事情比较熟悉。公元前 663 年，燕国被附近的一个山戎部落侵犯，派使者到齐国请求援助。齐桓公亲率大军援救燕国。齐军到了燕国时，山戎已劫夺了百姓、粮食、牲畜和财物逃跑。齐、燕、无终国（今河北省唐山市玉田县）三国联军一直向北追击。山戎首领密卢儿逃到孤竹国（今河北省唐山市滦南县一带）求援，孤竹国国君答里呵派大将黄花率兵跟密卢儿迎战齐军，被齐军打败。黄花割下密卢儿的首级，诈降齐桓公，并答应领路追击答里呵，将齐军引入旱海（又称迷谷，即戈壁沙漠）。在旱海茫茫无垠的黄沙滩里，齐军迷失方向，分不清东西南北。管仲向齐桓公建议挑选几匹无终国的老马，让它们在前边走，兴许可以找到归途。果然，几匹老马领着齐军走出了旱海。

6. 喜形于色

“喜形于色”意思是内心的喜悦表现在脸上，形容抑制不住内心的喜悦，十分高兴。相传，一次齐桓公上朝与管仲商议讨伐卫国，退朝后回到后宫。夫人卫姬一见齐桓公，立刻走下堂跪拜，替卫君请罪。齐桓公问她什么缘故，卫姬说：“妾看见君王进来时，步伐轻盈，精神愉悦，猜想一定有讨伐他国的打算。但看见臣妾君王脸色改变，估计是要讨伐卫国了。”齐桓公于是取消了讨伐卫国的计划。第二天齐桓公上朝，很客气地让管仲就座。管仲说：“君王取消伐卫的计划了吗？”桓公说：“仲父怎么知道？”管仲说：“君王上朝时，态度谦让，语气缓慢，看见微臣时面露惭愧，微臣也就知道了。”还有一次，齐桓公与管仲商讨征伐莒国，计划尚未发布却已举国皆知。齐桓公觉得奇怪，经管仲分析后认为是役夫中有个叫东郭垂的传言。管仲随质问他，东郭垂回答：“君子善于策谋，小人善于推测。这话是小民私自猜测的。”管仲问：“你从哪里猜测的？”东郭垂说：“小民听说君子有三种脸色：悠然喜乐，是享受音乐的脸色；忧愁清静，是有丧事的脸色；生气充沛，是将用兵的脸色。前些日子臣下望见君王站在台上，生气充沛，这就是将要用兵的脸色。君王所说的都与莒国有关，手指的方向也是莒国的方位。尚未归顺的小诸侯唯有莒国，所以小人猜测要讨伐莒国了。”管仲、齐桓公不仅没有因为东郭垂泄漏军事秘密而处罚他，而且非常赏识他的高智商，并增加了他的俸禄。

7. 管仲乐毅

“管仲乐毅”是春秋时齐国名相管仲与战国时燕国名将乐毅的并称。管仲（约前 723—前 645），春秋时期法家代表人物，被称为管子。他是中国古代著名的经济学家、哲学家、政治家、军事家、教育家、文学家、法学家、改革家、思想家、史学家、税收创始者等，被誉为“法家先驱”“圣人之师”“华夏文明的保护者”“华夏第一相”。被道教列奉为“丙申太岁管仲大将军”。他的重要思想集中体现于《管子》一书。管仲辅佐齐桓公，提出“尊王攘夷”的策略，成为诸侯的领袖，建立了天子之下的霸主地位。乐毅是战国后期杰出的军事家，魏将乐羊后裔，拜为燕国上将军，受封昌国君，辅佐燕昭王振兴燕国。他的主要成就是统帅燕国和五个国家的联军攻打齐国，接连打下七十多座城池，创造了中国古代战争中以少胜多的著名战例，报了强齐伐燕之仇。三国时期“运筹帷幄，决胜千里”的诸葛亮自比“管仲乐毅”，将他们视为偶像。

8. 庆父不死，鲁难未已

“庆父不死，鲁难未已”出自《左传 · 闵公元年》。庆父是鲁国公子，先后杀死两位国君，使得鲁国朝政混乱，百姓苦不堪言。齐国大夫仲孙湫（jiū）说如果不除去庆父，鲁国的灾难是不会终止的。后用来比喻不清除制造内乱的罪魁祸首，国家就不得安宁。公元前662年，鲁庄公去世，鲁庄公的三位弟弟庆父（字仲孙）、叔牙和季友，各有主张。庆父私通鲁庄公夫人哀姜（齐襄公之女），图谋君位。鲁庄公子姬斑继承君位仅两月，便在庆父的挑唆下被荦杀死。庆父立年仅八岁的公子姬启继承君位，是为鲁闵公。两年后，庆父与哀姜合谋又弑杀鲁闵公，夺得君权。庆父荒淫无道，连杀两任君主，祸国殃民，使得鲁国朝政混乱。鲁国人准备杀掉庆父，庆父逃到莒国（今山东省日照市莒县），哀姜逃到莒国的邻国邾国。公子姬申鲁僖公即位当年，请求莒国把庆父送回鲁国，庆父自知罪孽深重，在被押回鲁国途中自缢而死。齐桓公责令邾国将哀姜引渡回齐国，在路上将其杀死，并把她的尸体运送到鲁国，以表示结盟诚意。

后人也常常把制造内乱的人比作庆父。毛泽东在《南京政府向何处去?》一文中写道:“庆父不死，鲁难未已。战犯不除，国无宁日。这个道理，难道现在还不明白么?”

9. 伯乐相马

“伯乐相马”出自西汉·韩婴《韩诗外传》:“使骥不得伯乐，安得千里之足。”唐·韩愈《杂说》:“世有伯乐，然后有千里马。千里马常有，而伯乐不常有。”意思是个人或集体发现、推荐、培养和使用人才的人。传说中，天上管理马匹的神仙叫伯乐，在人间人们把精于鉴别马匹优劣的人，也称为伯乐，第一个被称作伯乐的人是春秋时期的孙阳。公元前672年，楚成王即位后，广施仁德，结盟诸侯，齐楚争霸，开疆拓土。一次，伯乐受楚成王之托，购买能日行千里的骏马。伯乐到各地巡访，奔走数国，未选到中意良马。从齐国返回楚国途中，看到一匹马枯瘦如柴，非常吃力地拉着盐车上坡。伯乐上前近看，马突然昂起头来瞪大眼睛，大声嘶鸣，好像要对伯乐倾诉什么。伯乐立刻从声音中判断出，这是一匹难得的骏马。伯乐买下千里马，献给楚成王。楚成王见马枯瘦如柴，认为伯乐愚弄他。伯乐说:“这确实是匹千里马，只是喂养不精心，营养不良。只要精心喂养，不出半个月，一定会恢复体力。”半月后，楚成王跨马扬鞭，双耳生风，瞬间已跑出百里之外。千里马从此为楚成王驰骋沙场，屡立战功。伯乐年老后，一次秦穆公问他子孙中还有能够派出去挑选良马的人吗?伯乐向秦穆公推荐了相马专家九方皋，九方皋用了三个月的时间，在沙丘为秦穆公选到一匹黄色的母马。秦穆公听说后很不满意，向伯乐抱怨说九方皋连马的黄黑、雌雄都分辨不清，如何能选出千里马?伯乐解释道:“九方皋所看到的是马的内在神机，观察到它内在的精粹而忽略它的表面现象;洞察它的实质而忘记它的外表；只注意他所应注意的内容，而忽略他所不必注意的形式。”后来，马送到了，果然是一匹天下少有的骏马。九方皋相马的故事告诉我们，看问题时要有所舍弃才有所专注，同时要将获得的感性材料去伪存真，去粗取精，这样才能把握事物的本质。

10. 秦晋之好

春秋时秦国和晋国是相邻的两个强国，可以称得上是一对冤家。晋国于崤之战后，阻断了秦国东出之路，而得以独霸中原。秦国便转而与楚国交好，屡屡联合楚国攻打晋国，而晋国也频频出兵秦国。《左传》中有明确记载的秦晋之战，亦多达十余次。在晋献公到晋文公时期，秦晋两国为了自身的利益，相互联合，相互利用，相互通婚，结为亲家。秦穆公为求将来与中原友好，与强大的晋国联姻，向晋献公求婚。公元前656年，晋献公把长女伯姬（穆姬）嫁给了秦穆公，以结“秦晋之好”。晋献公年迈昏庸，要立小儿子为国君继承人，从而杀死了当时的太子申生。另外的两个儿子夷吾和重耳，分别逃往梁国和翟国避难。夷吾得到姐夫秦穆公的帮助，做了晋国国君。不想夷吾反而与秦国失和，发兵攻打秦国，终遭惨败，无奈之下把儿子公子圉送到秦国做人质，秦晋关系修好。秦穆公为了笼络公子圉，把自己的女儿怀嬴嫁给他为妻。然而，公子圉听说父亲晋惠公病重，外公家梁国又被秦国灭亡，遂逃回晋国继承君位，是为晋怀公（晋献公之孙、晋惠公之子），秦晋关系再次破裂。于是，秦穆公将逃到楚国的晋国公子重耳接回秦国，把同宗的五个女子（包括怀嬴）嫁给重耳，助重耳回到晋国继承君位，成为有名的春秋五霸中的晋文公。因此，“秦晋之好”代表的是一种政治上的联姻，是国家之间的联合，但后来渐渐将男女之间的婚姻也称作“秦晋之好”。

11. 问鼎中原

“问鼎中原”出自《左传》，比喻企图夺取天下的野心。夏朝无道亡国，象征国家政权的传国之宝九鼎相传被成汤迁于商邑，周武王姬发灭商后迁至洛邑。公元前606年，楚庄王亲率大军北上，攻打陆浑之戎，楚军直抵周天子都城洛邑附近。楚庄王阅兵示威，周定王惶恐不安，派周大夫王孙满慰劳楚庄王。楚庄王想取周而代之，便问王孙满皇宫的九鼎之大小、轻重。王孙满委婉答道：“在德不在鼎，周德虽衰，天命未改，鼎之轻重，未可问也。”楚庄王问鼎中原，标志着楚国进入空前强盛的时代，之后人们将企图夺取政权称为“问鼎”。

12. 鞭长莫及

“鞭长莫及”出自《左传·宣公十五年》：“虽鞭之长，不及马腹！”意思是虽然鞭子很长，但总不能打到马肚子上，比喻距离太远而无能为力。公元前595年，楚庄王连续三次攻打宋国，包围宋国长达九个月。次年，宋文公派大夫乐婴齐到晋国去请求晋景公救援。晋景公想要发兵去救宋国，晋大夫伯宗劝说：“我们不能出兵，古人有话说：‘虽鞭之长，不及马腹！’现在楚国强盛，正受到上天保佑，我们不能与楚国相争。晋国虽然强大，但能违反天意吗？”晋景公遂停止发兵，宋人在城中苦守数月，楚军带走宋国大夫华元作为人质，方同意宋国求和。

13. 赵氏孤儿

赵武（约前598—前541），嬴姓，赵氏，伯益之后，与秦国同宗，名武，也称赵文子。赵武是赵氏的宗主，赵氏复兴的奠基人。

他是赵盾之孙，赵朔之子，晋文公的外曾孙。赵武是春秋中期晋国卿大夫，政治家，为国鞠躬尽瘁的贤臣，后任正卿，执掌晋国国政，力主和睦诸侯，终促成晋楚弭兵之盟。赵衰（cuī）当年跟随晋公子重耳逃亡时，在翟国娶了戎族女子叔隗（wěi）为妻，生子赵盾。晋文公重耳继承君位后，将自己的女儿赵姬嫁给赵衰，生有赵同、赵括、赵婴齐三子。赵姬主动提出接回叔隗、赵盾母子，赵盾任佐上军。晋献公时（前621），赵盾继承父职任中军将，兼执政大夫，成为晋国军政一把手大臣，权倾朝野，使赵氏一族独大晋国。赵盾扶持晋灵公夷皋继承君位，自己则专权晋国长达二十年。公元前607年，赵盾之弟赵穿袭杀荒淫无道的晋灵公，拥立晋成公即位。晋成公将女儿赵庄姬嫁给赵盾之子赵朔为妻，生子赵武。晋景公时，赵朔继父职任中军将，公元前589年，赵朔去世。公元前585年，赵朔之妻赵庄姬与赵朔的叔叔赵婴齐乱伦东窗事发，赵同、赵括将赵婴齐逐出晋国，流放到齐国，使得赵庄姬怀恨在心。两年后，赵婴齐去世。赵庄姬向晋景公诬告赵氏谋反，晋景公发兵包围赵氏下宫。一时血染宗庙，赵氏惨遭灭门。晋景公尽收其田，赠予晋公族献侯之后祁奚，史称“下宫之难”。年幼的赵武跟着母亲赵庄姬躲进晋景公宫中幸免于难，赵武便是后世广为流传的“赵氏孤儿”。中军将韩厥（韩献子）原为赵氏家臣，为感谢赵衰的养育之恩，进宫强谏晋景公，使得晋景公刀下留人，让赵武作为赵氏后代，命祁奚将封地还予赵氏。晋悼公即位后，任赵武为卿，赵氏作为晋国世卿的地位得到巩固。之后，赵武升任为佐上军，辅佐晋悼公将晋国霸业推向巅峰。晋平公时，赵武通过与诸侯重丘（今山东省聊城市茌平区广平乡）结盟，促成晋、齐两国休战，保持了中原联盟的相对稳固。在他天下共和的外交主张下，秦、晋两国再度修好。赵武具有海纳百川的胸襟，招贤纳士，注重德行，努力与诸侯共存共荣，保持了中原的平静与肃清。他执政时期，是春秋最风平浪静的时代，自己也因此赢得了良好的声望、赞誉和威信。赵武作为赵氏唯一的幸存者，经历了许多苦难，也承担了很多责任，赵武的韬光养晦使得赵氏最终又傲然屹立于晋国。公元前541年，赵武去世。赵氏之后世族人将赵武的一生总结为："昔先主文子少衅于难，从姬氏于公宫，有孝德以出在公族，有恭德以升在位，有武德以羞为正卿，有温德以成其名誉，失赵氏之典刑，而去其师保，基于其身，以克复其所。"

14. 挂羊头卖狗肉

"挂羊头卖狗肉"出自《晏子春秋·内篇杂下》，记载齐灵公好妇人而丈夫饰者一事。后用来比喻以好的名义做招牌，实际上兜售低劣的货色，表里不一，狡诈欺骗的行为。公元前582年，齐灵公继承君位，任用晏子为相，国事清明。但齐灵公有个癖好，喜欢看女子穿扮男装。为了讨好君王，宫中妃子、宫女均穿男装，佩戴男人头饰。很快全国女子全都效仿穿男装，社会上男女不分，给征兵，甚至如厕带来许多麻烦。于是，齐灵公下令禁止女穿男装，如有违抗，撕破她的衣服，扯断她的衣带，让她当众出丑。但依然不能制止。齐灵公不知如何处理，便请教晏子。晏子回答说："国君禁止的是宫外百姓女子，而您却让宫内女穿男装，就好比一个肉店，在外面挂的是羊头，可里面卖的却是狗肉。"齐灵公顿时茅塞顿开，令宫内女子不准穿男人服饰。过了一个月，全国就没有女子穿男装了。

15. 百家文字之宗，万世古文之祖

左丘明（约前556—约前451）鲁国之附庸小邾国人，姓丘，名明，因其父任左史官，故称左丘明，为齐国开国之君姜太公二十一

世裔孙，春秋末期史学家、文学家、思想家、散文家。左丘明继承其父的职位，继任鲁国的太史官。他品德高尚，胸怀坦荡，深得鲁侯器重。他与孔子同为春秋末期人，二人关系密切。左丘明博览天文、地理、文学、历史等大量古籍，学识渊博。他在任时尽职尽责，德才兼备，为时人所崇拜。孔子著有文字简明的《春秋》，左丘明为解析《春秋》而作《左传》(又称《左氏春秋》)。《左传》是一部独立撰写的记史文学作品，它起自鲁隐公元年（前 722），迄于鲁哀公二十七年（前 468），以《春秋》为本，通过记述春秋时期的具体史实来说明《春秋》的纲目。《左传》代表了先秦史学的最高成就，是研究先秦历史和春秋时期历史的重要文献，对后世的史学产生了很大影响。它是儒家重要经典之一，是历代儒客学子重点研习的史书，与《公羊传》《谷穀梁传》合称“春秋三传”。左丘明还创作有一部国别体著作《国语》(又名《春秋外传》或《左氏外传》)，他作《国语》时已患有眼疾，双目失明，辞官回乡。《国语》记录范围为上起周穆王十二年西征犬戎（前 936），下至智伯被灭（前 453），书中包括各国贵族间朝聘、宴飨、讽谏、辩说、应对之辞及部分历史事件与传说，保存了具有很高价值的原始资料。左丘明因此也成为中国传统史学的创始人，史学界推左丘明为中国史学的开山鼻祖，他被誉为“百家文字之宗、万世古文之祖”。公元前 451 年前后，左丘明病逝。

16. 上下其手

“上下其手”出自《左传 · 襄公二十六年》，比喻暗中勾结，随意玩弄手法，串通作弊。公元前 547 年，楚国与秦国联合向东攻打吴国，但吴国早有准备，戒备森严。楚、秦联军转锋攻打郑国，俘获了郑国两位大将印堇父和皇颉。楚康王之弟公子围想冒认俘获皇颉的功劳，与实际抓获皇颉的穿封戌发生争执，彼此不肯让步。于是，请伯州犁来作公证人进行裁决。伯州犁命人把皇颉带来，向他说明原委，然后故意把手抬得很高，指着公子围介绍说他是我国国君最宠爱的弟弟。然后，又把手压得很低，指着穿封戌介绍说这是我国方城（军事防御设施）外的一名小县尹。皇颉从伯洲犁的手势中明白了他的意图，于是指认说是公子围俘获了自己，并讨好说公子围身手过人，骁勇善战，在下服输。于是，伯洲犁便把生擒皇颉的功劳判给了公子围。不久，公子围加封，伯洲犁提升，穿封戌被贬，皇颉脱险。

17. 叶公好龙

"叶公好龙"出自西汉刘向的《新序 · 杂事五》，记载叶公喜欢龙，所用的衣带钩、酒器等上面全刻着龙，卧室雕镂（lòu）装饰的也是龙，世人都知道叶公非常喜爱龙。后来被天上的真龙知道，真龙便从天而降到叶公家里，龙头搭在窗台上探望，龙尾伸到了厅堂里。叶公突然见到真龙，吓得魂不附体，惊恐万状，转身就跑。由此看来，叶公并不是真的喜欢龙，他喜欢的只不过是那些像龙而不是龙的东西罢了。后来人们用"叶公好龙"来比喻有些人口头上说爱好某些事物，实际上并不真的喜欢。讽刺空谈理论，只唱高调，不务实际，名不副实，表里不一，不务正事的思想和作风。春秋时，楚国左司马沈尹戌在吴楚之战中屡立战功，于公元前506年抵抗吴王阖闾进攻楚都郢都时兵败殉国，其子沈诸梁（字子高）被楚昭王封到楚国北疆重镇方城之外的叶城（今河南省平顶山市叶县叶邑镇）为尹，史称叶公。叶城当时水患严重，百姓苦不堪言。叶公上任后体察民情，治水开田，颇具治绩。他在自家的墙壁上绘作水利施工图，画沟绘渠，并在每个出水口画上龙，并称之为"水龙头"，以求风调雨顺。叶公治水，是中国最早小流域治水工程的典范。当时，有客人看到叶公在墙壁上只画龙不画云，便传言叶公不是真的喜欢龙。后来以讹传讹，让叶公蒙受了几千年的不白之冤。公元前479年，楚国白公作乱，叶公率领方城（军事防御设施）之外的军队，平定叛乱，打败白公，拥楚惠王复位。叶公被楚惠王封为令尹与司马，掌握楚国文武大权。后来叶公自己主动退居叶地，安享晚年。

18. 白驹过隙

“白驹过隙”出自《庄子 · 知北游》:“人生天地之间，若白驹之过隙，忽然而已。”比喻时间过得快，光阴易逝。相传，孔子有一次专程拜访老子，向老子请教什么是“至道”。老子要求孔子斋戒沐浴后说:“人的寿命是极为短暂的，好像白马驰过狭窄的空隙，一闪即逝。死是人从有形转化为无形，道即精神可以永远留在人世之间。”“白驹过隙”可以理解为庄子认为人生短暂，时光飞逝。

19. 齐鲁大地

最初把齐、鲁联系起来的是孔子，孔子在《论语 · 雍也》中说:“齐一变，至于鲁，鲁一变，至于道。”但当时齐、鲁仍是诸侯国的概念，二者各自独立。到战国末年，随着民族融合和人文同化的基本完成，齐、鲁两国文化也逐渐融合为一体。最早把“齐鲁”作为统一地域概念使用的是荀子，《荀子 · 性恶篇》说:“天非私齐鲁之民而外秦人也，然而于父子之义，夫妇之别，不如齐鲁之孝具敬父者，何也？以秦人之纵情性，安恣睢，慢于礼义故也，岂其性异矣哉！”这里把“齐鲁”与秦相对而言，“齐鲁”显然是指一个地区。因为文化的一体，“齐鲁”形成一个统一的文化圈，由统一的文化圈形成了“齐鲁”的地域概念。因为山东古为齐国、鲁国的土地，所以“齐鲁大地”今指山东省。

20. 西施浣纱

西施，原名施夷光，春秋末期出生于浙江诸暨苎（zhù）萝村（今浙江省杭州市萧山区临浦镇苎萝村）。公元前 494 年，吴国出兵越国，越国兵败夫椒（今江苏省无锡市滨湖区马山街道），称臣于吴国。越王勾践卧薪尝胆，谋求复国。在国难当头之际，天生丽质的西施忍辱负重，以身许国，与同村美女郑旦一起由越王勾践献给吴王夫差，成为吴王最宠爱的妃子。西施把吴王迷惑得众叛亲离，无心于国事。西施原是范蠡的情人，吴国覆亡后，范蠡带着西施泛舟五里湖，隐居山野。“西施浣纱”记录西施在河边浣纱时，鱼儿看见西施的倒影忘记了游水，渐渐地沉到河底，后世用“沉鱼”来形容女子的美貌。西施、王昭君、貂蝉、杨玉环被称为中国古代四大美女。人们常说的“沉鱼落雁，闭月羞花”，沉鱼指西施，落雁指王昭君，闭月指貂蝉，羞花指杨玉环，沉鱼排在最前，足见西施的美丽。

21. 窃钩者诛，窃国者侯

“窃钩者诛，窃国者侯”出自《庄子 · 胠箧（qū qiè）》：“彼窃钩者诛，窃国者为诸侯；诸侯之门而仁义存焉。”记载田常（田成子）盗窃齐国之事，意思是偷腰带带钩的要处死，篡夺政权的人反倒成为诸侯，用以讽刺法律的虚伪和不合理，引申义为当时现实的虚伪，体现的是庄子的道家思想。齐悼公时，公元前 485 年，田常承袭父亲田乞之位，任齐国大夫。公元前 484 年，田常、鲍息发动政变，毒杀齐悼公，立齐悼公之子齐简公继承君位，田常任齐国左相。公元前 481 年，田常再次发动政变，杀死齐简公，立齐简公之弟齐平公继承君位。田常连杀两位国君，自立为太宰，独揽齐国大权二十余年。最终于公元前386年，其后人田和被周安王列为诸侯，实现“田氏代齐”。田常窃国为侯，说明了当时法律制度本身的局限性。

22. 三家分晋

“三家分晋”指晋国被韩、赵、魏三家瓜分的事件。春秋时期，晋文公曾称霸诸侯，其子孙一代不如一代，到了晋出公时，晋君已名存实亡，实权由赵、魏、韩、范、智、中行氏六家大夫把持，称为“六卿”。六家大夫相互攻打，赵把范、中行氏灭掉后，剩下赵、魏、韩、智氏，其中智氏的实力最大，野心勃勃，一心想独揽晋国大权。公元前457年，智伯等四卿出兵攻打晋出公，晋出公逃亡齐国，半路一命呜呼。公元前453年，智伯向赵襄子、魏桓子、韩康子提议，每家割让一百里土地和户口来归晋公室，以壮大晋国。三卿家均割让了土地和一个万户邑，只有赵襄子没有答应。智伯号令韩、魏一起发兵攻打赵氏。赵军退守晋阳（今山西省太原市晋源区）严防死守，两年不克。智伯传令筑坝开渠，引汾水淹灌晋阳城。赵襄子派张孟谈说服韩、魏倒戈，放水倒灌智伯军营，大破智伯军，擒杀智伯瑶，史称“晋阳之战”。韩、赵、魏为了免除后患，开始率军攻打智氏封邑，一次杀死智伯家族二百余口，三家尽灭智氏宗族，瓜分其地。最后，连晋君仅存的一点土地也瓜分了，这就是历史上有名的“三家分晋”。公元前403年，周威烈王册封韩、赵、魏三家为诸侯国，晋国灭亡。人们习惯将韩、赵、魏三国合称为“三晋”，其领地约当今之山西省、河南省中部与北部、河北省南部与中部。现在“三晋”一般指山西省，山西省也称作“三晋大地”。

23. 李悝变法

李悝（前455—前395）又名李克，魏都安邑（今山西省运城市夏县西北禹王村）人，平民出身，曾受业于卜商（字子夏，孔子的弟子，被魏文侯尊为师傅）弟子曾申（曾参之子）门下，战国时期法家代表人物。公元前403年，韩、赵、魏一起被周威烈王封为诸侯，魏国正式建国，魏文侯任第一任国君。当时，李悝曾经担任中山相与上地守，两地均在秦国边境，他曾经多次率军和秦国交战，得到魏文侯的赏识。魏国地处原晋国相对落后的地区，经济上不如韩国，军力上赶不上赵国，地理上东、西、南、北分别被齐国、秦国、楚国、赵国挤压，处于劣势。为了改变落后的面貌，增强魏国国力，魏文侯任用李悝为相，变法图强。李悝变法主要内容：废除奴隶制时代的世袭制度，根据能力来选拔官吏；废除传统的井田制，鼓励老百姓垦荒；实行法治，建立完备的魏国法律《法经》；改革军事制度，建立“武卒”制，对军队官兵进行考核。李悝变法在魏国首先确立了土地私有制和个体小农经济制，是中国历史上封建制度正式确立的标志，在中国历史上产生了深远的影响。李悝变法是中国封建社会史上第一次成功的变法，在魏国走上富强之路的过程中做出很大贡献，揭开了战国时期变法运动的序幕。随后的楚国吴起变法、秦国商鞅变法，均是李悝变法实践的发展。公元前395年，李悝在魏国去世。

24. 皮之不存，毛将焉附

“皮之不存，毛将焉附”出自《左传·僖公十四年》，原作“皮之不存，毛将安傅”，意思是皮都没有了，毛往哪里依附呢？比喻事物失去了借以生存的基础，就不能存在。公元前403年，魏国被周威烈王封为诸侯，魏文侯为第一任国君。相传，一次魏文侯出门游历，看见一个路人将裘皮衣服翻过来穿在身上背着柴火。魏文侯问：“为什么将裘皮衣服翻过来背柴火？”路人回答说：“我爱惜裘皮衣服上的毛。”魏文侯说：“你不知道如果皮被磨光，毛也就没地方依附了吗？”第二年，东阳官府上贡的礼单上，上交的钱两增加了十倍，大夫全来祝贺。魏文侯却说：“这同那个路人反穿皮衣背柴火没什么不同，爱惜皮衣上的毛，却又不知皮没有了毛就无处附着的道理。现在我们的田地没有扩大，官民没有增加，而贡钱增加了十倍，这一定是不顾老百姓的死活而大肆征收。如果老百姓不得安宁，国君的地位也就难以巩固，希望大家记住这个道理，不要被一点小利蒙蔽了眼睛，看不到问题的实质。”所以，做事千万不可本末倒置，事物得以存在的基础受到动摇，事物也就无法继续存在了，此所谓得不偿失。

25. 吴起变法

吴起（前 440—前 381），姜姓，吴氏，名起，卫国左氏（今山东省菏泽市曹县）人，战国初期军事家、政治家、改革家，兵家代表人物。吴起一生历仕鲁、魏、楚三国，通晓兵家、法家、儒家三家思想，在内政、军事上均有极高的成就。早年，吴起在鲁国师从曾参之子曾申门下学习儒术，后弃儒学兵。公元前 412 年，齐宣公发兵攻打鲁国，鲁穆公想任用吴起领军抵御，但由于吴起妻子是齐国人，鲁穆公有所顾虑。吴起渴望功成名就，杀妻以表决心。鲁穆公遂任命吴起为将，率军大败齐军。后来，吴起的主公季孙氏受到排挤，退出鲁国政治舞台，吴起也因此受到鲁穆公的怀疑，被免去官职，吴起离开鲁国投奔了魏国。公元前 409 年，魏文侯任命吴起为主将，苦战三年占领中山国。同年，攻克秦国河西之地，秦国退守至洛水。魏文侯设立西河郡，吴起任郡守。吴起开始改革魏国兵制，创立武卒制，修筑了吴城（今山西省吕梁市孝义市西南）。公元前 389 年，秦惠公出兵攻打魏国西河郡，吴起率兵反击，以少胜多取得“阴晋（今陕西省渭南市华阴市东）之战”的胜利。公元前387年，魏国相国田文去世，新任相国公孙痤畏忌吴起，采用离间计，导致吴起于公元前385年自魏国投奔楚国。吴起得到楚悼王的信任，被任命为宛城太守，一年后升任令尹。吴起在楚国进行了大刀阔斧的改革，史称“吴起变法”。变法内容：制定法律并将其公布于众；已传三代的贵族取消爵禄；淘汰、裁减无关官员，削减官吏俸禄；整顿楚国官场损公肥私、谗害忠良的不良风气；统一楚国风俗，禁止私人请托；改革军制，建设楚国国都郢都（今湖北省荆州市江陵市西北）。吴起变法取得了巨大成功，楚国国力大增。吴起率兵南征百越、西伐秦国、攻魏救赵，屡立战功。公元前381年，楚悼王病逝，因变法得罪的楚国贵族发动叛乱，吴起惨遭杀害，变法宣告失败。记载吴起著有《吴起》四十八篇，现存《吴子兵法》仅有六篇，在中国古代军事典籍中占有重要地位。

26. 狐假虎威

“狐假虎威”出自《战国策 · 楚策一》，指狐狸假借老虎的威风去吓唬其他野兽，后比喻仰仗或倚仗别人的权势来欺压、恐吓别人。公元前370年，楚宣王继承君位，任命昭奚恤担任令尹，在楚宣王的治理下楚国出现了强盛的局面。楚宣王听闻北方各诸侯国都惧怕令尹昭奚恤，感到奇怪，便问朝中大臣究竟什么原因。大臣江乙给楚宣王讲了一个“狐假虎威”的故事：老虎捉到一只狐狸，张开大嘴准备吃掉狐狸时，狡猾的狐狸对老虎说，天帝派我掌管森林中的百兽，如果您吃掉我，就违背了上天的命令，将会遭到天帝严厉的制裁与惩罚。您如果不相信，我在前面走，您跟在我的后面，看看群兽见到我有哪一个敢不逃跑！老虎信以为真，就和狐狸同行，群兽见到它们，纷纷逃跑，老虎不知道群兽是害怕自己才逃跑的，以为是害怕狐狸。现在大王的国土方圆五千里，大军百万，却由昭奚恤独揽大权。所以，北方诸侯害怕昭奚恤，其实是害怕大王的军队，这就跟群兽害怕老虎是一样的。

27. 商鞅变法

商鞅（约前395—前338），姬姓，公孙氏，名鞅（后因封于商地，故叫商鞅，号称商君），卫国人，战国时期政治家、改革家、思想家，法家代表人物，卫国国君后代。商鞅年轻时喜欢刑名法术之学，受李悝、吴起的影响很大。他曾侍奉魏国国相公叔痤，任职中庶子。公叔痤病重时曾向魏惠王推荐商鞅说："商鞅年轻有才，可以担任国相治理国家，如果不用商鞅，一定要将他杀死，不能让他投奔别国而成为强大的对手。"魏惠王没有采纳公孙痤的建议，公孙痤去世后，商鞅得知秦孝公求贤，便携带李悝的《法经》投奔了秦国，并得到秦孝公的重用。他的变革思想被秦孝公接纳，秦孝公于公元前359年命商鞅在秦国国内颁布《垦草令》，主要内容有：刺激农业生产，抑制商业发展，重塑社会价值观，提高农业的社会认知度，削弱贵族、官吏的特权，让国内贵族加入到农业生产中，实行统一的税租制度等改革方略。《垦草令》成功实施后，秦孝公于公元前356年任命商鞅为左庶长，推行第一次变法，主要内容有：改革户籍制度，实行什伍连坐法，明令军法，奖励军功，废除世卿世禄制度，建立二十等爵制，严惩私斗，奖励耕织，重农抑商，改法为律，制定秦律，推行小家庭制等改革方略。经过第一次变法后，秦国国力大增。但变法也遇到强大阻力，旧氏族用心险恶，鼓动、挑拨太子嬴驷（亦称赵驷）以身试法，杀死里正等十多人，引起极大民愤，使推行新法的商鞅左右为难。商鞅平衡利弊后，惩罚了太子的两位老师，在旧氏族和嬴氏公族中引起轩然大波。秦孝公废除太子爵位，将其放逐秦国山野，这为商鞅日后的悲惨结局埋下祸根。公元前351年，秦孝公将国都从栎阳（今陕西省西安市北）迁至咸阳（今陕西省咸阳市东、西安市西北）。同年，拜商鞅为大良造，开始第二次变法，其主要内容有：开阡陌封疆，废井田，制辕田，允许土地私有及买卖，推行县制，初为赋，统一度量衡，燔（fán）诗书而明法令，塞私门之请，禁游宦之民，执行分户令，禁止百姓父子兄弟同居一室等改革方略。商鞅吸取了李悝、吴起法家人物在魏、楚两国实行变法的经验，结合秦国的具体情况，对法家政策做了进一步发展。他以李悝的《法经》为蓝本，改法为律，制定了较为完备的刑律及其他方面的法律，即《秦律》六篇。秦国经过成功的变法，实力变得雄厚，秩序稳定，周显王赐予秦孝公霸主称号。商鞅变法是战国时期一次较为彻底的封建化变法改革运动，顺应了封建历史发展的潮流，推动了奴隶制社会向封建制社会转型，符合新兴地主阶级的利益，大力推动了社会进步和历史的发展。变法严重触动了旧贵族的利益，在秦孝公去世以后，商鞅被即位的秦惠文王战死，尸体车裂示众。但变法的成果依然继续，变法壮大了秦国国力，实现了富国强兵，为以后秦国统一全国奠定了坚强的基础。商鞅著有《商君》二十九篇，兵家权谋论著中著有《公孙鞅》二十七篇。《公孙鞅》已失传，现存《商君书》共有二十四篇，其中第十六篇《刑约》和第二十一篇《御盗》已失传。

28. 徙木立信

“徙木立信”出自《史记 · 卷六十八 · 商君列传》，记载了商鞅在实施变法前担心百姓不信新法，为了取得人们的信任，采用了“徙木立信”的策略。他在都城南门立三丈之木，并广而告之谁能把它扛到北门去就给十金。众人觉得奇怪，没一人敢扛。于是，商鞅将酬金涨到五十金。最后，终于有人将木头扛到北门，商鞅立刻兑现了五十金酬金，取得市民的信任，树立了新法的威信。宋代改革家王安石在《商鞅》诗中赞扬说:“自古驱民在信诚，一言为重百金轻。今人未可非商鞅，商鞅能令政必行。”“徙木立信”指通过某种手段树立典型，而使公众信服的行为。

29. 稷下学宫

“稷下学宫”是世界上最早的官办高等学府和我国最早的社会科学院、政府智库，始建于田齐桓公田午时期。约公元前 370 年，田齐桓公面对诸侯并伐、多次战败的局面，为招揽天下贤士，聚集人才，培养人才，改变国运，在齐国国都临淄（今山东省淄博市临淄区）稷门外创建稷下学宫，将学者封为“大夫”。稷下学宫成为当时的学术中心园地，为天下学术百家争鸣局面的形成起到了极大的推动作用。稷下学宫曾几乎容纳了“诸子百家”中的各个学派，其中主要有道、儒、法、名、兵、农、阴阳、轻重诸家。当时，汇集了天下贤士多达千人左右，其中著名的学者有孟子（孟轲）、淳于髡（kūn）、邹子（邹衍）、田骈、慎子（慎到）、申子（申不害）、接子、季真、涓子（环渊）、彭蒙、尹文子（尹文）、田巴、儿说、鲁连子（鲁仲连）、驺子（驺奭）、荀子（荀况）等。尤其是荀子，曾经三次担任学宫的“祭酒”（学宫之长）。在齐宣王、齐威王时期，对稷下学宫进一步发扬光大，发展达到鼎盛阶段，更加促进了先秦时期学术文化的繁荣。稷下学宫基本与田齐政权相始终，随着秦灭齐而消亡，历时大约一百五十年。稷下学宫完全可以说是世界历史上第一所真正的大学，第一所学术思想自由、学科林立的高等学府。

30. 名医扁鹊

扁鹊（前 407—前 310）姓秦，名越人，齐国人，祖籍齐国渤海郡（今河北省沧州市任丘市），后迁居郑国，春秋战国时医学家，中医学的鼻祖。扁鹊得到长桑君的真传，学有所成。他云游各地，行医治病，医术高超，药到病除，妙手回春。曾经过虢国，用针灸疗法，使虢国太子起死回生。公元前 357 年，扁鹊到了齐国的都城临淄（今山东省淄博市临淄区），田齐桓公慕名热情接待了他。扁鹊见到田齐桓公却说:“大王有病，病在皮肤。”田齐桓公不信。十日后，扁鹊说:“大王有病，病在肌肉。”田齐桓公还不信。又十日，扁鹊说:“大王有病，病在肠胃。”田齐桓公仍然不信。再十日，扁鹊看后无语，大王已经病入膏肓，无能为力了，扁鹊遂连夜逃出齐国，取道魏国跑到秦国。田齐桓公讳疾忌医，最后病入骨髓，医治无效而亡。田齐桓公的教训意在告诫世人特别是为政者，应该勇于正视现实，直面个人灾难、社会危机，及早采取救治措施。扁鹊到秦国后，公元前 310 年，恰遇秦武王与武士们举行举鼎比赛腰部受伤，太医李醯（xī）用尽药方不见好转，病情愈加严重。有人推荐名医扁鹊入宫给秦武王诊治，扁鹊把完脉采用推拿和汤药并使，秦武王病状很快痊愈。秦武王想封扁鹊为太医令，被太医李醯（xī）极力阻挠，并欲加害扁鹊。扁鹊在逃离秦国途中被李醯派人劫杀，一代神医陨落。扁鹊的医术代表了春秋战国时的医疗水平，也奠定了我国中医学的基础。到今天，“望、闻、问、切”，针灸、汤药，仍然是中医诊治的基本手段。

31. 滥竽充数

“滥竽充数”出自《韩非子 · 内储说上》，比喻没有真才实学的人混在内行人之中，或以次充好，有时候也用来表示自谦。公元前

320年，齐宣王继承君位。他非常喜欢听许多人一起吹竽合奏，便招揽了许多善于吹竽的乐工，组成了一支三百人的吹竽乐队，待遇非常优厚。有个游手好闲、不务正业、姓南郭的浪荡子弟，时称南郭先生。他根本不会吹竽，却混进了吹竽乐队，装模作样同大家一起演奏，骗领优厚的赏赐，过着舒适的生活，多年没有被发现。公元前301年，齐宣王去世，其子齐湣王继承君位。齐湣王同样爱听吹竽，不同的是他喜欢听独奏。还没有轮到南郭先生演奏，他便逃之夭夭，溜之大吉。“滥竽充数”告诉我们一个道理，弄虚作假的方式纵然能蒙蔽一时，但不可糊弄一世。人只有刻苦努力，掌握真才实学，才能取得真正的成功。

32. 鸡鸣狗盗

“鸡鸣狗盗”出自《史记·孟尝君列传》，意思是微不足道的本领，也指偷偷摸摸的行为。战国时齐国孟尝君，名田文，战国四公子之一，以广招门客、食客三千闻名。他对宾客来者不拒，有才能的让他们各尽其能，没有才能的也提供食宿。公元前299年，齐湣王派孟尝君率领众宾客出使秦国，秦昭王听说孟尝君的贤能，便将他留下，想让他出任秦国相国。但被群僚阻拦，秦昭王将孟尝君和他的手下全部软禁起来，图谋杀掉孟尝君。孟尝君一食客装狗钻入秦宫偷出狐白裘衣献给秦昭王的宠妃，在宠妃的求情下，秦昭王释放了孟尝君。孟尝君一行逃至函谷关时，秦昭王又下令追捕。另一食客装鸡叫引众鸡齐鸣骗开城门，孟尝君靠着鸡鸣狗盗之士逃回了齐国。从此，宾客们都佩服孟尝君广招宾客不分等级的做法。后来将“鸡鸣狗盗”比喻卑下的技能或具有这种技能的人。

33. 纸上谈兵

“纸上谈兵”出自《史记 · 廉颇蔺相如列传》，记载赵国大将赵括纸上谈兵、兵败长平的故事。后指在纸面上谈论打仗，比喻不学无术，空谈理论，不能解决实际问题。战国时期，赵国大将赵奢，屡立战功，被封为马服君。赵奢的儿子名叫赵括，人称马服子。赵括从小喜欢攻读兵书，谈论用兵打仗头头是道，海阔天空。但赵奢并不赏识儿子赵括，认为儿子只会大话空谈，缺少真才实学。赵奢去世后，公元前260年，赵国中了秦国的反间计，赵孝成王不顾蔺相如和赵括母亲的反对，执意撤换年老的廉颇，任命赵括为大将军，与秦军作战。赵括改变了廉颇凭险固守的作战方针，轻率撤换同他意见不一致的将领，用书上所学的理论与秦军展开正面交锋。秦军上将白起知道赵括年轻气盛，骄傲轻敌。使用诱兵之计，故意打了几个败仗后迅速撤退。赵括率兵追击，中了秦军埋伏，长平大营被破。赵军被围困四十多天，内无粮草，外无援兵，赵括被乱箭射死，四十余万赵国士兵全部被活埋，制造了历史上有名的一次大惨案，史称“长平之战”。赵国自此元气大伤，走向衰落，最终被秦将王翦灭亡。

34. 战国四公子

战国末期秦国越来越强大，各诸侯国贵族为了对付秦国的入侵和挽救本国的灭亡，竭力网罗人才。他们礼贤下士，广招宾客，以扩大自己的势力，因此养“士”之风盛行。以养“士”著称的有齐国的孟尝君田文、赵国的平原君赵胜、魏国的信陵君魏无忌和楚国的春申君黄歇，并称为“战国四公子”。“得民心者得天下，得士者得民心。”他们对人才的重视和人才观，以及运用人才来维系国家生死存亡及起死回生等方法，对后世影响深远。

孟尝君田文

齐国的孟尝君田文是齐国靖郭君田婴之子，号孟尝君。田婴非常赏识儿子田文，令其主持家务，广罗宾客，田文一时名声闻于诸侯。田婴去世后田文袭父职封于薛邑（今山东省枣庄市滕州市南），即薛公。田文招揽各诸侯国的宾客，甚至连逃亡犯罪、鸡鸣狗盗之徒，不分贵贱一并收揽，食客数千人。齐湣王时，田文任齐相国，他采取远交近攻策略，联合韩、魏攻楚、燕，率领齐、韩、魏三国之军组织合纵战争，攻入秦国的函谷关，迫使秦国割地求和。孟尝君曾出使秦国被囚，靠鸡鸣狗盗之士逃回齐国。公元前294年，孟尝君的好友田甲叛乱劫持了齐湣王，事败后孟尝君受到牵连，被罢免后出奔魏国，被魏昭王任为宰相，发兵联合燕、赵进攻齐国。齐襄王即位后，孟尝君辞官回到薛邑养老，在诸侯国之间持中立地位。孟尝君去世后，几个儿子争着继承爵位，随即齐、魏两国联合共同灭掉了薛邑。

平原君赵胜

赵国的平原君赵胜是赵武灵王之子、赵惠文王之弟，赵惠文王及赵孝成王时为赵国国相，封于东武城（今山东省德州市武城县西北），号平原君。平原君广招宾客，养食客数千人。公元前259年，秦国围困赵都邯郸，平原君散尽家财于士兵，鼓舞军民共赴国难，秦军久攻不下。次年，平原君率毛遂等门客求救于楚、魏两国，赵、魏、楚三国联军击败秦军，挽救赵国于危难之中。公元前251年，平原君赵胜去世，其子孙世代承袭他的封爵，后随赵国灭亡而断绝。

信陵君魏无忌

魏国的信陵君魏无忌是魏安釐王之弟，魏安釐王继承君位后，封魏无忌于信陵（今河南省商丘市宁陵县），号信陵君。信陵君为人仁爱宽厚，礼贤下士，门下曾有三千食客。由于信陵君威名远扬，各诸侯国连续十多年都不敢出兵侵犯魏国。公元前257年，秦军围攻赵都邯郸，赵国向魏国求救。魏安釐王不愿出兵，由于信陵君的姐姐是赵国平原君的妻子，信陵君利用魏安釐王的宠姬如姬盗得虎符，夺取兵权，出兵八万以解赵国之围。信陵君因盗兵符，十年不敢回国，一直留在赵国。公元前247年，秦国蒙骜攻取魏国的高都（今山西省晋城市东北）和汲（今河南省新乡市卫辉市西南）。魏安釐王与信陵君和解，拜之为上将军。信陵君召集燕、赵、韩、魏、楚五国联军抗秦，击退秦将蒙骜的进攻，联军乘胜追击至函谷关，秦军闭关不出。合纵攻秦的胜利，使信陵君的声威震惊天下。秦国后来离间魏安釐王和信陵君的关系，魏安釐王夺去信陵君执掌魏国兵权的上将军之位。信陵君从此心灰意冷，不再上朝，每日沉迷酒色。四年之后，魏无忌于公元前243年在郁闷中去世。从此，魏国失去最后支撑的顶梁柱，十八年后魏国被灭。

春申君黄歇

楚国的春申君黄歇（家世不详），年轻时曾四处拜师游学，见识广博，以辩才出众深得楚顷襄王的赏识。公元前272年，楚国为与秦国讲和，楚顷襄王派黄歇陪太子熊完到秦国做人质，秦昭王将他们扣留了十年。其间，熊完娶秦襄王之女为妻，生子熊启。公元前263年，楚顷襄王患病，黄歇安排熊完换了衣服扮成楚国使臣的车夫，以偷梁换柱之计，使太子熊完顺利逃回楚国。楚顷襄王去世后太子熊完继承君位，是为楚考烈王。公元前262年，楚考烈王任黄歇为令尹，赐淮河以北十二县封地，封为春申君。春申君礼贤下士，招引门客，有门客多达三千余人，其数量在“战国四公子”中居于首位。楚考烈王国内无子，春申君对此非常担忧。赵人李园入楚后，将妹妹李嫣嫣先嫁给春申君，然后移花接木，待李嫣嫣有身孕后送给楚考烈王，封为王后，生子熊悍，立为太子。春申君、李园因此地位显贵，参与朝政。公元前 259 年，秦国围攻赵都邯郸，赵国向楚国求援。春申君调兵遣将，与魏国一起出兵救赵，打败秦军。公元前 241 年，春申君组织最后一次合纵，楚考烈王担任六国盟约首脑，春申君当权主事。春申君任命庞暖为联军主帅，联军进攻秦国到函谷关（今河南省灵宝市），秦国倾全国之兵出关迎战，打败六国联军。楚考烈王把战败的罪责归于春申君，从此开始冷落春申君。楚考烈王去世后，楚幽王继承君位，李园担心移花接木之事败露而发动政变，杀死春申君黄歇，并将其满门抄斩。

35. 战国四大名将

“战国四大名将”指战国时期秦国的白起、王翦，赵国的廉颇、李牧这四位著名的将领。《千字文》中以“起翦颇牧，用军最精。宣威沙漠，驰誉丹青”来形容这四位将领的功绩。四人都是从军中最基层的军官做起，凭借自己的努力一步一步成长为秦、赵两国最为倚重的大将，代表了战国时期实战的最高水准。

白起

秦国名将，白氏，名起，郿邑（今陕西省宝鸡市眉县常兴镇白家村）人。白起交好秦宣太后，和穰侯魏冉的关系也很好。秦昭襄王时，任命白起为左庶长，领军征战，屡立战功。公元前 293 年“伊阙之战”，大将白起率秦军在伊阙（今河南省洛阳市区南约二公里处的龙门）以少胜多，大破魏、韩二十四万联军，俘虏魏将公孙喜，彻底扫平秦军东进之路，可谓白起的成名之战。公元前 292 年，白起升任大良造，发兵攻打魏国，一举夺取了魏国大小六十一座城邑，为秦国东出崤函奠定了基础。公元前 280 年，白起率军攻打赵国，斩首两万余人，攻占代光狼城（今山西省晋城市高平市城西南约十公里康营村）。公元前 278 年，白起领兵攻打楚国，攻占了楚国国都郢都（今湖北省荆州市江陵县），焚烧了楚国先王坟墓彝陵，楚国被迫迁都到陈丘（今河南省周口市淮阳区）。秦昭襄王以郢都为南郡，封白起为武安君（能抚养军士，战必克，得百姓安集，故号武安），白起名震天下。公元前 260 年“长平之战”，白起率兵击败赵军，赵括战死，赵国四十万军队被活埋，重创赵国主力。白起担任秦军主将三十多年，攻城七十余座，为秦国统一六国做出了巨大的贡献。白起由于功高震主，得罪应侯范雎，接连被贬官。公元前 257 年，秦军围攻赵都邯郸，楚、魏两国救援赵国。赵、魏、楚三国联军打败秦军。秦昭襄王令白起出兵，白起自称病重，后带病上路，半道白起被秦昭襄王赐剑命其自刎，死于杜邮（今陕西省咸阳市渭城区渭阳街道任家咀村）。

王翦

秦国名将，字维张，频阳东乡（今陕西省渭南市富平县）人。王翦少年时就喜欢军事，骁勇善战，后辅佐秦王政统一六国。公元前 236 年，王翦领兵进攻赵国，夺取赵国九座城邑。自此，拉开了秦军伐赵的序幕。公元前 228 年，王翦率军攻破赵都邯郸，赵国灭亡。公元前 227 年，发生了历史上著名的“荆轲刺秦王”事件，秦王嬴政盛怒，派王翦领军大举攻伐燕国。公元前 226 年，王翦攻破燕都城蓟（今北京市西南），燕王喜逃到辽东，燕国名存实亡。公元前 225 年，王翦之子王贲领兵包围魏都大梁（今河南省开封市），魏国灭亡。公元前 223 年，王翦领兵讨伐楚国，攻取楚都寿春（今安徽省淮南市寿县)，楚国灭亡。公元前 222 年，王翦领兵征伐燕国辽东，俘虏燕王喜，燕国灭亡。公元前 221 年，王翦之子王贲领军灭掉齐国。随后，王翦又南征百越，取得胜利。王翦因功绩卓著，被秦王嬴政拜为太师，封为武成侯。此后，王翦的经历不详。其子王贲、其孙王离均为秦国著名战将。秦统一天下，除韩国之外，其余五国均为王翦父子所灭。王翦一生征战无数，战绩辉煌，他智而不暴，勇而多谋，在当时杀戮无度的战国时代显得极为可贵，后世尊王翦为琅琊王氏和太原王氏的共同始祖。

廉颇

赵国名将，嬴姓，廉氏，名颇，字洪野，中山郡苦陉县(今河北省保定市定州市邢邑镇)人。廉颇勇猛果敢，屡立战功，闻名于诸侯。赵惠文王时，东方六国以齐国最为强盛，齐、秦分别为东西方强国。公元前 283 年，廉颇带领赵军长驱深入齐境，攻取阳晋(今河南省周口市郸城县西，原为卫国领地，后属齐国)，威震诸侯，廉颇班师回朝，官拜上卿。赵国宦者令缪(miào)贤的门客蔺相如经过“完璧归赵”“渑池会盟”，取得与秦国外交上的胜利，也被赵惠文王拜为上卿，位列廉颇之上，引起廉颇的不满。廉颇觉得自己攻城野战，战功赫赫，而蔺相如只不过靠能说会道立点小功，却位于自己之上，感到羞耻和不平。蔺相如以国家大局为重，不计较个人恩怨，时常回避、忍让，避免与廉颇发生正面冲突。廉颇知情后，脱去上衣，露出上身，背着荆条，来到蔺相如的门前请罪。经过负荆请罪，终致将相和，二人成为生死与共的好友。赵孝成王时，赵国长平之战失败后，公元前 259 年秦国再次攻打赵都邯郸。老将廉颇与平原君率兵抵抗，秦军久攻不下。次年，在魏、楚联军的救援下，打败秦军。公元前 251 年，燕国入侵赵国，廉颇率八万军队迎击，大破燕军，燕军主将栗腹被杀，卿秦、乐闲被俘。赵孝成王封廉颇为信平君，担任代理相国。至赵悼襄王时，廉颇的职务被解除，由乐乘代替在外领兵。廉颇与乐乘发生冲突，乐乘逃走，廉颇也离开赵国投奔了魏国，后到楚国。公元前243年，廉颇在郁闷中死于楚国寿春（今安徽省淮南市寿县）。

李牧

赵国名将，嬴姓，李氏，名牧，赵国柏仁（今河北省邢台市隆尧县）人。李牧具有高超的军事指挥才能，关爱士兵，深得士兵和人民的爱戴，有着很高的威望。他长期驻守代地雁门郡，防备匈奴侵扰。李牧精选战车一千三百辆、战马一万三千匹，培养敢于冲锋陷阵的勇士五万余人，善射的士兵十万人，数次打败匈奴，斩杀匈奴十多万人马，灭了襜（chān）褴、打败东胡、收降林胡，迫使匈奴单于逃跑，确保了赵国边境城镇十多年的安稳。公元前246年，李牧调回都城邯郸，以相国身份出使秦国，订立盟约，使秦国归还了赵国质子。公元前244年，赵悼襄王解除了廉颇的职务，廉颇因受排挤而发怒，攻打乐乘后离开赵国投奔魏国。加上田单、赵奢、蔺相如相继去世，李牧成为朝中重臣。公元前243年，李牧领兵进攻燕国，攻下燕国武遂（今河北省保定市徐水区西北的遂城镇）和方城（今河北省廊坊市固安县南）。赵王迁时，公元前233年，秦将桓齮率秦军进逼邯郸，攻打赵国的赤丽和宜安（今河北省藁城区西南二十里），形势危急。赵王迁从代雁门调回李牧，任命其为大将军，李牧率军在肥地（今河北省石家庄市藁城区一带）击败秦军，史称“肥之战”。李牧被赵王迁封为武安君。公元前232年，秦军第三次大举进攻赵国，南路军推进邺邑平阳（今河北省石家庄市邯郸市临漳县西），威胁赵国首都邯郸；北路军推进太原，经太行山进攻番吾（今河北省石家庄市平山县东南）要地。大将军李牧临阵不惊，指挥若定，首先率军给番吾秦军以沉重的打击，再攻南面之敌，驱逐秦军退出赵境，史称“番吾之战”。公元前 229 年，秦国大将王翦亲自率主力攻打赵国，攻取井陉（今河北省石家庄市井陉县），赵王任命李牧为大将军，司马尚为副将，倾全军抵抗入侵秦军。秦国使用反间计，派人用重金收买赵王迁的宠臣郭开，在郭开的诋毁下，李牧被杀害，司马尚被撤职。赵国临战而亲佞臣诛杀无辜忠诚良将，仅过了三个月，赵国被秦国灭亡。

36. 都江堰

公元前 251 年，李冰任秦国蜀郡郡守。当时岷江水势浩大，经常冲决堤岸，泛滥成灾。李冰上任后与儿子二郎立即实地考察，了解水情民情，制定治理方案。他们将玉垒山凿开二十米宽的开口，称作“宝瓶口”，凿开的山头称作“离堆”，原来的河道称作“外江”，新的支流称作“内江”；在江中修筑分水堰，称作“分水鱼嘴”，使得内江水量增加，四季不断，灌溉农田，在分水鱼嘴和离堆之间修筑“飞沙堰”，内江水大时可以漫过堰顶到外江，使内江变成恒流，不会造成灾害。各项主体工程相互依赖，功能互补，巧妙配合，浑然一体。布局合理的水利系统工程，联合发挥分流分沙、泄洪排沙、引水疏沙的重要作用，使其枯水不缺，洪水不涝，消除水患，这就是著名的都江堰。都江堰是一个科学、完整、极具发展潜力的庞大水利工程体系，它巧夺天工，造福当代，惠泽未来，是区域水利网络化的典范。两千多年前，都江堰取得这样伟大的科学成就，世界上绝无仅有，至今仍是世界水利工程的最佳作品。

37. 风投“谋国”

吕不韦（？—前235），姜姓，吕氏，名不韦，姜子牙二十三世孙，卫国濮阳（今河南省安阳市滑县）人，战国末年商人、政治家、思想家。吕不韦主持编纂的《吕氏春秋》（又名《吕览》），包含八览、六论、十二纪，汇合了先秦诸子各派学说，“兼儒墨，合名法”，史称“杂家”。吕不韦在赵国做生意时结识了在赵国做人质的秦国公子异人，认为异人奇货可居，他建议异人认秦太子安国君的爱妃华阳夫人（不能生育）做母亲，并花重金到秦国帮异人运作。吕不韦将自己的姬妾赵姬送给异人，不久生子嬴政（实际为吕不韦之子）。公元前251年，安国君继承君位，即秦孝文王。秦国围攻赵都邯郸时，赵孝成王想杀了异人。异人在吕不韦的帮助下，与吕不韦一起逃回秦国。异人被立为太子，改名子楚。秦孝文王服丧期满，正式即位三天便离奇去世，太子子楚继承君位，是为秦庄襄王。秦庄襄王拜吕不韦为秦国丞相，封为文信侯。赵孝成王主动派使者将赵姬、嬴政母子送回秦国，与秦国交好。公元前247年，秦庄襄王去世，十三岁的嬴政继承君位，是为秦王政。秦王政尊吕不韦为仲父，吕不韦从此把持秦国的朝政大权。吕不韦风投见效，权倾朝野，奴仆万人，门客三千。公元前238年，秦王政二十二岁，对吕不韦专权、与太后赵姬私通及嫪毐与太后赵姬淫乱产生不满，“蕲年宫之变”将嫪毐车裂示众。公元前237年，将吕不韦罢相归田，放逐河南封地。公元前235年，秦王政将吕不韦全家流放巴蜀，吕不韦在途中饮鸩自尽。吕不韦是中国历史上最成功的商人，是“风投界”最厉害的“天使投资人”。他以“一千金”的成本价，经过一系列运作，赚了一个“国”的收益，实现了最盈利的天使投资模式。这个模式，其实做的是“谋国”的大生意。吕不韦任相国期间，对内发展生产，整军备战；对外保持扩张势头，秦国的国力日益强盛，统一天下已成大势所趋。

38. 荆轲刺秦王

荆轲（？—前 227），战国末期卫国朝歌（今河南省鹤壁市淇县）人，人称庆卿，本是齐国庆氏的后裔，后迁居卫国，始改姓荆。荆轲喜欢读书击剑，为人慷慨侠义。他曾游说卫元君，没有被认可，不为所用。后游历到燕国，由侠士田光推荐给太子丹。燕国太子丹曾在秦国当人质三年，备受折磨和羞辱，于公元前 232 年逃回燕国。秦国灭韩、赵后，向北进军逼近燕国。太子丹一心想报仇，决定派荆轲入秦行刺秦王。荆轲献计太子丹，拟以秦国叛将樊於期首级及燕国督亢（今河北省保定市涿州市、易县，廊坊市固安县一带）地图进献秦王政，相机行刺。公元前 227 年，荆轲同勇士秦舞阳带上燕督亢地图和樊於期首级，前往秦国刺杀秦王政。临行前，许多人在易水边为荆轲送行，场面十分悲壮。“风萧萧兮易水寒，壮士一去兮不复还”，荆轲在告别时所吟唱的短短两句诗永垂千古。荆轲来到秦国后，秦王政在咸阳宫隆重召见了他。荆轲在献燕督亢地图时，图穷匕见，刺杀秦王政失败而被杀。荆轲刺秦王惊心动魄的场景，千百年来被人们谈论和传颂。

39. 诸子百家

春秋战国时期，伴随着政治、经济激烈而深刻的变革，代表各阶层、各派政治力量的学者、思想家都希望按照集团利益的要求，对宇宙、社会、万事万物作出解释，提出主张。各家著书立传，广收门徒，交锋激荡，在这个群星灿烂的时代，创造了古代灿烂的文化。诸子百家是后世对先秦学术思想人物和派别的总称，诸子指的是管子、老子、孔子、庄子、墨子、孟子、荀子等学术思想的代表人物；百家指的是儒家、道家、墨家、名家、法家等学术流派的代表。诸子百家中流传最为广泛的是法家、道家、墨家、儒家、阴阳家、名家、杂家、农家、小说家、纵横家、兵家、医家。春秋战国时期各种思想学术流派的成就，与同期古希腊文明遥相辉映，以孔子、老子、墨子为代表的三大哲学体系，形成诸子百家争鸣的繁荣局面。

经典智慧

1. 管仲拜相

齐襄公在位时，荒淫无道，昏庸无能，政治混乱，人心惶惶。齐国众公子不敢居于国内，大夫管仲、召忽保护公子纠逃到鲁国，大夫鲍叔牙保护小白逃到莒国。公元前686年，齐襄公遭大臣连称（其妹为齐襄公的妃子）、管至父（周穆王的后代、管仲族人）、公孙无知（齐庄公之孙、夷仲年之子、齐僖公的侄子、齐襄公堂兄弟）等人所弑杀，公孙无知自立为君。公元前685年，公孙无知被齐国大夫诛杀，公子纠与公子小白争相回国争位。鲁国国君鲁庄公护送公子纠回齐国继位。为防万一，管仲带兵在莒国到齐国的半道截杀公子小白。管仲箭射小白衣带钩上，小白诈死后日夜兼程抢先回到齐国。公子小白在贵族国、高两氏的支持下继承君位，是为齐桓公。鲁国在齐国的施压下杀死公子纠，大夫召忽自杀，管仲被囚禁。齐桓公欲杀管仲，鲍叔牙劝说："如果君上只想治理齐国，那么有叔牙和高傒就足够了。如果君上想成就天下霸业，那么非管仲不可。"齐桓公采纳了鲍叔牙的建议，不计前嫌，不仅没报一箭之仇，反而接回管仲并拜为国相。自此，君臣同心，励精图治。齐桓公也成为历史上不拘一格起用人才的典范，齐桓公这种博大胸襟值得我们思考、学习。

2. 割股奉君

“割股奉君”出自汉代韩婴所作《韩诗外传》，记载了介子推跟随晋公子重耳流亡他国的故事。介子推（？—前 636）春秋时期晋国人，生于今山西运城市闻喜县畖（wā）底镇户头村，长在今山西省运城市夏县裴介镇裴介村。晋献公时，公元前 656 年，晋国发生“骊姬之乱”，太子申生被骊姬陷害致死，改立骊姬之子奚齐为太子，因此引发了一系列变乱。公元 655 年，公子夷吾逃往梁国，介子推跟随公子重耳逃往翟国。公元前 645 年，晋惠公派人到翟国诛杀重耳，重耳一行逃到卫国。他们没有得到卫文公的善待，一行人在卫国陷入深山，饥饿难行。介子推偷偷割下自己腿上的肉，煮汤给重耳吃，以渡难关，这便是“割股奉君”的典故。之后，他们离开卫国，先后逃往齐国、曹国、宋国、郑国、楚国，最后到了秦国。公元前 636 年，重耳在秦穆公的协助下，回到晋国继承君位，是为晋文公。介子推随重耳在外逃亡十九年，风餐露宿，饥寒交迫，备尝艰难险阻，以尽犬马之劳，可谓功不可没。但介子推却认为晋文公归国即位，实为天意，忠君的行为发乎自然，没必要得到奖赏。进而隐居绵山，成为一名不食君禄的隐士。事后晋文公找人心切，听他人言，火烧绵山，以逼介子推出山。介子推终究没有出山，与母亲抱着一棵柳树被烧死，死后葬于介休绵山。晋文公重耳深感愧疚，遂改绵山为介山，并立庙祭祀。晋文公还将一段烧焦的树根，带回宫中做了一双木屐，每天望着它长叹:“悲哉足下。”君主成为“足下”一词便由此而来，后也用于对对方的尊称。公元前 635 年，晋文公领着文武大臣，素服徒步绵山哀悼祭奠介子推，介子推被烧死的那天被确定为“寒食节”（清明节前一天），举国同悲，禁止烟火，只吃冷食。晋文公还钦定柳树是介子推的化身，赐柳树为清明柳。介子推死前留下血诗一首：

割肉奉君尽丹心，但愿主公常清明。
柳下作鬼终不见，强似伴君作谏臣。
倘若主公心有我，忆我之时常自省。
臣在九泉心无愧，勤政清明复清明。

一代名臣义士介子推隐居“不言禄”之壮举，忠君爱国、鄙弃功名利禄的气节，流芳百世，感人至深，深得世人怀念。

3. 退避三舍

晋献公时，公元前656年，晋国发生“骊姬之乱”。公元前655年，晋公子重耳开始流亡避难十九年。其间，重耳到楚国时，曾受到楚成王以国君之礼隆重接待。重耳答应如果回国继承君位，若晋、楚两国发生战争，晋国情愿“退避三舍”。公元前636年，重耳在秦穆公的协助下，回到晋国即位，也就是后来称霸一时的晋文公。公元前632年，楚国攻打宋国，宋国向晋国求援，晋文公发兵救援宋国。晋文公与楚军交战时兑现当年对楚成王“退避三舍”的承诺，命令军队后撤九十里，最后取得“城濮之战”的胜利。晋文公吩咐将士们，把楚军赶跑就行，不许追赶滥杀，免得辜负了楚成王先前的情义。晋文公在两军对垒、生死攸关时都如此诚信，岂能不成为中原霸主。

4. 危如累卵

“危如累卵”出自《韩非子 · 十过》：“其君之危，犹累卵也。”

比喻形势非常危险，如同堆起来的鸡蛋，随时都有塌下打碎的可能。荀息（？—前651），姬姓，原氏，名黯，字息，故名原黯，他是晋国有史记录的第一位相国。晋武公时，灭掉荀国（今山西省临汾市襄汾县荀董村附近）后，以荀国旧地赏赐大夫原黯为邑，原黯从此以荀为姓，史称荀息。后荀息生子荀逝敖，荀逝敖生子荀林父、荀骓、荀首，分别为晋国中行氏、程氏、智氏始祖。荀息为人忠诚，足智多谋，忠心耿耿侍奉晋献公近三十年，是当时晋国的肱股之臣。荀息献计假道灭虢，轻而易举地先后灭了虢国、虞国。扫除了晋国向中原发展的障碍。当时晋国并国十七，服国三十八，取得对外扩张的胜利。晋献公被胜利冲昏头脑，贪图享乐，下令耗巨资修建一座九层高台，引起了国人的强烈不满。大臣们谁来劝谏，谁便招来杀身之祸。荀息冒死相谏说："晋王，我不敢进谏，但我能垒起十二个棋子加上九个鸡蛋。"于是，他先摆好棋子，然后在上面垒好鸡蛋。晋献公看着随时要倒塌的鸡蛋非常紧张，荀息遂意味深长地说："这不算危险，还有比这更危险的。您修建九层高台，刚动工三年就闹得民不聊生，国库空虚，如果遭到外来侵略，咱们国家不就像这累起的鸡蛋一样危险吗？"晋献公听了连忙下令停止筑台，这便是"危如累卵"的故事。公元前651年，晋献公于病榻前拜荀息为相国，主持国政。晋献公病逝，诸公子争位，晋国大乱。荀息以股肱之力辅佐新君继位，立年幼的太子奚齐为国君。奚齐即位仅十个月，就被大臣克里刺杀。荀息遂立奚齐之异母弟悼子为国君，悼子即位仅一个月又被克里刺杀。荀息受晋献公重托，深感有负于晋献公，不食其言，遂自杀以死尽忠。相传山西省临汾市曲沃县高显镇荀王村为荀息故里，荀息墓位于今山西省临汾市乡宁县管头镇樊家坪村东南的柏山寺。

5. 一鸣惊人

“一鸣惊人”出自《韩非子·喻老》：“虽无飞，飞必冲天；虽无鸣，鸣必惊人。”《史记·滑稽列传》中也有“此鸟不飞则已，一飞冲天；不鸣则已，一鸣惊人。”比喻平时没有突出的表现，一下子做出惊人的成绩。公元前614年，楚国公子熊侣继承君位，是为楚庄王。楚庄王统治朝政三年，不发布政令，不治理朝政；对他国战争视而不见，漠不关心，并下令谁敢劝谏，判处死罪。其实，楚庄王面对国内矛盾重重、国外争霸激烈的复杂局面，静观其变，以感辨奸，暗自掌握全局，韬光养晦，积蓄力量。右司马伍举拜见楚王，对楚王讲谜语请教说：“有一只鸟停在南方的阜山上，三年不展翅，不飞翔，也不鸣叫，沉默无声，这是什么鸟呢？”楚庄王说：“三年不飞，是为了生长羽翼；三年不鸣，是为了观察民众的态度。此鸟一飞冲天，一鸣惊人。你等着看吧。”此后，楚庄王撤职了一批奉承拍马的大臣，重用敢于直言进谏的人才，改革政治，制造武器，操练兵马，经过六年的苦心经营，展露心志，开启霸业。楚庄王铲灭权臣，收复王权，先后灭掉庸国，打败齐国，战胜晋国，饮马黄河，问鼎中原，称霸天下。

6. 太上老君

老子姓李名耳，字伯阳，又称老聃，春秋末期出生于楚国苦县（原相县因荒芜而归于苦县）厉乡曲仁里（秦时属陈郡，东汉时属淮阳郡，今河南省周口市鹿邑县试量镇），中国古代思想家、哲学家、文学家和史学家，道家学派创始人和主要代表人物，与庄子并称“老庄”。后被道教尊为始祖，称“太上老君”，唐朝时被追认为李姓始祖。相传老子的母亲把他生在一棵李树下，刚出生时便满头白发，所以才有了老子这个称呼。老子从小聪明好学，博览群书，曾师从商末主掌礼乐的大臣常枞（cōng）（即商容）。公元前551年，老子二十多岁孤身来到东周都城洛阳，凭借自己的才干，入周王室任守藏室史（管理藏书的官员）。公元前535年，老子因受权贵排挤，被免职后出游鲁国。公元前530年，老子被召回周室复职。公元前516年，晋国出兵打败周公子姬朝，老子跟随公子姬朝逃往楚国，之后老子去了秦国。据说孔子当年曾拜见了老子，回来后孔子三天没有说话。子贡很奇怪，问老师出了什么事。孔子说:“鸟，我知道它能飞；鱼，我知道它能游；兽，我知道它能跑。能跑的，我可以用网去捕捉它；能游的，我可以用丝线去钓它；能飞的，我可以用箭去射它。至于龙，我不知道它是怎么乘风云上天的。我见到老子，他就像出神入化的云中之龙一样深不可测！”当时，由于诸侯国连年征战，东周一天天衰落，楚国被吴国击败，险些亡国。老子准备到战乱极少的秦国安度晚年，他骑青牛经函谷关，守关的官员尹喜挽留老子小住几日，请求他写一部书拜读，以传天下。老子欣然答应，几天后老子写成五千余字的《道德经》。成书之后，老子继续西行出关进入秦国境内，留在秦国四处游览，最后定居在扶风（今陕西省宝鸡市扶风县）一带，此后下落不明。老子的《道德经》，蕴藏深厚的天道理论、辩证思想、社会理论和美学思想。《道德经》共计五千二百八十四个字，分为上下两册，八十一章，前三十七章为上篇道经，第三十八章以后属下篇德经。全书的思想结构是：道是德的“体”，德是道的“用”。老子认为一切事物都遵循这样的规律（道），方法（德）来源于事物的规律（道）。事物本身的内部不是单一的、静止的，而是相对复杂的、变化的。事物本身即是阴阳的统一体，相互对立的事物会互相转化，即阴阳转化。世上任何事物都是相比较而存在的，美丑、善恶、有无、难易、长短都是相互依存的，有此才有彼，有是才有非，有善才有恶。任何事物都是你中有我，我中有你，任何事物都不是一成不变的。道之本性是自然无为，但正是这种无为，成就了有为，被老子哲学高度地概括为“无为而无不为”。老子的思想成为中国古代哲学的源头之一，对我国两千多年来哲学发展、思想文化发展产生了深远的影响，其思想核心是朴素的辩证法。在政治上，他主张无为而治、不言之教。在权术上，讲究物极必反之理。在修身方面，讲究虚心实腹、不与人争的修为。老子是道家性命双修的始祖，老子思想早已突破国界，成为全人类共同的精神财富。

7. 荣期三乐

“荣期三乐”出自《列子 · 天瑞》，记载孔子请教荣启期快乐的方法。教育人们要有一个好的心态，学会知足常乐的处世哲学。荣启期（前 595—前 500）字昌伯，春秋时期郕（chéng）国（今河南省濮阳市范县、山东省泰安市宁阳县东北一带）人。公元前 693 年，荣叔公有功社稷，被鲁桓公封为上谷大夫，始迁于鲁，宅居郕邑。荣启期为荣叔公后人，是春秋时期著名学者。荣启期精通音律，博学多才，思想上很有见解，但在政治上并不得志，特别在老年以后，常常在郊野“鹿裘带素，鼓琴而歌”，并以此自得其乐。孔子有一次去泰山游玩，在鲁国遇见了荣启期，见他衣着简朴，但神态自若、悠然自得。孔子便问:“请问你为什么如此快乐呢？”荣启期答道:“我快乐的原因非常多。首先，天地万物中最为尊贵的是人，我竟有幸为人，这是第一件快乐之事；其次，男尊女卑，以男为贵，我有幸为男人，这是第二件快乐之事；其三，有些人尚未见到日月、尚未脱离襁褓就夭折了，而我很幸运能活到九十岁。古往今来，读书人能飞黄腾达者有几人？贫穷是读书人的常态，而死亡则是所有人的归宿，我以常态之心，安等人生归宿，还有什么可遗憾的呢？”孔子听了说道："说得好！自己能够如此宽慰自己的人，怎能不快乐！"保存至今的南朝砖画《竹林七贤和荣启期》，把他和后来的竹林七贤画在一起，荣氏后人尊称荣启期为鼻祖。

8. 不辱使命

"不辱使命"出自西汉刘向整理的《晏子春秋》，记载《晏子使楚》的故事。管仲去世后，过了一百多年，齐国又出了个贤相晏婴。晏婴（？—前500），姬姓，晏氏，字仲，谥"平"，史称"晏子"。晏子是齐国夷维（今山东省潍坊市高密市）人，是齐国上大夫晏弱之子，他是春秋时期齐国著名政治家、思想家。说到晏子，我们一定知道"晏子辞高僚"的故事，高僚仕于晏子三年，从没纠正晏子的错误而被辞退。晏婴以生活节俭、谦恭下士著称，秉公无私，廉洁奉公，他的政治远见和外交才能、作风朴素而又聪明机智闻名天下。齐灵公时，公元前556年，晏弱病逝，晏子继任父职为齐国上大夫。齐景公时，公元前531年，晏子出使楚国，楚灵王借此三次羞辱晏子，都被晏子巧妙化解，晏子"不辱使命"，维护了自己和国家的尊严。当时，楚灵王知道晏子身材矮小，派人连夜在城门旁边开了个五尺高的小洞，打算让晏子从洞里钻进来。晏子到了城门，守城的士兵说："听说齐国使臣身材矮小，开大门费事，从小洞进来吧。"晏子严肃地说："这是狗洞，出使狗国的人才从狗洞进城，难道我是出使狗国来了吗？"楚灵王只好吩咐守卫打开城门，迎晏子入城。晏子拜见楚王时，楚灵王问："齐国没有人才了吗？怎么派你这样的人当使者呢？"晏子笑答："齐国有个规矩，有德有才的人出使贤者为王的国家；没有出息的人，出使庸者为王的国家。我是齐国最没出息的人，只能出使到楚国来。"席间酒兴时，两个士兵押着一个囚犯而过。楚灵王问："囚犯是哪里人？犯了什么罪？"士兵回答：

"齐国人，盗窃罪。"楚灵王看着晏子笑问："齐国人都善于偷盗吗？"晏子从容不迫地回答："橘生淮南则为橘，生于淮北则为枳。"晏子拿起智慧的武器，不但自己没受辱，反而让对方蒙羞。楚灵王自讨没趣，感到惭愧，非常客气地接待了晏子，并厚礼把晏子送回齐国。晏子不辱使命的故事赞扬了晏子的爱国情怀、机智勇敢、善于辞令、灵活善辩的外交才能与不惧大国、不畏强暴的斗争精神；也讽刺了狂妄自大、傲慢无理、自作聪明的人。晏子士可杀不可辱的气概被千古传颂。

9. 螳螂捕蝉，黄雀在后

"螳螂捕蝉，黄雀在后"出自西汉文学家刘向的《说苑 · 正谏》，讽刺了那些只顾眼前利益，不顾身后祸患的人；对鼠目寸光、利令智昏、不顾后患的这类人提出警告。一次，吴王阖闾想要讨伐楚国，遭到群臣的反对。吴王很恼火，告诉左右大臣说："我会杀死所有敢劝谏我不出兵的人！"吴王的侍从中有个年轻人想要劝谏吴王却不敢，于是他手里拿着弹弓，在后宫四处转悠，每天全身衣服都被露水打湿。过了数日，吴王问他："你为什么要这样辛苦地拿着弹弓打湿衣服？"年轻人回答说："园子里有一棵树，树上有一只蝉，蝉处在高处一边动听地鸣叫，一边吮吸着露水，却不知道螳螂在它的后面；螳螂缩着身子紧贴树枝，弯起前肢，想要取食抓蝉，却不知道黄雀在它的旁边；黄雀伸长脖子想要啄食螳螂，却不知道我拿着弹弓就在它的下面。这三者都必定想要得到眼前的利益，却不考虑身后的隐患。"吴王道悟出了其中的道理，于是停止了出兵。

10. 周游列国

孔子（前 551—前 479）名丘，字仲尼，春秋末期鲁国陬（zōu）

邑（今山东省济宁市曲阜市）人，祖籍宋国栗邑（今河南省商丘市夏邑县），中国古代思想家、教育家，儒家学派创始人，被誉为“大成至圣先师”“孔圣人”。宋国的开国国君宋微子是孔子的十五世祖。六世祖得孔氏，是为孔父嘉。孔父嘉是宋国大夫，曾为大司马，封地于宋国栗邑。孔父嘉在宫廷内乱中被太宰华督所杀，至后人叔梁纥（hé）（子姓，孔氏，名纥，字叔梁，孔子的父亲）时，为避宋国战乱逃到鲁国的陬邑（今山东省济宁市曲阜市）定居，任鲁国陬邑大夫。叔梁纥的正妻施氏生有九女，小妾生一子孟皮，孟皮有足疾。公元前551年，六十六岁的叔梁纥纳不满二十岁的颜徵在生孔子。公元前549年，叔梁纥病逝，颜徵在被施氏驱逐，于是带孟皮与孔子至阙里（今山东省济宁市曲阜市鲁城街道阙里社区），过着清贫的生活。公元前533年，十九岁的孔子迎娶了宋国女子丌官氏为妻。公元前532年，亓官氏生子，鲁昭公给孔子赐鲤鱼，孔子为子起名为鲤，字伯鱼。公元前522年，孔子三十岁时，饱学诗书，已有些名气，却仕途不顺，一直不受重用。这一年，齐景公与晏婴到访鲁国时召见了孔子。公元前517年，鲁国发生内乱，鲁昭公被迫逃往齐国，孔子也追随到了齐国。公元前515年，因齐相晏婴反对孔子的主张，齐国大夫欲加害他，孔子逃回鲁国。当时，鲁国三桓专权，发生“阳虎之乱”。公元前501年，季桓子任用孔子打击当权家臣。鲁定公重用五十多岁的孔子为中都宰，隔年升为司空。公元前499年，孔子参加“夹谷会盟”，他运用智慧和勇气，在外交上战胜齐国，迫使齐景公归还侵占的鲁国土地。事后，孔子升任为大司寇，代理宰相。公元前498年，孔子为摧毁三桓根基，实施“堕三都”失败，被季桓子排斥。加上鲁定公吃喝玩乐、不管政事，公元前497年，孔子在万分失望中，踏上了十四年漫长的周游列国的征途。他先后到卫国、宋国、陈国、蔡国和楚国，均不受欢迎，四处碰壁，有人把他喻为“丧家之犬”。公元前484年，季康子派人迎接年近七十岁的孔子和寥寥无几的弟子回到鲁国。“功名成不了，还可以成仁”，孔子开始进行大规模的学术研究，晚年修订六经（《诗》《书》《礼》《乐》《易》《春秋》），给我们留下了儒家系统的经典之作。公元前479年，孔子病逝，终年七十三岁。孔子主张“为政以德”，用道德和礼教来治理国家是最高尚的治国之道，这种治国方略也叫“德治”或“礼治”。德治就是主张以道德去感化教育人。儒家认为，无论人性善恶，都可以用道德去感化教育人。而所谓礼治，即遵守严格的等级制度，君臣、父子、贵贱、尊卑都有严格的区别。说到孔子，我们自然会想到《论语》。《论语》是孔子及其弟子的语录结集，在孔子去世后，由孔子弟子及再传弟子编写而成，至战国前期成书。全书共二十篇四百九十二章，以语录体为主，叙事体为辅，主要记录孔子及其弟子的言行，较为集中地体现了孔子的政治主张、伦理思想、道德观念及教育原则等。此书是儒家学派的经典著作之一，与《大学》《中庸》《孟子》并称“四书”，再加上《诗经》《尚书》《礼记》《周易》《春秋》，总称“四书五经”。孔子的思想对中国和世界都有深远的影响，被列为“世界十大文化名人”之首。英国科学史学家李约瑟评价孔子为“无冕皇帝”。法国学者伏尔泰评价孔子：“东方找到一位智者。我全神贯注地读孔子的这些著作，我从中吸取了精华，孔子的书中全部是最纯洁的道德，在这个地球上最幸福的、最值得尊敬的时代，就是人们遵从孔子法规的时代，在道德上欧洲人应当成为中国人的徒弟。”

11. 卧薪尝胆

“卧薪尝胆”出自《旧五代史·汉书·隐帝纪》和《史记·越王勾践世家》，记载越王勾践同吴国打了败仗之后，养精蓄锐，灭吴雪耻的故事，形容一个人忍辱负重，发愤图强。春秋末期，吴越两国常年争霸，战争不止。公元前496年，越王勾践继承君位，吴王阖闾派兵攻打越国，被越王勾践打败，阖闾重伤而亡。阖闾临死前嘱咐儿子夫差要替他报仇。两年后，公元前494年，吴王夫差率兵攻打越国，勾践在会稽山（今浙江省绍兴市南）被包围，无路可走，准备自尽。这时，谋臣文种劝说："吴国大臣伯嚭贪财好色，可以派人去贿赂他，让伯嚭周旋可化解危机。"勾践采纳了文种的建议，派文种带着珍宝行贿伯嚭，伯嚭从中周旋使两国讲和。吴国大将伍子胥强烈反对道："人常说要斩草除根，勾践深谋远虑，文种、范蠡精明强干，放他们回去等于放虎归山，将来一定成后患！"夫差没听取伍子胥的劝告，认为越国已经不足为虑，答应了越国的投降，从越国撤军。越王勾践夫妇和大夫文种、范蠡臣服到吴国当人质。勾践夫妇给吴王夫差喂马，范蠡做奴仆。两年后，他们终于赢得了吴王夫差的信任，被释放回到越国。勾践回国后，立志发愤图强，时刻准备复仇。他担心自己贪图安逸，意志消磨，晚上睡在稻草堆上，在吃饭的地方挂上一个苦胆，每天吃饭时先尝尝苦胆的味道，所谓"卧薪尝胆"。他亲自参加耕种，夫人亲自纺线织布，鼓励生产。同时，越国收购吴国粮食，使之粮库空虚；赠送吴国木料，耗费吴人财力物力兴建宫殿；离间吴国君臣，使忠臣伍子胥遭到杀害；施用美人计将美女西施送给夫差，消磨夫差心力，使其不问政事。经过十年的艰苦努力，越王勾践，养精蓄锐，储备军力，富国强兵。相反，吴王夫差不顾民生疾苦，穷兵黩武，力图争霸。公元前482年，吴王夫差率领精兵北上，在黄池（今河南省新乡市封丘县西南）与诸侯会盟，与晋国争夺诸侯盟主。越王勾践趁机突然袭击吴国，打败吴军，俘获吴国太子友，迫使吴国求和。公元前478年，越王勾践再度率领大军攻打吴国，在笠泽（今江苏省苏州市吴江区一带）大败吴军，吴国自此一蹶不振。公元前476年，越王勾践再次征伐吴国，吴国已是强弩之末，屡战屡败。公元前473年，越军攻入吴都（今江苏省苏州市），太宰伯嚭被杀，吴王夫差后悔当年没听伍子胥的忠告，羞愧难言，求和不成，拔剑自刎，吴国灭亡。

12. 鸟尽弓藏

"鸟尽弓藏"出自《史记·越王勾践世家》："飞鸟尽，良弓藏；狡兔死，走狗烹。"记载的是越国大臣范蠡、文种与越王勾践的故事，意思是鸟没有了，弓也就藏起来不用了。比喻事情成功之后，把曾经出过力的人一脚踢开。范蠡（前536—前448）字少伯，春秋末期楚国宛邑（今河南省南阳市）人，春秋末期政治家、军事家、经济学家和道家学者，中国早期商业理论家，楚学开拓者之一，被后人尊称为"商圣"，"南阳五圣"之一，后世许多生意人皆供奉他为财神。范蠡虽出身贫贱，但博学多才，因不满楚国政治黑暗、非贵族不得入仕，与楚国宛令文种一起投奔了越国。范蠡被越王勾践拜为上大夫，与文种辅佐越王勾践兴越灭吴，成为一代霸主。范蠡因功劳卓著，官封上将军。然而，范蠡没有身居高位继续为官，选择弃官经商的道路。在那个时代"士"为首，"商"为末，范蠡从官场退出心甘情愿地沦为地位最低的商人，着实难得。他临走时给与他朝夕相处、同舟共济的文种留下一封信，信中说："飞鸟尽，良弓藏；狡兔死，走狗烹。越王勾践为人长颈鸟喙（huì），可与共患难，不可与共乐。子何不去？"文种未听劝隐退，称病不朝。果不其然，不久一心想北上称霸中原的勾践与主张偏安江南一隅的文种发生冲突，勾践怀疑文种谋反，文种后悔没听范蠡的话，被勾践赐剑自裁。范蠡当年走时悄悄地带上了西施，乘船到了太湖边上的五里湖，隐姓埋名住下，为了保住性命曾三迁陶地（今山东省泰安肥城市湖屯镇北十六里的陶山，一说山东省菏泽市定陶区）。陶地东邻齐、鲁，西接秦、郑，北通晋、燕，南连楚、越，是最佳经商之地。他操计然之术（根据时节、气候、民情、风俗等，人弃我取、人取我予，顺其自然、待机而动）兴办产业，短短几年，经商积资便成巨富。范蠡因此成为历史上开创商业第一人，为后世商人的保护神，是我国民间四大财神之一，即“文财神”。他在商业领域的作为带动了经济发展，促进了商业流通。范蠡不仅有深邃的经济思想，还发明了秤的度量单位，特别注重消费者的感受，根据需求进行售卖。他挖掘并发扬“商圣”的商略、商德、商文化。范蠡经商不仅涉猎农业，鼓励耕种，还对养鱼业有深刻的见解，因此范蠡还有“陶朱公”之称。其间，他还去了齐国为相，仅仅三年，再次急流勇退，向齐王归还了相印，散尽家财给知交和老乡。公元前 448 年，范蠡去世，终年八十九岁。范蠡一生治国可立奇功，经商可成巨子，深谙功成身退，财富反馈社会之道。他的深明大义、精明干练、处事能力和高尚情操，即便在今天亦堪为楷模，世人誉之忠以为国，智以保身，商以致富，成名天下。

13. 兵家至圣

孙武（约前 545—约前 480）字长卿，春秋末期齐国乐安（今山东省东营市广饶县草桥镇）人，春秋时期著名的军事家、政治家，被称为孙子、孙武子，又被尊称为“兵家至圣”“百世兵家之师”“东方兵学的鼻祖”。周武王伐纣时，虞阏（yān）父任周国陶正（官名），周武王将长女大姬嫁给虞阏父之子满，把满封到今河南省周口市淮阳区一带建立陈国，周王并对满赐以妫（guī）姓，称为胡公，胡公满当了陈国的第一代君主。虞阏父、胡公满便是孙武的先祖，到陈厉公时，陈国发生内乱，陈厉公之子完逃往齐国，他便是孙武的直系祖先。公元前 521 年，公子完后人田书因讨伐莒国有功，被齐景公封至乐安，赐姓孙氏，孙书（田书）便是孙武的祖父，孙书生子孙凭，孙凭生子孙武。孙武自幼潜心研究兵法，齐国发生内乱后，孙武奔往吴国，隐居著书。偶尔结识吴相伍子胥，成为至交。伍子胥向吴王阖闾七次举荐孙武，孙武献上他的巨作《孙子兵法》十三篇。开篇第一句话“兵者，国之大事，死生之地，存亡之道，不可不察也！”便吸引了吴王，孙武被拜为大将。公元前 512 年，孙武与伍子胥领兵攻灭徐国、钟吾二国，夺取楚国舒邑。公元前 506 年，孙武、伍子胥领兵五战五胜，攻入楚国郢都（今湖北省荆州市江陵县），创造了攻占大国都城的先例。公元前 494 年，孙武、伍子胥领兵讨伐越国，越军大败，越王勾践向吴国屈辱求和。公元前 484 年，吴王夫差赐属镂之剑令伍子胥自尽。孙武心灰意冷，隐居乡间，修订兵法著作。大约公元前 480 年，孙武在忧国忧民和郁郁不得志中客死吴国。孙武和他的军事思想享誉古今、蜚声中外，对后世影响极为深远。孙武的《孙子兵法》被誉为“兵学圣典”，在中国乃至世界军事史、军事学术史和哲学思想史上都占有极为重要的地位。

14. 班门弄斧

“班门弄斧”出自唐朝柳宗元《王氏伯仲唱和诗序》：“操斧于班、郢之门，斯强颜耳。”意思是在鲁班门前舞弄斧子，比喻在行家面前卖弄本领，不自量力。同“关公面前耍大刀”的意思相近。鲁班（前 507—前 444），春秋末期、战国初期鲁国人，姬姓，公输氏，字依智，名班，古代著名的发明家。鲁班一生有许多发明创造，他的名字实际上已经成为古代劳动人民智慧的象征，被称为中国土木工匠的始祖。鲁班出身于世代工匠家庭，从小参加过很多土木建筑工程劳动，逐渐掌握了生产劳动的技能，积累了丰富的实践经验。木工师傅们用的手工工具，如钻、刨子、铲子、曲尺，划线用的墨斗，都是鲁班发明的。大约在公元前450年以后，他从鲁国来到楚国，帮助楚国制造兵器，发明了云梯和钩强。鲁班还发明了农业机具砻（lóng）、磨、碾子等，他的妻子云氏发明了伞。鲁班是一个刻苦钻研、不断创新的实干家，是一名爱岗敬业、技艺精湛的能工巧匠，更是一名极具智慧、独具匠心的发明家。2019年在山东省滕州市举办的第四届鲁班科技节开幕式上，首次提出了“传承规矩、创新创造、专注钻研、精益求精”的新鲁班精神。为了纪念鲁班，1987年由中国建筑业联合会设立的优质工程奖命名为鲁班奖，1993年随联合会的撤销转入中国建筑业协会。1996年国家优质工程奖和建筑工程鲁班奖合并，定名为中国建筑工程鲁班奖（国优）工程。

15. 修齐治平

曾子（前505—前435），姒姓，曾氏，名参，字子舆，鲁国南武城（今山东省临沂市平邑县郑城镇）人，春秋末期思想家，孔子晚年弟子之一，儒家学派重要代表人物。曾子著作《大学》，开宗明义地提出了三纲（明德、亲民、止于至善），八目（格物、致知、正心、诚意、修身、齐家、治国、平天下），构成了“修齐治平（身修而后家齐，家齐而后国治，国治而后天下平）”一套完整的封建伦理道德政治哲学体系。早在夏朝时，夏王少康封其次子曲烈为甑（zèng）子爵，在甑建立鄫国（今山东省临沂市兰陵县），曾姓自此发源。公元前567年，鄫国被莒国所灭。鄫国太子巫出奔鲁国南武城定居，以曾为氏，曾子为其玄孙。公元前490年，十六岁的曾子拜孔子为师，勤奋好学，得孔子真传，成为孔子学说的主要继承人。他积极推行儒家主张，传播儒家思想。公元前479年，孔子去世，曾子如同父丧守墓三年。孔子临终前将其孙孔伋（字子思）托付于曾子，孔伋师从曾子。公元前 468 年，武城大夫聘曾子为宾师，在武城设教。当时多国聘请曾子入仕，被其拒绝。后来，孔伋又传授给孟子，因此曾子上承孔子之道，下启思孟学派，对孔子的儒学学派思想既有继承，又有发展和建树。曾子与孔子、颜子（颜回）、子思、孟子比肩共称为五大圣人。《韩非子 · 外储说左上》记载，有一次曾子的妻子带孩子逛集市，孩子哭闹，妻子答应孩子回家杀猪吃肉。回家后曾子果真要杀猪，妻子急忙阻止说:“我只是和孩子开个玩笑。”曾子认真地说:“孩子是不能随便开玩笑的，孩子还小什么都不懂，全都听从父母的教导，如今你欺骗孩子，他便学会欺骗，这不是教育孩子的正确方法。”曾子便把猪杀了，这便是著名的“曾子烹彘”的典故。公元前 435 年，曾子病逝，终年七十一岁。曾子终身倡导以“孝恕忠信”为核心的儒家思想，其“修齐治平”的政治观、“内省慎独”的修养观、“以孝为本”的孝道观至今仍具有极其重要的社会意义和宝贵的实用价值。曾子参与编写了《论语》，撰写《大学》《孝经》《曾子十篇》等作品。曾子在儒学发展史上有着重要的地位，被后世尊为“宗圣”。

16. 墨守成规

“墨守成规”出自明朝黄宗羲《钱退山诗文序》:“如钟嵘之《诗品》; 辨体明宗; 固朱尝墨守以为准的也。”墨守，战国时墨子善于守城，后称善于防守者为墨守; 成规，现成的规则、方法。“墨守成规”比喻思想保守，守着老规矩不求改变。墨子出生在春秋末年约公元前 480 年（一说公元前 476 年），名翟（dí），宋国人，中国古代思想家、教育家、科学家、军事家，墨家学派创始人和主要代表人物。墨子先祖是殷商王室，是宋国君主宋襄公的哥哥目夷的后代，后人因故从贵族降为平民，为墨姓，墨子是中国历史上唯一一个农民出身的哲学家。墨子少年时代做过牧童，学过木工。曾学习孔子的儒学，但因与儒家学说观点不一，另创对立学派墨家学派。在百家争鸣中，有“非儒即墨”的说法。墨子创办了有文、理、军、工等科的综合性平民学校，培养了大批人才。宋后昭公时，拜墨子为大夫，参与国政。后墨子被贬官，开始周游列国。墨子曾先后到齐国、郑国、卫国、楚国各地游学，宣传自己的学说。一次，楚国要攻打宋国，鲁班特地为楚国设计制造了云梯，准备攻城之用。墨子一方面安排大弟子禽滑厘带领三百名精壮弟子在宋国守城，另一方面自己日夜兼行十天十夜赶到楚国郢都（今湖北省荆州市江陵县）。墨子首先说服鲁班，再说服楚惠王，然后模拟攻城守城演习，鲁班攻城失败，迫使楚惠王放弃了攻打宋国的计划，这就是墨子救宋的故事，由此衍化出成语“墨守成规”。墨子晚年时，儒墨齐名，“儒墨显学”成为百家之首。墨子约公元前 390 年（一说公元前 420 年）去世，之后墨家分裂为相里氏之墨、相夫氏之墨、邓陵氏之墨三个学派。墨家弟子根据墨子生平事迹的史料，收集其语录，编成了《墨子》一书。《墨子》内容广博，包括了政治、军事、哲学、伦理、逻辑、科技等方面的重要论述，现存《墨子》仅有五十三篇。墨子的政治思想主张有“兼爱”“尚贤”“尚同”“节用”“节葬”“非乐”等；军事思想属于弱者地位的自卫学说，主张“非攻”“救守”，反对攻伐掠夺的不义之战；哲学思想以认识论和逻辑学最为突出；科学思想有宇宙论；第一个从理性高度对待数学问题；物理学的研究涉及力学、光学、声学等；在机械制造方面也有很高的造诣。中国民间企业家们慷慨捐资成立了“墨子量子科技基金会”，设立“墨子量子奖”，在国际范围内奖励量子通信、量子计算、量子精密测量等领域取得杰出科技成果的科学家。2016 年 8 月 16 日，我国在酒泉成功发射的量子科学实验卫星，为构建覆盖全球的量子保密通信网络奠定了可靠的技术基础，该卫星被命名为“墨子号”。

17. 惩巫治邺

西门豹，魏国安邑（今山西省运城市夏县）人，战国时期著名的政治家、水利家。公元前 403 年，魏国被周威烈王封为诸侯，魏文侯为第一代国君。魏文侯时，任西门豹为邺令。他初到邺城（今河北省邯郸市临漳县西）时，当地人烟稀少，田地荒芜，一片冷清，经济萧条，百业待兴。他向当地父老了解缘由，原来漳河泛滥，官绅与巫婆勾结，给河伯娶妻，搜刮民膏。他趁河伯娶妻的机会，把巫婆和乡绅投进河里给河伯送信，把官绅盘剥的财物分给百姓，惩治了地方恶霸势力。随后颁布律令，禁止巫风。西门豹亲自率众勘测水源，发动百姓在漳河两岸挖掘了十二道渠，使大片田地成为旱涝保收的良田。他在发展农业生产的同时，还实行“寓兵于农、藏粮于民”的政策，很快就使邺城民富兵强，成为战国时期魏国的东北重镇。西门豹爱民如子，政绩卓著，其“诚信于民”的思想，至今对后人有着深刻的启迪和影响。

18. 孙庞斗智

孙膑名孙伯灵（山东省孙氏族谱可查），出生于阿、鄄之间（今山东省菏泽市鄄城县北），是孙武的后代，战国时期齐国军事家。战国初期魏国名将庞涓与孙膑早年为同窗，同拜于隐士鬼谷子门下学习兵法。孙膑为师兄，各方面贤于庞涓，才能在庞涓之上。后来，庞涓得到魏惠王的信任和重用，被拜为将军。庞涓内心嫉妒孙膑的军事才能，便把孙膑骗到魏国，设计捏造罪名，对孙膑处以膑刑（砍去他的膝盖骨）和黥刑（在脸上刺字），想置他于死地。孙膑装疯卖傻，装聋作哑，流落街头，勉强保住性命。他在齐国使者的帮助下，逃离魏国到了齐国。齐国大将军田忌把孙膑推荐给齐威王，齐威王大为赏识，任命孙膑为军师。公元前353年，魏惠王派庞涓带兵攻打赵国，赵国向齐国求救。在孙膑的主张下，齐国大将军田忌避实就虚，声东击西，围魏救赵，攻打魏都大梁（今河南省开封市）。魏国撤兵回大梁应战，半路遭齐军伏击，魏军大败，这就是著名的“桂陵之战”。十多年后，公元前341年，庞涓率兵攻打韩国，韩国向齐国求援。齐威王派田忌为主将，孙膑为军师率兵救援韩国。齐国大军仍旧向魏国进军，庞涓撤兵回救。至魏国边界时，孙膑采用退兵减灶、诱敌深入、设伏聚歼的策略。齐军第一天挖十万个做饭的灶坑，第二天减为五万个，第三天再减为三万个。庞涓一见大喜，认为齐军撤退仅三天，兵士就已逃亡过半，便亲率精锐之师日夜兼程追赶。齐军在马陵（今山东省临沂市郯城县马陵山）设埋伏圈，将魏军全歼，庞涓在一棵刻有“庞涓死于树下”的大树下被乱箭射死，魏太子申被俘，史称“马陵之战”。孙膑身残志不残，辅佐齐国大将田忌两次击败庞涓，奠定了齐国的霸业。庞涓有才失德，害人害己，不得善终，这就是孙膑与庞涓故事给后人的启示。当然，也有学者认为孙庞斗智属于演义，《史记》并没有记载庞涓参与“桂陵之战”，而是详细记载了十三年后的“马陵之战”，庞涓自杀，太子申被俘。客观地看，庞涓虽妒贤嫉能、心胸狭窄、陷害师兄，但绝非人们误解的无能之辈。魏国在战国时期称霸很久，这其中离不开两个人：一个是魏将吴起把秦国打得毫无还手之力；另一个就是魏将庞涓，在孙膑没有出现之前，庞涓凭借过人的军事才能，几乎是打遍天下无敌手。魏国在庞涓的带领下，尽数收回河西失地，征韩伐赵，讨秦抗齐，可谓是一代名将。

19. 仁者无敌

“仁者无敌”出自《孟子·梁惠王上》，意思是施行仁政的君王，必然赢得民众的拥戴；上下一心，众志成城，无敌于天下。孟子（约前372—前289）名轲，字子舆，邹国（今山东省济宁市邹城市东南）人，战国时期哲学家、思想家、政治家、教育家。孟子是孔子之后、荀子之前的儒家学派代表人物，与孔子并称“孔孟”。孟子是鲁国贵族孟孙氏的后裔，孟孙氏衰微后，其中一支从鲁国迁居到邹国，便是孟子的祖先。孟子宣扬“仁政”，最早提出“民贵君轻”的思想，被韩愈列为先秦儒家继承孔子“道统”的人物，元朝追封为“亚圣”。孟子幼年和孔子一样，其父过早去世，孟母守节没有改嫁，一心培养孟子成长。孟母对他管束甚严，母亲的言传身教对孟子成长起了巨大的作用。起初，他们母子住在墓地附近，孟子就同小伙伴一起模仿大人跪拜、哭嚎的样子，玩办理丧事的游戏。孟母便带着孟子搬到市集居住，孟子又和伙伴们学习商人做生意吆喝的样子。于是，孟母又带着孟子搬到一个屠宰场附近居住，孟子便学了屠宰猪羊的游戏。孟母最后搬到学校和文庙附近，孟子便从小学到了官员行礼跪拜、互相礼貌的礼仪。这便是著名的“孟母三迁”的故事。孟子对孔子备极尊崇，继承了孔子的仁政学说。他像孔子一样，中年以后怀着政治抱负，带着数百弟子周游列国，游说于各国君主之间，推行“仁者无敌”的政治主张。他先后到了齐国、宋国、滕国、魏国、鲁国。无论他到了哪个诸侯国，都无所顾忌地批评国君，提出主张。虽然受到各国权贵的热情款待，他的政治主张却没有被接受。孟子晚年回到故乡邹国，与弟子万章、公孙丑等人整理《经》《书经》，写成《孟子》一书。其中，《鱼我所欲也》《得道多助，失道寡助》《寡人之于国也》《生于忧患，死于安乐》《富贵不能淫》等篇被编入中学语文教科书中。《孟子》成为儒家的经典著作，共十一篇，现存七篇十四卷三万五千多字，南宋时朱熹将《孟子》《论语》《大学》《中庸》合称为“四书”。《孟子》记载了孟子及其弟子的政治、教育、哲学、伦理等思想观点和政治活动。孟子的主要思想是仁、义、善，反对霸权主义用兼并战争去征服别的诸侯国，主张实行仁政，争取民心的归附，不战而服，实行王道，无敌天下。《孟子》中的名句箴言数千年来给我们人生以深刻启迪：“天时不如地利，地利不如人和。”“富贵不能淫，贫贱不能移，威武不能屈。”“穷则独善其身，达则兼济天下。”“故天将降大任于斯人也，必先苦其心志，劳其筋骨，饿其体肤，空乏其身，行拂乱其所为，所以动心忍性，增益其所不能。”

20. 庄周梦蝶

“庄周梦蝶”出自《庄子·齐物论》，记载庄子梦中幻化为栩栩如生的蝴蝶，忘记了自己原来是人，醒来后才发觉自己仍然是庄子。究竟是庄子梦中变为蝴蝶，还是蝴蝶梦中变为庄子，实在难以分辨。庄周梦蝶阐释的是庄子物化的观点，他认为不同事物之间是可以相互转化的，也可以引申为人生如梦，梦如人生。约公元前369年，庄子出生于宋国蒙地（今河南省商丘市梁园区蒙墙寺村），名周，字子休，战国中期思想家、哲学家、文学家，道家学说的主要创始人之一，老子思想的继承和发展者，与老子并称“老庄”。庄子最早提出的“内圣外王”思想对儒家影响深远，他与老子的哲学思想体系，被思想学术界尊为“老庄哲学”。庄子祖上是楚国公族，公元前381年，楚国因吴起变法发生内乱，庄子先人为避灭族之罪而迁至宋国蒙地。公元前362年，庄子师从裘氏学习儒学。公元前349年，庄子娶钟离氏为妻，生子庄遍、庄咸。庄子生平只做过宋国的漆园吏，主督漆事，公元前347年任职，公元前338年离职。任职期间勤于治理，免除兵役，被誉为地方官吏的楷模。公元前 331 年，楚威王曾想聘用庄子为相，被崇尚自由的庄子拒绝。在诸侯混战、争霸天下的战国乱世，庄子不愿与统治者同流合污，一心经营荆园，隐居著书，潜心研究道学。《庄子 · 秋水篇》记载有庄子、惠施同游濠梁观鱼的故事。二人看见一群鲦鱼来回游动，悠然自得。庄子说道："鲦鱼出游从容，是鱼之乐也。"惠施问："子非鱼，安知鱼之乐？"庄子回答说："子非我，安知我不知鱼之乐？"故事折射的是庄子倡导的真正的生活是顺其自然的、人生是追求自由快乐的观点。后人为纪念庄惠观鱼，傍水建造观鱼台，把濠梁或濠上用来比喻别有用心、自得其乐的境地。大约在公元前 298 年至公元前 286 年间，庄子去世。庄子的作品被收录于《庄子》一书，因庄子隐居南华山，死后葬于南华山，故《庄子》被奉为《南华真经》。司马迁记载"庄子著书十万余言"，《汉书 · 艺文志》著录五十二篇，而今本《庄子》仅三十三篇六万五千多字，分内篇、外篇、杂篇三部分。《庄子》一书所蕴含的深刻思想内容和高超文学水平对后世的思想文化和文学发展有着深刻、巨大的影响。庄子反对当时社会上实行的仁义礼乐等社会道德与政治制度，崇尚人性的自由与解放和提高个人素质修养，实行无为而治。他认为只有以通达的精神超越现实世界，才能获得无限的自由和心灵的宁静。唐朝诗人齐己，在《感时》一诗里引用了庄周梦蝶："忽忽枕前蝴蝶梦，悠悠觉后利名尘。无穷今日明朝事，有限生来死去人。"

21. 爱国投江

屈原（约前 340—前 278），芈姓，屈氏，名平，字原人，楚国归乡乐平里（今湖北省宜昌市秭归县屈原乡屈原村）人，战国时期楚国诗人、政治家。屈原出身贵族，是楚武王熊通之子屈瑕的后代。

他少年时受过良好的教育，博闻强识，志向远大，表现出极高的政治才能。屈原深得楚怀王信任，任左徒、三闾大夫，兼管内政外交大事，研究政事，拟定法令，接待各国使臣。屈原提倡“美政”，主张对内举贤任能，修明法度，对外力主联齐抗秦。在他的努力下，楚、齐、燕、赵、魏、韩六国君主在楚国都城郢都（今湖北省荆州市江陵县）结盟，推举楚怀王为领袖，抑制了秦国的扩张势头，使得楚国国富兵强、威震诸侯。战国中期，各国兼并战争愈演愈烈，屈原主张只有进行政治改革才有出路，但因遭贵族排挤，上大夫靳尚、公子子兰妒贤嫉能，进谗诬陷，被先后流放至汉北和沅湘流域。公元前 299 年，秦国攻占楚国八座城池，秦昭襄王约楚怀王到武关（今陕西省商洛市丹凤县东武关河北岸）会面结盟。楚怀王不听屈原劝告，听信公子子兰建议与秦和谈，被秦昭襄王囚禁，客死秦国。太子横继承君位，是为楚顷襄王。楚顷襄王整日吃喝玩乐、不问政事。公元前 278 年，秦将白起率军攻占楚国都城郢都（今湖北省荆州市江陵县），焚毁楚国先王墓地夷陵（今湖北省宜昌市），楚顷襄王被迫迁都陈丘（今河南省周口市淮阳区）。屈原看到楚国沦丧，国破家亡，完全绝望，五月初五那天，抱石自沉于汨罗江，以身殉国。后来，为了纪念屈原，五月初五那天人们划船到江中撒米祭祀，成为中国的传统节日——端午节。屈原被贬官流放后，用全部的激情来创作诗歌，痛斥卖国的小人，表达忧国忧民的心情。他的优秀诗歌被后人整理为《楚辞》，最有名的《离骚》成为千古绝唱，“路漫漫其修远兮，吾将上下而求索”所表达的伟大情怀，两千多年来一直激励着华夏儿女不断追求、探索。毛泽东曾称赞他：“屈原的名字对我们更为神圣。他不仅是古代的天才歌手，而且是一名伟大的爱国者，无私无畏，勇敢高尚。他的形象保留在每个中国人的脑海里。无论在国内国外，屈原都是一个不朽的形象。我们就是他生命长存的见证人。”

22. 儒学宗师

荀子（约前313—前238），名况，字卿，战国末期赵国人，晋国荀息的后人，古代著名的思想家、文学家、政治家，世人尊称“荀卿”，被称为战国时代的“儒学宗师”。荀子曾讲学于齐国，仕官于楚国，议兵于赵国，议政于燕国，论风俗于秦国。齐襄王即位后，招纳贤士，荀子投奔齐国，很受齐襄王尊敬，被封为“列大夫”，担任齐国的顾问，三次担任稷下学宫的祭酒（学宫之长）。后因小人谗言，被齐襄王疏远，荀子离开齐国去了楚国，春申君任他为兰陵令。荀子被辞退后，又转到秦国，秦昭襄王并不接受他的政治主张，于是他又转投赵国。之后再度被春申君请回楚国，继续任兰陵令。春申君去世后，荀子辞官而退，专心研究学问，写了三十二篇文章，即流传后世的儒家名著《荀子》。公元前238年，荀子老死于楚国兰陵（今山东省临沂市兰陵县）。荀子对儒家思想有所发展，在人性问题上，提倡性恶论，主张人性本恶，否认天赋的道德观念，强调后天环境和教育对人的影响。孔子中心思想为“仁”，孟子中心思想为“义”，荀子继二人后提出“礼”。荀子的思想非常丰富，可以说，宇宙论、人性论、道德观、知识论、教育观、文学、政治学、经济学、逻辑学等各个方面，荀子都有很大的建树。荀子是第一个使用赋的名称和用问答体写赋的人，同屈原一起被称为“辞赋之祖”。《劝学》作为《荀子》的开篇之作，是一篇论述学习的重要意义，劝导人们以正确的目的、态度和方法去学习的作品。其中名句“青，取之于蓝，而青于蓝；冰，水为之，而寒于水”“积土成山，风雨兴焉；积水成渊，蛟龙生焉；积善成德，而神明自得，圣心备焉”“不积跬步，无以至千里；不积小流，无以成江海”“锲而舍之，朽木不折；锲而不舍，金石可镂”至今激励人们勤奋学习，积极向上。重温荀子的箴言:“自知者不怨人，知命者不怨天。”可以悟出人的命运就掌握在自己手中。

23. 将相和

廉颇是战国时期赵国杰出的将军，以勇猛善战、屡立战功闻名于诸侯。赵惠文王时，公元前283年，廉颇率兵攻打齐国，大败齐军，攻占了齐国阳晋（今河南省周口市郸城县西，原为卫国领地，后属齐国），被封为上卿。而蔺相如只是赵国宦官缪贤的门客。公元前281年，秦昭王派使者见赵惠文王，表示愿用十五座城池来换赵国的国宝“和氏璧”。缪贤向赵惠文王推荐了蔺相如，蔺相如受命带着和氏璧出使秦国。他见秦昭襄王毫无诚意，便斗智斗勇，有胆有识，智屈秦王，从而“完璧归赵”。公元前279年，蔺相如陪同赵惠文王赴秦昭襄王设下的“渑池之会”，秦昭襄王为羞辱赵惠文王，让赵惠文王为其鼓瑟并做好记录，蔺相如不惜“血溅五步”，迫使秦昭襄王为赵惠文王击缶，也做好记录，反击了秦王的无礼，维护了赵国的尊严。蔺相如两次立功深得赵惠文王的信任，被拜为上卿，地位在大将廉颇之上。廉颇内心非常不服，扬言见蔺相如一次骂他一次。蔺相如知道后，装病不朝，躲着大将廉颇不见面。偶尔遇见，也躲进小巷礼让廉颇的车马先过。廉颇知道蔺相如是为了国家利益，不意气用事，不与自己相互争斗、互争高下，倍感内疚。廉颇事后赤裸上身，背负荆条，登门“负荆请罪”。光明磊落、肝胆相照的文臣与武将，同心合力形成了一股强大的政治力量，赵国成了战国末期唯一能与秦国抗衡的强国。廉颇虽然高傲，嫉妒心强，但能勇于改过，知错就改。蔺相如勇敢机智，宽容大度，深明大义。两人均能以国家利益为重，一出将相和宣扬的是：海纳百川，有容乃大；将相和，平天下。

24. 毛遂自荐

“毛遂自荐”出自西汉司马迁的《史记·平原君虞卿列传》，讲的是赵国平原君赵胜与毛遂出使楚国的故事。意思是自告奋勇，自己推荐自己担任某项工作。公元前260年，秦军入侵赵国，在“长平之战”大胜赵军。公元前259年，秦军主将白起，领兵乘胜追击，直逼赵国都城邯郸。赵将廉颇率军顽强抵抗，赵相平原君赵胜亦散家财于士卒，鼓励军民共赴国难，秦军久攻不下。公元前258年，秦国增兵十万人围攻邯郸，赵国形势万分危急。赵孝成王派丞相平原君赵胜，出使楚国求兵解围。平原君把门客召集起来，准备挑选二十个文武全才的门客同往。经过仔细挑选，仅选出十九个合适的人选。平原君有个门客名叫毛遂，公元前285年出生于鸡泽（今河北省邯郸市鸡泽县）。毛遂主动站出来说：“与楚合纵的二十人未满，我愿充任一同前往。”平原君对毛遂印象并不深，说道：“贤能的人活在世界上，就好比锥子处在布袋里，它的尖一下子便露了出来。如今你到我门下已经三年了，我从来没听到或看到你有什么特殊才能。”毛遂回答说：“我不过今天才请求装进布袋，要是您早把我装进布袋的话，我这锥子之前就扎破布袋，整个锋芒早就露出来了，何止一个锥尖。”平原君见他气度不凡，言之有理，便同意毛遂一道前往。到了楚国，平原君与楚考烈王从早晨谈到中午，也没谈出结果。毛遂按剑上前大声对楚考烈王说：“出兵的事，非利即害，非害即利，简单而又明白。楚国有五千里土地，百万精兵，足以称霸。秦将白起一个小混混而已，带着区区几万人，夺走了楚国鄢城（今湖北省襄阳市宜城县）和郢都（今湖北省荆州市江陵县）二城，火烧先王墓地夷陵（今湖北省宜昌市东南）和楚国宗庙，楚王一点都不在意吗？合纵不仅是天下大事，更是为了楚国的利益。”毛遂的一番话，句句在理，说得楚考烈王心悦诚服，决定合纵抗秦。楚考烈王派大将景阳统兵十万，与魏国联合出兵救援赵国，赵国解围。平原君回赵国后，待毛遂为上宾。平原君深有感慨地说：“毛先生的三寸不烂之舌，强于百万之师，毛先生一到楚国，楚王就不敢小看赵国了。”从此，毛遂成了平原君的一等宾客。后来，毛遂回到家乡鸡泽附近的漳滨村隐居。公元前 228 年，赵国被秦国灭亡。秦军会师北上时，五十七岁的毛遂率领残留的赵军与鸡泽民兵对秦军展开了英勇顽强的抵抗，毛遂与参战军民壮烈殉国。

25. 世异则事异

“世异则事异”出自《韩非子 · 五蠹（dù）》：“故文王行仁义而王天下，偃王行仁义而丧其国，是仁义用于古不用于今也。故曰：世异则事异。”意思是世道不同了，事物改变了，处世行事的方式方法也要相应变化。韩非（约前 280—前 233）又称韩非子，战国末期韩国新郑（今河南省郑州市新郑市）人，出生于贵族家庭，战国时期的思想家、哲学家和散文家，法家学派代表人物。韩非自幼博览群书，著述颇丰，是法家思想之集大成者。公元前 262 年，秦将白起率兵攻打韩国，占领韩国野王（今河南省焦作市沁阳市）等五十城。韩非看到积贫积弱的韩国任人宰割，开始连续数年给韩桓惠王上书，希望改变当时治国不务法制和养非所用、用非所养的情况，但其政治主张始终得不到采纳。他看到朝政腐败，政治昏暗，遂专心研究学问，埋头著述。当年，荀子离开齐国稷下学宫来到楚国，春申君任命其为兰陵令，韩非到楚国投奔荀子门下，与李斯等人学习“帝王之术”，喜好刑名法术之学。韩非后来到了秦国，得到秦王政的赏识。韩非为救韩国，便向秦王提出“存韩灭赵”的主张，公元前 233 年，秦国丞相李斯嫉妒韩非的才华，便与姚贾陷害韩非叛秦，韩非被捕入狱，服药自尽，身死他乡。韩非集商鞅的“法”、申不害的“术”和慎到（慎子）的“势”于一身，将老子的辩证法、朴素唯物主义与法融为一体，为后世留下了大量言论及著作，被后人辑集为《韩非子》。他的学说核心是以君主专制为基础的法、术、势结合的思想，秉持进化论的历史观，主张极端的功利主义，认为人与人之间主要是利害关系而仁爱教化辅之，强调依法治国，以利用人，对秦汉以后中国封建社会制度的建立产生了重大影响。韩非的学说一直是中国封建社会时期统治阶级治国的思想基础。他的著作中有许多当时的民间传说和寓言故事成为成语典故的出处，如著名的“宋人酤酒”“自相矛盾”“三人成虎”“郑人买履”“滥竽充数”等均出自《韩非子》。

第三章 秦汉一统

巍巍帝国

秦汉是中国历史上秦朝和汉朝两朝大一统时期的合称，秦汉时期是中国社会转型期，更是中国文化整合期，“多民族”与“大一统”的格局在这一时期基本形成，决定了后来中国文化的基本格局。秦统一六国，开创了君主专制、中央集权、官僚制度三位一体的封建国家政治体制，废分封，立郡县，全面统一。汉朝基本延续秦朝的制度，进行了进一步的完善，史称“汉承秦制”。秦皇汉武开疆拓土，奠定了古代中国辽阔版图的基本轮廓，中国以巍巍帝国的雄姿屹立于世界东方。

秦朝　天下一统

秦朝（前 221—前 206）是由战国时期秦国发展起来的中国历史上第一个大一统王朝。公元前 221 年，秦始皇统一全国，结束了战国分裂局面，建立了中国历史上第一个以汉族为主体、多民族统一的专制主义中央集权封建国家，定都咸阳（今陕西省咸阳市秦都区）。公元前 206 年，秦王子婴向刘邦投降，秦朝灭亡，经历三世，历时仅十五年。秦朝全盛时疆域东起辽东、西抵高原、南据岭南、北达阴山，为西汉巩固汉地奠定了基础。千古一帝的秦始皇，虽有暴君的恶行，但他创建了一系列制度，成为两千多年封建体制的基础，功不可没。然“灭六国者，六国也，非秦也；族秦者，秦也，非天下也”（唐代文学家杜牧的《阿房宫赋》），秦始皇虽南征百越、北击匈奴，然暴政徭役，置人民于水深火热之中。“沙丘政变”公子扶苏被害，公子胡亥即位，秦二世的昏庸奇葩，醉心于无知享乐之中，加上赵高的胡作非为，使朝政于不分黑白之中，最终导致农民起义爆发。“巨鹿之战”项羽破釜沉舟，打退秦将章邯，活捉王离，杀死苏角，使得章邯倒戈，秦王朝摇摇欲坠。赵高发动“望夷宫之变”，秦二世毙命。秦三世秦王子婴即位一个半月，在汉军的猛烈攻势下，投降汉王刘邦，被项羽所杀。秦朝自己的行径，注定了天下一统的秦王朝轰然倒塌，短命而亡。

开创帝制

秦始皇嬴政（前259—前210），嬴姓，赵氏，名政，秦庄襄王和赵姬之子，中国古代政治家、战略家、改革家，首次完成中国大一统的政治人物。他奠定了中国两千余年政治制度基本格局，被明代思想家李贽（zhì）誉为“千古一帝”。但秦始皇为了巩固政权，贪图享乐，横征暴敛，失去民心。秦王政完成了统一中原的大业之后，认为“名号不更，无以称成功，传后世”。认为自己功过三皇五帝，采用三皇之“皇”、五帝之“帝”，自称为“始皇帝”，他是中国历史上第一个使用“皇帝”称号的君主，史称“秦始皇”。秦始皇开创了帝制，皇帝拥有至高无上的权力，限定只有皇帝才能自称为“朕”，皇帝的命令叫作“制”或“诏”，命为制，令为诏。大臣只有参政议政事权，没有决策权。中央设三公九卿，管理国家大事。三公：丞相、御史大夫、太尉，分别掌管行政、监察和军事；九卿：奉常（掌管宗庙礼仪，地位很高，属九卿之首）、郎中令（掌管宫殿警卫）、卫尉（掌管宫门警卫）、太仆（掌管宫廷御马和国家马政）、廷尉（掌管司法审判）、典客（掌管外交和民族事务）、宗正（掌管皇族、宗室事务）、治粟内史（掌管租税钱谷和财政收支）和少府（掌管专供皇室需用的山海池泽之税及官府手工业）。地方上废除分封制，代以郡县制，郡的长官为守，县的长官为令。秦朝天下初分为三十六郡，后扩大增至四十六郡。郡县制打破了血缘关系的宗法制，封建制和官僚制则代替了贵族的世袭制。秦始皇建立的君主专制，强化了中央对地方的控制，真正实现了“普天之下，莫非王土；率土之滨，莫非王臣”的政治局面，奠定了此后中国两千多年专制主义中央集权封建国家政治体制的基本模式，故有“百代都行秦政法”[1]的说法。为了巩固政权，秦始皇还实行了一系列政策，确定土地私有，统一户籍管理，统一度量衡、货币和文字；兴建水利，凿筑灵渠沟，通长江和珠江水系；为了抵御北边匈奴人的侵扰，开始北筑长城，把原来秦国、赵国和燕国北边原有的长城连接起来，成为万里长城。

南征百越

公元前218年，秦始皇命大将屠睢（suī）率五十万大军，发动了南征百越（今中国江苏省南部、上海市、浙江省、福建省、广东省、海南省、广西壮族自治区及越南北部的南方沿海一带古越族人）的战争，这场战争是秦朝诸战中最为艰难激烈的一仗。秦军共分五路，一路攻取东瓯（今浙江省一带）和闽越（今福建省一带），两路攻南越（今广东省一带），其余两路攻西瓯（今广西省柳江以东、郁江以北、湘漓以南和西江以西的地区）。战争前后相持达三年之久，秦将屠睢战死。公元前214年，秦始皇命任嚣和赵佗再次进攻百越各部族，百越战败，整个岭南地区从此划入了秦朝的版图。

北击匈奴

公元前214年，秦始皇征服百越之后，发动了北击匈奴的战争。大将蒙恬率三十万大军，从上郡（郡

[1] 毛泽东于1973年8月5日写给郭沫若的七言律诗《七律・读〈封建论〉呈郭老》：“劝君少骂秦始皇，焚坑事业要商量。祖龙魂死秦犹在，孔学名高实秕糠。百代都行秦政法，《十批》不是好文章。熟读唐人《封建论》，莫从子厚返文王。”

治肤施，今陕西省榆林市南）北出长城向东进军；杨翁子率军由肖关（今宁夏回族自治区固原市东南）出长城向西进军。秦军攻取河南地（今内蒙古自治区乌加河以南及伊克昭盟地），沿河设置四十四县。攻取高阙（今内蒙古自治区狼山中部计兰山口），攻占阳山（今内蒙古自治区乌加河北的狼山、阴山）、北假（今内蒙古自治区乌加河以南夹山带河地区），设置九原郡（郡治九原，今内蒙古自治区包头市西北）。秦始皇徙去大批刑徒、民众，对于开发北疆、充实武备，发挥了重要作用。公元前 219 年至公元前 215 年，秦始皇迷恋长生不死之术，笃信命数，向往海上神仙居住的蓬莱、方丈、瀛洲三岛，连续到东方沿海、江淮流域及北方等地巡游求仙。有些怪迂阿谀苟合之徒，如卢生、韩终、徐福、侯生等，知道秦始皇想成为“长生不老”的神仙，都来投奔秦朝，出了不少荒诞建议，干了不少寻仙人踪迹、求不死之药的荒唐之事。当时，以淳于越为代表的一些儒生和游士引用儒家经典，借用古代圣贤的言论批评时政，反对郡县制。公元前 213 年，在丞相李斯的建议下，秦始皇发动了一场全国性的文化浩劫，下令焚毁古书。公元前 212 年，即焚书第二年，许多读书人对秦始皇焚书的行径非常反感，暗地议论秦始皇压制舆论、摧残文化。秦始皇迁怒于儒生，用酷刑迫使儒生互相揭发，牵连出四百六十余人，残暴的秦始皇将他们全部坑杀于咸阳城外，史称“焚书坑儒”，严重摧残了中国古代文化。秦始皇不断大兴土木，除了修筑长城，还耗资修建驰道（中国历史上最早的“国道”，为帝王行驶

[1] 司马迁《史记·卷六·秦始皇本纪第六》记载：“二十七年，始皇巡陇西、北地，出鸡头山，过回中。焉作信宫渭南，已更命信宫为极庙，象天极。自极庙道通郦山（即骊山），作甘泉前殿。筑甬道，自咸阳属之。是岁，赐爵一级。治驰道。”驰道始于秦朝，著名的驰道有九条，以咸阳为中心通往全国各地，方便皇帝出巡。《汉书·贾山传》中可知，秦驰道在平坦之处，道宽五十步（约今六十九米），隔三丈（约今七米）栽一棵树，道两旁用金属锥夯筑厚实，路中间为专供皇帝出巡车行的部分。可以说，这是中国历史上最早的正式“国道”。而秦直道只有一条，位于今内蒙古自治区、甘肃省和陕西省境内，从秦代云阳通往九原郡，全长大约七百余千米，主要用于军事，可以作为运兵通道，属于当时的交通干道。

车马）[1]、阿房宫、骊山陵墓等，影响了农业发展，百姓生活苦不堪言，为以后全国各地起义埋下了隐患。

沙丘政变

公元前210年，秦始皇在第五次东巡途中，于沙丘宫（今河北省邢台市广宗县）病逝。中车府令（掌皇帝车舆）宦官赵高说服秦始皇幼子胡亥，威胁丞相李斯，秘不发丧，发动“沙丘政变”（亦称“沙丘之谋”）。他们合谋篡改了秦始皇的传位诏书，废太子扶苏，威逼皇长子扶苏和将军蒙恬、蒙毅兄弟自杀，另立皇幼子胡亥（秦始皇十八子）即位，是为秦二世。

农民起义

秦二世（前230—前207）即位后，任赵高为郎中令，李斯依旧做丞相，朝廷大权实际上落到了赵高手中。赵高在任职期间独揽大权，结党营私，征役繁重，行政更加苛暴。公元前209年，官逼民反，爆发了陈胜、吴广大泽乡（今安徽省宿州市境内）起义[1]。在陈胜、吴广义军“伐无道，诛暴秦”的口号下，各地揭竿而起，天下响应，队伍迅速扩大。义军攻占陈县（今河南省周口市淮阳区）后，陈胜称王，建立政权，国号“张楚”。起义不到三个月，赵、齐、燕、魏等地方都有人打着恢复六国的旗号，自立为王。

项羽（前232—前202）与其叔父旧楚贵族项燕之子项梁杀死秦朝会稽郡守，在郡治吴县（今江苏省苏州市）举事起兵响应，趁势而起。项梁在民间找到楚怀王之孙熊心，仍立其为楚怀王，以从民望，建都于盱眙（xū yí）（今江苏省淮安市盱眙县），项梁自立为武信君。平民刘邦

[1] 司马迁《史记·卷四十八·陈涉世家第十八》记载：“吴广素爱人，士卒多为用者。将尉醉，广故数言欲亡，忿恚尉，令辱之，以激怒其众。尉果笞广。尉剑挺，广起，夺而杀尉。陈胜佐之，并杀两尉。”

在沛县（今江苏省徐州市沛县）起兵，后投奔项梁，与项羽结拜为兄弟。陈胜、吴广义军由于得势后骄兵自满，被秦将章邯率军镇压而失败，吴广在荥阳（今河南省郑州市荥阳市）被部下杀死。起义后的第六个月，陈胜败逃途中，于城父（今安徽省亳州市谯城区城父镇）被他的车夫庄贾设计杀害。大泽乡起义是中国历史上第一次大规模的平民起义，沉重打击了秦朝政权，揭开了秦末农民大起义的序幕。

赵高乱政

公元前208年，丞相李斯面对危局忠言进谏，反被赵高布下陷阱，诬告李斯之子时任三川郡守的李由谋反，逐步把李斯逼上绝路，将其处以极刑，腰斩于咸阳，被灭三族。其子李由仍领兵与项羽、刘邦在雍丘（今河南省开封市杞县）对战，兵败后被义军斩首。赵高随即升任丞相，由于他可以出入宫禁，称为“中丞相”。在赵高的唆使下，秦二世大开杀戒，残害手足，杀死兄弟姐妹二十余人，逼死右丞相冯去疾和将军冯劫。赵高实际上把秦二世当成自己扩张权势、排除异己的工具。赵高的兄弟赵成任中车府令，他的女婿阎乐任都城咸阳县县令，赵高的党羽遍布朝中要职。最终，胡亥享乐，赵高专权，一个昏庸无能，一个倒行逆施。他们奉行以“税民深者为明吏”、以“杀人众者为忠臣”的暴政。暴政加重了对农民的剥削和压迫，进一步加剧了社会危机，激化了阶级矛盾。起义的烈火已经此起彼伏，国家社稷危在旦夕。而赵高为了达到自己彻底专权的目的，粉饰太平，孤立和隔离胡亥，让他盲目享乐。赵高策划并上演遗臭万年的“指鹿为马”，颠倒黑白，混淆是非，人心惶惶。当时，项梁率军在东阿（今山东省聊城市东阿县）大破秦军，项羽、刘邦领兵在濮阳东击败秦军。秦将章邯等援军到后突袭项梁，项梁于定陶（今山东省菏泽市定陶区）兵败被杀。

巨鹿之战

公元前207年，楚怀王把都城由盱眙（今江苏省淮安市盱眙县）迁至彭城（今江苏省徐州市），封项羽为长安侯，任鲁公；封刘邦为武安侯，任砀郡长，郡治睢（suī）阳县（今河南省商丘市睢阳区）。同年，秦军围攻赵国复国军于巨鹿（今河北省邢台市平乡县西南），楚怀王命宋义为上将军、项羽为次将、亚父范增为末将，率军数万北上以解巨鹿之困。另命刘邦为主帅，进攻关中，并许诺谁先攻下关中，就封谁为关中王。楚军行至安阳（今山东省菏泽市曹县东南）后，宋义逗留四十六天不出兵，被项羽斩首。项羽被封为上将军，率军北上至黄河，破釜沉舟，烧掉帐篷，只带三日军粮，直奔巨鹿（今河北省邢台市平乡县西南），打退章邯，活捉王离，杀死苏角，史称“巨鹿之战”。章邯兵败后，向赵高求助不成，反被赵高责怪。章邯率二十万秦军投降项羽，项羽立章邯为雍王，却趁夜惨绝人寰地把秦军二十余万降军击杀坑埋在新安城南（今河南省三门峡市义马市二十里铺村西李杏湾村）[1]。章邯的倒戈，给摇摇欲坠的秦王朝以沉重打击。秦二世寝食难安，派使臣责问赵高。赵高与其弟赵成和女婿阎乐合谋，假借有盗贼发兵攻打望夷宫（今陕西省咸阳市东北泾河南岸），逼秦二世拔剑自刎，史称“望夷宫之变”（亦称“望夷之祸”）。秦二世在秦王朝即将倾倒之际，结束了他可怜、可恨的一生，年仅二十四岁，可谓“成也赵高，亡也赵高”。赵高欲自立君位，遭到文武百官的反对，无奈之下立子婴（子婴身世之谜众说不一，多认为是扶苏之子）即位，是为秦王子婴。赵高以秦朝的力量已经大为削弱为由，取消子婴帝号，复称秦王，为了日

[1]《史记·项羽本记》记载：“楚军夜击坑秦卒二十万于新安城南。”

后自己继续篡位做好铺垫。

走向灭亡

秦王子婴（？—前206）即位五天，正式登基之日，便历数赵高罪孽，诛杀赵高，夷其三族（父族、母族、妻族）。作恶多端的赵高，终不得善终。此时，刘邦向西进入武关（今陕西省商洛市丹凤县东武关河北岸），攻下峣（yáo）关（今陕西省西安市蓝田县东南），兵临咸阳，屯兵灞上（今陕西省西安市东）。公元前206年，即位四十六天的秦王子婴，眼看大势已去，便和妻子、儿女用绳子绑缚自己，身着白色装束，携带皇帝玉玺、兵符等物，向刘邦投降，刘邦攻占咸阳，秦王朝灭亡。一个多月后，项羽率领大军进入咸阳，杀死秦王子婴，纵火焚烧秦宫室，血洗咸阳，秦朝历代之积至此付之一炬。

西汉　帝国雄风

西汉（前202—8）是中国历史上的大一统王朝，也是当时亚洲唯一的大帝国，又称为前汉，与之后的东汉统称汉朝。秦朝灭亡以后，起义军中的两大势力项羽和刘邦，为争夺天下，进行了长达四年的楚汉战争。公元前202年，刘邦击败项羽，在山东定陶（今山东省菏泽市定陶区）称帝，国号“汉”，暂定都洛阳，后迁至长安，建立西汉。8年，王莽篡权，改国号为“新”，西汉灭亡，共历十三帝，历时二百一十年。西汉时大规模开疆拓土，汉朝国威远扬，其极盛时疆域东并朝鲜、南据交趾（今越南北部）、西逾葱岭、北抵大漠。西汉诸多制度上承袭秦制，所谓“汉承秦制”，实行轻徭薄赋的国策，社会经济迅速恢复。汉惠帝时，丞相曹参谨守萧何法度，实行“萧规曹随”，然吕后篡权，刘姓王室操刀杀戮。汉文帝、汉景帝推行休养生息政策，开创“文景之治”。汉武帝即位后推行推恩令、“罢黜百家，独尊儒术”、加强中央集权；派张骞出使西域，开辟丝绸之路，沟通中原与西域各国的联系，促进了商业贸易的发展；建立了比秦朝更为完备的武装力量，北击匈奴，东并朝鲜，攘夷扩土，成就“汉武盛世”。汉昭帝时，励精图治，任用贤能，恢复生产。至汉宣帝时期国力达到“凡日月所照，江河所至，皆为汉土”的极盛巅峰，将西域纳入版图，设立西域都护府，开创“孝宣之治”，汉宣帝与前任汉昭帝时期又被称为“昭宣中兴”。帝国雄风体现在汉元帝时西域副校尉陈汤的“明犯强汉者，虽远必诛”的时代强音。汉元帝后期，皇权旁落、外戚与宦官势力兴起，西汉开始走向衰败。8年，王莽废除孺子婴太子之位，建立新朝，西汉灭亡。

楚汉相争

项梁、项羽叔侄拥立楚怀王的孙子熊心为王，亦称楚怀王（后改为楚义帝），号令各路义军反秦复楚。楚怀王曾与诸侯约定，先入咸阳者封为关中王。公元前206年，刘邦先行入关攻破咸阳，约法三章，封闭宫室，退兵霸上。其大将曹无伤派人向项羽告密说：“沛公欲王关中，使子婴为相，珍宝尽有之。”项羽听说后十分恼怒，亲率四十万诸侯联军入函谷关，进驻鸿门（今陕西省西安市临潼区东），准备攻打刘邦。刘邦仅有十万军队，由于力量悬殊，刘邦只好亲往项羽驻地鸿门（今陕西省西安市临潼区城东约五公里新丰镇鸿门堡村）谢罪。范增让项庄于席间舞剑，准备伺机刺杀刘邦，而项伯（项羽叔父，与张良要好）也拔剑起舞，阻挡项庄。在樊哙、夏侯婴等人的护卫下，刘邦机智脱险回到军中，立刻将曹无伤诛杀，这就是历史上著名的“鸿门宴”，也是成语“项庄舞剑，意在沛公”

的由来。鸿门宴后，项羽屠城咸阳，杀秦宗室，劫掠关中，焚烧秦宫室，阿房宫大火三月不灭。楚怀王熊心欲按原约定封刘邦为王，引起项羽不满。项羽遂尊熊心为“义帝”，自己则大权独揽，建立“西楚”，建都彭城（今江苏省徐州市），自立为西楚霸王，分封了十八个诸侯，封刘邦为汉王，封地在巴、蜀、汉中。熊心义帝被项羽架空，已无力阻止项羽分封。由于项羽分封不均，天下再度出现混乱局面。楚营韩信因得不到重用，投奔汉王刘邦，初为管理粮草的小官。萧何偶然发现了韩信的军事才能，推荐给刘邦，但也没能引起刘邦的重视。韩信因怀才不遇，连夜逃离汉营。萧何听到消息后，立刻策马将韩信追回。萧何再次向刘邦禀明情况，极力推荐韩信，韩信被刘邦拜为大将军，这便是“萧何月下追韩信”历史故事的由来。同年，项羽将义帝从彭城（今江苏省徐州市）迁往郴县（今湖南省郴州市），暗中派英布等在郴县穷泉（今湖南省郴州市剑泉巷南头剑泉）将其弑杀[1]。楚义帝被项羽杀害后，刘邦挥军出汉中、夺关中，公开向东声讨项羽，拉开了楚汉之争的序幕。

楚汉相争前期，刘邦虽一度受挫处于劣势，但他知人善任，重用萧何、张良、韩信等人才，逐渐扭转了不利局面。公元前 206 年，齐、赵诸侯叛乱，原齐国王族田荣自立为齐王，起兵反抗项羽，项羽率军前往平乱。公元前 205 年，田荣兵败身亡，其弟田横收集齐国散兵数万人，在城阳（今山东省青岛市城阳区）起兵攻打项羽，项羽久攻不下。汉王刘邦趁机领兵攻打西楚彭城（今江苏省徐州市），项羽率军回撤，于彭城大破刘邦军队，刘邦父亲刘太公与妻子吕雉一同被楚军俘获，被项羽当作人质，

[1]《汉书》记载是英布派部将来郴杀害义帝的。北宋张舜民曾在剑泉边刻铭文立石碑，“英布卓（插）剑于此而泉出”。因义帝被追杀势穷丧命而命名“穷泉”，后英布插剑于此，而泉水出，故名剑泉。唐朝诗人胡曾《咏史诗 · 郴县》：“义帝南迁路入郴，国亡身死乱山深。不知埋恨穷泉后，几度西陵片月沉。”

刘邦遭到了自起兵以来最大的惨败，史称“彭城之战”。同年，韩信、张耳带兵攻打赵国，背水一战，以少胜多，战胜赵军，擒获赵王歇。公元前204年，刘邦在荥阳（今河南省郑州市荥阳市）修筑甬道，以便过河夺取敖地（今河南省郑州市荥阳市东北一带）[1]的粮食，项羽军多次侵夺甬道，使得刘邦无法取得粮草补充。范增向项羽提议合围荥阳消灭刘邦，而刘邦采纳陈平建议，一方面离间项羽和范增，使得范增告老还乡，病死途中；另一方面派人说服英布背叛项羽，同时派部将纪信带两千军队乘黄车假扮刘邦出城，刘邦得以脱身，纪信被项羽烧死。公元前203年，项羽攻破荥阳，杀死汉军守将周苛、枞（cōng）公。刘邦兵退成皋县（今河南省郑州市荥阳市汜水镇虎牢关村西北成皋古城），战败后再逃亡巩县（今河南省郑州市巩义市），楚、汉双方对阵相持不下。阵前项羽欲烹杀刘太公，刘邦高喊：“你我结拜为兄弟，我父亲就是你父亲，你真的要烹杀父亲，到时别忘了分我一碗汤！”在项伯的极力劝阻下，刘太公方能幸免于难。此时，楚将龙且败于韩信被杀，楚将曹咎兵败刘邦，项羽大军腹背受敌，粮草不继。于是，项羽只好送还刘邦家眷刘太公、吕雉等人，双方议和，与刘邦签订盟约，以荥阳的鸿沟（今河南省郑州市荥阳市古运河）为界，东归楚，西归汉，中分天下。公元前202年，汉军兵分五路，韩信从齐地南下，梁王彭越从梁地先南下后西进，汉将刘贾会同九江王英布自淮北从西南发动进攻，楚将大司马周殷叛楚北上进攻，刘邦则率本部军队出固陵（今河南省周口市太康县南）东进，合计近六十万军队，从西、北、西南、东北四面合围楚军。项羽被迫率十万楚军后撤垓（gāi）下（今安徽省宿州市灵璧县东南），刘邦军队晚上高声齐

[1] 唐代地理学专著《括地志》记载：“荥阳故城在郑州荥泽县西南十七里，殷时敖地也。”荥泽县即今河南荥阳市东北广武镇。《史记・项羽本纪・集解》引司马瓒曰：“敖，地名，在荥阳西北山，临河有大仓。”

唱楚歌:“人心都向楚，天下已属刘；韩信屯垓下，要斩霸王头!”面对“四面楚歌”的危局，楚军军心崩溃。汉军“十面埋伏”，形如天网；楚军固守垓下，势如鸟雀。刘邦大军在垓下大败项羽。项羽退至乌江（今安徽省马鞍山市和县东北），一出悲壮的“霸王别姬”，楚霸王英雄末路，挥刀自刎，虞姬自刎殉情，楚汉战争结束。由于项羽的目光短浅、心胸狭窄、心狠手辣、有勇无谋，终失天下。刘邦于乱世中乘势而起，以弱胜强，终成一代帝王。

西汉建立

汉高祖刘邦（前256—前195），汉朝开国皇帝，字季，泗水郡沛县丰邑（今江苏省徐州市丰县）人，晋国大夫士会的后代，出身农家，虽然无甚学问，一身流氓习气，但他有个性、有胸怀、有胆量，无愧乱世英雄，是中国历史上杰出的政治家、战略家和军事家。父亲刘瑞，字执嘉，一直居住在丰邑，从事农业生产。兄弟四人，刘邦排行老三。他豁达大度，待人宽厚，气度非凡，我行我素，不事生产。秦朝建立后，刘邦通过考试出任泗水亭长。刘邦与性格泼辣直爽的市井女人曹氏要好，生子刘肥。单父（今山东省菏泽市单县）人吕公为躲避仇家，举家迁至沛县（今江苏省徐州市沛县）。刘邦娶吕公之女吕雉为妻，后生女鲁元公主和儿子刘盈。公元前209年，爆发陈胜、吴广大泽乡（今安徽省宿州市境内）起义。刘邦与好友沛县主吏萧何、厩（jiù）司御夏侯婴、狱掾（yuàn）曹参、屠夫樊哙［后娶吕雉之妹吕媭（xū）为妻］、同窗卢绾一起杀死沛县县令举事起义，刘邦被拥立为沛公。刘邦与韩国两朝宰相张平之子张良不期而遇，二人一见如故。熟知兵法的张良遂投明主，得到刘邦的器重和信赖。之后便有了刘项合兵，楚汉相争。刘邦做汉王时，娶了定陶（今山东省菏泽市定陶区）人戚姬，史称戚夫人。戚夫人深得刘邦宠爱，生子刘如意。公元前205年，魏王豹兵败被杀后，其夫人薄姬被俘后送入织室织布。刘邦见薄姬颇有姿色，纳入后宫生子刘恒。公元前203年，韩信攻灭齐地后，主动请封代理齐王，刘邦直接封韩信为齐王。

公元前202年，刘邦取得楚汉相争的胜利后，韩信被解除兵权改封为楚王，都下邳（今江苏省徐州市邳州市东）；彭越被封为梁王，都定陶（今山东省菏泽市定陶区）；韩王信被封于颍川一带，定都阳翟（今河南省许昌市禹州市），后迁至太原郡，以晋阳（今山西省太原市）为都；英布被封为淮南王，以六（今安徽省六安市）为都。同年，刘邦在山东定陶汜水（今山东省菏泽市曹县北）举行登基大典，定国号为“汉”，史称“西汉”，刘邦为汉高帝（又称汉高祖）。刘邦最初本想定都洛阳，后根据戍卒娄敬的建议，并在张良的支持下，改都为长安（今陕西省西安市），取长治久安之意。因咸阳宫在战乱中损毁，刘邦入主关中后先在秦国旧都栎阳（今陕西省西安市北）暂居，由萧何设计、少府阳城延主持在原秦都咸阳以东的长安乡修建新城。刘邦称帝后，任萧何为丞相。汉承秦制，中央实行秦朝延续下来的三公制，地方采用郡县制。与秦朝不同的是推行郡县制的同时，西汉还分封了诸侯王国，即采取“郡国制”，同时分封侯国和王国，郡县和封国并存。侯国只享有封地内的税收，无军事和行政权，受郡县的管辖；王国拥有独立的政治和军事权力。长期的战乱给汉初的社会经济造成严重破坏，百姓流离失所，物资极度匮乏，通货膨胀严重，一石小米要万钱，一匹马需百金。面对这种局面，稳定社会秩序、恢复发展经济便成了国家的首要任务。汉高祖刘邦施行了一系列政策，解散军队，赏赐复原战士爵位，重新登记流亡人口，兴修水利。对内与民休息，减免赋税徭役，节省用度，为恢复农业发展创造条件；对外则和亲匈奴，维持边区和平。这些政策的实施，对恢复汉初经济效果非常显著。但由于轻徭薄赋，给地方豪强提供了积蓄力量的机会，使得地方势力逐渐强大，形成土地兼并。匈奴边境也依然战事不断，始终没有太平。公元前 201 年，汉高祖将庶长子刘肥封为齐王，建立齐国，定都临淄（今山东省淄博市临淄区），统辖七十三城，成为汉初第一大封国。平阳侯曹参担任齐国国相，辅佐刘肥治理齐国。同年，有人诬告韩信谋反，韩信被贬为淮阴侯。当时，匈奴冒顿单于亲率军队攻打太原郡的马邑（今山西省朔州市），韩王信与匈奴求和。刘邦怀疑韩王信暗通匈奴，韩王信遂造反叛乱，勾结匈奴企图攻打太原郡。公元前 200 年，新城始具规模，刘邦正式迁往长安。同年，刘邦亲率大军，镇压韩王信叛乱，出征匈奴。汉军在铜鞮（dī）（今山西省长治市沁县）一战，大获全胜后乘胜北进。冒顿单于驻兵于代谷（今山西省忻州市繁峙县至原平市一带），刘邦轻敌冒进，率轻骑先到达平城（今山西省大同市），中了匈奴诱兵之计，被围困于白登山（今山西省大同市东北马铺山）长达七天七夜，完全和主力军队断绝了联系，饥寒交迫，危在旦夕。后来，刘邦采用陈平之计，派遣使臣下山向冒顿单于的阏氏（yān zhī）献上金银珠宝。在阏氏的周旋下，汉军才得以脱险撤出，史称“白登之围”。

公元前 197 年，韩信密谋据守赵、代两地的巨鹿郡守陈豨（xī）自立为代王，举兵叛乱，汉高祖亲率大兵平定叛乱。

公元前 196 年，刘邦册立八岁的儿子刘恒为代王，定都晋阳（今山西省太原市）。同年，韩信被吕后与萧何合谋诱杀，夷灭三族。韩信临终前在狱中传授狱卒兵法，发明了中国象棋。同时，梁王彭越被刘邦设计擒拿，剁成肉酱，分赐给各个诸侯王，夷灭三族。韩信、彭越被杀后，淮南王英布心生畏惧，同年起兵反叛。刘邦率兵平叛，英布兵败被杀。刘邦返回长安途经故乡沛县（今江苏省徐州市沛县），设宴招待家乡故交父老，酒酣时自己击筑（古代乐器）而歌《大风歌》：“大风起兮云飞扬，威加海内兮归故乡，安得猛士兮守四方？”大有气壮山河、风起云涌之意。

公元前195年，刘邦杀白马取血，订立誓约：“非刘氏而王者，天下共击之。”史称“白马之盟”。同年，刘邦因讨伐英布叛乱时身中箭伤，不治身亡，谥号高皇帝，庙号太祖。司马迁《史记》作《高祖本纪》时首称刘邦为汉高祖。毛泽东评价刘邦是“封建皇帝里边最厉害的一个”。刘邦与高皇后吕雉十七岁的儿子刘盈即位，是为汉惠帝。

吕后篡权

汉惠帝刘盈（前210—前188）在位期间，继续任用萧何为丞相，实施仁政，减轻赋税。公元前193年，萧何去世。平阳侯曹参继任丞相一职，实行“萧规曹随”、休养生息的政策。曹参谨守萧何法度，以清静自守，用民以时，不欲扰民，呈现一派清明景象。由于汉惠帝性格优柔寡断，身体欠佳，大权全由母亲吕后（吕雉）掌握。汉高祖刘邦在位时，吕后就采取阴谋手段，杀戮功臣，为以后篡权扫除障碍。汉高祖死后，她开始迫害刘姓王，为进一步篡权做准备。她用残酷的手段先后杀死了赵隐王刘如意、赵幽王刘友，逼死赵共王刘恢、燕灵王刘建。短短几年，刘邦的八个儿子就被杀了四个。公元前191年，吕后为了亲上加亲，安排了一段十分荒唐的婚姻，将年仅十一岁的外孙女张嫣（汉惠帝姐姐鲁元公主之女、汉惠帝的外甥女）立为汉惠帝的皇后。由于张嫣年纪太小，吕后设计让张嫣假怀孕，强取汉惠帝与宫女所生之子刘恭，谎称是张嫣所生，并将刘恭的生母杀死，立刘恭为皇太子。公元前188年，汉惠帝因看到母亲吕后迫害他人的手段极其残忍，尤其是看到吕后将戚夫人斩去手脚，熏聋双耳，挖掉双目，又以哑药将她毒哑，抛入茅厕，做成“人彘”，受到刺激抑郁而终，时年二十三岁，谥号为孝惠。皇太子刘恭即位，是为西汉前少帝。

西汉前少帝刘恭（？—前184）年幼即位，由吕后临朝称制，仍称皇太后，张嫣被称孝惠皇后。同年，汉惠帝刘盈第三子刘不疑被封为恒山王（后改称常山王）。

公元前187年，汉惠帝刘盈第四子刘山被封为襄成侯。

公元前186年，常山王刘不疑去世，襄成侯刘山接封为常山王，并改名刘义。

公元前184年，前少帝渐渐长大，知道了自己并非张嫣亲生和生母被害的真相，扬言长大后要报仇雪恨。吕太后于是将其囚禁在后宫的永巷中，对外宣称皇帝患病，任何人不得相见。同年，前少帝被杀害。吕太后立常山王刘义即位，改名刘弘，史称西汉后少帝。

西汉后少帝刘弘（？—前180）即位后，娶吕太后之侄赵王吕禄之女为皇后。吕太后前后连立刘恭、刘弘两少帝为傀儡，自己临朝称制。其间削弱刘氏，封诸吕为王，掌握朝政八年之久，史称“吕后篡权”。

公元前180年，吕太后去世。当时，吕太后之侄吕禄为上将军，另一侄吕产掌管禁军，吕氏诸多大臣擅权长安，打算发动叛乱。太尉周勃、丞相陈平施计夺取吕氏的兵权，铲除吕氏家族势力。朝臣认为后少帝刘弘非汉惠帝亲生子，废黜后少帝，迎立代王刘恒（汉惠帝刘盈异母弟，母为薄姬）即位，是为汉文帝。

文景之治

汉文帝刘恒（前202—前157）即位后，决心整合皇权体制，以恢复和加强国家政权的运转能力。他封赏功臣，新立诸侯王，巩固皇权。汉文帝首先任命自己的心腹宋昌、张武为卫将军和郎中令，负责守卫皇宫、京城的安全，然后论功行赏，恢复了被吕后贬斥的刘姓王公爵位和封地。他废杀了刘弘及其四个兄弟，立窦氏为皇后，立长子刘启为太子，开启预立太子的汉家定制。

公元前179年，封周勃为右丞相，陈平为左丞相，灌婴为太尉，组成新的中央政权。公元前177年，济北王刘兴居发动叛乱，汉文帝派兵镇压，刘兴居被俘自杀。面对诸侯王势力对皇权的威胁，太中大夫贾谊上书《陈政事疏》（即《治安策》），认为同姓诸侯王不一定比异姓王可靠，提出“众建诸侯王而少其力”，即分割诸侯王国的势力，以化解皇权和王权的矛盾，从而达到中央集权的目的。针对当时“背本趋末”（弃农经商）的现象，贾谊上书《论积贮疏》，提出重农抑商、以农为本的经济政策，主张发展农业生产，加强粮食贮备。公元前169年，晁错向汉文帝上书《言兵事疏》，提出“以蛮夷攻蛮夷”的观点。公元前165年，太常掌故晁错因上书《举贤良对策》，升任为中大夫。汉文帝励精图治，兴修水利，对内减免赋役、躬行节俭、主张宽刑、重视农业、废除肉刑，对待匈奴采用忍让怀柔、和亲止战的方式，避免战争，营造安定团结、休养生息的政治局面，呈现国家强盛安乐、百姓富裕的小康景象。汉文帝曾亲自为母亲薄氏尝药，深具孝心，是《二十四孝》之中亲尝汤药的主角。公元前157年，刘恒在未央宫病逝，享年四十七岁，谥号孝文皇帝，庙号太宗。其太子刘启（孝文皇后即窦太后窦漪房所生）即位，是为汉景帝。

汉景帝刘启（前188—前141）在位期间，继续推行与民休息、轻徭薄赋的政策，整个社会经济得到进一步恢复和发展。汉景帝任用胸怀大志、博学多才的晁错为内史，后升为御史大夫，位列三公。公元前155年，汉景帝采用晁错的主张推行削藩策、削封地，先后下诏削夺楚、赵等诸侯国的封地，引起诸侯们的强烈反对和对晁错的憎恨。当年，刘启为太子时，吴王刘濞之子刘贤入京，刘启与刘贤饮酒下棋，二人因为棋路而相争，刘启拿棋盘误杀刘贤，使得刘濞心生怨恨。公元前154年，吴王刘濞、楚王刘戊、赵王刘遂、济南王刘辟光、淄川王刘贤、胶西王刘卬（áng）、胶东王刘雄渠等刘姓宗室诸侯王打着“清君侧，诛晁错”的旗号反叛作乱。在梁国的坚守和太尉周亚夫率汉军的进击下，三个月平定叛乱，史称“七国之乱”。汉景帝听从太常袁盎之计，于东市腰斩晁错，以稳定人心。公元前153年，汉景帝封长子刘荣（生母栗姬）为太子，封第十子刘彻［生母王娡（zhì）］为胶东王。刘启姐姐馆陶公主刘嫖（丈夫为陈午）想把女儿陈阿娇嫁给太子刘荣，被刘荣生母栗姬（因讨厌馆陶屡次给刘启进献美女）拒绝。刘嫖一气之下，将阿娇订婚给胶东王刘彻。少年刘彻曾出言:“如果能娶阿娇为妻，一定给她建造一座金屋。”这便是成语“金屋藏娇”的出处。在刘嫖的周旋下，汉景帝于公元前151年废黜薄皇后（无子），于公元前150年立王娡为皇后，废太子刘荣为临江王，立胶东王刘彻为太子。刘彻为太子时，娶了阿娇为太子妃。

汉景帝勤俭治国，继续奉行与民休息政策，发展生产、减轻赋税。文景二帝主张无为而治，休养生息，使生产得到恢复和发展，国力显著增强，史称“文景之治”。

公元前141年，汉景帝于未央宫病逝，享年四十八岁，谥号孝景皇帝。太子刘彻即位，是为汉武帝。

汉武盛世

汉武帝刘彻（前156—前87）即位后，尊皇太后窦氏为太皇太后，皇后王氏为皇太后。汉武帝是一位具有雄才大略、多有建树的君主，也是杰出的政治家、文学家。起初，汉武帝与儒臣合作，放弃汉初黄老“无为”政治，提倡儒家学术，大胆进行改革。但朝中大权仍操纵在“好皇帝、老子言”的窦太皇太后手中，太皇太后干预国政，迫使新政中断。公元前140年，汉武帝立陈阿娇为皇后。公元前138年，汉武帝封卫青的姐姐卫子夫为夫人，后生有三女一男（太子刘据）。这一年，汉武帝派张骞出使西域大月氏，准备联合大月氏东西夹击匈奴。公元前135年，窦太皇太后去世，汉武帝真正掌握朝政大权，他清除了窦太皇太后安插在朝内的所有亲信党羽，任命田蚡（fén）为丞相，韩安国为御史大夫。同时，设立刺史，对地方官员进行监察。汉武帝采取积极有为的国策，对内加强中央集权，统一思想，将盐、铁和铸币权收归中央，颁布推恩令，削弱诸侯王势力。同时，他重用酷吏张汤、杜周、王温舒等，礼法兼用，软硬兼施，强化法治，依法治国。对外北伐匈奴，巩固边防，拓展疆土，他派卫青和霍去病发动三次战役打击匈奴，收复河套地区，封狼居胥（在狼居胥山举行祭天封礼，具体位置有争议，一般认为在今蒙古国乌兰巴托东肯特山），将匈奴驱逐至漠北，保证了河西走廊的安宁。公元前130年，陈皇后因自己无子，多次蛊惑巫祝卫夫人事发，被废黜退居远郊离宫。公元前129年，骁骑将军李广领万余骑兵出雁门（今山西省朔州市右玉县南）进击匈奴，因敌众我寡、差距过大，李广负伤被俘。李广佯死，策马逃脱。同年，汉武帝任卫青为车骑将军，分派四路大军出击匈奴。太中大夫骑将军公孙敖、轻车将军公孙贺、骁骑将军李广三路大军，两路失败，一路无功而还。只有车骑将军卫青首次出征奇袭龙城（具体位置不详，近年中国与蒙古国联合考古发现应在今蒙古国首都乌兰巴托以西约四百七十公里处）[1]，胜利凯旋，卫青被封为关内侯。自此，西汉拉开了汉匈战争反败为胜的序幕。唐朝著名边塞诗人王昌龄有诗《出塞》：“秦时明月汉时关，万里长征人未还。但使龙城飞将在，不教胡马度阴山。”公元前 128 年，卫夫人被立为皇后。公元前 127 年，卫青率大军进攻匈奴盘踞的河南地（黄河河套地区），攻占河套，卫青被封为长平侯，食邑三千八百户。卫青先后七征匈奴，七战七捷，用他的凌云壮志和铁血豪情，谱写了壮丽的英雄赞歌，为北部疆域的开拓做出重大贡献。卫青也因战功赫赫升任大司马、大将军，参决政事，秉掌枢机。公元前 126 年，出使西域的张骞十三年未能完成使命，历尽艰险回到长安。公元前 123 年，大将军卫青的外甥、年仅十七岁的霍去病被任为票姚校尉，因抗击匈奴有功，被汉武帝封为冠军侯。公元前 119 年，张骞再度出使西域。这一年，李广被任命为前将军，随卫青出征漠北之战，因迷失道路，未能参战，回朝后自杀。李广幼子关内侯李敢当时是霍去病的部下，他听说父亲的死讯，认为是卫青任意调离李广，冲动之下打伤了卫青。卫青为包庇李敢没有追究此事，卫青的外甥霍去病却不能接受部属殴打自己的舅舅，于公元前 118 年在甘泉宫狩猎时将李敢射杀。李广的孙子、李当户的遗腹子李陵，被任为骑都尉。公元前 117 年，封狼居胥的冠军侯霍去病英年病逝。公元前 115 年，再次出使西域的张骞返回长安。公元前 114 年，平阳公主丈夫夏侯颇因通奸罪畏罪自杀，平阳公主再度嫁给卫青为妻。公元前 112 年，平阳公

[1]《汉书》记载匈奴在龙城大会诸部，祭其先祖、天地以及鬼神。所以对于匈奴来说，龙城是圣地，也是王庭所在。根据《史记》《汉书》等文献的记载，匈奴单于庭（即王庭）“龙城”遗址大概位于今蒙古国杭爱山脉一带。2018 年中蒙联合考古组在三连城遗址中心发现一座大型祭祀性建筑台基遗迹，且发现写有汉字“天子单于，与天无极，千（秋）万岁”的巨型瓦当，通过碳十四分析，遗址年代为公元前三世纪至公元一世纪，由此推断出匈奴单于庭“龙城”遗址在蒙古国首都乌兰巴托以西大约四百七十公里处。

主将以乐舞为职业的艺人李氏推荐给汉武帝，深得汉武帝的宠幸，获封李夫人。公元前 108 年，司马迁袭父职任太史令。公元前 106 年，卫青病逝，谥号烈侯。其长子卫伉，袭承长平侯爵位。公元前 105 年，汉武帝钦命刘细君（汉武帝侄子、罪臣江都王刘建之女）为公主，嫁于乌孙国国王猎骄靡和亲，被称为乌孙公主，她是历史上第一位真正有名字记载的和亲公主。公元前 104 年，汉武帝封李夫人之兄李广利为贰师将军征讨大宛（yuān）国贰师城（今乌兹别克斯坦与吉尔吉斯斯坦边界的奥什城）。这一年，司马迁开始编撰宏伟巨著《史记》(原名《太史公书》)。公元前 100 年，汉武帝派中郎将苏武出使匈奴，苏武被匈奴扣押，在北海（今俄罗斯西伯利亚贝加尔湖）牧羊，历时十九年后才得以归汉。公元前 99 年，李陵领五千步兵协助李广利的西路军同匈奴作战。李陵率部身陷重围，兵败诈降匈奴。太中大夫骑将军公孙敖误传李陵投敌后帮单于训练军队，汉武帝将李陵全家处以族刑，将其母亲、兄弟和妻子全部诛杀，太史令司马迁因替李陵败降之事辩解而受宫刑。李陵彻底寒心，遂诈降成真，娶了单于之女为妻，任匈奴右校王。此时，汉武帝四处征战，吞并卫满朝鲜、收复南越、降服西南夷、远征大宛，开拓了北抵阴山、西逾葱岭、南包交趾（今越南北部）、东定朝鲜的辽阔疆域，领地比秦始皇时扩大了一倍。汉武帝派张骞出使西域，打通了汉朝通往中亚的贸易通道，开辟了丝绸之路，促进了中西文化交流。他采纳了董仲舒（汉景帝时任博士，汉武帝时任江都易王刘非的国相）的建议，采用“天人感应”“大一统”和“罢黜百家，独尊儒术”学说，在长安创立当时儒学教育的最高学府——太学，使儒家思想逐渐成为了中国封建专制社会的正统思想。汉武帝时，国家军事强大，经济发达，地域辽阔，史称“汉武盛世”。

汉武帝使者江充平时与太子刘据、卫皇后有嫌隙，他见汉武帝年纪已高，害怕汉武帝去世后被刘据诛杀，伙同黄门侍郎苏文一起诬陷太子使用巫蛊之术诅咒汉武帝。公元前 91 年，汉武帝派江充去追查此事。刘据被逼起兵，欲杀死江充，兵败后自杀。刘据三子一女全部因巫蛊之乱而遇害，卫皇后也卷入其中，自杀身亡，以死明志，震荡朝野，史称“巫蛊之祸”。刘据之子史皇孙刘进（其母为史良娣，故号史皇孙）刚生一子刘病已，尚在襁褓中幸存。刘病已入狱五年后被大赦出狱，在其祖母史家长大，后改名刘询（汉宣帝）。汉武帝事后知道真相后，下令把江充满门抄斩，将苏文烧死在横桥上，将曾对刘据兵刃相加的人陆续杀死。汉武帝在湖县（今河南省三门峡市灵宝市西北）修建了一座宫殿，叫思子宫，建造了一座高台，叫“归来望思之台”，借以寄托汉武帝对刘据和孙子的思念。同年，太史令司马迁历时十三年终于完成了《史记》的编撰。贰师将军李广利先后三击匈奴，于公元前 90 年兵败后投降匈奴，妻儿被灭族。次年，李广利在匈奴遭到之前投降匈奴的汉人卫津嫉妒，被卫津设计杀害。汉武帝晚年崇信方术、祭神求仙，加上穷兵黩武，引发了统治危机。汉武帝曾自悔下罪己诏，自我反省过错，重启汉初的休养生息、轻徭薄赋、与民休息。

公元前 88 年，汉武帝为防止自己死后主少母壮、吕后篡权的悲剧重演，立子杀母，将刘弗陵的生母钩弋夫人（赵婕妤）赐死。公元前 87 年，汉武帝立幼子刘弗陵为太子，诏近臣托孤，任命外戚奉车都尉霍光（大司马霍去病异母弟）为大司马、大将军，金日磾（dī）为车骑将军，上官桀为左将国，桑弘羊为御史大夫，四人接受遗诏共同辅佐少主。次日，汉武帝病逝，享年七十岁，谥号孝武皇帝，庙号世宗。年仅八岁的太子刘弗陵即位，是为汉昭帝。

昭宣中兴

汉昭帝刘弗陵（前 94—前 74）年幼即位，大将军霍光主持国政。霍光执政时政治上仍然奉行武帝晚年制定的与民休息政策，将汉武帝后期遗留的矛盾基本化解，扭转了西汉王朝走向衰退的趋势。公元前 86 年，车骑将军金日磾病逝。公元前 81 年，霍光组织召开“盐铁会议”，令丞相田千秋、御史大夫桑弘羊召集贤良文学六十余人，就汉武帝时的各项政策，特别是盐、铁专卖政策，进行全面的总结和辩论，确定了治国方针的转变，收缩官营政策，进一步推行与民休息。当时，上官桀之子上官安娶了霍光长女为妻，两家政治联姻，关系密切。上官桀却不以此为满足，通过汉昭帝的姐姐鄂邑长公主把上官安年仅六岁的女儿册立为皇后（即上官皇后），自己则因联姻亲升为车骑将军，封桑乐侯。上官桀开始骄奢淫逸，飞扬跋扈，并与后母、侍婢淫乱。他联合桑弘羊诋毁霍光，被汉昭帝识破没有得逞。公元前 80 年，他们准备发动武装政变欲杀掉霍光。由于鄂邑长公主门下燕仓告密，汉昭帝、霍光先发制人，将上官桀、桑弘羊等主谋政变的大臣统统逮捕，诛灭三族。参与政变的鄂邑长公主、燕王刘旦先后自杀。九岁的上官皇后因为年幼，加上她是霍光的外孙女，所以未被废黜。公元前 77 年，年满十八岁的汉昭帝开始亲政。在汉昭帝与霍光的治理下，汉朝与匈奴恢复和亲，政局稳定，经济发展，出现“中兴”局面。

公元前 74 年，李陵于匈奴病逝。同年，汉昭帝刘弗陵于未央宫病逝，年仅二十一岁，谥号孝昭皇帝。汉昭帝无子，大将军霍光等先迎立昌邑王刘贺［汉武帝刘彻之孙，昌邑哀王刘髆（bó）之子］为帝。因其荒淫无道，失帝王礼仪，扰乱汉制度，在位第二十七天被霍光等废为庶人，史称汉废帝。霍光等改立汉武帝曾孙刘询（刘据之孙，刘进之子）即位，是为汉宣帝。

汉宣帝刘询（前91—前49）当年因“巫蛊之祸”流落民间，深知百姓疾苦和吏治得失。他即位之初，霍光依然掌握朝政大权，霍氏党派亲族连成一体，盘根错节占据朝廷，霍氏家族权势无以复加，登峰造极。汉宣帝谦恭卑让，韬光养晦，隐忍蓄势。

公元前71年，霍光的夫人霍显派女太医淳于衍下毒，毒死刚刚生产的许皇后（许平君）。霍光将自己的小女儿霍成君送进宫中，受封婕妤。公元前70年，汉宣帝为笼络权臣霍光，册立霍成君为皇后。公元前68年，霍光病逝，汉宣帝提拔御史大夫魏相为宰相，开始削减霍家势力，收回兵权，亲理朝政。公元前67年，汉宣帝立与许平君所生之子刘奭（shì）为太子，霍显便让霍皇后数次给太子下毒没有得逞。公元前66年，霍氏家族密谋发动政变，欲借上官太后之手杀死汉宣帝亲信，罢黜天子而立霍禹（霍光之子）为帝，被严阵以待的汉宣帝果断镇压，与霍氏相连的数千户人家被诛灭，霍皇后被废黜，霍家势力被彻底清除。汉宣帝开始励精图治，亲躬万机，大刀阔斧实施改革。对内整顿吏治，为政宽简，执法严明，选贤任能，平理冤狱，大赦天下，减轻人民负担，恢复和发展农业生产；对外联合乌孙国大破匈奴，为北藩解决了边患问题，促使西汉国力达到极盛，史称“孝宣之治”，汉宣帝与前任汉昭帝刘弗陵一起又被称为“昭宣中兴”。

公元前49年，汉宣帝于未央宫病逝，时年四十三岁，谥号孝宣皇帝，庙号中宗。其太子刘奭（shì）即位，是为汉元帝。

由盛转衰

汉元帝刘奭（前76—前33）个性柔仁好儒、勤政节俭、多才多艺，能写一手漂亮的篆书，而且对弹琴鼓瑟、吹箫度曲、辨音协律等，无不穷极其妙，令人叹为观止。汉宣帝临终前安排乐陵侯史高辅政，太子太傅萧望之、少傅周堪为副。萧望之为汉元帝推荐了大儒刘向和金敞，均被委以重任。汉元帝在位期间重用的大臣，多为汉代知名的经学大师。汉元帝尊师重儒的同时，也宠奸任佞，重用宦官中书令弘恭、中书仆射（yè）石显。汉元帝放纵宦官逼死贤臣，放逐儒臣，无异于自废武功，自断臂膀。

公元前47年，萧望之被弘恭、石显诬陷入狱，饮鸩自尽。

公元前36年，西域副校尉陈汤假传圣旨，胁迫西域都护甘延寿出兵，攻杀对抗汉朝的匈奴郅（zhì）支单于，将郅支单于斩杀于康居国（今新疆维吾尔自治区北境及中亚部分地区），发出“明犯强汉者，虽远必诛！”的时代强音。至此，唯一反汉的匈奴单于被剿灭，汉匈战争告一段落。

公元前33年，呼韩邪单于入朝求亲，汉元帝以宫女王嫱（qiáng）（王昭君）与之和亲，史称“昭君出塞”。汉元帝晚年身体欠佳，贪图安逸，不亲政事，宦官当道，纲纪紊乱，吏治腐败，导致朝政混乱不堪，豪强势力渐大，土地兼并盛行，社会矛盾激化，西汉由此走向衰落。

公元前33年，汉元帝于未央宫病逝，时年四十三岁，谥号孝元皇帝，庙号高宗（后被革除）。其太子刘骜即位，是为汉成帝。

王莽篡汉

汉成帝刘骜（前51—前7）性格温和，谨小慎微，沉湎酒色，荒于政事。他尊生母王政君为孝元太后，任由外戚专政，王氏家族堂而皇之登上了西汉的政治舞台，掌控国家生死存亡的大权，埋下了“王莽篡汉”的祸根。汉成帝在位时，耗巨资建造霄游宫、飞行殿和云雷宫，供自己淫乐。他宠幸赵飞燕、赵合德姐妹，由于赵氏姐妹迫害后宫，导致汉成帝最终无子绝后。汉成帝怠于政事，将朝政全委托给诸位舅舅等外戚，大权逐渐为王氏外戚掌握。太后王政君的七个兄弟均被封侯，王凤、王商、王根相继为大司马辅政。王政君的侄子王莽也开始崭露头角，王莽系王曼（大司马王凤异母弟、阳平侯王禁之子）之子。王曼早死，王政君将王莽及其母亲供养于东宫，任命王莽为黄门郎，后升为射声校尉。

公元前 16 年，三十岁的王莽被封为新都侯、骑都尉、光禄大夫侍中（皇帝侍卫近臣）。

公元前 8 年，王根病重，举荐王莽代替大司马之位，王莽继其三位伯、叔之后出任大司马，时年三十八岁。

公元前 7 年，酒色侵骨的汉成帝在未央宫中风暴死于赵合德的怀抱，时年四十五岁，谥号孝成皇帝，庙号统宗（后被革除）。其十九岁的侄子刘欣（汉元帝之孙，定陶恭王刘康之子，母亲丁姬）即位，是为汉哀帝。

汉哀帝刘欣（前 25—前 1）尊汉成帝母亲王政君为太皇太后，尊汉成帝皇后赵飞燕为皇太后。汉哀帝亲信祖母傅氏和母亲丁氏家族，王氏家族失势。他任命左将军师丹代替王莽担任大司马辅佐朝政，师丹欲改革时政，提出限制田地和奴婢的议案，遭到权贵的反对而被搁置，社会危机日益严重。汉哀帝非常荒唐，不近女色，雅好男宠。专宠董昭仪的哥哥驸马都尉侍中董贤，二人一同起卧，形影不离。一次白天睡觉，董贤头偏压住了汉哀帝的衣袖，汉哀帝不想惊动董贤，剑断衣袖而起，这便是成语典故“断袖之癖”的出处。之后，董贤升任大司马，位列三公，安插亲信，权势熏天。

公元前 1 年，汉哀帝病逝，年仅二十五岁，谥号孝哀皇帝。汉哀帝没有子嗣，太皇太后王政君与王莽立九岁的刘衎（kàn）（汉元帝之孙，中山孝王刘兴之子，母亲卫姬）即位，是为汉平帝。

汉平帝刘衎（前9—5）年幼多病即位，由太皇太后王政君垂帘听政。王政君将大司马董贤坐罪免职，董贤自尽，王莽复任大司马，重新掌握朝政。王莽立刘成都（汉宣帝刘询四子东平王刘宇之孙）为中山王，拜卫姬为中山孝王王后，将卫氏一族封到中山国，不准他们进京。

2年，王莽将自己的女儿王嬿（yàn）（比汉平帝年长三岁）嫁给汉平帝，自己顺理成章做了国舅。王莽工于权谋，笼络人心，博得朝野上下赞誉。同时，他排除异己，培植党羽，为自己储备力量。

5年，年仅十五岁的刘衎在未央宫病逝（一说被王莽鸩杀）[1]，谥号孝平皇帝，庙号元宗（后被刘秀削除）。王莽感到自己当皇帝的条件还不成熟，决定再立一个傀儡皇帝。他从汉宣帝玄孙中，选择最小年仅两岁的刘婴（广戚侯刘显之子）为继承人，史称孺子婴。

孺子婴（5—25）被王莽立为皇太子，王莽自任“摄皇帝”，尊自己的女儿、年仅十七岁的平帝皇后（孝平皇后王嬿）为皇太后。王莽的所作所为，引起固守刘氏汉室正统观念的朝臣和宗室子弟的不满，大家彻底识破王莽假仁假义的面具，王莽代汉之心，路人皆知。当时，有七十多位朝臣和地方官吏告退，表示忠事刘汉而不为王氏朝官。

7年，东郡（今河南省濮阳市南）太守翟义举起反王莽的大旗，各郡国纷纷响应，四处起兵，但最后都被王莽军队镇压了。

8年，王莽正式称帝，改国号为“新”，建西都常安（今陕西省西安市未央区汉长安城遗址），东都洛阳。至此，立国二百一十年的西汉帝国灭亡。王莽废黜太子刘婴，降

[1] 东汉时班固的《汉书・平帝纪》记载，“冬十二月丙午（十六日），帝崩于未央宫”，没有说明刘衎的死因。但北宋时司马光在《资治通鉴》中记载：“时帝春秋益壮，以卫后故，怨不悦。冬，十二月，莽因腊日上椒酒，置毒酒中；帝有疾。”

其为安定公，封地平原（今山东省德州市平原县西南）等五县百里之地。王莽不准刘婴回到封地，将年幼的刘婴养在安定公府第，与世隔绝，甚至连乳母也不得与刘婴说话。王莽还将自己的孙女、王宇的女儿王氏嫁给刘婴做妻子。可怜的刘婴一生仅做了三年皇太子，四岁被囚禁，长达十五年之久。刘婴长大后，六畜不识，不会说话，成了一个傻子。王莽称帝后，推行周制，采取了一系列惠民措施，史称“王莽改制”。其改制主要内容：将土地、奴婢定性为王田和私属，均不得买卖；评定物价，改革币制；更改官制与官名，把盐、铁、酒、铸钱及山林川泽收归国有。由于改革的理想化与盲目崇古，再加上政治腐败，朝廷奢华无度，地方搜刮盘剥，豪强地主大量兼并土地，使得百姓流离失所，生活困苦，政治危机愈演愈烈。改制不仅没能缓和社会矛盾，反而造成了天下剧烈动荡，叛乱四起，危机四伏，农民起义的烈火开始燃遍大江南北。

新朝灭亡

17 年，全国发生蝗灾、旱灾，在遍布全国的起义军中，有南方的绿林军和北方的赤眉军两支最强大的队伍，成为农民起义军的主流。

22 年，绿林军、赤眉军铺天盖地地杀向洛阳、长安，王莽的主力部队丧失殆尽。汉宗室刘缜、刘秀兄弟以“复高祖之业”为号令，起事于南阳郡舂（chōng）陵（今湖北省襄阳市枣阳市吴店镇），组成舂陵军，后并入绿林军。

23 年，绿林军主要将领拥立西汉宗室刘玄（汉景帝刘启之子长沙定王刘发的后代，刘秀的族兄）在淯水（今白河的古称，今河南省南阳市宛城区白河镇南白河之滨）称帝，是为更始帝。

更始帝刘玄（？—25）即位，引起刘缜及南阳刘姓宗室的极为不满，只是迫于在联军之中，绿林军人多势大，有强敌在前，只得暂且作罢。刘縯被封为大司徒、汉信侯，刘秀则受封为太常偏将军。

23年，更始政权的建立，震动了新朝，王莽即派遣大司空王邑、大司徒王寻发各州郡精兵共四十二万扑向昆阳（今河南省平顶山市叶县）和宛城（今河南省南阳市宛城区）一线。刘秀率领步骑一万七千精兵驰援昆阳，在“昆阳之战”一举摧垮号称百万的新莽大军，新莽政权土崩瓦解。同年，绿林军攻入长安，王莽被斩首，尸体被剁成肉酱。王莽篡权，倒行逆施，窃取天下却坐不了天下，终落个粉身碎骨，新朝灭亡。

东汉　外戚权宦

东汉（25—220）是中国历史上继西汉之后又一个大一统的王朝，也称后汉，与西汉统称为汉朝。

25年，新末乱世，西汉宗室刘秀于鄗（hào）南（今河北省邢台市柏乡县）称帝，建立“东汉”。直到220年，曹丕篡汉，建立“曹魏”，东汉覆灭，传八世共十三帝，历时一百九十五年。东汉初期，疆域较之西汉鼎盛时期有一定程度的萎缩，后来匈奴分裂，南匈奴降汉，窦宪征伐北匈奴，班超重新开拓西域，将西域收归东汉版图，东汉的疆域达到顶峰。东汉在文化、科技、军事、佛教等方面成就突出，文化上郑玄将经学推向高峰并开创郑学，科技上蔡伦改进造纸术，张衡发明地动仪和浑天仪。东汉豪强地主势力扩张并形成门阀士族，军事上迫使北匈奴西迁，佛教在此期间传入中国，对后世产生深远影响。东汉三公权力被大幅削弱，尚书台的权力得到提升。但东汉官吏腐败，豪强兼并，政治黑暗，人民生活苦不堪言。

光武帝刘秀扫灭群雄，光复大汉江山，再次一统天下，开创了“光武中兴”时代。汉明帝、汉章帝时东汉进入鼎盛时期，史称“明章之治”。汉和帝时扫灭外戚，使东汉国力达到极盛，史称“永元之隆”。东汉中后期幼君连续即位，太后称制，外戚权宦干政，出现戚宦之争。汉灵帝不思进取，荒淫无度，爆发张角“黄巾起义”。朝政日益腐败，豪强兼并土地，阶级矛盾激化，农民起义爆发，天下豪杰并起，汉少帝刘辩、汉献帝刘协时，董卓主政作乱，军阀混战，天下大乱。东汉末年的大混战，是一次前所未有的大破坏，经济、文化、民生遭到毁灭性的摧残，人口骤减，十不存一。兖州牧曹操抢先率军进驻洛阳，取得了“挟天子以令诸侯”的地位。220 年，曹丕篡汉，建立曹魏，东汉覆灭，分裂重现，历史进入三国割据时期。外戚权宦的东汉，无论外戚，还是宦官，都为了继续控制朝政，一次次新立一个个年幼无知的小皇帝，使得东汉王朝成为中国历史上少年天子最多的朝代，而且天子寿命很短，以至于这个朝代始终处于动荡不安之中，一代代在走向灭亡的不归路上狂奔。

东汉开国

汉光武帝刘秀（前 5—57），东汉开国皇帝，字文叔，南阳郡蔡阳县（今湖北省襄阳市枣阳市）人，是汉高祖刘邦的九世孙，父亲刘钦曾任济阳县（今河南省开封市兰考县）、南顿县（今河南省周口市项城市南顿镇）县令。

23 年，绿林军攻入长安，新朝覆灭。“昆阳之战”大司徒刘縯战功赫赫，却遭到更始帝刘玄的猜忌，刘玄将刘縯杀害。刘秀强忍悲伤，韬光养晦，隐忍负重，对更始帝更加谦恭，获封武信侯。

24 年，刘秀在宛城迎娶了他思慕多年的南阳郡新野县豪门千金阴丽华，实现了早年就有“娶妻当得阴丽华”的愿望。次年，刘秀为巩固与真定王刘扬的联盟，再娶刘扬外甥女郭圣通。郭氏与阴氏先后为刘秀生下五子。

25 年，刘秀公开与刘玄政权决裂，于鄗南（今河北省邢台市柏乡县）称帝，沿用“汉”国号，是为光武帝，不久定都洛阳，史称“东汉”。当时，陇西割据势力上将军隗嚣（wěi áo）的军师方望赴长安带回孺子婴，“聚党数千人”在临泾城（今甘肃省庆阳市镇原县）将其立为皇帝，方望做了总理庶务（辅佐君王的丞相）。更始帝刘玄遣丞相李松摧毁了这个复辟势力，孺子婴、方望等人都被诛杀，刘婴时年二十一岁。赤眉军和刘秀大军两路夹击进逼关中，攻入长安，杀死更始帝。同年，赤眉军领袖樊崇等于长安拥立汉朝后裔刘邦之孙、城阳景王刘章之后刘盆子（10—？）为帝，建元建始（建世），史称建始帝（建世帝）。

27 年，刘秀打败盘踞关中号称百万的赤眉军，刘盆子投降刘秀。刘秀对刘盆子赏赐甚厚，任命刘盆子为刘秀叔父赵王刘良的郎中。刘盆子后因病双目失明，刘秀下令用荥阳的官田租税，来奉养刘盆子终身，直到去世。之后，刘秀开始东征西讨，先后消灭了久据关东（函谷关以东）的梁王刘永、割据陇右称王的隗嚣与盘据西蜀的公孙述等大小数十个割据势力。刘秀登基后，经过长达十二年的东汉统一战争，于 36 年终于扫灭了最后一个割据势力成家帝公孙述（25 年称帝于蜀，国号“成家”），被称为“位面之子”的刘秀，扫灭群雄，克定天下，光复了大汉江山，中国再次归于一统。

光武中兴

为了使饱经战乱的中原之地尽快恢复和发展，刘秀效法明君，律己责人，励精图治。在政治上改革官制，整顿吏治，六次颁布诏令释放奴婢，解决了自西汉末年以来大量失去土地的农民沦为奴婢的问题；经济上轻徭薄税，休养生息，兴修水利，恢复发展经济；在文化上，大兴儒学，推崇气节。当时，人口数量达到了两千多万，增长了一倍多，经济得到了极大的恢复和发展，开创了中国历史上“风化最美、儒学最盛”（司马光、梁启超语）的“光武中兴”时代。

41年，即统一天下之后的第五年，刘秀废郭后被册封为中山王（刘焉）太后，立阴丽华为皇后。

57年，刘秀于洛阳南宫前殿去世，享年六十二岁，谥号光武皇帝，庙号世祖。汉光武帝刘秀是历史上一位难得的好皇帝，以柔道治天下，重视文化、尊贤下士、偃武修文、广揽人才，最终实现中兴汉室。毛泽东曾评价刘秀：“他在家读书，安分守己，一旦造反，翻江倒海，轰轰烈烈，白手起家，创建了一个新的王朝。他是最有学问、最会打仗、最会用人的皇帝。”阴氏所生第四子太子刘庄即位，是为汉明帝。

明章之治

汉明帝刘庄（28—75）少时聪悟，十岁时便通晓《春秋》。汉明帝即位后，勤于政务，治国有方，开疆拓土。他遵奉光武帝的既成制度，对内整顿吏治，提倡儒学，注重刑名文法，为政苛察，总揽权柄，权不借下，招抚流民，救济贫农，兴修水利，减免赋税徭役。严令后妃之家不得封侯干政，防范贵戚功臣势力。对外北命窦固带兵征伐匈奴，令班超出使西域各国，设置西域都护。汉明帝崇儒纳佛，64年因梦派使臣到天竺国（今印度）取经，67年将佛教引进中国，于68年建造了中国第一座佛教寺院白马寺。汉明帝不近女色，不爱美人爱学术，有时亲自到“辟雍”[1]去讲课。在他的带动下，天下重学，吏治清明，境内安定。

75年，汉明帝于洛阳东宫前殿病逝，时年四十八岁，谥号孝明皇帝，庙号显宗。刘庄第五子贾贵人所生太子刘炟（dá）即位，是为汉章帝。

汉章帝刘炟（58—88）个性宽容，爱好儒术。刘炟的母亲贾贵人是马皇后同母异父的姐姐，马皇后无子，刘炟从小被马皇后收养。

60年，两岁的刘炟被立为太子。他即位后，想升迁马氏家族，被明智的马太后下诏书阻止。

77年，汉章帝册封故大司徒窦融的曾孙女为皇后，窦皇后与妹妹一起进入长乐宫，外戚窦氏的势力迅速发展起来。

78年，马太后去世。窦皇后无子，收养了梁贵人之子刘肇，视如己出。在窦皇后的诬陷下，太子刘庆被废黜为清河王，生母宋贵人自尽，梁贵人娘家也被诬陷获罪，梁贵人忧愤而死。

82年，刘肇被立为太子。随着马氏的失势和窦氏的强大，汉章帝对外戚专权有所警惕，随调铁面无私的周纡（yū）任洛阳令，加以遏制。汉章帝最终因下不了决心，未能削弱外戚窦氏的势力。汉章帝励精图治，注重农桑，兴修水利，减轻徭役，衣食朴素，实行“与民休息，好儒术”政策，实现了思想活跃，政治清明，经济繁荣的大好局面。他两次派班超出使西域，使得西域地区重新称藩于汉。汉明帝、汉章帝父子不爱美人爱学术，刘庄亲自到“辟雍”讲课，刘炟则在首都洛阳举行国家级的学术大会——白虎观会议，以匡正经学。后来，班固根据会议

[1]《后汉书 · 儒林列传》记载：东汉辟雍始建于光武皇帝中元元年（56），尚未来得及亲临其境，光武帝便驾崩了。到了明帝即位，才亲行其礼。辟雍，本为西周天子为教育贵族子弟设立的大学。取四周有水，形如璧环，前门外有便桥。东汉以后，历代皆有辟雍，作为尊儒学、行典礼的场所，除北宋末年为太学之预备学校（亦称“外学”）外，均为行乡饮、大射或祭祀之礼的地方。今北京国子监内辟雍，乾隆时造，为皇帝讲学之所。

记录整理成书《白虎通》，成为一部把儒学思想法典化的著作。刘炟作为一名书法家，草书非常有名，史称“章草”。汉明帝和其子汉章帝在位期间，两代皇帝接力打造了强盛的文化帝国，出现了繁荣的盛世局面，史载“天下安平，百姓殷富”，史称“明章之治”。光武、明、章三帝统治六十余年，社会稳定，政治清明，社会经济得到恢复和发展。

88 年，汉章帝于章德前殿去世，时年三十一岁，谥号孝章皇帝，庙号肃宗。汉章帝第四子、十岁的太子刘肇（生母为梁贵人，过继给皇后窦氏为继子）即位，是为汉和帝。

永元之隆

汉和帝刘肇（79—105）年幼即位，由养母窦太后临朝称制。窦太后倚仗亲族，窦氏戚族开始专权。窦太后把哥哥窦宪由虎贲中郎将提升为侍中，掌管朝廷机密，负责发布诰命；任其弟窦笃为虎贲中郎将，统领皇帝的侍卫；另弟窦景、窦环均任中常侍，负责传达诏令和统理文书。

89 年，窦宪领兵出塞三千余里，大败北匈奴，至燕然山刻石记功（即典故“燕然勒功”），班师回朝后升为大将军，位列三公之上。窦太后大权独揽，独断专横，强于决策。她还把大批窦氏家族子弟和亲朋故友，任为朝官或地方官，在朝廷上下安插了大量党羽，有众多附臣与亲信。从而上下勾结，专权放纵，报复打击，为所欲为。

92 年，十四岁的汉和帝开始不满于自己无权的地位。窦宪知道后，密谋企图杀害汉和帝，却走漏了消息。汉和帝先发制人，联合宦官常侍郑众等，一举扫平了外戚窦氏的势力。窦宪自杀，窦氏家族做官的人全部免官，窦太后也由此被软禁，不得参与政事。自此，汉和帝开始亲理朝政，每日临朝听政，深夜批阅奏章，从不荒怠政事。多次下诏赈济灾民，减免赋税，安置流民，勿违农时，招纳贤士。法制上主张宽刑，军事外交上降服匈奴，并任命班超平定西域诸国，致使东汉国力达到极盛，史称“永元之隆”。刘肇夺回政权的过程中，因宦官直接参与策划和实施，在论功行赏时得到重用，尤其是郑众升任为大长秋，故史书上说“宦官用权自此始矣”。

96 年，汉和帝封阴丽华之兄执金吾阴识曾孙女阴氏为皇后。同年，前护羌校尉邓训的女儿邓绥入宫为贵人。汉和帝十分宠爱邓绥。

97 年，窦太后在失落和孤寂中去世。经汉和帝生母梁贵人的姐姐梁嫕（yì）上书，汉和帝方知自己不是窦太后亲生和当年生母梁贵人被害的真相。但汉和帝知恩念亲，保留了窦太后的尊号，追封母亲梁贵人为皇太后，追封梁贵人的父亲梁竦（sǒng）为褒亲愍侯，封梁竦的三个儿子梁棠为乐平侯、梁雍为乘氏侯、梁翟为单父侯。东汉历史上势力最大、危害最深的外戚梁氏集团势力就此形成。

102 年，汉和帝废黜阴皇后，立邓绥为皇后。阴皇后迁居桐宫，于次年忧郁而死。

105 年，汉和帝积劳成疾，于章德殿病逝，享年二十七岁，谥号孝和皇帝，庙号穆宗（后被削除）。汉和帝出生刚满百天的少子刘隆即位，是为汉殇帝。

戚宦之争

汉殇帝刘隆（105—106）年幼即位，由皇太后邓绥临朝听政。刘隆的父亲汉和帝在世时，生了许多皇子，但大都夭折。汉和帝为防宦官、外戚再谋害他的儿子，便将其余的皇子包括刘隆在内，都养于民间。邓太后临朝后，积极治国，教化为本，勤俭节约，针对东汉的弊端采取了有力的措施，取得一定的效果。但她毕竟是外戚势力的总代表，为了巩固加强自己的统治，将哥哥邓骘（zhì）由虎贲中郎将提升为车骑将军，政权实际以邓骘为代表的邓氏戚族所掌控。

106年，刘隆夭折，年仅一岁，谥号孝殇皇帝。刘隆是中国历史上即位年龄最小的皇帝，仅当了二百二十一天皇帝便悄然离世，他也是中国历史上寿命最短的皇帝，被史家称为“八月皇帝”或“百日皇帝”。邓氏戚族扶持清河孝王刘庆之子、年仅十三岁的刘祜（汉章帝刘炟之孙，母亲左小娥）即位，是为汉安帝。

汉安帝刘祜（94—125）即位时，东汉朝廷内忧外患，百事多艰，实际政务大权仍然握在邓太后和邓骘手中。邓太后依重宦官鄛（cháo）乡侯郑众和尚方令蔡伦，朝政被外戚和宦官掌握。但邓太后对她的家族要求甚严，邓氏兄弟不得不小心谨慎，奉公守法，勤劳王事。即便如此，也没能消除皇权和外戚势力尖锐的矛盾。

120年，汉安帝立宫人李氏所生之子刘保为太子。

121年，邓太后去世，汉安帝亲政并扫灭邓氏，但未能阻止其他外戚专权。东汉朝廷外戚、宦官、官僚集团之间的矛盾日益尖锐。国内连年水涝，冰雹、地震灾害频发，人心浮动。北匈奴和车（jū）师（初名姑师，西域城郭国，国都交河城在今新疆维吾尔自治区吐鲁番市西北）联兵进攻河西四郡，羌族战争长达十一年之久，耗费巨大，使东汉元气大伤，人民困苦不堪。而皇宫内部为争夺帝位继承权，斗争激烈，阎皇后阎姬自己无子，之前已将刘保之母李氏鸩杀。

124年，阎皇后先将太子刘保的乳母王男和厨监邴（bǐng）吉杀害，剪除太子羽翼，再诬陷太子，使得太子刘保被废为济阴王。同年，贤臣司徒杨震被宦官逼迫自杀。

125年，汉安帝偕同阎皇后和贵戚南下游玩到宛城（今河南省南阳市宛城区），得急病回京，途中行至叶县（今河南省平顶山市叶县南）病死于车上，时年三十二岁，谥号孝安皇帝，庙号恭宗（后被削除）。阎皇后为了把持国政，在其兄长社侯阎显的支持下，迎立汉章帝刘炟之孙、济北惠王刘寿之子刘懿即位，史称少帝。

少帝刘懿（？—125 年）在位时，阎显兄弟把持朝政，作威作福，逐杀汉安帝亲信宦官，独揽大权。同年十月，在位二百零六天的刘懿因病去世，以诸侯王的礼仪下葬。因此，史家不将刘懿计入东汉皇帝，称济北王。之后宦官孙程等人合力斩杀宦官大长秋江京等人，迎立汉安帝故太子、济阴王十一岁的刘保即位，是为汉顺帝。

汉顺帝刘保（115—144）即位后，将阎显、阎景、阎晏兄弟及其党羽全部诛杀，阎姬被迁到离宫居住。汉顺帝本来性格温和而软弱，加上他的皇位是靠宦官得来，于是汉顺帝将大权交给宦官掌管，孙程等十九位宦官全部被封侯，并允许宦官充任朝官，养子袭爵位。汉和帝当年封舅舅梁雍为乘氏侯，梁雍之子梁商凭借门荫入仕，袭封乘氏侯。汉顺帝尊崇皇后梁氏、后父梁商、梁商之子梁冀专权用事，对外戚放任自流。之后，宦官与外戚梁氏勾结，开始了长达二十多年的梁氏专权。宦官、外戚互相勾结，汉朝政治更加腐败，民不聊生，阶级矛盾更加恶化。

128 年，梁商将妹妹梁茱（zhū）和女儿梁妠（nà）一同送进宫给汉顺帝做嫔妃，梁商借此升为侍中、屯骑校尉。

132 年，汉顺帝册立梁商的女儿梁妠为皇后、梁商的妹妹梁茱为贵人，升任梁商为执金吾。

135 年，梁商升任大将军。梁商谦恭温和，虚心荐贤，严格约束自己的家人和亲戚，不曾凭借权势为非作歹。他尽心辅佐汉顺帝安内御外，堪称贤辅。然而，梁商在朝中安插梁氏亲族，为其子梁冀随后专权乱政埋下了伏笔。

141 年，梁商去世，谥号“忠”。其子梁冀袭爵乘氏侯，接任大将军。

144 年，汉顺帝在玉堂前殿去世（死因不明），时年三十岁，谥号孝顺皇帝，庙号敬宗（后被削除）。皇后梁妠无子，梁妠和梁冀立汉顺帝刘保两岁的儿子刘炳（母亲虞贵人）即位，是为汉冲帝。

汉冲帝刘炳（143—145）年幼继位，尊汉顺帝皇后梁妠为皇太后，由梁妠临朝摄政。外戚梁氏把持朝政，梁妠的哥哥大将军梁冀飞扬跋扈，朝廷腐败，民不聊生。

145 年，汉冲帝于玉堂前殿病逝，年仅三岁，谥号孝冲皇帝。梁太后与梁冀续立八岁的刘缵（zuǎn）（汉章帝刘炟玄孙、渤海孝王刘鸿之子）即位，是为汉质帝。

汉质帝刘缵（138—146）的曾祖父刘伉为汉章帝长子，由于母亲地位卑贱，当年被剥夺了皇位继承权，封为千乘王（封国为今山东省淄博市高青县）。汉质帝即位后，依然由梁太后临朝称制，朝政由大将军梁冀操控。汉质帝年纪虽小，但为人聪慧早熟，对梁冀的盛气凌人、不可一世非常不满，称其为“跋扈将军”。

146 年，汉质帝被梁冀毒杀，年仅九岁，谥号孝质皇帝。梁皇后和梁冀再立十五岁的刘志（汉章帝刘炟曾孙、河间孝王刘开之孙、蠡吾侯刘翼之子，母亲匽明）即位，是为汉桓帝。

汉桓帝刘志（132—167）即位后的前十三年，基本上是一个傀儡皇帝，继续由梁太后临朝听政，由梁冀把持朝政。

147 年，梁冀为了巩固朝政大权，将妹妹梁女莹嫁给刘志立为皇后。梁皇后无才无德，长相平庸，倚仗兄、姐之势，奢侈浮华，专制内宫。

150 年，梁太后终于走到了生命的尽头，朝廷虽下诏归政，但梁冀势力庞大，依旧专横跋扈。此时，梁氏已先后出了七位侯、三位皇后（一位死后追封）、六位贵人、两位大将军、七名诰命夫人和女封君、三名驸马，真正是权倾朝野，富贵满门。汉桓帝不得不继续忍辱求全，等待时机。

159 年，梁皇后去世。直到梁冀派人刺杀长安君（汉桓帝宠爱的贵人梁猛女之母）时，汉桓帝才忍无可忍。汉桓帝借上厕所之机，与宦官唐衡、单超、左倌、徐璜、具瑗五人密谋，将梁氏一族一网打尽。梁冀被炒家，财产达三十多亿钱，相当于朝廷当年一半的租税。外戚被扳倒，但宦官当道，宦官单超等五人同日封侯，独揽朝权。宦官的统治比外戚更加黑暗，同样残暴专横，鱼肉人民。一方面统治阶级奢侈成风；另一方面边疆战火再起，国库空虚。为解决财政赤字，汉桓帝对农民加征赋税，减发公卿百官的俸禄，公开卖官鬻（yù）爵，不仅让贪污合法化，而且直接败坏了吏治。这些直接导致了当朝士大夫的不满，士大夫与外戚联合起来，一同对抗宦官。双方斗争激烈，最终经过两次党锢之祸，士大夫全被排斥出朝堂。汉桓帝因为长期受到压抑，突然获得至高无上的权力，有了“权力暴发户”的感觉，他先后册立了三个皇后，广招美女，尽情享乐。梁皇后病逝后，汉桓帝立和熹皇后邓绥从侄邓香之女为邓皇后，邓皇后无子，因与郭贵人争宠，于 165 年被废黜后郁闷而死。汉桓帝很快立大司空安丰侯窦融的曾孙女、城门校尉窦武的女儿窦妙为皇后。汉桓帝娶了众多的老婆不算，还大规模征召美女入宫，他的后宫一下子成了嫔妃的海洋，数量高达五六千人。有时，他竟然把数千嫔妃全都集中起来，脱光衣服，让宠臣们跟她们亲密接触，他一边喝酒，一边狂欢。汉桓帝实际上是借纵情声色来填补自己内心的空虚。汉桓帝对自己的放纵，早已透支了健康，这个拥有当时世界上最多妻妾的男人，虽有三个女儿，却没一个儿子。

166 年，方士张成之子因杀人被司隶校尉李膺（yīng）处死，张成在大宦官侯览、张让等人的唆使下，控告李膺结党营私，共为部党，诽谤朝廷，疑乱风俗。汉桓帝下令将李膺、太仆杜密、御史中丞陈翔等二百余人逮捕入狱。当时，反对当权宦官的士大夫惨遭迫害，史称“第一次党锢之祸”。这一年，抗击匈奴立有战功的董卓被任命为羽林郎。

167 年，汉桓帝病逝，时年三十七岁，谥号孝桓皇帝，庙号威宗（后被削除）。窦皇后与父窦武选择十二岁的刘宏（汉章帝刘炟的玄孙、河间孝王刘开的曾孙，父亲解渎亭侯刘苌早逝，刘宏世袭解渎亭侯爵位，母亲董氏）即位，是为汉灵帝。

汉灵帝刘宏（156—189）年幼即位，母凭子贵，汉灵帝尊母亲董氏为慎园贵人，由窦太后临朝称制。窦武任大将军、名士陈蕃为太傅、胡广为司徒辅政。从此，窦氏族人加官晋爵，权倾一时。外戚与宦官之间的斗争更为激烈。

168 年，发生“九月辛亥政变”，宦官朱瑀（yǔ）、王甫、曹节等全面胜利，窦武、陈蕃等人均被灭族，窦太后被迁徙到南宫云台居住。从此，汉灵帝更加信任宦官，将朝政全部委任于宦官。他自认为天下稳如泰山，安心享乐，鲜问政事。他的淫乱本性暴露，甚至可笑到令宫中所有嫔妃和宫女必须穿开裆裤的地步，使得政局更为恶化。

169 年，汉灵帝尊母亲董氏为孝仁皇后，居于永乐宫，故称“永乐太后”。同时将董太后的哥哥董宠、侄子董重征召到洛阳，董宠任执金吾（次年因假传董太后谕旨被处死），董重为五官中郎将。这一年，掌权的宦官掀起第二次党锢，时间长达十六年之久。宦官侯览指使人诬告山阳郡东部督邮张俭结党，图危社稷，并牵扯第一次党锢名单。李膺、范滂等百余人被逮捕死于狱中，张俭外逃出境才得以幸免。之后，天下豪杰及儒学有行义者皆被指为党人，其死、徙、废、禁者多达六七百人。擅政宦官假借皇帝名义对朝野反对士人及年轻学生进行全面打击，受人们尊敬的大夫遭到迫害，宦官们搜刮民财，仗势欺人，朝廷深陷危难之中，党锢之祸加速了东汉的灭亡。

171 年，宋皇后因被陷害用巫蛊诅咒汉灵帝而被废黜，死于暴室。

172 年，窦太后去世，董氏永乐太后开始干预朝政。

178 年，汉灵帝设置鸿都门学，不研究儒家经典，只探讨汉灵帝感兴趣的辞赋、书法。鸿都门学是世界上创立最早的文艺专科大学，对文学艺术教育有很大贡献。

180 年，汉灵帝力排众议，立屠夫出身的何氏为皇后。何皇后父亲何真被追封为车骑将军、舞阳宣德侯；母亲被接入宫中居住，封为舞阳君；大哥何进和二哥何苗也被招入朝廷担任要职，何氏家门荣极一时。当时，后宫王美人王荣身怀有孕，遭到何皇后的嫉恨。王美人是前五官中郎将王苞的孙女，王章之女，出身名门。

181 年，王美人生子刘协，何皇后将王美人毒杀。汉灵帝为了皇子的安全将刘协送到永乐宫请董太后抚养，刘协被称为“董侯”。

184 年，太平道教主张角自称“天公将军”，以“苍天已死，黄天当立，岁在甲子，天下大吉”为口号，发动“黄巾起义”，州郡失守，朝廷震动，给腐朽的东汉政权以沉重的打击。朝廷罢免北中郎将卢植，改拜羽林郎董卓为东中郎将，接管冀州战区事务，参与镇压黄巾起义。时至天下大乱汉灵帝方才解除党锢，大赦天下党人。同年，张角病逝，黄巾军被击败。

185 年，董卓因平定凉州叛乱立功被拜将封侯，拜破虏将军，封斄（tái）乡侯。但此时全国烽烟四起，天下叛乱已此起彼伏。

186 年，面对危在旦夕的江山社稷，荒淫无度的汉灵帝不思进取，在西园耗巨资修建了一千间房屋，在室内引来渠水绕着各个门槛形成环流，水中种植一种荷花，荷叶夜舒昼卷，名叫夜舒荷（又称望舒荷）。在这个恍如仙境的花园里，汉灵帝命令宫女们脱光衣服，赤身裸体嬉戏追逐，有时自己高兴起来，也脱了衣服和她们打成一片，他给这处花园赐名为“裸游馆”。每逢盛夏，汉灵帝就在裸游馆避暑，带上宫女昼夜游之，尽情享乐，陶醉于醉生梦死之中。至于朝廷大事，他早已抛到九霄云外。他感叹说：“假如一万年都能如此，那就是天上的神仙了。”皇帝荒淫，宦官敛财，正所谓主暗臣昏，终于激起了各地人民的反抗，天下叛乱此起彼伏，东汉王朝的气数已尽。

188 年，朝廷另组西园新军，司空袁逢之子袁绍被任命为中军校尉（全国军队的副总统），太尉曹嵩之子曹操被任命为典军校尉（掌管近卫禁军）。

189 年，董太后与何皇后的斗争，延续到何进与董重的交锋，董重失败自尽，董太后因忧惧成疾而死。汉灵帝拜董卓为并州牧，董卓只接受任命但并没有交出军队。同年，汉灵帝在南宫嘉德殿一命呜呼，结束了他短暂而荒唐的一生，年仅三十三岁，谥号孝灵皇帝。汉灵帝生前计划将皇位传给王美人（王荣）所生皇子刘协，并托付给他特别信任的宦官、上军校尉蹇硕。蹇硕欲杀何进立刘协，但计划失败，何皇后与其兄大将军何进立何皇后所生十四岁的长子刘辩为帝，史称汉少帝。

董卓之乱

汉少帝刘辩（175—190）年幼即位，何太后临朝称制，大赦天下，封九岁的皇弟刘协（汉灵帝刘宏次子，汉少帝刘辩异母弟，母为灵怀皇后王荣）为渤海王（后改封为陈留王），封后将军袁隗为太傅，袁隗的侄子袁绍为司隶校尉。何太后兄长大将军何进大权在握，东汉政权已经名存实亡。

189 年，以何进为首的外戚集团和以十常侍为首的内廷宦官集团矛盾激化，发生政变。何进命令黄门令逮捕蹇硕将其诛杀，并联合袁绍计划诛杀所有宦官，被何太后制止。于是，他们发动各地太守统兵进逼京师。当时，并州刺史丁原担任骑都尉，在河内（今河南省北部一带太行山东南与黄河以北）驻军，吕布担任主簿。何进任丁原为执金吾，率兵到洛阳，何太后在兵临城下的形势下被迫罢免了所有宦官。何进与司隶校尉袁绍密谋，召并州牧董卓进京援助对付宦官，由于泄密，何进反被宦官张让、段圭、渠穆等所杀。袁绍的堂弟虎贲中郎将袁术与何进的部下吴匡、张璋带兵杀向皇宫。宦官张让、段圭等挟持少帝刘辩、陈留王刘协逃出都城。袁术等火烧南宫的九龙门和东、西宫，尽杀宦官两千余人。尚书卢植、河南中部掾（yuàn）闵贡在黄河边遇到少帝一行，怒斥张让等人祸国乱政，砍死数名宦官，张让投河自尽。董卓率领军队抵达洛阳西郊时，于北邙阪下（今河南省洛阳市北北邙山）与准备回宫的少帝刘辩、陈留王刘协相遇。董卓无意中得到了一张王牌，他拥簇着少帝，带着军队浩浩荡荡地开进洛阳城。董卓引诱吕布杀死丁原，吞并丁原的军队，任命吕布为骑都尉，并与吕布结为父子，任吕布为中郎将，封都亭侯。董卓罢免司空刘弘，自封为司空，权倾朝野。他自认为与董太后同族，胁迫何太后废黜汉少帝刘辨为弘农怀王，立陈留王刘协即位，是为汉献帝。少帝刘辨，成为东汉唯一被废黜的皇帝。

汉献帝刘协（181—234）九岁即位，何太后还政，汉献帝开始了他漫长的傀儡皇帝生涯。董卓自封为丞相，后又加封为太师，完全控制了东汉政权。董卓的军队在洛阳劫掠财物，奸淫妇女，火烧洛阳，挟持汉献帝和百万居民西迁长安。

190年，董卓的倒行逆施引起了中原地方诸侯势力的不满，各地起兵讨董，豪杰并起，推举袁绍为盟主，组成关东联军讨伐董卓。董卓为绝后患，派郎中令李儒将年仅十五岁的弘农怀王刘辨鸩杀。曹操见董卓逆天而为，不愿与其合作，遂改易姓名逃出京师洛阳（今河南省洛阳市），回到陈留，散尽家财起兵讨伐董卓。

191年，关东诸侯为了争夺政治上的领导权，心怀异志，袁绍、韩馥等倡议推翻董卓，立幽州牧刘虞为帝，袁术、曹操等坚决反对，袁绍为安抚曹操，任其为东郡太守。

192年，司徒王允、司隶校尉黄琬与仆射士孙瑞等密谋刺杀董卓。司徒王允策反了董卓爱将中郎将吕布，董卓被吕布所杀。王允录尚书事，吕布晋升为奋威将军，二人共同主持朝政，下令大赦天下，董卓之乱结束。时间不到一个月，董卓部将李傕（jué）、郭汜（sì）等人卷土重来，经过混战，击败吕布，杀死王允，占领长安。李傕升为大司马，郭汜为后将军，控制了东汉政权。同年，兖州（今山东省西部、河南省东北部、河北省东南部）刺史刘岱被青州的黄巾军斩杀，济北相鲍信等人迎东郡太守曹操为兖州牧，曹操终于获得了安身立命之地，可以与袁绍抗衡。

195年，李傕、郭汜发生内讧，内部决裂，双方相攻数月，死者过万人，长安城一片废墟。李傕派人将汉献帝、皇后、宫人及大臣们一并劫去，汉献帝和群臣在李傕的部将杨奉、牛辅（董卓的女婿）、董承（董太后之侄、汉献帝嫔妃董贵人之父）的护卫下逃出长安。

196年，汉献帝一行抵达洛阳。这时，中原地区的袁绍和曹操两大军阀正进行着频繁的政治和军事斗争；孙策占据了江东；刘表占据了荆州；刘璋割据益州；韩遂、马腾占有凉州；公孙度盘踞辽东。兖州牧曹操抢先率军进驻洛阳，取得了“挟天子以令诸侯”的地位。汉献帝赐曹操节钺（yuè）（符节与斧钺，加重权力的标志），标志着曹操“挟天子以令诸侯”时代的开始。随后曹操胁持汉献帝迁都到许昌，改称许都。

东汉灭亡

200 年，汉献帝不甘心做傀儡皇帝，暗下衣带诏（密诏），令董贵人的父亲车骑将军董承诛杀曹操。董承与左将军刘备、长水校尉种辑、将军吴子兰、王子服等一起密谋，不料事情败露，董承等人反被曹操诛杀，怀孕的董贵人也被绞杀。

214 年，伏皇后要求其父伏完诛杀曹操，再次密谋败露，曹操将伏皇后幽闭而死，汉献帝与她所生的两位皇子亦被毒杀，伏氏宗族百余人被处死。215 年，曹操威逼汉献帝立其女曹节为皇后。

220 年，曹操于洛阳病逝，其次子曹丕袭承父爵。曹丕废汉献帝自立，建立魏国，定都洛阳，史称“曹魏”，东汉政权彻底灭亡，中国历史进入三国时期。

汉献帝被废后，封为山阳公，食邑万户，居住山阳城（今河南省焦作市）。

234 年，汉献帝去世，谥号孝献皇帝。

知识典故

1. 焚书坑儒

公元前 213 年，以淳于越为代表的儒生和游士反对秦朝实行的“郡县制”，提议根据古制恢复分封制。秦始皇认为这是尊古贱今，扰乱民心，非常恼怒。在丞相李斯的建议下，下令焚书。规定除了秦国史馆记载的历史书，其他一律烧掉；除了官方博士馆收藏的书籍，凡民间所藏的《诗经》《尚书》和诸子百家的书籍，一律在三十天内交给官府烧掉；天下敢有私藏禁书者，脸上刺字、罚做奴役、修筑长城；凡用古代事例攻击秦朝时政者，满门抄斩；对知情不报者同罪论处。当时，存世典籍被付之一炬，仅剩秦朝博士馆的一点藏书，后来也被项羽入咸阳火烧阿房宫时一起烧掉。焚书的烈火，使先秦许多历史事实和学术思想从此失传。

公元前 212 年，即焚书第二年，许多读书人对秦始皇焚书的行径非常反感，暗地议论秦始皇压制舆论、摧残文化。当年，为秦始皇寻找长生不死仙药的方士侯生和卢生，议论秦始皇的残暴并相约逃跑。秦始皇知道后，迁怒于其他儒生，用酷刑迫使儒生互相揭发，牵连出四百六十余人，全部被坑杀于咸阳城外。秦始皇焚书坑儒，意在维护统一的集权政治，反对是古非今，消除割据意识。但这种野蛮、残酷的手段，对中国古代文化是一次非常严重的摧残，可谓文化浩劫。

2. 指鹿为马

“指鹿为马”出自《史记 · 秦始皇本纪》，意思是指着鹿，硬说是马，比喻故意颠倒黑白，混淆是非。公元前 210 年，秦始皇病逝。赵高发动“沙丘之变”，窃取朝政大权。公元前 208 年，赵高变本加厉，将丞相李斯谋害，自己做了丞相，可以说是大权独揽，一手遮天。一天，他想试试自己的威信，看一看究竟谁敢反对他，随即当着群臣的面将一只鹿牵到朝堂上，说是一匹宝马，要献给胡亥。胡亥见了大笑道:“一定是丞相搞错了，明明是一只鹿，怎么会是马呢?”赵高说:“请陛下看清楚，这的确是一匹千里马。不信可以问问众位大臣。”众臣们知道赵高的阴险用意，胆小正直者不愿说话，刚直不阿者说是鹿，同流合污者说是马。事后，赵高通过各种手段把不顺从自己的正直大臣一一治罪，甚至有的满门抄斩。子婴即位后，历数野心家赵高罪孽，夷其三族，恶贯满盈的赵高终于得到了应有的惩罚，不得善终。

3. 阿房宫

阿房宫被誉为“天下第一宫”，是秦帝国修建的新朝宫。阿房宫始建于公元前213年，与万里长城、秦始皇陵、秦直道并称为“秦始皇的四大工程”。阿房宫位于今陕西省西安市西咸新区沣东新城王寺街道，占地三百余里，共有七百多所宫殿。秦始皇把从六国抢来的美女和金银珠宝分别藏在各个宫殿之中，自己每天换一个住处，轮番享乐。直到公元前210年，秦始皇驾崩时都没住完所有的宫殿，阿房宫也尚未竣工。公元前206年，项羽破咸阳，火烧秦宫，阿房宫大火三月不灭，恢宏壮观的阿房宫被付之一炬。唐代文学家杜牧创作的《阿房宫赋》，通过对阿房宫兴建及其毁灭的描写，生动形象地总结了秦朝统治者骄奢亡国的历史教训，表现出一个正直文人忧国忧民、匡时济俗的情怀。文章最后呼吁道：“呜呼！灭六国者，六国也，非秦也；族秦者，秦也，非天下也。……秦人不暇自哀，而后人哀之；后人哀之而不鉴之，亦使后人而复哀后人也。”作者向唐朝统治者发出了警告，不要步秦朝的后尘，要知道天下百姓不敢言，却敢怒，水能载舟亦能覆舟。

4. 鸿鹄之志

“鸿鹄之志”出自《史记 · 陈涉世家》，“嗟乎！燕雀安知鸿鹄之志哉！”常用于比喻一个人志向远大。陈胜字涉，阳城（今河南省郑州市登封市）人。陈胜由于家庭贫困，年轻时做雇农，替别人耕地。有一次，他对同伴说：“大家日后如果谁富了，可千万不要忘了现在一起的穷哥们。”大家耻笑道：“我们是给人家当雇农的，怎么会富贵呢？”陈涉长叹一声说：“燕雀怎么能知道鸿鹄的远大志向呢？”公元前209年，阳城（今河南省郑州市登封市）的两个县尉押送九百名民夫到渔阳（今北京市密云区西南）去防守，恰遇天降大雨，道路不通，延误了规定到达渔阳的期限，按照秦律所有人都要判处死刑。民夫中的陈胜与吴广商议后，杀死两名县尉，鼓动大家：“大丈夫不死便罢，要死就要名扬后世，王侯将相难道都是天生的吗？”于是，陈胜自任将军，吴广任都尉，发动了大泽乡（今安徽省宿州市境内）起义。起义军接连攻克蕲县、铚（zhì）、酂（zàn）、苦柘（zhè）、谯和陈县等地，陈胜在陈县（今河南省周口市淮阳区）称王，建立政权，国号“张楚”。在起义军“伐无道，诛暴秦”的号令下，各地揭竿而起，天下响应，队伍迅速扩大，席卷全国。起义不到三个月，赵、齐、燕、魏等地均有人打着恢复六国的旗号，自立为王。大泽乡起义后被秦将章邯领兵镇压而失败，吴广在荥阳（今河南省郑州市荥阳市）被部下杀死。起义后的第六个月，陈胜在逃跑途中，于城父（今安徽省亳州市谯城区城父镇）被他的车夫庄贾设计杀害。大泽乡起义虽然失败，但它是中国历史上第一次大规模的农民起义，沉重打击了秦朝政权，揭开了秦末农民起义的序幕。

5. 三户亡秦

“三户亡秦”出自西汉司马迁的《史记 · 项羽本纪》中的“楚虽三户，亡秦必楚”。它代表了一种不屈不挠的坚定信念，比喻即使力量弱小，只要坚定信心、团结一致也能取得成功。公元前209年，陈胜、吴广起义，各路义军纷纷配合，项梁举事起兵攻秦。范增去拜见项梁说：“秦灭六国，楚国最冤。楚国南公说过，即使整个楚国只剩下三个氏族也要报仇雪恨，团结起来消灭秦国。”于是，项梁立楚怀王的孙子熊心为楚怀王，得到人民的拥护而迅速壮大实力。

6. 破釜沉舟

“破釜沉舟”出自《史记·项羽本纪》中的“皆沉船，破釜甑（zèng）”，意思为把饭锅打破，把渡船凿沉。比喻拼死一战，决心很大，置之死地而后生。公元前208年，秦将章邯杀死项梁以后，过黄河攻打反秦武装自称为赵王的赵歇，邯郸被破，赵王歇及张耳被迫退守巨鹿（今河北省邢台市平乡县西南），被秦将王离率二十万军队围困，章邯率军二十万军队屯于巨鹿南数里的棘原，为王离供应粮草。楚怀王派宋义为上将军，项羽为次将，带领二十万人马去救赵国。宋义领兵至安阳（今山东省菏泽市曹县东南）后，逗留四十六天惧战不前，按兵不动。楚军缺粮少草，巨鹿形势危急。项羽果断斩杀宋义，率兵强渡漳河，安排士兵们饱餐一顿，每人仅带三天的军粮，把做饭的锅全部砸碎，把渡河的船只凿穿沉入河里，然后率领人马向秦军大举进攻。没有退路的楚军战士以一当十，杀声震天。经过九次激战，大破秦军，活捉秦将王离。“巨鹿之战”中楚军击溃了秦军主力，扭转了整个反秦战争的局面。两年后，秦朝灭亡。

7. 韩信将兵，多多益善

“韩信将兵，多多益善”出自司马迁的《史记·淮阴侯列传》，形容越多越好，一般用于对事物的需求量大，而且质量不受限制。秦末时韩信经夏侯婴推荐，拜治粟都尉，后经萧何保荐为大将，他为刘邦制定了汉中对策，立下汗马功劳。韩信作为统帅，他平魏、取代、破赵、胁燕，东击齐、南灭楚，名闻海内，威震天下。他作为军事理论家，联合张良整理兵书、序次兵法，并著有《韩信兵法》三篇。楚汉时人们对韩信的评价为“国士无双”“功高无二，略不世出”。有一天，刘邦和韩信等人坐在一起聊带兵打仗的事情。刘邦问韩信：“你觉得我能带多少兵？”韩信说：“您最多带十万。”刘邦说：“那你能带多少兵？”韩信说：“我嘛，多多益善。”刘邦说：“你多多益善，为什么却成了我的手下呢？”韩信说：“您不能带兵，但能驭将，您得天下是上天注定的，不是人力能改变的。”

8. 约法三章

“约法三章”出自西汉司马迁的《史记 · 高祖本纪》：“与父老约，法三章耳；杀人者死，伤人及盗抵罪。”原指事先约好或明确规定的事，泛指订立简单的条款，以资遵守。公元前206年，刘邦率领大军攻入关中，驻兵离秦都咸阳仅有几十里的霸上。即位仅四十六天的秦王子婴，向刘邦投降。刘邦进咸阳后，本想住进豪华的秦宫，但他的心腹萧何、樊哙和张良告诫不能这样，免得失掉人心。刘邦接受他们的意见，下令封闭王宫，并留下少数士兵保护王宫和藏有大量财宝的库房，随即还军霸上。为了取得民心，刘邦把关中各地父老、豪杰召集起来，郑重地向大家宣布：“秦朝严刑苛法，危害众生，全部废除。现众位约定，不论是谁，都要遵守三条法律。这三条分别是杀人者要处死，伤人者要抵罪，盗窃者要判刑！”父老、豪杰们都表示坚决拥护约法三章。约法三章的实施，使刘邦得到了百姓的信任、拥护和支持，最后取得天下，建立了西汉王朝。

9. 明修栈道，暗度陈仓

“明修栈道，暗度陈仓”出自元 · 无名氏《暗度陈仓》，比喻用一种假象迷惑对方，实际上却另有打算，是声东击西、出奇制胜的谋略。公元前206年，项羽建立西楚，分封诸侯，众诸侯王从鸿门（今陕西省西安市临潼区东）戏水之下，各就各国。汉王刘邦原本就有十万人马，被项羽夺走七万，仅剩三万余人。张良送刘邦经褒中（今陕西省汉中市西北的褒城镇以东一带）到封地汉中（今陕西省汉中市南郑区），在褒谷口（今陕西省汉中市大钟寺附近）观看道路地形后，张良建议刘邦烧毁栈道，以防北口雍王章邯进攻，同时也能向项羽表明他无心抵抗项羽的进攻，也不准备再打回关中和项羽争夺天下的态度，可以麻痹项羽，使其解除戒备。于是，刘邦的队伍边走边烧毁栈道，这条人称“五百里”的褒斜栈阁之道化为灰烬。项羽、章邯知道后，心中大喜，他们料想刘邦不会东山再起，放松了对刘邦的警惕。时隔不久，韩信派樊哙、周勃率领老弱病残一万余人，去修复褒谷口的褒斜栈道。雍王章邯听到消息，高兴地对部下说：“刘邦手下无能人，竟然任用胯下受辱的韩信做大将。韩信派老弱病残重修五百里栈道，看他何年何月才能修通？”章邯却不知，在樊哙领兵修复栈道的同时，韩信和刘邦统帅十万大军，已悄悄绕过褒水，然后兵分两路，刘邦一路正常行军，韩信一路日夜暗行，从勉县（今陕西省汉中市勉县）百丈坡入口，神不知鬼不觉地到了陈仓（今陕西省宝鸡市东）。雍王章邯知道中了韩信声东击西之计时，为时已晚，虽慌忙应战，已措手不及。章邯先在陈仓兵败，退至右扶风长安一带（今陕西省西安市西北）、再退到废丘（今陕西省咸阳市兴平市）。刘邦的另一路军队赶到，多路进攻，章邯节节败退。汉军占领了废丘，夺得了雍地（雍王章邯之地，今陕西省咸阳市兴平市南），再到咸阳，攻占塞地（塞王司马欣之地，今陕西省渭南市富平县东南、西安市临潼区一带），再至上郡（今陕西省延安市），樊哙率军攻甘肃省一带至西县（今甘肃省天水市）。刘邦一举平定了雍、塞、翟三秦大地，为以后打败项羽开辟了新的根据地。

10. 背水一战

“背水一战”出自《史记 · 淮阴侯列传》，意思是处于绝境之中，为求出路而决一死战。公元前 205 年，刘邦命大将韩信、张耳仅带了几万汉军攻打赵国。赵王歇带了二十万大军在太行山的井陉口（今河北省石家庄市井陉县东）迎击。韩信排兵布阵，预先安排一万人沿着河岸背水摆开阵势，另外派两千轻骑每人拿一面汉军红旗，潜伏在赵军军营周围。背水历来是兵家绝地，赵军统帅陈馀大笑韩信不懂兵法。天亮时分，韩信树起帅旗，举兵进攻井陉口。双方经过激战后，韩信佯装失败，退往河边。赵营二十万大军向河边紧追不放。汉军都明白，正面大敌当前，背后滔滔河水，后退只有死路一条，必须拼死奋战才有生机。汉军部队与事先在河边部署的一万人会合，与赵军展开殊死拼杀。汉军无不以一当十，英勇无比。赵军一时无法取胜，正准备后撤回师时，潜伏的两千汉军士兵乘虚攻进赵营。赵军看到自己营地汉旗密布，以为赵王歇已被擒，全军大乱。汉军两面夹击，大破赵军，斩杀赵军统帅成安君陈馀，擒获赵王歇。战后有人问韩信：“背水列阵乃兵家大忌，将军为何明知故犯？”韩信笑着说：“兵书上不是也有‘置之死地而后生，置之亡地而后存’的说法吗？”

11. 四面楚歌

“四面楚歌”出自《史记 · 项羽本纪》，形容人们遭受各方面攻击或逼迫的人事环境，而致陷于孤立窘迫的境地。公元前 203 年，项羽和刘邦约定好以荥阳鸿沟（今河南省郑州市荥阳市古运河）为界，互不侵犯。刘邦势力强大以后，张良、陈平建议应该趁项羽衰弱的时候将其消灭。公元前 202 年，韩信、彭越、刘贾会合兵力追击正在向东开往彭城（今江苏省徐州市）的项羽部队。韩信的三十万兵马自齐南下，切断了项羽向彭城的退路；彭越率数万兵马到达固陵（今河南省周口市太康县南）与刘邦会师，担任主攻；刘贾与英布自寿春（今安徽省淮南市寿县东北部寿春镇）率兵北进，切断项羽南逃之路。项羽部队被紧紧围在垓下（今安徽省宿州市灵璧县东南），陷入绝境。汉军“十面埋伏”，形如天网，楚军固守垓下，势如鸟雀。项羽半夜突然听见四面围攻的汉军都唱起楚地的民歌，非常吃惊地问道：“刘邦已经占领了楚地吗？为什么他的部队里有这么多楚人？”项羽误认为汉军已经把楚国全部占领，看着即将永别的虞姬和乌骓（zhuī）马，饮酒消愁，唱出了慷慨悲凉的《垓下歌》：“力拔山兮气盖世。时不利兮骓不逝。骓不逝兮可奈何！虞兮虞兮奈若何！”虞姬随和唱：“汉兵已略地，四方楚歌声，大王意气尽，贱妾何聊生。”虞姬劝项羽尽力突围，乘项羽不备，自刎殉情。楚霸王英雄末路，拼死到最后自刎乌江，这便是典故“霸王别姬”的出处。

12. 成也萧何，败也萧何

“成也萧何，败也萧何”出自《史记·淮阴侯列传》，指韩信成为大将军是萧何推荐的，韩信被杀也是萧何出的计谋，比喻事情的成败或好坏全是同一个人所为。秦末汉初，泗水郡淮阴县（今江苏省淮安市淮阴区马头镇）的韩信投奔项羽，虽向项羽提过一些作战建议，但都没有被采纳，更没得到重用。公元前206年，韩信改投刘邦，同样没有得到重用。一次偶然的机会，韩信遇上了萧何，一席长谈之后，萧何对韩信非常钦佩，认为韩信是一个不可多得的军事天才。正当萧何准备向刘邦推荐韩信时，韩信自认为怀才不遇，另谋高就而去。萧何得知韩信不辞而别的消息，心急如焚，来不及报告刘邦，策马连夜把韩信追了回来，这便是“萧何月下追韩信”历史故事的由来。萧何劝说刘邦：“韩信具有杰出的军事才能，是天下无双的英雄才士。您如果仅仅做一辈子汉中王，没有韩信也罢，如要夺取天下，没有韩信，是不会成功的。”由于萧何的力荐，刘邦终于拜韩信为大将军。韩信不负众望，充分发挥了他的军事才能，为刘邦统一天下、建立汉朝立下了赫赫战功。但是，刘邦做了皇帝以后，却对韩信越来越不放心，先解除了他的兵权，由齐王改封楚王，之后只封了个淮阴侯。公元前196年，萧何设计把韩信骗到宫中，吕后在长乐宫钟室以谋反的罪名把韩信杀害，正所谓“成也萧何，败也萧何”。

13. 汉初三杰

“汉初三杰”指西汉建立时张良、萧何、韩信这三位开国功臣。汉高祖刘邦即位不久，在洛阳南宫开庆功宴会，曾问群臣：“吾何以得天下？”群臣回答均不合刘邦心意，刘邦说道：“论运筹帷幄之中，决胜千里之外，吾不如子房（张良）；论镇守国家，安抚百姓，供给军粮，吾不如萧何；论领兵百万，战必胜，攻必取，吾不如韩信。此三者，皆人杰，吾能用之，此吾所以取天下者也。”

张良（约前250—前186）字子房，战国时韩国颍川郏（jiá）城（今河南省平顶山市郏县）人，汉高祖刘邦的谋臣，秦末汉初时期杰出的政治家、军事家，汉王朝的开国元勋，与韩信、萧何并称为“汉初三杰”。张良出身于贵族世家，祖父张开地连任战国时韩国三朝宰相，父亲张平继任韩国两朝宰相。公元前226年，韩国被秦国灭亡。张良心存国恨家仇，筹划反秦。公元前218年，秦始皇前往阳武县（今河南省新乡市原阳县东半部）东巡，张良与一名大力士埋伏在古博浪沙（今河南省新乡市原阳县城东郊），张良指挥大力士用重锤袭击秦始皇车驾，由于选错车辆，“张良刺秦”失败。张良逃脱后，偶遇一身穿粗布短袍的老翁，老翁反复将自己的鞋子脱掉丢到桥下，张良一一将鞋捡回并帮老翁穿好，这便是《史记·留侯世家》中的成语“进履之谦”的出处。这位老翁便是传说中隐身岩穴的高士黄石公，黄石公遂赠与张良《太公兵法》。从此，张良日夜研习兵书，俯仰天下大事。公元前209年，陈胜、吴广起义爆发后，刘邦在沛县（今江苏省徐州市沛县）起兵，后投奔项梁，并与项羽结拜为兄弟。张良与刘邦不期而遇，二人一见如故，熟知兵法的张良投奔刘邦，受到刘邦的器重和信赖。公元前208年，在张良的建议下，项梁找到韩王成，立为韩王，任张良为司徒（相当于丞相），张良达到了“复韩”的目的。公元前207年，刘邦率兵攻占颍川（今河南省省许昌市禹州市），与韩王、张良会合。刘邦采纳张良的建议，先拿下宛城（今河南省南阳市宛城区）以解后顾之忧，再进军关中。在楚汉战争中，张良智斗鸿门，提出不立六国后代，联结英布、彭越，重用韩信等策略，又主张追击项羽，歼灭楚军，为刘邦完成统一大业奠定了坚实基础。大汉天下初定后，张良便托辞多病，闭门不出，遵循可有可无、时进时止的处事原则。在汉初刘邦剿灭异姓王的残酷斗争中，张良恪守“疏不间亲”的遗训，极少参与政事。刘邦令张良自己选择齐国的三万户为食邑，被张良辞让，他谦请封始与刘邦相遇的留地（今江苏省徐州市沛县）隐身而退，故称张良为留侯。之后，他退隐黄袍山（今湖北省咸宁市通城县东南）远离官场，崇信黄老，专心修道。张良目睹彭越、韩信等有功之臣的悲惨结局，联想范蠡、文种兴越后的或逃或死，深悟“狡兔死，走狗烹；飞鸟尽，良弓藏；敌国破，谋臣亡”的道理，急流勇退，明哲保身，善始善终。公元前186年，张良病逝，终年六十五岁，谥号文成侯，其子张不疑袭封为侯。北宋诗人黄庭坚七岁随父游黄袍山，黄庭坚造访张良退隐黄袍山的良山道观和伐桂书院，赋诗一首：“骑牛远远过前村，短笛横吹隔陇闻。多少长安名利客，机关用尽不如君。”

萧何（前 257—前 193）出生于泗水郡丰邑县（今江苏省徐州市丰县）东护城河西岸，西汉初期政治家、开国功臣、西汉丞相，“汉初三杰”之一。萧何早年入秦，担任沛县（今江苏省徐州市沛县）主吏掾。他勤奋好学，思想机敏，对历代律令颇有研究。萧何与泗水亭长刘邦、屠夫樊哙、狱掾曹参、车夫夏侯婴及吹鼓手周勃（名将周亚夫的父亲）关系密切，成为莫逆之交。公元前 209 年，陈胜、吴广起义爆发，萧何等辅佐沛公刘邦起兵举事。公元前 206 年，刘邦西进灭秦攻占咸阳，军官、将士们见秦都宫殿巍峨，街市繁华，顿时忘乎所以，抢掠金银财物，贪婪美女艳色。唯独萧何进咸阳后，一不贪恋金银财物，二不迷恋美女，立刻赶往秦丞相御史府，并派士兵迅速将其包围。他安排把秦朝有关国家户籍、地形、法令等图书档案、金银珠宝一一进行清查，登记造册。并进谏刘邦，使得刘邦幡然自悟，约法三章，汉军在咸阳秋毫无犯。楚汉战争时，萧何留守关中，不断地输送士卒粮饷支援作战，使关中成为汉军坚强的后方根据地，对刘邦战胜项羽、建立汉朝起了重要作用。公元前 206 年，萧何举荐韩信为大将军，经过四年艰苦卓绝的战争，于公元前 202 年，成功取得垓下之战的胜利，打败了西楚霸王项羽，建立西汉王朝。刘邦论功行赏，定萧何首功，拜为丞相，封为酂（zàn）侯，食邑最多，被称为“开国第一侯”。萧何设计营建咸阳皇宫，成为长安城最早的规划者和设计者。萧何接收了秦丞相府、御史府所藏的律令、图书，掌握全国山川险要、郡县户口，主张无为而治，采用黄老之术，休养生息。公元前 196 年，萧何协助刘邦除去韩信、英布等异姓诸侯王。萧何廉洁奉公，爱民如子，深得百姓爱戴，但也引起刘邦的猜忌。于是，萧何做了些强行购买民间土地、房屋的事情，自污名节，诚惶诚恐，以求自保。萧何也因这些小节被囚禁，后被释放。公元前195年，刘邦去世后，萧何继续为相辅佐汉惠帝。他在“约法三章”的基础上，参照秦法制定实施了《九章律》。公元前193年，萧何去世，终年六十五岁。

韩信（约前231—前196）泗水郡淮阴县（今江苏省淮安市淮阴区马头镇）人，西汉开国功臣、军事家，“汉初三杰”之一，“兵家四圣”，古代军事思想“兵权谋家”的代表人物，后人奉为“兵仙”“神帅”。韩信年轻时，文质彬彬，温文尔雅。一次，有一恶少见韩信软弱可欺，便纠集一帮无赖围攻欺凌他，要求他必须从恶少胯下钻过方可求饶。韩信见寡不敌众，只好忍一时之气从恶少胯下爬过，这便是《史记·淮阴侯列传》中的成语“胯下之辱”的出处。秦末大乱之际，韩信投奔项梁、项羽，未得重用。公元前206年，韩信转投刘邦，经夏侯婴推荐，拜治粟都尉。后经萧何力保封为大将军成为统帅，一人之下，万人之上。他为刘邦制定“汉中对策”，率军出陈仓、定三秦（章邯、董翳、司马欣）、擒魏、破代、灭赵、降燕、伐齐，直至垓下全歼楚军，无一败绩，天下莫敢与之相争，为汉朝的天下立下赫赫功劳。公元前203年，韩信攻到齐地后，主动请封假齐王（代理齐王），刘邦直接封他为齐王。公元前202年，刘邦取得楚汉相争的胜利后，对韩信功高盖主有所猜忌，遂解除韩信兵权改封为楚王，都下邳（今江苏省徐州市邳州市东）。公元前201年，楚败将钟离眛（mèi）投奔了韩信，有人诬告韩信谋反。于是，刘邦将韩信囚禁。韩信道：“狡兔死，良狗烹；高鸟尽，良弓藏；敌国破，谋臣亡。天下已定，我固当烹！”之后，刘邦赦免了韩信，将其改封贬为淮阴侯。公元前197年，韩信密谋据守赵、代两地的巨鹿郡守陈豨自立为代王，举兵叛乱，被刘邦平定。公元前196年，韩信被萧何与吕后合谋诱杀，夷灭三族。韩信终因功高震主，落个夷灭宗族的下场。韩信投军之前，家贫潦倒，几乎饿死，幸得一洗衣妇人将其接到家中，食住多日才保住性命。韩信的出仕与成功，离不开知己萧何的慧眼与推荐。韩信谋反被捕后，为吕后所杀。所以韩信墓前祠堂中的对联：“生死一知己，存亡两妇人。”它高度概括了韩信一生中重大的经历。

14. 金屋藏娇

“金屋藏娇”出自魏晋志怪小说《汉武故事》，指汉武帝四岁为胶东王时曾说“若得阿娇，当以金屋贮之”，后泛指对娇妻美妾特别宠爱，也指纳妾。汉景帝有十三个儿子，妃子栗姬生了皇长子刘荣，妃子王娡生了第十子刘彻。公元前 153 年，汉景帝遵照立长的传统，立年满十八岁的庶长子刘荣为皇太子，立时年四岁的刘彻为胶东王。汉景帝姐姐馆陶公主刘嫖想把女儿阿娇嫁给太子刘荣，被刘荣生母栗姬因讨厌馆陶公主屡次向汉景帝进献美女而拒绝。一次，长公主把胶东王抱在膝上，指着左右侍女百余人问：“你长大了想娶谁为媳妇？”胶东王一个也没选上。长公主又指着自己的女儿问：“那阿娇呢？”胶东王笑着回答：“如果能娶阿娇做妻子，我就造一个金屋子给她住。”于是，刘嫖将阿娇订婚给刘彻。公元前 150 年，在刘嫖的说和与计谋下，汉景帝废了太子刘荣，封刘彻为太子，立刘彻生母王娡为皇后。刘彻为太子时，便娶了陈阿娇为太子妃。公元前 140 年，汉武帝刘彻立陈阿娇为皇后，他为陈阿娇建造了富丽堂皇的宫殿实践了小时候的诺言。由此看来，这段婚姻是一桩不折不扣的政治婚姻。公元前 139 年，汉武帝在他姐姐平阳公主家对卫青的姐姐河东平阳（今山西省临汾市）的卫子夫一见钟情。公元前 138 年，卫子夫入宫封为夫人。皇后陈阿娇无子，在后宫却专横跋扈，公元前 130 年陈皇后因蛊惑巫祝卫夫人被废黜。公元前 128 年，卫子夫被立为皇后，史称孝武卫皇后。卫子夫十余年间共生了三女一子，儿子刘据被立为太子。公元前91年，刘据在巫蛊之祸中被诬陷，最终因拒绝被捕受辱而自杀，卫皇后也卷入其中，自杀身亡，以死明志。

15. 汉击匈奴三将军

“汉击匈奴三将军”指西汉时抗击匈奴的三位名将李广、卫青和霍去病。

李广（？—前119）陇西成纪（今甘肃省天水市秦安县）人，西汉时期名将，号称飞将军。李广家世代传习射箭，先祖为秦朝名将李信。公元前226年，李信率军击败燕太子丹，在秦灭燕之战中战功卓著。公元前166年，汉文帝时李广领军出征匈奴，立功后升任中郎。汉景帝时，他先后任北部边域七郡太守。公元前141年，汉武帝即位，召李广为未央宫卫尉。公元前129年，李广任骁骑将军，领万余骑出雁门（今山西省朔州市右玉县南）击匈奴，因众寡悬殊负伤被俘，李广佯死，策马逃脱。后李广任右北平郡（治平刚县，今内蒙古自治区赤峰市宁城县西南）太守，匈奴畏服，称之为飞将军，数年不敢来犯。公元前119年，李广任前将军，随卫青出征漠北之战，因迷失道路，未能参战，回朝后自杀。李广一生把全部精力投入到抗击匈奴的事业中，司马迁评价他“桃李不言，下自成蹊”，寓意桃李有芬芳的花朵、甜美的果实，虽然不会说话，但仍然能吸引许多人到树下赏花尝果，以至于树下走出一条小路来。比喻一个人做了好事，不用张扬，人们就会记住他；也比喻为人诚挚，自会有强烈的感召力而深得人心。李广死时，其长子李当户（曾任郎官）、次子李椒（曾任代郡太守）都已经过世，仅留下幼子李敢。李敢当时是霍去病的部下，因多次与匈奴作战，屡立战功，被封为关内侯。李敢听说父亲的死讯，认为是卫青任意调离李广，冲动之下打伤了卫青。卫青为包庇李敢没有追究此事，但卫青的外甥霍去病却不能接受部属殴打自己的舅舅。公元前118年，霍去病在甘泉宫狩猎时将李敢射杀。李广的孙子、李当户的遗腹子李陵，被任为骑都尉。公元前99年，李陵领五千步兵进攻匈奴，协助李广利的西路作战。李陵率部身陷重围，力战八日，箭尽粮绝，突围失败，诈降匈奴。太中大夫公孙敖误传李陵帮单于训练兵马，汉武帝将李陵家处以族刑，母亲、兄弟和妻子全部被诛杀，太史令司马迁也因替李陵败降之事辩解而受宫刑。李陵彻底寒心，遂诈降成真，娶了单于的女儿为妻，任匈奴右校王。公元前74年，李陵于匈奴病逝。

卫青（？—前106）字仲卿，河东平阳（今山西省临汾市）人，西汉时期名将、外戚、军事家，汉武帝第二任皇后卫子夫的同母弟，汉武帝同母姐平阳公主的丈夫。平阳公主的女奴卫媪与到平阳侯家中办事的县吏郑季私通，生有卫青。卫青从小给大户人家做牧童，受尽苦难，后回到母亲身边，给平阳公主做了骑奴。平阳公主先嫁给曹参的曾孙平阳侯曹寿，生子曹襄。曹襄长大后任后将军，跟随卫青，驰骋疆场抗击匈奴。公元前139年，汉武帝在平阳公主家中临幸歌女卫子夫。公元前138年，卫子夫入宫封为夫人。卫青因姐姐卫子夫被选入宫，自己也得到汉武帝宠幸，被任为太中大夫。当年卫子夫有了身孕，被陈皇后嫉妒，陈皇后与其母馆陶公主意图杀害卫青，被太中大夫公孙敖相救。卫青因祸得福，被汉武帝任命为建章监、侍中。公元前131年，曹寿去世，曹襄袭封平阳侯。曹襄迎娶卫长公主（汉武帝和皇后卫子夫的嫡女），生有子曹宗。平阳公主二度嫁给开国功臣夏侯婴的曾孙汝阴侯夏侯颇。公元前129年，汉武帝任卫青为车骑将军，分派四路军队出击匈奴。太中大夫公孙敖任骑将军、公孙贺任轻车将军、李广任骁骑将军三路大军，两路失败，一路无功而还。只有车骑将军卫青首次出征奇袭龙城（具体位置不详，近年中国与蒙古国联合考古发现应在今蒙古国首都乌兰巴托以西约四百七十公里处），胜利而归，卫青被封为关内侯。自此，西汉拉开了汉匈战争反败为胜的序幕。公元前128年，卫子夫被立为皇后。公元前127年，卫青率大军进攻匈奴盘踞的河南地（黄河河套地区），攻占河套，设置朔方郡、五原郡。卫青被封为长平侯，食邑三千八百户。卫青先后七征匈奴，七战七捷，为北部疆域的开拓做出重大贡献。卫青因战功赫赫升任大司马、大将军，参决政事，秉掌枢机。公元前115年，夏侯颇因与他父亲前任汝阴侯夏侯赐的姬妾通奸，畏罪自杀。公元前114年，曹襄去世。平阳公主寡居后再嫁卫青为妻。汉武帝开玩笑说："当初我娶了他的姐姐，如今他又娶了我的姐姐。"卫青为将号令严明，对将士爱护有加，对同僚大度有礼，位极人臣而不立私威。公元前106年，卫青病逝，谥号烈侯，其长子卫伉继承长平侯爵位。

霍去病（前140—前117）河东平阳（今山西省临汾市西南）人，西汉中期名将、军事家、外戚。霍去病是大将军卫青的外甥，权臣霍光同父异母兄长，官至大司马骠骑将军，被封冠军侯。平阳县吏霍仲孺在长安侍奉平阳侯时，与平阳公主府侍女卫少儿（卫子夫同父异母姐、卫青同母异父姐）私通生下霍去病。霍仲孺回到平阳县后，娶妻生霍光。霍去病少年时善骑射，深得汉武帝喜欢。公元前123年，年仅十八岁的霍去病被任命为票姚校尉。他用兵灵活，注重方略，不拘古法，随卫青两次出征于漠南抗击匈奴。曾率领八百骑兵深入大漠，活捉单于的叔叔和相国，被汉武帝封为冠军侯。公元前122年，霍去病十九岁时两次指挥河西之战，歼灭和招降河西匈奴近十万人，直取祁连山，收复河西平原。这是华夏政权第一次占领河西走廊，汉王朝版图多了武威、张掖、酒泉、敦煌四郡，从此丝绸之路得以开辟。公元前119年，霍去病同卫青各领五万精兵参加漠北之战，消灭匈奴左部主力七万余人，俘虏匈奴王爷三人，封狼居胥（在狼居胥山举行祭天封礼，具体位置有争议，一般认为在今蒙古国乌兰巴托东肯特山）。战后霍去病升任大司马，与大将军卫青同掌军政。汉武帝曾为霍去病修建豪华府第，被他拒绝说："匈奴未灭，何以家为？"公元前117年，霍去病英年病逝，年仅二十四岁。

16. 贰师将军

李广利（？—前89）中山（今河北省保定市定州市）人，西汉中期将领、外戚，汉武帝宠妃李夫人和协律都尉著名音乐家李延年之兄，昌邑哀王刘髆（bó）的舅舅。李广利出身于普通平民家庭，其父母兄弟姐妹均精通音乐，均为以乐舞为职业的艺人。当年，李广利之兄李延年因犯法受宫刑，在宫中担任养狗之职。李延年因擅长音乐歌舞，而受到汉武帝的喜欢。汉武帝的姐姐平阳公主向汉武帝推荐李延年美丽善舞的妹妹，深得汉武帝的宠幸，获封夫人。出自《汉书·外戚传》中的成语"倾城倾国""绝世佳人"，均形容李夫人的美丽漂亮。李夫人后为汉武帝生有一子，即昌邑哀王刘髆（bó）。谁料人有旦夕祸福，李夫人却不幸因病早逝，她临终前将儿子、两个兄长和一个弟弟托付给汉武帝。公元前104年，汉武帝听说大宛国（今乌兹别克斯坦）有宝马（汗血马），藏在贰师城（今乌兹别克斯坦与吉尔吉斯斯坦边界的奥什城）中，且不愿献给大汉，便派使者出使大宛国用黄金换宝马。大宛国不仅没有交换宝马，反而将汉使杀死。汉武帝大怒，任李夫人的兄长李广利为贰师将军，领兵征讨大宛国贰师城。同时，任命李延年为协律都尉。李广利一路攻伐到郁成城（今位于乌兹别斯坦境），兵败受阻，被迫退回敦煌。李广利给汉武帝上奏章希望暂且撤兵，汉武帝大发雷霆，派兵拦守玉门关，命令敢擅自入关者立斩不赦。公元前102年，李广利在得到汉武帝派来的援军后，兵分数路，从南北两道再次出征大宛国。大宛人杀了国王毋寡并献出汗血宝马求和，汉军挑选了几十匹宝马和中等以下公马、母马三千多匹，立昧蔡为大宛国王，订立盟约后撤兵。此后西域各国震恐，不敢与汉为敌。李广利被封为海西侯，食邑八千户。其间，李广利的弟弟李季因奸乱后宫，李延年和李季兄弟宗族被汉武帝下诏诛灭，李广利因出征未归，未受牵连。公元前99年，李广利受命领三万骑兵出酒泉，于天山出击匈奴右贤王，骑都尉李陵领五千步兵协助李广利西路作战。李陵后遇且鞮（dī）侯单于主力，兵败投降。李广利虽得胜还朝，但汉军伤亡大半，损失严重。公元前90年，李广利率大军出塞，三击匈奴。当时，朝中有人告密左丞相刘屈氂（lí）祝诅汉武帝早死，刘屈氂被腰斩，其妻儿亦被斩首。李广利之女是左丞相刘屈氂的儿媳，李广利与刘屈氂之前商议过想为外甥昌邑王刘髆（bó）谋取太子之位，李广利的妻儿也因此受牵连遭逮捕囚禁。正在指挥作战的李广利听到家中妻儿因巫蛊被捕，如五雷轰顶，不知所措。李广利想拼死立功赎罪，盲目进军，终遭惨败，七万汉军全部葬送。李广利投降匈奴，娶了狐鹿姑单于之女为妻，在汉的妻儿被灭族。一年后，李广利遭到之前投降匈奴的汉人卫律的嫉妒，被卫律设计杀死。忍辱偷生、苟安于世的贰师将军李广利，最终却遭到可悲的下场。

17. 丝绸之路

丝绸之路简称丝路，指古代联结中西方的商道，广义上分为陆上丝绸之路和海上丝绸之路。陆上丝绸之路起源于西汉，汉武帝派张骞（约前164—前114）出使西域，开辟了以首都长安（今陕西省西安市）为起点，经甘肃、新疆，到中亚、西亚并连接地中海各国的陆上通道，它的最初作用是运输中国古代出产的丝绸。海上丝绸之路是古代中国与外国交通贸易和文化交往的海上通道，该路主要以南海为中心，所以又称南海丝绸之路。海上丝绸之路形成于秦汉时期，发展于三国至隋朝时期，繁荣于唐宋时期，转变于明清时期，是已知的最为古老的海上航线。平常提到丝绸之路，一般指陆上丝绸之路。西汉时阳关和玉门关以西即今新疆乃至更远的地方，称作西域。西汉初期，联络东西方的通道被匈奴所阻断，汉武帝了解到匈奴西边的月氏（yuè zhī）国曾被匈奴打败定居西域一带，他想派使者出使西域，联合月氏国东西夹击匈奴。公元前 138 年，侍从官张骞请缨，率领一百多人由匈奴人堂邑父为向导，从长安出发，出使月氏国。张骞路经匈奴境内被俘，被押十年。张骞虽娶妻生子，但一直没有忘记自己的初心和使命，同堂邑父向西逃走，到了大宛国（今乌兹别克斯坦）。在大宛国国王的帮助下，到了康居国（今哈萨克斯坦），最后到了月氏国。当时月氏国已与大夏国联合建立大月氏国，人们生活美满，无意再与匈奴作战。张骞同堂邑父一年后返回，途中又被匈奴扣留。公元前 126 年，先后经历十三年未能完成使命的张骞，历尽艰险终于回到长安。公元前 119 年，张骞带领三百多人，再次出使西域。张骞不畏艰险，两次出使西域，终将中原文明传播至西域，又从西域诸国引进了汗血马、葡萄、苜蓿、石榴、胡麻等物种到中原，沟通了亚洲内部的贸易通道，与西欧诸国正式开始友好往来，促进了东西经济文化的广泛交流，开拓了历史上著名的丝绸之路。公元前 115 年，张骞一行偕乌孙使者返抵长安。公元前 114 年，张骞病逝于长安。司马迁称赞张骞出使西域为“凿空”，意思是“开通大道”，张骞也被誉为中国走向世界第一人。

18. 昭君出塞

王昭君（约前54—前19）名嫱，字昭君，原为汉宫宫女。汉宣帝时，汉朝依然处于强盛时期，而北方的匈奴却处于四分五裂的状态，内部出现了五个称王单于并立的局面，最终形成南北二部。公元前54年，南匈奴呼韩邪单于被他哥哥北匈奴郅支单于打败后，向汉朝投降称臣，并得到了汉朝的鼎力相助，汉朝派兵帮助其打败北匈奴郅支单于。公元前33年，汉元帝时，呼韩邪单于再次到长安，希望能同汉朝和亲。汉元帝遂将宫女王昭君赐给呼韩邪。王昭君临行时，汉元帝方知后宫还有如此美丽绝伦的宫女，当他知道是因为当年王昭君入宫时，画工毛延寿勒索不成有意将王昭君画丑后，盛怒之下，杀了毛延寿。王昭君到匈奴后，被封为“宁胡阏氏”［阏氏（yān zhī），意思是王后］，象征她将给匈奴带来和平、安宁和兴旺。王昭君劝说呼韩邪单于多行善政，举贤任能，奖励功臣，帮助改革游牧民族的落后习惯，传授农业、畜牧、纺织、刺绣等工艺技术，匈奴出现了人畜两旺的繁荣景象，昭君也受到匈奴人民的爱戴。公元前31年，呼韩邪单于去世，按照游牧民族收继婚制，王昭君复嫁呼韩邪单于长子复株累单于。二人育有两女，长女须卜居次，次女当于居次。公元前20年，复株累单于去世。公元前19年，王昭君病逝，时年三十六岁。自昭君出塞六十年，汉匈边境几乎没有发生过战争，结束了匈奴与汉朝百年对抗的局面。昭君出塞的故事，因其主动出塞和亲，牺牲个人利益，促进了民族融合，成为中国历史上流传不衰、民族团结的佳话。传说王昭君告别故土时，登程北去，一路上心绪难平，在马背上拨动琴弦，奏起悲壮的离别之曲。南飞的大雁听到悦耳的琴声，看到如此美丽的女子，竟然忘记摆动翅膀，跌落地上。从此，王昭君便有了“落雁”的美称，她与西施、貂蝉、杨玉环被称为中国古代四大美女。人们常说的“沉鱼落雁，闭月羞花”，落雁指的就是王昭君，沉鱼指西施，闭月指貂蝉，羞花指杨玉环。

19. 断袖之癖

“断袖之癖”出自《汉书 · 董贤传》:“常与上卧起。尝昼寝，偏藉上袖，上欲起，贤未觉，不欲动贤，乃断袖而起。”后男子之间的同性恋行为雅称为断袖之癖，现男女不限。与出自《战国策 · 魏策》中魏王与龙阳君的同性恋相似，魏王为了不让龙阳君伤心忧虑，下令举国禁论美人，违禁者满门抄斩，被称为“龙阳之好”。后龙阳之好也指代男子间的同性恋。公元前 7 年，汉哀帝即位后，非常荒唐，不爱红妆偏爱须眉，不近女色，雅好男宠。董昭仪的哥哥董贤在宫中负责报时辰，他生了一副漂亮脸蛋，相貌出众，一表人才，且女人气十足，性格温柔，能说会道，善于逢迎。汉哀帝一眼就看上了董贤，赏封他为黄门郎，没几日便被提拔为驸马都尉侍中。董贤由此得宠，青云直上，官至大司马，位列三公。汉哀帝常常与男宠董贤同起同卧，出门同车，入宫则随侍身边左右，形影不离，如胶似漆，恩爱无比，真是掰不开扯不断。曾有一次两人白天睡觉，睡中的董贤偏压了汉哀帝的衣袖，哀帝想起床，又不想惊动董贤，于是用宝剑截断衣袖后起床。哀帝驾崩后，对董贤来说，真如天塌地陷，新都侯王莽弹劾董贤，禁止他出入宫殿司马衙门。太后下诏没收了他大司马的印绶，将其撵回家，永不录用。董贤回家后，当天便与妻子双双自杀。王莽让大司徒孔光上奏，历数董贤的罪状，没收董家全部财产，借董贤裙带关系当官的一律罢免。

20. 白马东来

64 年，东汉汉明帝有一天做了个梦，梦中看到一位又高又大的金人，头上金光闪闪，左手拿弓，右手拿两支箭，看起来十分威武庄严。次日上朝，汉明帝把梦中的情景讲给文武大臣们听，请大家解梦。楚王刘英解释说，汉明帝梦见的金人手拿一弓两箭是佛，是吉祥的预兆。汉明帝十分高兴，便派郎中蔡愔（yīn）和博士弟子秦景等十八人到天竺国（张骞时所称身毒国，今印度）取经求佛。他们经过艰苦的长途跋涉，终于到达天竺国，找到佛教大师，说明来意，转达了汉明帝求佛的虔诚愿望。于是，大师们派竺法兰和迦叶摩腾两位法师，用两匹白马驮着佛像和佛的舍利，以及写在贝多罗树叶上的梵文佛经六十万言，于67年抵达洛阳。68年，汉明帝令在洛阳雍门外修建了我国第一座规模宏大的佛寺，供养二位法师安居。因为佛经是用白马驮来，所以这所佛寺取名为“白马寺”，白马寺也因此被认为是我国佛教的发源地。汉明帝依照佛教有正月十五日僧人观佛舍利、点灯敬佛的做法，命令这一天夜晚在皇宫和寺庙里点灯敬佛，令所有国人都挂灯，也就形成了流传至今的民间元宵赏灯。从那时起，佛教在中国广泛地传播，融合了儒家、道家思想，形成了中国的佛教。

21. 不入虎穴，焉得虎子

“不入虎穴，焉得虎子”出自《后汉书 · 班超传》，比喻不经历艰险，就不能取得成功，也指只有通过实践才能取得真知。班超（32—102）字仲升，扶风郡平陵县（今陕西省咸阳市西北）人，东汉时期著名军事家、外交家。他是史学家班彪的幼子，其长兄班固、妹妹班昭同是著名史学家。班彪作《史记后传》六十余篇；班固继续完成了班彪的《史记后传》，修成《汉书》，成为我国历史上第一部断代史；班昭是曹世叔之妻，完成班固《汉书》的第七表和第六志，另著有《女诫》。班昭与东汉蔡文姬、西汉卓文君和宋代李清照被誉为中国古代四大才女。73 年，汉明帝派奉车都尉窦固等人出兵攻打北匈奴，班超随从北征，在军中任假司马（代理司马）之职，屡立战功。窦固很赏识他的才干，于是，派他和从事郭恂等三十六人一起出使西域。他们首先到达鄯（shàn）善国（今新疆维吾尔自治区罗布泊西南），鄯善王对班超一行礼敬备至，后来因为匈奴使者的到来，态度突然变得冷漠。班超对大伙说：“不入虎穴，焉得虎子。不如我们连夜用火进攻北匈奴使者，他们不知道我们究竟有多少人，一定会感到恐惧，正好趁机消灭他们。只要消灭了匈奴使者，鄯善王就会害怕，我们就可以大功告成。”于是，在班超的组织下，他们杀死匈奴使者三十余人，其余全部葬身火海。鄯善王这才表示愿意归附朝廷，并把自己的王子送到汉朝作为人质。

22. 鸿都门学

178 年，东汉汉灵帝创建“鸿都门学”，是我国、也是世界上第一所文学、艺术专科学院，因校址设在洛阳鸿都门而得名。当时，士族集团与宦官集团斗争尖锐，宦官集团在政治上得势，在舆论上却不得势。为了与士族集团支持的太学抗衡，宦官们借助汉灵帝嗜好文艺，创办了鸿都门学，以扩充自己的实力，加强控制舆论阵地。当然，鸿都门学一方面是政治斗争的需要，另一方面也促使汉代的散文、辞赋、绘画、书法有了长足的进步，为文艺专门教育的产生创造了条件。鸿都门学招生皆由州、郡、三公荐举，能为尺牍（dú）（古代书信的名称）、辞赋及工书鸟篆者，经过考试合格方可入学。鸿都门学不同于以儒学为主的其他官学，而是以学习文学、艺术知识为主。学员们多出身寒门，他们以文艺见长而受汉灵帝的宠信，出路也十分优厚，被朝廷委以重任。但这些文学之士，当时也受到士族集团的猛烈攻击。汉灵帝虽然平庸而荒诞，但他能顶住来自士族的强大压力，坚持创办了鸿都门学，扶植了文学艺术的发展，促进了文学领域的思想解放，也是他的一大贡献。

23. 吕布戏貂蝉

“吕布戏貂蝉”出自元代讲史话本《三国志平话》和元末明初罗贯中的《三国演义》。东汉末年，有名叫貂蝉（今山西省忻州市人）的美女，长得明眸皓齿，冰清玉洁，倾国倾城，国色天香。传说只要貂蝉出来拜月，月亮看见她的容颜都会躲到云彩后，貂蝉便有了“闭月”的美称。貂蝉与西施、王昭君、杨玉环被称为中国古代四大美女。人们常说的“沉鱼落雁，闭月羞花”，闭月即指貂蝉，沉鱼指西施，落雁指王昭君，羞花指杨玉环。貂蝉后流落到司徒王允的府中做歌女，王允对她十分照顾，当作自己的亲生女儿一样看待。当时，东汉外戚大将军何进欲除宦官集团，轻召外兵，使得董卓杀进洛阳，废黜少帝刘辨，拥立刘协即位，是为汉献帝。董卓自封为丞相，倒行逆施，控制朝政。司徒王允见董卓荒淫无度，早有杀戮之意。192 年，王允先答应将貂蝉许配给董卓骁勇善战的义子吕布，再将貂蝉送给董卓，致使吕布与董卓反目。吕布乘董卓上朝时，入董卓府探望貂蝉，两人相约在凤仪亭相会，正巧被董卓回府撞见，从而留下一个“吕布戏貂蝉”的故事。王允使用“美人计”离间董卓和吕布，最后借吕布之手，除掉了董卓，董卓之乱得以结束。

24. 文姬归汉

蔡文姬（生卒年不详）名琰（yǎn），字文姬，别字昭姬，陈留郡圉县（今河南省开封市杞县圉镇镇）人，东汉末年文学家，文学家蔡邕之女。她博学多才，擅长文学、音乐、书法。蔡文姬父亲蔡邕（133—192）是东汉末年名士，文学家、书法家。蔡邕曾任河平长、郎中、议郎等职，早年因得罪了宦官，被放逐到朔方（今内蒙古自治区鄂尔多斯市杭锦旗北）。董卓掌权时，蔡邕回到洛阳任左中郎将，被封为高阳乡侯，世称蔡中郎。192 年，因董卓被杀，蔡邕受牵连，被王允抓捕，死在狱中。蔡文姬早年嫁给河东卫仲道，卫仲道早亡，二人无子嗣，蔡文姬回到娘家。军阀混战，中原大乱，加上父亲去世，蔡文姬离家逃难。195 年，蔡文姬在流亡途中被南匈奴所掳，做了左贤王的夫人，生育两子，在南匈奴生活了十二年。207 年，曹操统一北方，挟天子以令诸侯，花费重金将蔡文姬赎回，并将其许配给屯田都尉董祀。不久，董祀犯法，被曹操判了死罪。蔡文姬在寒冷的冬天，赤脚散发跪见曹操，替丈夫请罪，曹操被蔡文姬所感动，赦免了董祀的死罪。当时，蔡邕生前的四千多卷藏书因战乱全部失传，蔡文姬凭着记忆默写了四百多篇献给曹操，才使古代文化的经典之作得以保存。蔡文姬凄惨的人生经历，并没有埋没她的才华，她在伤感悲愤之余，创作了许多经典之作。《隋书·经籍志》著录有《蔡文姬集》一卷，今已失传，只有《悲愤诗》二首和《胡笳十八拍》流传。其中五言诗《悲愤诗》，真实地再现了汉末动乱的社会现实和广大人民的悲惨遭遇，是中国诗歌史上第一首文人创作的自传体长篇叙事诗。《悲愤诗》旨在抒情，首尾两节对被俘入胡和别子归汉的经历都比较简略，大篇幅用以渲染蔡文姬背井离乡的悲痛心情。所作古乐府琴曲歌辞《胡笳十八拍》，是一首由十八首歌曲组合的声乐套曲。蔡文姬与西汉卓文君、东汉班昭和宋代李清照被誉为中国古代四大才女。南宋学者徐钧有诗云："此生已分老沙尘，谁把黄金赎得身。十八拍笳休愤切，须知薄命是佳人。"历史上把文姬归汉传为美谈，广为流传。

经典智慧

1. 万里长城

长城是中国、也是世界上修建时间最长、工程量最大的一项古代军事防御工事。自西周时期开始，延续不断修筑了两千多年，分布于中国北部和中部的广大地区，总计长度达五万多公里。西周、春秋、战国时期，各列国修筑了诸侯互防长城，东、南、西、北方向各不相同，长度相对较短，史家称之为“先秦长城”。秦吞并六国统一天下后，为了维护和巩固秦朝帝国安全，大规模修建了长城。公元前 214 年，大将蒙恬率三十万大军北击匈奴，取河南地（今内蒙古自治区乌加河以南及伊克昭盟地），沿河设置四十四县。之后，秦始皇筑起西起临洮（今甘肃省定西市临洮县）、东至辽东（今辽宁省），蜿蜒一万余里的长城。自秦始皇筑长城之后，始有“万里长城”之称。秦朝之后凡是统治中原地区的朝代，汉、晋、北魏、东魏、西魏、北齐、北周、隋、唐、宋、辽、金、元、明、清等十多个朝代，都不同规模地修筑过长城。明朝是最后一个大规模修筑长城的朝代，今天我们看到的长城多是明朝修筑。长城主要分布在河北、北京、天津、山西、陕西、甘肃、内蒙古、黑龙江、吉林、辽宁、山东、河南、青海、宁夏、新疆十五个省、自治区、直辖市。1987 年 12 月，长城被列入《世界文化遗产名录》。2009 年 4 月 18 日，国家文物局和国家测绘局联合公布，明长城东起辽宁虎山，西至甘肃嘉峪关，从东向西行经辽宁、河北、天津、北京、山西、内蒙古、陕西、宁夏、甘肃、青海十个省（自治区、直辖市）的一百五十六个县域，总长度为八千八百五十一点八千米。2012 年 6 月 5 日，国家文物局在北京居庸关长城宣布，历经近五年的调查认定，中国历代长城总长度为两万一千一百九十六点一八千米。万里长城自开始修筑的那天起，就凝聚着中华民族的智慧，成为中华民族大一统的象征。长城象征着中华民族不畏强暴、不屈不挠的伟大意志、勇气和力量，一代代中华儿女用爱国精神和血肉之躯筑起新的万里长城永远不倒。《孟姜女哭长城》的故事，作为中国古代四大爱情传奇之一（其他三个是《牛郎织女》《梁山伯与祝英台》和《白蛇传》），千百年来一直广为流传。孟姜女丈夫万喜良被抓去修长城做苦役而累死，孟姜女在长城脚下痛哭失声，秋风悲号，天昏地暗，长城倒塌。秦始皇巡察长城而来，看见眉清目秀、如花似玉的孟姜女，遂起心霸占。孟姜女遂要求秦始皇答应她三个条件：一要秦始皇搭起三十里长的孝棚；二要秦始皇披麻戴孝，领文武百官到祭台上吊祀万喜良；三要在成亲之前，与秦始皇游海为万喜良举行葬礼。秦始皇一一答应，在祭祀那天，孟姜女哭完丈夫，纵身跳入大海。其实，孟姜女哭长城的故事源于《左传》里杞梁妻的故事："齐庄公四年（前791），齐袭莒，杞梁战死，其妻迎丧于郊，哭甚哀，遇者挥涕，城为之崩。"比公元前221年秦始皇统一六国早五百七十年，两者根本不在同一个年代，后演变为孟姜女哭长城的传说故事。孟姜女的故事抒发了广大人民反对战争、向往和平、渴望家庭生活的幸福和安宁最真实的心声。山海关孟姜女庙，至今还以其一副奇巧楹联而闻名天下。"海水朝 朝朝朝 朝朝朝落（朝有时作潮），浮云长 长长长长长长消（长有时作常），读音：

"hǎi shuǐ cháo zhāo zhāo cháo zhāo cháo zhāo luò,
fú yún zhǎng cháng cháng zhǎng cháng zhǎng cháng xiāo"。

2. 一诺千金

"一诺千金"出自《史记 · 季布栾布列传》，"得黄金百斤，不如得季布一诺”，意思是许下的一个诺言有千金的价值，比喻一个人说话算数，极有信用。季布（生卒年不详）是楚地人，为人豪爽，爱打抱不平，在楚地很有名气。楚汉相争时，季布跟随项羽征战，曾多次献策战胜刘邦的军队。刘邦称帝后，想起旧事，气愤难平，下令通缉季布。季布是一个言而有信的人，答应别人的事情，一定竭尽全力完成，从不失信于人，他的诚信品德赢得了许多朋友。季布在逃亡的过程中，得到很多人的暗中相助。后来遇到山东侠客朱家明，朱家明将季布安顿在自己家里，然后到洛阳去找汝阴侯夏侯婴说情。刘邦在夏侯婴的劝说下了解了季布的诚信为人，撤销了对季布的通缉令，并封季布为郎中。汉惠帝时，季布担任中郎将。汉文帝时，季布任河东郡守，成为西汉有名的大臣。公元前 205 年，楚汉彭城之战，刘邦遭到了自起兵以来最大的惨败，刘邦的父亲、妻子被楚军俘获，汉军几乎全军覆灭。刘邦落荒而逃时，被项羽的部将、季布的舅舅丁公带兵围困。丁公在刘邦的请求下网开一面，放走了刘邦。项羽败亡之后，丁公自认为曾对刘邦有恩，便主动前来投奔刘邦，却被刘邦斩首示众。季布是刘邦的仇人，而丁公是刘邦的恩人，季布后被封官，丁公却落得身首异处，这也反映了刘邦对待忠勇诚信和人臣不忠两种人截然不同的态度。季布这种诚信做人的理念，值得我们永远传承和发扬。

3. 楚河汉界

公元前 206 年，秦朝灭亡，刘邦、项羽拉开楚汉相争的序幕。公元前 203 年，楚军渐弱，汉军日盛，形势发生了逆转，楚军已经处于劣势。无奈之下项羽与刘邦讲和，双方约定以鸿沟（今河南省郑州市荥阳市古运河）为界，中分天下，以西为汉，以东为楚。这便是历史上著名的“楚汉相争，鸿沟为界”，也是“楚河汉界”的由来。中国象棋的来历流传最广的说法，就始创于西汉大将军韩信。刘邦统一西汉王朝后，屡建战功的大将韩信被刘邦猜忌。公元前196年，韩信谋反被吕后诱捕入狱。他临刑前为了感谢狱卒对他的关照，给狱卒传授兵法。他在地上画了个方框，在框中画了“界河”，河中写了“楚河”“汉界”四个字。在界河两边各画了三十六个小格对狱卒说:“本王今年刚好三十六岁，一生助汉灭楚，屡建奇功，到头来死在一个女人手里。你对我非常照料，今生再没机会报答你了，现在就把生平所学的奇术传于你。”他在纸片写了帅、仕、相、车、马、兵等字，摆在方格内。他一边移动纸片一边告诉狱卒:“这个方框就是千军万马的大战场，两边各代表一方的军力。用兵之道，贵在主帅多谋善变，通盘筹划，奇正配合，以不变应万变……”并具体教狱卒如何跳马、出车、进兵等规则，一直流传至今，演变为中国象棋。中国象棋从象理入道，即从象理角度出发，达到对事物的认识和实践。中国象棋的目的不在于赢棋，而在于下棋中的乐趣，看哪一步可以力挽狂澜，哪一步可以妙手回春，点到为止，斗智不斗力，这是下棋的境界。象棋还体现一个“和”字，战争的最高境界就是和平，而且中国象棋最能体现中国传统的仁、义 、礼、智、信、忠。棋理中将、仕都不能出九宫，象不能过河，只要前方将士擒住敌方将军即可。这种不畏高官厚禄勇往直前的精神正是中国的传统美德，也是做人“信”和对国“忠”的最好体现。其次，将宁死不出九宫，仕志在九宫保卫，“将”的气节，体现了象棋中的“义”。将不出九宫，而指挥战场，体现了古代战争运筹帷幄的智慧，不是拼子力，而是运用战术、计策来赢得最后的胜利。不同的子在不同的位置会有不同的“势”，合适的人放在合适的岗位才会发挥最佳作用。象棋也体现了现代企业管理的用人理念，各种人才要相互匹配，配合默契，协同作战。

4. 萧规曹随

“萧规曹随”出自《史记 · 曹相国世家》:“参代何为汉相国，举事无所变更，一遵萧何约束。”意思是按照前人的成规办事。公元前193年，汉惠帝时丞相萧何去世，平阳侯曹参接替丞相一职。曹参任职后，完全遵守萧何制定的规约，所有的事务管理都没改变，实行休养生息的政策。曹参日夜饮酒聊天，似乎根本不关心治理国家。汉惠帝安排中大夫曹窋（kū）（曹参之子）回家劝说父亲，曹参不仅骂儿子不懂朝政，还将其痛打一顿。事后，汉惠帝责备曹参说:“是我让曹窋去规劝你的，你为什么要责打他？”曹参立刻跪地谢罪问道:“陛下您跟先帝相比，谁更贤明英武？”汉惠帝说:“我怎么敢和先帝相提并论？”曹参又问:“陛下看我的德才跟萧相国相比，谁更强呢？”汉惠帝笑着说:“我看你好像不如萧相国。”曹参说道:“既然您的贤能不如先帝，我的德才又比不上萧相国，那么先帝与萧相国在统一天下后，陆续制定了许多严明而完备的法令，且经过实践检验，难道我们能制定出超过他们的法令规章吗？现在陛下是继承守业，而不是开疆创业，因此我们更应该遵照先帝遗愿，谨慎从事，恪守职责。对已经制定并执行的法令规章严格落实，照章办事。”于是，汉惠帝明白了曹参的良苦用心。曹参担任丞相三年，谨守萧何法度，以清静自守，用民以时，不欲扰民，呈现一派清明景象，史称“萧规曹随”。

5. 西汉鸿文

西汉贾谊和晁错的文章，被鲁迅称为“西汉鸿文”。

贾谊（前200—前168）河南郡洛阳（今河南省洛阳市）人，西汉初年著名政论家、文学家，世称贾生，后世把贾谊与屈原并称为

“屈贾”。贾谊少年时就颇有才名，师从荀况的学生张苍。汉文帝时，在河南郡守吴公推荐下，二十一岁的贾谊出任博士，一年内升任为太中大夫，开始为汉文帝出谋划策。公元前177年，面对诸侯王势力对皇权的威胁，贾谊上书《陈政事疏》(即《治安策》)，认为同姓诸侯王不一定比异姓王更可靠，提出“众建诸侯王而少其力”以化解皇权和王权的矛盾，从而达到中央集权的目的。针对当时“背本趋末”（弃农经商）的现象，贾谊上书《论积贮疏》，提出重农抑商、以农为本的经济政策。公元前176年，贾谊因遭诽谤，被外放为长沙王太傅。公元前174年，贾谊改任梁怀王刘揖（汉文帝幼子）太傅。贾谊在梁国封地，体察政事，居安思危，多次上疏陈述政事。公元前168年，贾谊在忧郁中去世，年仅三十三岁。贾谊具有远见卓识的政论和建议，对西汉王朝的长治久安起到了重要作用，为中华文化宝库留下了珍贵的文化遗产。其代表作有《过秦论》《治安策》和《论积贮疏》等，作品风格朴实峻拔、议论酣畅。《过秦论》从各个方面分析秦王朝的过失，总结秦朝速亡的历史教训，以作为汉王朝建立制度、巩固统治的借鉴，阐释了“前事不忘，后事之师”的道理。《治安策》分析了当时社会各阶层之间的种种矛盾，指明了相应的对策和补救措施。

晁错（前200—前154）颍川（今河南省许昌市禹州市）人，西汉时期政治家、文学家。晁错自幼师从著名法学家张恢，学习法家思想。少年时晁错就十分聪颖，一点即通。汉文帝时，任他为太常掌故，掌管朝廷宗庙礼仪。之后，先后升任太子舍人、门大夫、博士。因上书《言太子宜知术数疏》，得到汉文帝赞赏，拜为太子家令。晁错深得太子刘启的信任，成为太子的智囊。公元前169年，晁错向汉文帝上书《言兵事疏》，提出“以蛮夷攻蛮夷”的观点。贾谊去世后，公元前165年，晁错因写《举贤良对策》，升任中大夫。

公元前157年，汉文帝去世，汉景帝刘启即位，重用博学多才的晁错为内史，后升任为御史大夫，位列三公。公元前155年，汉景帝采用晁错的主张推行削藩策，削封地。汉景帝先后下诏削夺楚、赵等诸侯国的封地，引起诸侯们的强烈反对和对晁错的憎恨。公元前154年，他们打着“诛晁错，清君侧”的旗号爆发“七国之乱”。汉景帝听从太常袁盎之计，腰斩晁错于东市，平定了叛乱。晁错牺牲了自己的生命，换来了西汉王朝中央政权的极大巩固，为汉武帝以推恩令进一步解决诸侯王问题，创造了必要的条件。晁错为了削藩而死于削藩，他公而忘私、为国忘家的爱国情怀，千百年来一直为人赞颂。班固这样评价晁错:“为国远虑，而不见身害。错虽不终，世哀其忠。”晁错的政论文疏直激切，尽所欲言。其代表作有《言兵事疏》《守边劝农疏》《论贵粟疏》《贤良对策》等。

6. 愿得一心人，白首不相离

司马相如（约前179—前118）字长卿，蜀郡成都（今四川省成都市）人，西汉著名文学家、辞赋家。他年轻时喜欢读书、练剑，曾担任过汉景帝的武骑常侍，后来因病辞职，去梁地做了梁孝王的宾客。也就是在此时，他为梁孝王写下了那篇著名的《子虚赋》。作品辞藻富丽，结构宏大，使他成为汉赋的代表作家，后人称之为“赋圣”和“辞宗”。成语“子虚乌有”便出自《子虚赋》，指假设的、不存在的、不真实的事情。文章中假借根本没有的子虚、乌有先生，虚构假托之事，意在讽谏时政、劝谏天子。梁孝王去世，司马相如返回老家成都。当时，由于家境贫寒，生计艰难，司马相如到蜀郡临邛（qióng）县（今四川省成都市邛崃市）投靠他的老朋友临邛县县令王吉。临邛县的富豪卓王孙在家设宴款待王吉和司马相如。司马相如姿态潇洒，谈吐高雅，满座的客人都被他的风采所折服。司马相如听说卓王孙有个刚死了丈夫年仅十七岁的女儿卓文君，美丽聪颖，文采出众，才貌双全。司马相如对卓文君久有耳闻，早生爱慕。席间他弹琴助兴，一曲《凤求凰》打动了精通音律的卓文君的芳心。两人一起私奔到了成都，但日子过得十分艰难。后得到卓王孙的资助，生活才相对稳定。公元前141年，汉景帝去世，汉武帝刘彻即位后，非常欣赏《子虚赋》，立即召司马相如进京。司马相如为武帝创作了天子打猎的《上林赋》，被刘彻封为郎。后出使巴、蜀有功，深得武帝喜爱和信任，升为中郎将。司马相如在京城为官时，打算纳茂陵（今陕西省西安市兴平市南位镇茂陵村）女子为妾，对卓文君有所冷淡。卓文君不像懦弱女人那样逆来顺受，也没有丧失理智成泼妇，而是以一首《白头吟》来警诫丈夫，来挽回自己的爱情与婚姻。司马相如看完妻子的来信，不禁惊叹妻子的才华横溢，更遥想昔日夫妻恩爱之情，羞愧万分，从此不再提遗妻纳妾之事。从此，两人恩爱一生，安居林泉（一般指隐居之地），白头偕老。卓文君对爱情的执着、追求自由和把握自己命运的勇气一直为世人所称颂。司马相如是公认的汉赋代表作家和赋论大师，更是一位文学大师和美学大家。《汉书 · 艺文志》著录“司马相如赋二十九篇”，鲁迅在《汉文学史纲要》中评价他：“武帝时文人，赋莫若司马相如，文莫若司马迁。”卓文君被誉为中国古代四大才女，在她的故里四川省邛崃市，街有文君街，井有文君井，竹有文君竹，江有文君江。卓文君写给司马相如的《白头吟》有诗句“闻君有两意，故来相决绝”“愿得一心人，白首不相离”流传至今。

7. 史家之绝唱

“史家之绝唱，无韵之离骚。”是鲁迅对西汉司马迁所著的《史记》的评价。“史家之绝唱”是评价《史记》的史学价值，说它是历史著作中的“绝唱”;“无韵之离骚”是评价《史记》的文学价值，说它可以和屈原的《离骚》媲美。司马迁（前145—约前87）字子长，夏阳（今陕西省渭南市韩城市南）人，西汉伟大的史学家、文学家、思想家。汉文帝时，司马迁的祖父司马喜用四千石粟米换取了九等五大夫的爵位，全家得以免除徭役。汉武帝时，司马迁的父亲司马谈任太史令。司马迁幼年时在父亲司马谈的指导下习字读书，受家庭的熏陶，博览群书，才华出众，十岁时已能阅读诵习古文《尚书》《左传》《国语》《系本》等书。司马迁二十岁时开始游历天下，行万里路，读万卷书，了解各地风俗，采集传闻。他回到长安后，入仕为郎中。公元前111年，司马迁被派往巴、蜀以南筹划新郡建设。公元前110年，早年立志撰写一部通史的太史令司马谈，创作了五年，未能完成夙愿就病逝洛阳，临终前嘱咐司马迁一定要完成他的遗志。公元前108年，司马迁接任太史令。公元前104年，司马迁继承父亲的使命，开始编撰宏伟巨著《史记》(原名《太史公书》)。公元前99年，汉武帝派自己宠妃李夫人的哥哥、贰师将军李广利领兵讨伐匈奴，由飞将军李广的孙子、骑都尉李陵随从李广利押运辎重。李陵率五千步兵遭遇匈奴八万骑兵围攻，经过八个昼夜的激战，李陵斩杀匈奴一万多人，终因寡不敌众，兵败后诈降匈奴。汉武帝愤怒至极，群臣皆声讨李陵的罪过。唯有司马迁为李陵开脱说:“李陵一向怀报国之心，他仅领五千步兵，吸引了匈奴全部的力量，杀敌一万多，虽然战败降敌，其功可以抵过，我看李陵并非真心降敌，他是为求生存再回报汉朝。”司马迁因直言触怒了汉武帝，被处以宫刑。司马迁凭着顽强的毅力，牢记使命，忍辱负重，发愤创作，用了十三年的时间，于公元前91年，几乎耗尽了他毕生的心血，用生命完成了前无古人的皇皇巨著——《史记》。《史记》共一百三十篇，五十二万六千多字，记载了从三皇五帝到汉武帝三千多年的历史。

司马迁被后世尊称为太史公、历史之父。司马迁矢志不渝，身残志坚，在人生的逆境中，凭借着自己顽强的毅力和不屈不挠的精神，最终完成了历史的丰碑，值得我们永远学习和敬仰。司马迁完成《史记》之后，便彻底淡出了历史的视线，基本上没有任何消息。司马迁的死也变成了一个千古之谜，根据记载推断，他应该在公元前 87 年之后去世。司马迁在《史记》中的《报任安书》有一句话“人固有一死，或重于泰山，或轻于鸿毛”，充分体现了司马迁的生死观。

8. 苏武牧羊

苏武（前 140—前 60）字子卿，西汉代郡太守苏建之子，汉武帝的侍从。公元前 100 年，汉武帝出兵攻打匈奴，匈奴派使者求和。汉武帝为了表示友好，任苏武为中郎将同副手张胜、常惠等一百多人出使匈奴。苏武一行完成出使任务准备返回汉时，副手张胜参与了匈奴发生的内乱，苏武一行受到牵连被扣留，匈奴迫使他们投降。苏武不为高官厚禄所动，宁死不屈，严词拒绝。他先被关在地窖里受尽折磨，后被流放到荒无人烟的北海（今俄罗斯西伯利亚贝加尔湖）牧羊。单于给了他五十只公羊，告诉他等羊生了小羊才允许他归汉。十年后，汉朝与匈奴和亲，单于向汉朝谎称苏武已经去世，仍不让苏武回汉。苏武在北海饥寒交迫，吃尽苦头，放牧十九年。当年与苏武一起出使匈奴的常惠，把苏武的情况密告汉使，并给汉使出主意让他对匈奴说：“汉朝皇帝在上林苑射下一只大雁，这只雁腿上系着苏武的帛书，证明他未死，受困于北海。”从此，“鸿雁传书”的故事便流传成为千古佳话，而鸿雁也就成了信差的美称。公元前 85 年，匈奴和汉朝讲和，几经交涉，苍老憔悴、时年五十六岁的苏武终于回到长安。汉昭帝隆重接待了他，任命苏武为典属国（掌管与少数民族交往的事务）。公元前 60 年，苏武去世，享年八十一岁。苏武牧羊的故事，充分体现了苏武面对威逼利诱，不畏强权、忠贞不屈，不向挫折屈服低头的精神。这种伟大的情怀，高风劲节，万古流芳！

9. 娶妻当得阴丽华

“娶妻当得阴丽华”出自南朝范晔的《后汉书·皇后纪》，引发了许多“乱世枭雄”的共鸣。汉光武帝刘秀（前 6—57）年少时，只是个没落皇族，一介布衣。刘秀曾经去长安求学，在街上看到执金吾走过，场面十分壮观、阔气，非常羡慕，执金吾是秦汉时率领禁军保卫京城和宫城的官员。当时，刘秀的姐夫邓晨与南阳郡新野县豪门阴家关系要好，刘秀通过这层关系，偶然结识了阴家千金阴丽华。阴丽华（5—64）是春秋时代著名的齐相管仲之后，在历史上以美貌著称。刘秀不禁为她神魂颠倒，思慕多年，并且发出了“仕宦当作执金吾，娶妻当得阴丽华，我亦遂此愿足矣”的感慨和向往，这句话是刘秀关于人生理想的名言。23 年，刘秀参加绿林军推翻王莽新朝政权，被更始帝封为武信侯。24 年，刘秀娶了新野阴丽华为妻，实现了他“娶妻当得阴丽华”的愿望。由于战事，三个月后便夫妻分离。次年因政治联姻，刘秀另娶真定王刘扬外甥女郭圣通为妻。政治上的联姻确保了真定王刘杨和刘秀的联盟，在刘杨的协助下，刘秀迅速攻克中山、常山二郡国。25 年，刘秀称帝后将阴丽华从南阳接回都城洛阳，封为贵人。刘秀本想封阴丽华为后，阴丽华因无子而推辞后位，郭圣通被封为皇后，郭圣通之子刘疆（刘强）被立为皇太子，阴丽华屈居贵人十七年。36 年，刘秀登基后用了十二年的时间终于扫灭群雄、克定天下，使得自新莽末年以来四分五裂、战火连年的中国再次归于一统。41 年，即统一天下之后的第五年，刘秀废郭后，册封她为中山王太后，立阴丽华为皇后。阴丽华虽深受刘秀的盛宠，成为皇后，但能以大局为重，依旧保持宽容、理性、平和的心态去善待他人，无愧于一代贤后的美誉。刘秀对阴丽华的评价:“雅性宽仁、有母仪之美。”阴丽华与刘秀夫妻相伴，历经乱世离别、皇朝建立、屈身为妾、位居中宫，走过三十四载峥嵘岁月，她作为最理解、最支持刘秀的人，始终伴随刘秀左右，他们的爱情故事也千古传颂。57 年，刘秀将自己千辛万苦建立的皇朝基业交到了他们的儿子汉明帝刘庄手中。汉明帝即位后，对阴氏、郭氏的族人一视同仁。阴太后也不偏不倚地厚待郭氏一族，实属难得。64 年，阴丽华去世，享年六十岁。

10. 糟糠之妻不下堂

“糟糠之妻不下堂”出自《后汉书》，意思是不要抛弃共同患难过的妻子，教导人们不能忘本。宋弘（？—40）字仲子，京兆长安（今陕西省西安市）人，西汉少府宋尚之子，东汉初大臣，汉光武帝时历任太中大夫、大司空，封宣平侯。王莽篡权，赤眉、绿林起义爆发后，刘秀于舂（chōng）陵（今湖北省襄阳市枣阳市吴店镇）起兵。起初刘秀力量还很弱小，曾被王莽军一路追杀，大将宋弘为救刘秀不幸负伤。他们逃到饶阳（今河北省衡水市饶阳县）境内时，迫于无奈只好将宋弘托付给郑庄一户姓郑的人家养伤。郑家人很支持刘秀，待宋弘亲如家人，用心照顾。特别是郑家女儿，虽不漂亮，但为人正派，聪明大方，为宋弘煎汤熬药，关怀备至，两人日久生情，结为夫妻。刘秀称帝后，任宋弘为大司空。当时，刘秀的姐姐湖阳公主刘黄的丈夫去世，守寡的湖阳公主看上了宋弘。刘秀也想趁机把姐姐嫁给宋弘，便问宋弘对“贵易交，富易妻”的看法，并派人提亲。宋弘回答道:“贫贱之交不可忘，糟糠之妻不下堂。”刘秀听了后，深为宋弘的为人所感动，只好作罢。刘秀不仅没有责怪宋弘，反而对他更加敬重。

11. 强汉科技

大汉帝国军事强大，曾发出“明犯强汉者，虽远必诛”的时代强音，威震四方。一个帝国的兴盛离不开科技的支撑，汉朝的强大，和其领先世界的科学技术有着紧密的关系。当时出现了许多著名的科学家，推动着汉朝科技的蓬勃发展，使汉朝科技走在世界的前列。

张苍（前 256—前 152）河南郡阳武县（今河南省新乡市原阳县富宁集乡张大夫寨村）人，西汉初期丞相，历算学家。张苍早年在荀子门下学习，与李斯、韩非等师出同门。张苍博学多才，精于律历，很有学问。秦末时为御史，后获罪逃亡。张苍曾追随刘邦平定天下，屡立战功。公元前 201 年，汉高祖封张苍为北平侯，后升任为管理财政的计相，致力于探讨、订正音律和历法的工作。公元前 176 年汉文帝时，张苍任丞相。之后，张苍告病退职，告老还乡。公元前 152 年，张苍去世，享年一百零五岁，谥号文。张苍在历法、算学方面取得了很大的成就，和耿寿昌撰写了著名的《九章算术》，是中国古代的一部数学专著，对世界数学发展有着重要影响。

耿寿昌（生卒年不详）西汉天文学家、理财家，精通数学。汉宣帝时耿寿昌任大司农中丞，在西北设置常平仓，用来稳定粮价兼作为国家储备粮库。他将汉武帝时桑弘羊创立的平准法用于粮食收贮，即政府于丰收年购进粮食储存，以免谷贱伤农，歉收年卖出所储粮食以稳定粮价，对平抑粮食市场和巩固封建政权起到了积极作用。耿寿昌和张苍撰写的《九章算术》，是中国古代的一部数学专著。《九章算术》总结了战国、秦、汉朝时期的数学成就，不仅最早提到分数问题，也最早记录了盈不足（借有余、不足以求隐含之数）

等问题，首次阐述了负数及其加减运算法则。《九章算术》的出现，标志着中国古代数学形成了完整的体系。

王充（27—约97）字仲任，会稽上虞（今浙江省绍兴市上虞区）人，东汉思想家、文学批评家。王充自幼聪慧好学，博览群书，擅长辩论。48年，王充在上虞县任掾功曹。54年，王充离家到京师，师从班彪在太学学习。59年，王充回到家乡，退居在家、教授生徒、研究学问，开始创作思想著作《论衡》。汉章帝时下诏派遣公车征召，王充以身体有病为由谢绝为仕，一心研究学问。他集中精力，闭门谢客，拒绝应酬，用了数年时间，写成了著名的《论衡》。《论衡》共八十五篇，二十多万字，分析了万物的异同，解释了人们的疑惑。《论衡》的主要内容是宣传唯物主义和无神论，书中对许多迷信的说法进行了批驳。王充以道家的自然无为为立论宗旨，以"天"为天道观的最高范畴，以"气"为核心范畴，由元气、精气、和气等自然气化构成了庞大的宇宙生成模式，与天人感应论形成对立之势。他主张生死自然，力倡薄葬，反叛神化儒学，彰显了道家的特质，《论衡》是中国历史上一部不朽的思想著作。

蔡伦（？—121）字敬仲，东汉桂阳郡（今湖南省郴州市桂阳县）人，汉和帝到汉安帝时的宦官，"蔡侯纸"发明者。蔡伦出身于东汉初年大凑山下（今湖南省郴州市桂阳县西）从事冶铸的一个铁匠世家，十八岁时由铸铁官员推荐，进皇宫做了宦官。89年，汉和帝时，蔡伦升迁为侍从天子的中常侍，成了传达诏令、掌理文书、参预朝政的高等宦官。蔡伦为人正直，敢于进谏，深得汉和帝信任。他善于发明创造，在总结以往丝绵纸制造工艺的基础上，选用树皮、破麻布、旧渔网等原料，制成了蔡侯纸。105年，蔡伦将蔡侯纸献给汉和帝。107年，汉安帝时邓太后封蔡伦为龙亭侯，后升长乐太仆。121年，邓太后去世，汉安帝亲政。蔡伦因为当初受窦皇后指使参与迫害汉安帝祖母宋贵人致死、剥夺清河王刘庆（汉章帝刘炟第三子，生母为宋贵人，汉安帝刘祜的父亲）的皇位继承权而被审讯查办。蔡伦耻于受辱，于是，沐浴后穿戴整齐喝毒药自尽。蔡伦的造纸术被列为中国古代“四大发明”，沿着丝绸之路经过中亚、西欧向整个世界传播，为世界文明的传承和发展做出了不可磨灭的贡献。

张衡（78—139）字平子，南阳西鄂（今河南省南阳市卧龙区石桥镇）人，汉光武帝时蜀郡太守张堪之孙，南阳五圣之一，东汉时期伟大的天文学家、数学家、发明家、地理学家、文学家，与司马相如、扬雄、班固并称汉赋四大家。东汉汉和帝时，张衡历任郎中、太史令、侍中、河间相等职。张衡自小刻苦向学，兴趣广泛，自学《五经》，贯通六艺。111 年，汉和帝时张衡步入仕途，被拜为郎中，再升任太史令。133 年，汉顺帝时升任侍中。136 年，张衡被外调任河间王刘政的国相。当时，河间王刘政骄奢淫逸，不遵法纪，群党作乱。张衡到任后，严正法纪，打击豪强，收捕奸党，上下肃然。他任职三年后，上书请求辞职归家，后被征召拜为尚书。139 年，张衡去世，享年六十二岁。张衡集天文学、数学、文学于一身，是中国历史上伟大的科学家和文学家。在天文学方面著有《灵宪》《浑仪图注》等，数学方面著有《算罔论》，文学作品以《二京赋》《归田赋》等为代表。他发明了浑天仪、地动仪，是东汉中期浑天说代表人物之一。张衡地动仪的发明，开创了地震科学的新纪元，他被后人誉为“木圣”（科圣）。他为中国天文学、机械技术、地震学的发展做出了杰出的贡献。由于张衡的贡献突出，联合国天文组织将月球背面的一个环形山命名为“张衡环形山”，太阳系中的 1802 号小行星命名为“张衡星”。

通史悟鉴

中国先秦君王简表
历代中国皇帝简表

中国文联出版社

中国先秦君王简表

序号	朝代	君王	庙号	谥号	在位时间	定都	备注
1	上古	炎帝（姜姓，号神农氏）					
2		黄帝（姬姓，号轩辕氏）				涿鹿（今河北省涿鹿县），有熊（今河南省新郑市）	
3		少昊（姬姓，号金天氏）				穷桑（今山东省曲阜市北）	称白帝
4		颛顼（姓姬，号高阳氏）				帝丘（今河南省濮阳市）	
5		帝喾（姬姓，号高辛氏）				亳都（今河南省商丘古城）	名俊
6		帝挚（姬姓，号高辛氏）				沁阳（今河南省沁阳市）	
7		尧（伊祁姓，号陶唐氏）		尧		平阳（今山西省临汾市西南）	名放勋
8		舜（姚姓，号有虞氏）				蒲阪（今山西省永济市）	称重华
9	夏朝	禹（姒姓，名文命）				平阳（今山西省临汾市），或安邑（今山西省夏县），或晋阳（今山西省太原市）	称夏禹
10		启（改国名“夏”为姓）			10 年		称夏后启
11		太康（姒姓）			4 年		

续表

序号	朝代	君王	庙号	谥号	在位时间	定都	备注
12		中康（姒姓）			7 年傀儡		后羿执政
13		相（姒姓）			40 年（被赶走）		寒浞执政
14		少康（姒姓）			21 年	原都（今河南省济源市）	
15		杼（姒姓）			17 年	老丘（今河南省开封市祥符区东国都里村附近）	
16		槐（姒姓）			44 年		
17		芒（姒姓）			18 年		
18		泄（姒姓）			16 年		
19		不降（姒姓）			59 年		
20		扃（姒姓）			18 年		
21		廑（姒姓）			8 年	西河（今河南省汤阴县城东菜园镇西河村）	又名胤甲
22		孔甲（姒姓）			9 年		
23		皋（姒姓）			11 年	渑池（今河南省渑池县）	
24		发（姒姓）			17 年		

续表

序号	朝代	君王	庙号	谥号	在位时间	定都	备注
25		履癸（姒姓）			52年	斟鄩（今河南省洛阳市偃师区）、迁安邑（今山西省夏县）	称夏桀
26	商朝	商汤（子姓，即天乙）	太祖	汤	12年	亳（今河南省商丘市虞城县谷熟镇西南）	亦称成汤
27		外丙（子姓，名胜）			3年		
28		仲壬（子姓，名庸）			4年		
29		太甲（子姓，名至）			12年		
30		沃丁（子姓，名绚）			29年		
31		太庚（子姓，名辩）					
32		小甲（子姓，名高）					
33		雍己（子姓，名密）					
34		太戊（子姓，名伷）	中宗		75年		
35		仲丁（子姓，名庄）				嚣（今河南省郑州市）	
36		外壬（子姓，名发）					
37		河亶甲（子姓，名整）				相（今河南省内黄县）	

续表

序号	朝代	君王	庙号	谥号	在位时间	定都	备注
38		祖乙（子姓，名滕）				先迁邢（今河北省邢台市）、后迁耿（今山西省河津市），再迁庇（今山东省郓城县北）	
39		祖辛（子姓，名旦）					
40		沃甲（子姓，名逾）					
41		祖丁（子姓，名新）					
42		南庚（子姓，名更）				奄（今山东省曲阜市）	
43		阳甲（子姓，名和）					
44		盘庚（子姓，名旬）	世祖			殷（今河南省安阳市殷都区西郊乡小屯村）	
45		小辛（子姓，名颂）			21 年		
46		小乙（子姓，名敛）			28 年		
47		武丁（子姓，名昭）	高宗		59 年		
48		祖庚（子姓，名跃）			7 年		
49		祖甲（子姓，名载）			33 年		

续表

序号	朝代	君王	庙号	谥号	在位时间	定都	备注
50		廪辛（子姓，名先）					
51		庚丁（子姓，名嚣）					
52		武乙（子姓，名瞿）			34 年		
53		文丁（子姓，名托）			11 年		
54		帝乙（子姓，名羡）			26 年		商纣王
55		帝辛（子姓，名受）			30 年	朝歌（沬邑，今河南省鹤壁市淇县）	
56	西周	周武王（姬姓，名发）		武王	前 1046—前 1043 年，3 年	镐京（今陕西省西安市长安区沣河以东）	
57		周成王（姬姓，名诵）		成王	前 1043—前 1021 年，22 年		
58		周康王（姬姓，名钊）		康王	前 1021—前 996 年，25 年		
59		周昭王（姬姓，名瑕）		昭王	前 996—前 977 年，19 年		
60		周穆王（姬姓，名满）		穆王	前 977—前 922 年，55 年		
61		周共王（姬姓，繄扈）		共王	前 922—前 900 年，22 年		
62		周懿王（姬姓，名囏）		懿王	前 900—前 892 年，8 年		

续表

序号	朝代	君王	庙号	谥号	在位时间	定都	备注
63		周孝王（姬姓，名辟方）		孝王	前 892—前 886 年，6 年		
64		周夷王（姬姓，名燮）		夷王	前 886—前 878 年，8 年		
65		周厉王（姬姓，名胡）		厉王	前 878—前 841 年，37 年		
		共和行政			前 841 年一前 827 年，14 年		
66		周宣王（姬姓，名静）		宣王	前 827—前 782 年，46 年		
67		周幽王（姬姓，名宫湦）		幽王	前 782—前 771 年，11 年		
68	东周	周平王（姬姓，名宜臼）		平王	前 771—前 720 年，51 年	洛邑（今河南省洛阳市）	
并立		周携王（姬姓，名余臣）			前 770—前 760 年，10 年	望都（今河北省保定市望都县）（二王并立）	
69		周桓王（姬姓，名林）		桓王	前 720—前 697 年，23 年		
70		周庄王（姬姓，名佗）		庄王	前 697—前 682 年，15 年		
71		周釐王（姬姓，名胡齐）		釐王	前 682—前 677 年，5 年		
72		周惠王（姬姓，名阆）		惠王	前 677—前 675 年第一次在位 前 673—前 652 年第二次在位		流亡 2 年复位

续表

序号	朝代	君王	庙号	谥号	在位时间	定都	备注
篡位		周废王（姬姓，名颓）			前 675—前 673 年，2 年		
73		周襄王（姬姓，名郑）		襄王	前 652—前 619 年，33 年		
74		周顷王（姬姓，名壬臣）		顷王	前 619—前 613 年，6 年		
75		周匡王（姬姓，名班）		匡王	前 613—前 607 年，6 年		
76		周定王（姬姓，名瑜）		定王	前 607—前 586 年，21 年		
77		周简王（姬姓，名夷）		简王	前 586—前 572 年，14 年		
78		周灵王（姬姓，名泄心）		灵王	前 572—前 545 年，27 年		
79		周景王（姬姓，名贵）		景王	前 545—前 520 年，25 年		
80		周悼王（姬姓，名猛）		悼王	前 520 年，1 年		
81		周敬王（姬姓，名匄）		敬王	前 519—前 476 年，43 年		
82		周元王（姬姓，名仁）		元王	前 476—前 469 年，7 年		
83		周贞定王（姬姓，名介）		贞定王	前 469—前 441 年，28 年		
84		周哀王（姬姓，名去疾）		哀王	前 441 年，3 个月		

续表

序号	朝代	君王	庙号	谥号	在位时间	定都	备注
85		周思王（姬姓，名叔）		思王	前 441 年，5 个月		
86		周考王（姬姓，名嵬）		考王	前 441—前 426 年，15 年		
87		周威烈王（姬姓，名午）		威烈王	前 426—前 402 年，24 年		
88		周安王（姬姓，名骄）		安王	前 402—前 376 年，26 年		
89		周烈王（姬姓，名喜）		烈王	前 376—前 369 年，7 年		
90		周显王（姬姓，名扁）		显王	前 369—前 321 年，48 年		
91		周慎靓王（姬姓，名定）		慎靓王	前 321—前 315 年，6 年		
92		周赧王（姬姓，名延）		赧王	前 315—前 256 年，59 年		

中国历代皇帝简表

序号	朝代	皇帝（君主）	庙号	谥号	在位时间	定都	备注
1	秦朝	秦始皇（嬴姓，赵氏，名政）			前 221—前 210 年，12 年	咸阳（今陕西省咸阳市东、西安市西北）	
2		秦二世（嬴姓，赵氏，名胡亥）			前 210—前 207 年，3 年		
3		秦王子婴（嬴姓，赵氏，名子婴）			前 207—前 206，46 天		
4	西汉	汉高祖（刘姓，名邦）	太祖，亦称高祖	高皇帝	前 202—前 195 年，7 年	长安（今陕西省西安市）	
5		汉惠帝（刘姓，名盈）		孝惠帝	前 195—前 188 年，7 年		
6		西汉前少帝（刘姓，名恭）			前 188—前 184 年，4 年		
7		西汉后少帝（刘姓，名弘）			前 184—前 180 年，4 年		
8		汉文帝（刘姓，名恒）	太宗	孝文帝	前 180—前 157 年，23 年		
9		汉景帝（刘姓，名启）		孝景帝	前 157—前 141 年，16 年		

续表

序号	朝代	皇帝（君主）	庙号	谥号	在位时间	定都	备注
10		汉武帝（刘姓，名彻）	世宗	孝武帝	前141—前87年，54年		
11		汉昭帝（刘姓，名弗陵）		孝昭帝	前87—前74年，13年		
		汉废帝（刘姓，名贺）			前74年，27天		未列帝位
12		汉宣帝（刘姓，名询）	中宗	孝宣帝	前74—前48年，26年		
13		汉元帝（刘姓，名奭）	高宗	孝元帝	前48—前33年，15年		后除庙号
14		汉成帝（刘姓，名骜）	统宗	孝成帝	前33—前7年，26年		后除庙号
15		汉哀帝（刘姓，名欣）		孝哀帝	前7—前1年，6年		
16		汉平帝（刘姓，名衎）	元宗	孝平帝	前1—6年，7年		后除庙号
		孺子婴（刘姓，名婴）			6—8年，2年		未列帝位
	新朝	新帝（王姓，名莽）			8—23年，15年	常安（今陕西省西安市汉长安城遗址）	未列帝位计入西汉
		更始帝（刘姓，名玄）			23—25年，3年	淯水（今河南省南阳市宛城区白河镇）	未列帝位计入西汉

续表

序号	朝代	皇帝（君主）	庙号	谥号	在位时间	定都	备注
		建始帝（亦称建世帝，刘姓，名盆子）			25—27 年，2 年	长安（今陕西省西安市）	未列帝位计入东汉
17	东汉	汉光武帝（刘姓，名秀）	世祖	光武帝	25—57，32 年	洛阳（今河南省洛阳市）	
18		汉明帝（刘姓，名庄）	显宗	孝明帝	57—75 年，18 年		
19		汉章帝（刘姓，名炟）	肃宗	孝章帝	75—88 年，13 年		
20		汉和帝（刘姓，名肇）	穆宗	孝和帝	88—106 年，18 年		后除庙号
21		汉殇帝（刘姓，名隆）			106 年，不满 1 年		
22		汉安帝（刘姓，名祜）	恭宗	孝安帝	106—125 年，19 年		后除庙号
		济北王（刘姓，名懿）			125 年，不满 1 年		未列帝位
23		汉顺帝（刘姓，名保）	敬宗	孝顺帝	125—144 年，19 年		后除庙号
24		汉冲帝（刘姓，名炳）		孝冲帝	144—145 年，1 年		
25		汉质帝（刘姓，名缵）		孝质帝	145—146 年，不满 2 年		
26		汉桓帝（刘姓，名志）	威宗	孝桓帝	146—167 年，21 年		后除庙号
27		汉灵帝（刘姓，名宏）		孝灵帝	167—189 年，22 年		

续表

序号	朝代	皇帝（君主）	庙号	谥号	在位时间	定都	备注
28		弘农怀王（刘姓，名辩）			189年，1年		被废黜
29		汉献帝（刘姓，名协）		孝献帝	189—220年，31年		
	三国						
30	曹魏	魏文帝（曹姓，名丕）	高祖	文皇帝	220—226年，6年	洛阳（今河南省洛阳市）	
31		魏明帝（曹姓，名叡）	烈祖	明皇帝	226—239年，13年		
32		邵陵县公（曹姓，名芳）		厉公	239—254年，15年		被废黜
33		高贵乡公（曹姓，名髦）		高贵乡公	254—260年，6年		被杀
34		魏元帝（曹姓，名奂）		元皇帝	260—265年，5年		被废黜
35	蜀汉	汉昭烈帝（刘姓，名备）	烈祖	昭烈帝	221—223年，2年	成都（今四川省成都市）	
36		汉怀帝（刘姓，名禅）		孝怀帝	223—263年，40年		
37	东吴	吴大帝（孙姓，名权）	太祖	大皇帝	229—252年，23年	武昌（今湖北省鄂州市），迁建业（今江苏省南京市）	

续表

序号	朝代	皇帝（君主）	庙号	谥号	在位时间	定都	备注
38		吴少帝（孙姓，名亮）			252—258 年，6 年		被废黜
39		吴景帝（孙姓，名休）	太宗	景皇帝	258—264 年，6 年		
40		吴末帝（孙姓，名皓）			264—280 年，16 年	武昌（今湖北省鄂州市）	
41	西晋	晋武帝（司马姓，名炎）	世祖	武皇帝	265—290 年，25 年	洛阳（今河南省洛阳市）	
42		晋惠帝（司马姓，名衷）		孝惠帝	290—306 年，16 年		
43		晋怀帝（司马姓，名炽）		孝怀帝	306—311 年，5 年		被杀
44		晋愍帝（司马姓，名邺）		晋愍帝	313—316 年，3 年	长安（今陕西省西安市）	被杀
45	东晋	晋元帝（司马姓，名睿）	中宗	元皇帝	317—322 年，5 年	建康（今江苏省南京市）	
46		晋明帝（司马姓，名绍）	肃宗	明皇帝	322—325 年，3 年		
44		晋愍帝（司马姓，名邺）		晋愍帝	313—316 年，3 年	长安（今陕西省西安市）	被杀
45	东晋	晋元帝（司马姓，名睿）	中宗	元皇帝	317—322 年，5 年	建康（今江苏省南京市）	

续表

序号	朝代	皇帝（君主）	庙号	谥号	在位时间	定都	备注
46		晋明帝（司马姓，名绍）	肃宗	明皇帝	322—325年，3年		
47		晋成帝（司马姓，名衍）	显宗	成皇帝	325—342年，17年		
48		晋康帝（司马姓，名岳）		康皇帝	342—344年，2年		
49		晋穆帝（司马姓，名聃）	孝宗	穆皇帝	344—361年，17年		
50		晋哀帝（司马姓，名丕）		哀皇帝	361—365年，4年		
51		晋废帝（司马姓，名奕）			365—372年，7年		被废黜
52		晋简文帝（司马姓，名昱）	太宗	简文帝	372年，不满1年		
53		晋孝武帝（司马姓，名曜）	烈宗	孝武帝	372—396年，24年		被杀
54		晋安帝（司马姓，名德宗）		安皇帝	396—419年，23年		被杀
55		晋恭帝（司马姓，名德文）		恭皇帝	419—420年，2年		被杀
	十六国						
56	成汉	成武帝（李姓，名雄）	太宗	武皇帝	304—334年，30年		
57		成哀帝（李姓，名班）		哀皇帝	334年，不满1年		被杀

续表

序号	朝代	皇帝（君主）	庙号	谥号	在位时间	定都	备注
58		成幽公（李姓，名期）		成幽公	334—338 年，4 年		被废黜
59		昭文帝（李姓，名寿）	中宗	昭文帝	338—343 年，5 年		
60		末代帝（李姓，名势）		归义侯	343—347 年，4 年		
61	前赵	汉光文帝（刘姓，名渊）	高祖	光文帝	304—310 年，6 年	左国城（今山西省方山县）迁平阳（今山西省临汾市）	
62		刘和			310 年，6 天		被杀
63		汉昭武帝（刘姓，名聪）	烈宗	昭武帝	310—318 年，8 年		
64		隐皇帝（刘姓，名粲）		隐皇帝	318 年，22 天		被杀
65		末代帝（刘姓，名曜）			318—329 年，11 年	长安（今陕西省西安市）	被杀
66	前凉	凉昭王（张姓，名寔）		昭王	317—320 年，3 年	姑臧（今甘肃省武威市凉州区）	被杀
67		凉成王（张姓，名茂）	太祖	成王	320—324 年，4 年		
68		凉文王（张姓，名骏）	世祖	文王	324—346 年，22 年		

续表

序号	朝代	皇帝（君主）	庙号	谥号	在位时间	定都	备注
69		凉桓王（张姓，名重华）	世宗	桓公	346—353 年，7 年		
70		凉哀公（张姓，名耀灵）	英宗	哀公	353 年，1 个月		被杀
71		凉威王（张姓，名祚）	高宗	威王	353—355 年，2 年		被杀
72		凉冲王（张姓，名玄靓）	烈宗	冲王	355—363 年，8 年		被杀
73		凉悼公（张姓，名天锡）	神宗	悼公	363—376 年，13 年		
74	后赵	后赵明帝（石姓，名勒）	高祖	明皇帝	319—333 年，14 年	襄国（今河北省邢台市襄都区）	
75		海阳王（石姓，名弘）			333—334 年，1 年		被杀
76		后赵武帝（石姓，名虎）	太祖	武皇帝	334—349 年，15 年	邺城（今河北省临漳县西）	
77		谯王（石姓，名世）			349 年，33 天		被杀
78		彭城王（石姓，名遵）			349 年，183 天		被杀
79		义阳王（石姓，名鉴）			349—350 年，103 天		被杀
80		新兴王（石姓，名祗）			350 年	襄国（今河北省邢台市襄都区）	被杀

续表

序号	朝代	皇帝（君主）	庙号	谥号	在位时间	定都	备注
81	前燕	文明帝（慕容姓，名皝）	太祖	文明帝	337—348 年，11 年	棘城（今辽宁省朝阳市东）迁龙城（今辽宁省朝阳市）	
82		景昭帝（慕容姓，名儁）	烈祖	景昭帝	348—360 年，12 年	蓟城（今北京市）迁邺城（今河北省临漳县西）	
83		幽皇帝（慕容姓，名暐）		幽皇帝	360—370 年，10 年		被杀
84	前秦	景明帝（苻姓，名健）	高祖	景明帝	351—355 年，4 年	长安（今陕西省西安市）	
85		厉王（苻姓，名生）		厉王	355—357 年，2 年		被杀
86		宣昭帝（苻姓，名坚）	世祖	宣昭帝	357—385 年，28 年		被杀
87		哀平帝（苻姓，名丕）		哀平帝	385—386 年，1 年	晋阳（今山西省太原市晋源区）	被杀
88		高皇帝（苻姓，名登）	太宗	高皇帝	386—394 年，8 年		被杀
89		秦末帝（苻姓，名崇）			394 年，不满 1 年		被杀

续表

序号	朝代	皇帝（君主）	庙号	谥号	在位时间	定都	备注
90	后秦	武昭帝（姚姓，名苌）	太祖	武昭帝	384—393 年，9 年	北地（今陕西省铜川市耀州区）迁长安（今陕西省西安市）	
91		文桓帝（姚姓，名兴）	高祖	文桓帝	393—416 年，23 年		
92		秦末帝（姚姓，名泓）			416—417 年，1 年		被杀
93	后燕	成武帝（慕容姓，名垂）	世祖	成武帝	384—396 年，10 年	荥阳（今河南省荥阳市）迁中山（今河北省定州市）	
94		惠愍帝（慕容姓，名宝）	烈宗	惠愍帝	396—398 年，2 年	龙城（今辽宁省朝阳市）	被杀
95		慕容详			397 年，2 个月	中山（今河北省定州市）	被杀
96		慕容麟			397—398 年，1 年	中山（今河北省定州市）	被杀
97		兰汗			398 年，83 天	龙城（今辽宁省朝阳市）	被杀

续表

序号	朝代	皇帝（君主）	庙号	谥号	在位时间	定都	备注
98		昭武帝（慕容姓，名盛）	中宗	昭武帝	398—401年，3年		被杀
99		昭文帝（慕容姓，名熙）	高宗	昭文帝	401—407年，6年		被杀
100	西秦	宣烈王（乞伏姓，名国仁）	烈祖	宣烈王	385—388年，3年	苑川（今甘肃省榆中县）	
101		武元王（乞伏姓，名乾归）	高祖	武元王	388—412年，24年	金城（今甘肃省兰州市）迁苑川（今甘肃省榆中县）	被杀
102		文昭王（乞伏姓，名炽磐）	太祖	文昭王	412—428年，16年	枹罕（今甘肃省临夏州）	
103		秦末主（乞伏姓，名暮末）			428—431年，3年		被杀
104	后凉	懿武皇帝（吕姓，名光）	太祖	懿武帝	386—399年，13年	姑臧（今甘肃省武威市）	
105		隐王（吕姓，名绍）			399年，不满1天		自杀
106		灵帝（吕姓，名纂）		灵皇帝	399—401年，2年		被杀
107		凉末主（吕姓，名隆）			401—403年，2年		被杀

续表

序号	朝代	皇帝（君主）	庙号	谥号	在位时间	定都	备注
108	南凉	南凉武王（秃发姓，名乌孤）	烈祖	武王	397—399 年，2 年	西平（今青海省西宁市）迁乐都（今青海省海东市都区）	
109		南凉康王（秃发姓，名利鹿孤）		康王	399—402 年，3 年	西平（今青海省西宁市）	
110		南凉景王（秃发姓，名傉檀）		景王	402—414 年，12	乐都（今青海省海东市乐）	被杀
111	南燕	献武帝（慕容姓，名德）	世宗	献武帝	398—405 年，7 年	滑台（今河南省滑县东）迁广固（今山东省青州市）	
112		南燕末帝（慕容姓，名超）			405—410 年，5 年		被杀
113	北凉	（段姓，名业）			397—401 年，4 年	骆驼城（今甘肃省高台县）	被杀
114		武宣王（沮渠姓，名蒙逊）	太祖	武宣王	401—433 年，32 年	姑臧（今甘肃省武威市）	
115		哀王（沮渠姓，名牧犍）		哀王	433—439 年，6 年		被杀

续表

序号	朝代	皇帝（君主）	庙号	谥号	在位时间	定都	备注
116	西凉	武昭王（李姓，名暠）	太祖	武昭王	400—417 年，17 年	敦煌（今甘肃省敦煌市西）迁酒泉（今甘肃省酒泉市）	
117		西凉后主（李姓，名歆）			417—420 年，3 年	酒泉（今甘肃省酒泉市）	被杀
118		冠军将军（李姓，名恂）			420—421 年，1 年	敦煌（今甘肃省敦煌市西）	自杀
119	北燕	惠懿帝（高姓，名云）	景宗	惠懿帝	407—409 年，2 年	龙城（今辽宁省朝阳市）	被杀
120		文成帝（冯姓，名跋）	太祖	文成帝	409—430 年，21 年	昌黎（今辽宁省义县）	
121		昭成帝（冯姓，名弘）		昭成帝	430—436 年，6 年		被杀
122	大夏	武烈帝（赫连姓，名勃勃）	世祖	武烈帝	407—425 年，18 年	统万城（今陕西省靖边县）	
123		废帝（赫连姓，名昌）			425—428 年，3 年		被杀
124		末帝（赫连姓，名定）			428—431 年，3 年	平凉（今甘肃省平凉市）	被杀

续表

序号	朝代	皇帝（君主）	庙号	谥号	在位时间	定都	备注
	南朝						
125	南朝宋	宋武帝（刘姓，名裕）	高祖	武皇帝	420—422 年，2 年	建康（今江苏省南京市）	
126		宋少帝（刘姓，名义符）			422—424 年，2 年		被杀
127		宋文帝（刘姓，名义隆）	太祖	文皇帝	424—453 年，29 年		被杀
128		刘劭			453 年，72 天		被杀
129		宋孝武帝（刘姓，名骏）	世祖	孝武帝	453—464 年，11 年		
130		宋前废帝（刘姓，名子业）			464—466 年，2 年		被杀
131		宋明帝（刘姓，名彧）	太宗	明皇帝	466—472 年，6 年		
132		宋后废帝（刘姓，名昱）			472—477 年，5 年		被杀
133		宋顺帝（刘姓，名準）		顺皇帝	477—479 年，2 年		被杀
134	南朝齐	齐高帝（萧姓，名道成）	太祖	齐高帝	479—482 年，3 年	建康（今江苏省南京市）	
135		齐武帝（萧姓，名赜）	世祖	齐武帝	482—493 年，11 年		

续表

序号	朝代	皇帝（君主）	庙号	谥号	在位时间	定都	备注
136		郁林王（萧姓，名昭业）			493—494 年，1 年		被杀
137		齐恭王（萧姓，名昭文）		齐恭王	494 年，75 天		被杀
138		齐明帝（萧姓，名鸾）	高宗	齐明帝	494—498 年，4 年		
139		东昏侯（萧姓，名宝卷）		东昏侯	498—501 年，3 年		被杀
140		齐和帝（萧姓，名宝融）		齐和帝	501—502 年，1 年		被杀
141	南朝梁	梁武帝（萧姓，名衍）	高祖	梁武帝	502—549 年，47 年	建康（今江苏省南京市）	被杀
142		简文帝（萧姓，名纲）	太宗	简文帝	549—551 年，2 年		被杀
143		淮阴王（萧姓，名栋）			551 年，不满 3 个月		被杀
		侯汉帝（侯姓，名景）			551—552 年	建康（今江苏省南京市）	被杀
144		梁元帝（萧姓，名绎）	世祖	孝元帝	552—554 年，2 年	江陵（今湖北省荆州市）	被杀
		武陵贞献王（萧姓，名纪）			552—553 年，1 年	成都（今四川省成都市）	被杀

续表

序号	朝代	皇帝（君主）	庙号	谥号	在位时间	定都	备注
145		梁闵帝（萧姓，名渊明）		闵皇帝	555 年，不满 1 年	建康（今江苏省南京市）	
146		梁敬帝（萧姓，名方智）		梁敬帝	555—557 年，2 年		被杀
147	南朝陈	陈武帝（陈姓，名霸先）	高祖	武皇帝	557—559 年，2 年	建康（今江苏省南京市）	
148		陈文帝（陈姓，名蒨）	世祖	文皇帝	559—566 年，7 年		
149		陈废帝（陈姓，名伯宗）			566—568 年，2 年		被废黜
150		孝宣帝（陈姓，名顼）	高宗	孝宣帝	569—582 年，13 年		
151		陈后主（陈姓，名叔宝）		炀公	582—589 年，7 年		
	北朝						
152	北魏	魏道武帝（拓跋姓，名珪）	太祖	道武帝	386—409 年，23 年	盛乐（今内蒙古自治区和林格尔县），迁平城（今山西省大同市）	被杀
153		魏明元帝（拓跋姓，名嗣）	太宗	明元帝	409—423 年，14 年		
154		魏太武帝（拓跋姓，名焘）	世祖	太武帝	423—452 年，29 年		被杀

续表

序号	朝代	皇帝（君主）	庙号	谥号	在位时间	定都	备注
155		魏隐王（拓跋姓，名余）		隐王	452 年，不满 1 年		被杀
156		魏文成帝（拓跋姓，名濬）	高宗	文成帝	452—465 年，13 年		
157		魏献文帝（拓跋姓，名弘）	显祖	献文帝	465—471 年，6 年		
158		魏孝文帝（元姓，名宏）	高祖	孝文帝	471—499 年，28 年	洛阳（今河南省洛阳市）	
159		魏宣武帝（元姓，名恪）	世宗	宣武帝	499—515 年，16 年		
160		魏孝明帝（元姓，名诩）	肃宗	孝明帝	515—528 年，13 年		被杀
		元姑娘			528 年，1 天		
		元钊			528 年，43 天		被杀
161		魏孝庄帝（元姓，名子攸）	敬宗	孝庄帝	528—530 年，2 年		被杀
162		东海王（元姓，名晔）			530—531，1 年		被杀
163		节闵帝（元姓，名恭）		节闵帝	531—532 年，1 年		被杀
164		后废帝（元姓，名朗）			531—532 年，1 年		被杀
165		魏孝武帝（元姓，名修）		孝武帝	532—534 年，2 年		被杀

续表

序号	朝代	皇帝（君主）	庙号	谥号	在位时间	定都	备注
166	东魏	东魏孝静帝（元姓，名善见）		孝静帝	534—550 年，16 年	邺城（今河北省临漳县西）	被杀
167	西魏	西魏文帝（元姓，名宝炬）		文皇帝	535—551 年，16 年	长安（今陕西省西安市）	
168		西魏废帝（元姓，名钦）		废帝	551—554 年，3 年		被杀
169		西魏恭帝（元姓，名廓）		恭皇帝	554—556 年，2 年		被杀
170	北齐	北齐文宣帝（高姓，名洋）	显祖	文宣帝	550—559 年，4 年	邺城（今河北省临漳县西）	
171		北齐废帝（高姓，名殷）		济南闵悼王	559—560 年，1 年		被杀
172		北齐孝昭帝（高姓，名演）	肃宗		560—561 年，1 年		
173		北齐武成帝（高姓，名湛）	世祖	武成帝	561—565 年，4 年		
174		北齐后主（高姓，名纬）			565—577 年，12 年		被杀
175		北齐幼主（高姓，名恒）			577 年，24 天		被杀
	北周						

续表

序号	朝代	皇帝（君主）	庙号	谥号	在位时间	定都	备注
176		北周孝闵帝（宇文姓，名觉）		孝闵帝	557 年，不满 1 年	长安（今陕西省西安市）	被杀
177		北周明帝（宇文姓，名毓）	世宗	明皇帝	557—560 年，3 年		被杀
178		北周武帝（宇文姓，名邕）	高祖	武皇帝	560—578 年，18 年		
179		北周宣帝（宇文姓，名赟）		宣皇帝	578—579 年，1 年		
180		北周静帝（宇文姓，名阐）		静皇帝	579—581 年，2 年		被杀
181	隋朝	隋文帝（杨姓，名坚）	高祖	文皇帝	581—604 年，23 年	大兴城（今陕西省西安市）	
182		隋炀帝（杨姓，名广）	世祖	炀皇帝	604—617 年，13 年		被杀
183		隋恭帝（杨姓，名侑）		恭皇帝	617—618 年，1 年		被杀
184	唐朝	唐高祖（李姓，名渊）	高祖	太武帝	618—626 年，8 年	长安（今陕西省西安市）	
185		唐太宗（李姓，名世民）	太宗	文皇帝	626—649 年，23 年		
186		唐高宗（李姓，名治）	高宗	天皇大帝	649—683 年，34 年		
187		唐中宗（李姓，名显）	中宗		683—684 年，1 年		被废黜

续表

序号	朝代	皇帝（君主）	庙号	谥号	在位时间	定都	备注
188		唐睿宗（李姓，名旦）	睿宗		684—690 年，6 年		禅位
189		武则天（武姓，名曌）		则天顺圣皇后	690—705 年，15 年	洛阳（今河南省洛阳市）	武周
		唐中宗（李姓，名显）	中宗		705—710 年，5 年	长安（今陕西省西安市）	复位
190		唐少帝（李姓，名重茂）		唐殇帝	710 年，不满 1 年		
		唐睿宗（李姓，名旦）	睿宗	兴孝帝	710—712 年，2 年		复位
191		唐玄宗（李姓，名隆基）	玄宗	唐明皇	712—756 年，44 年		
192		唐肃宗（李姓，名亨）	肃宗	宣孝帝	756—762 年，6 年		
193		唐代宗（李姓，名豫）	代宗	孝武帝	762—779 年，17 年		
194		唐德宗（李姓，名适）	德宗	孝文帝	779—805 年，26 年		
195		唐顺宗（李姓，名诵）	顺宗	安孝帝	805 年，8 个月		
196		唐宪宗（李姓，名纯）	宪宗	神孝帝	805—820 年，15 年		
197		唐穆宗（李姓，名恒）	穆宗	惠孝帝	820—824 年，4 年		
198		唐敬宗（李姓，名湛）	敬宗	憨孝帝	824—827 年，3 年		被杀

续表

序号	朝代	皇帝（君主）	庙号	谥号	在位时间	定都	备注
199		唐文宗（李姓，名昂）	文宗	献孝帝	827—840 年，13 年		
200		唐武宗（李姓，名炎）	武宗	肃孝帝	840—846 年，6 年		
201		唐宣宗（李姓，名忱）	宣宗	文孝帝	846—859 年，13 年		
202		唐懿宗（李姓，名漼）	懿宗	恭惠孝帝	859—873 年，14 年		
203		唐僖宗（李姓，名儇）	僖宗	定孝帝	873—888 年，15 年		
204		唐昭宗（李姓，名晔）	昭宗	穆景文孝帝	888—904 年，6 年	洛阳（今河南省洛阳市）	
205		唐哀帝（李姓，名柷）		烈孝帝	904—907 年，3 年	洛阳（今河南省洛阳市）	被杀
	五代						
206	后梁	后梁太祖（朱姓，名温）	太祖	圣孝帝	907—912 年，5 年	洛阳（今河南省洛阳市）	被杀
207		后梁废帝（朱姓，名友珪）			912—913 年，1 年	洛阳（今河南省洛阳市）	自杀
208		后梁末帝（朱姓，名友贞）			913—923 年，10 年	开封（今河南省开封市）	自杀

续表

序号	朝代	皇帝（君主）	庙号	谥号	在位时间	定都	备注
209	后唐	后唐庄宗（李姓，名存勖）	庄宗	闵孝帝	923—926 年，3 年	魏州（今河北省大名县）迁洛阳（今河南省洛阳市）	被杀
210		后唐明宗（李姓，名嗣源）	明宗	钦孝帝	926—933 年，7 年		
211		后唐闵帝（李姓，名从厚）		闵帝	933—934 年，5 个月		被杀
212		后唐末帝（李姓，名从珂）			934—936 年，2 年		自杀
213	后晋	后晋高祖（石姓，名敬瑭）	高祖	德孝帝	936—942 年，6 年	洛阳（今河南省洛阳市）迁开封（今河南省开封市）	
214		后晋出帝（石姓，名重贵）			942—947 年，5 年		
215	后汉	后汉高祖（刘姓，名知远）	高祖	肃孝帝	947—948 年，1 年	晋阳（今山西省太原市）	
216		后汉隐帝（刘姓，名承祐）		隐皇帝	948—950 年，2 年		被杀
217	后周	后周太祖（郭姓，名威）	太祖	武孝帝	951—954 年，3 年	开封（今河南省开封市）	
218		后周世宗（柴姓，名荣）	世宗	孝文帝	954—959 年，5 年		

续表

序号	朝代	皇帝（君主）	庙号	谥号	在位时间	定都	备注
219		后周恭帝（柴姓，名宗训）		恭皇帝	959—960 年，1 年		
	十国						
220	南吴	南吴太祖（杨姓，名行密）	太祖	武皇帝	902—905 年，3 年	江都府（今江苏省扬州市）	
221		南吴景帝（杨姓，名渥）	烈宗	景皇帝	905—908 年，3 年		被杀
222		南吴宣帝（杨姓，名隆演）	高祖	宣皇帝	908—920 年，12 年		
223		南吴睿帝（杨姓，名溥）		睿皇帝	920—937 年，17 年	金陵府（今江苏省南京市）	
224	南唐	南唐烈祖（李姓，名昪）	烈祖	孝高帝	937—943 年，6 年	江宁（今江苏省南京市）	
225		南唐元宗（李姓，名璟）	元宗	宣孝帝	943—961 年，18 年	洪州（今江西省南昌市）	
226		南唐后主（李姓，名煜）			961—975 年，14 年	江宁（今江苏省南京市）	被杀
227	前蜀	前蜀高祖（王姓，名建）	高祖	明惠帝	907—917 年，10 年	成都（今四川省成都市）	
228		前蜀末帝（王姓，名衍）			917—925 年，8 年		被杀

续表

序号	朝代	皇帝（君主）	庙号	谥号	在位时间	定都	备注
229	后蜀	后蜀高祖（孟姓，名知祥）	高祖	明孝帝	934 年，7 个月	成都（今四川省成都市）	
230		后蜀末帝（孟姓，名昶）		恭孝	934—965 年，31 年		
231	南汉	南汉高祖（刘姓，名龑）	高祖	天皇大帝	917—942 年，25 年	番禺（今广东省广州市）	
232		南汉殇帝（刘姓，名玢）		殇皇帝	942—943 年，1 年		被杀
233		南汉中宗（刘姓，名晟）	中宗	明孝帝	943—958 年，15 年		
234		南汉后主宗（刘姓，名鋹）		后主	958—971 年，13 年		
235	南楚	南楚武穆王（马姓，名殷）		武穆王	907—930 年，23 年	潭州（今湖南省长沙市）	
236		衡阳王（马姓，名希声）		衡阳王	930—932 年，2 年		
237		南楚文昭王（马姓，名希范）		文昭王	932—947 年，15 年		
238		南楚废王（马姓，名希广）			947—951 年，3 年		被杀
239		南楚恭孝王（马姓，名希萼）		恭孝王	951 年，9 个月		
240		南楚后主（马姓，名希崇）			951 年，26 天		

续表

序号	朝代	皇帝（君主）	庙号	谥号	在位时间	定都	备注
241	吴越	吴越武肃王（钱姓，名镠）	太祖	武肃王	907—932 年，25 年	杭州（今浙江省杭州市）	
242		吴越文穆王（钱姓，名元瓘）	世宗	文穆王	932—941 年，9 年		
243		吴越忠献王（钱姓，名佐）	成宗	忠献王	941—947 年，6 年		
244		吴越忠逊王（钱姓，名倧）		忠逊王	947 年，不满 1 年		
245		吴越忠懿王（钱姓，名俶）		忠懿王	947—978 年，31 年		
246	闽国	闽太祖（王姓，名审知）	太祖	武孝帝	909—925 年，16 年	长乐府（今福建省福州市）	
247		闽嗣主（王姓，名延翰）		闽嗣主	925—927 年，2 年		被杀
248		闽太宗（王姓，名延钧）	太宗	惠皇帝	927—935 年，8 年		被杀
249		闽康宗（王姓，名继鹏）	康宗	弘孝帝	935—939 年，4 年		被杀
250		闽景宗（王姓，名延羲）	景宗	大孝帝	939—944 年，5 年		被杀
251		闽国末代皇帝（王姓，名延政）		恭懿帝	943—945 年，2 年	建州（今福建省建瓯市）	
252	荆南	荆南武信王（高姓，名季兴）		武信王	924—929 年，5 年	江陵（今湖北省荆州市）	

续表

序号	朝代	皇帝（君主）	庙号	谥号	在位时间	定都	备注
253		荆南文献王（高姓，名从诲）		文献王	929—948 年，19 年		
254		荆南贞懿王（高姓，名保融）		贞懿王	948—960 年，12 年		
255		荆南贞安王（高姓，名保勖）		贞安王	960—962 年，2 年		
256		荆南末王（高姓，名继冲）			962—963 年，1 年		
257	北汉	北汉世祖（刘姓，名崇）	世祖		951—954 年，3 年	晋阳（今山西省太原市）	
258		北汉睿宗（刘姓，名钧）	睿宗		954—968 年，14 年		
259		北汉少主（刘姓，名继恩）			968 年，60 天		
260		彭城郡王（刘姓，名继元）			968—979 年，11 年		
261	北宋	宋太祖（赵姓，名匡胤）	太祖	神德帝	960—976 年，16 年	开封府（今河南省开封市）	
262		宋太宗（赵姓，名光义）	太宗	文武帝	976—997 年，21 年		
263		宋真宗（赵姓，名恒）	真宗	元孝帝	997—1022 年，25 年		
264		宋仁宗（赵姓，名祯）	仁宗	明孝帝	1022—1063 年，41 年		
265		宋英宗（赵姓，名曙）	英宗	宣孝帝	1063—1067 年，4 年		

续表

序号	朝代	皇帝（君主）	庙号	谥号	在位时间	定都	备注
266		宋神宗（赵姓，名顼）	神宗	圣孝帝	1067—1085 年，18 年		
267		宋哲宗（赵姓，名煦）	哲宗	昭孝帝	1085—1100 年，15 年		
268		宋徽宗（赵姓，名佶）	徽宗	显孝帝	1100—1126 年，26 年		
269		宋钦宗（赵姓，名桓）	钦宗	仁孝帝	1126—1127 年，1 年		
270	南宋	宋高宗（赵姓，名构）	高宗	宪孝帝	1127—1162 年，35 年	应天府（今河南省商丘市）迁临安府（今浙江省杭州市）	禅位
271		宋孝宗（赵姓，名昚）	孝宗	成孝帝	1162—1189 年，27 年		禅位
272		宋光宗（赵姓，名惇）	光宗	慈孝帝	1189—1194 年，5 年		禅位
273		宋宁宗（赵姓，名扩）	宁宗	恭孝帝	1194—1224 年，30 年		
274		宋理宗（赵姓，名昀）	理宗	安孝帝	1224—1264 年，40 年		
275		宋度宗（赵姓，名禥）	度宗	景孝帝	1264—1274 年，10 年		
276		宋恭帝（赵姓，名㬎）	恭帝	懿圣帝	1274—1276 年，2 年		被杀
277		宋端宗（赵姓，名昰）	端宗	愍孝帝	1276—1278 年，2 年	福州（今福建省福州市）	

续表

序号	朝代	皇帝（君主）	庙号	谥号	在位时间	定都	备注
278		宋末帝（赵姓，名昺）			1278—1279 年，1 年		自杀
279	辽朝	辽太祖（耶律姓，名阿保机）	太祖	烈天帝	916—926 年，10 年	临潢府（今内蒙古自治区赤峰市）	
280		辽太宗（耶律姓，名德光）	太宗	惠文帝	926—947 年，21 年		
281		辽世宗（耶律姓，名阮）	世宗	庄宪帝	947—951 年，4 年		被杀
282		辽穆宗（耶律姓，名璟）	穆宗	敬正帝	951—969 年，18 年		被杀
283		辽景宗（耶律姓，名贤）	景宗	康靖帝	969—982 年，13 年		
284		辽圣宗（耶律姓，名隆绪）	圣宗	孝宣帝	982—1031 年，49 年	大定府（今内蒙古自治区赤峰市宁城县）	
285		辽兴宗（耶律姓，名宗真）	兴宗	孝章帝	1031—1055 年，24 年		
286		辽道宗（耶律姓，名洪基）	道宗	孝文帝	1055—1101 年，46 年		
287		天祚帝（耶律姓，名延禧）	恭宗	恭怀帝	1101—1125 年，24 年		
288	西夏	夏景宗（李姓，名元昊）	景宗	武烈帝	1038—1048 年，10 年	兴庆府（今宁夏回族自治区银川市）	被杀

续表

序号	朝代	皇帝（君主）	庙号	谥号	在位时间	定都	备注
289		夏毅宗（李姓，名谅祚）	毅宗	昭英帝	1048—1068年，20年		
290		夏惠宗（李姓，名秉常）	惠宗	康靖帝	1068—1086年，18年		
291		夏崇宗（李姓，名乾顺）	崇宗	圣文帝	1086—1139年，53年		
292		夏仁宗（李姓，名仁孝）	仁宗	圣德帝	1139—1193年，54年		
293		夏桓宗（李姓，名纯佑）	桓宗	昭简帝	1193—1206年，13年	中兴府（今宁夏回族自治区银川市）	
294		夏襄宗（李姓，名安全）	襄宗	敬穆帝	1206—1211年，5年		被废黜
295		夏神宗（李姓，名遵顼）	神宗	英文帝	1211—1223年，12年		禅位
296		夏献宗（李姓，名德旺）	献宗	孝哀帝	1223—1226年，3年		
297		夏末帝（李姓，名睍）			1226—1227年，1年		被杀
298	金朝	金太祖（完颜姓，名阿骨打）	太祖	武元帝	1115—1123年，8年	会宁府（今黑龙江省哈尔滨市）	
299		金太宗（完颜姓，名晟）	太宗	文烈帝	1123—1135年，12年		
300		金熙宗（完颜姓，名亶）	熙宗	孝成帝	1135—1150年，15年		被杀

续表

序号	朝代	皇帝（君主）	庙号	谥号	在位时间	定都	备注
301		金海陵王（完颜姓，名亮）		炀	1150—1161年11年	燕京（今北京市）	被杀
302		金世宗（完颜姓，名雍）	世宗	仁孝帝	1161—1189年，28年		
303		金章宗（完颜姓，名璟）	章宗	英孝帝	1189—1208年，19年		
304		金后废帝（完颜姓，名永济）		绍	1208—1213年，5年		被杀
305		金宣宗（完颜姓，名珣）	宣宗	圣孝帝	1213—1224年，11年	汴京（今河南省开封市）	
306		金哀宗（完颜姓，名守绪）	哀宗	孝庄帝	1224—1234年，10年		自杀
307		金末帝（完颜姓，名承麟）			1234年，不满1个时辰	蔡州（今湖北省枣阳市）	被杀
308	大蒙古国	元太祖（孛儿只斤姓，名铁木真）	太祖	圣武帝	1206—1227年，21年	斡难河（今黑龙江省鄂伦河）	
309		元太宗（孛儿只斤姓，名窝阔台）	太宗	英文帝	1229—1241年，12年	哈拉和林（今蒙古国乌兰巴托西南）	
310		元定宗（孛儿只斤姓，名贵由）	定宗	简平帝	1246—1248年，2年		
311		元宪宗（孛儿只斤姓，名蒙哥）	宪宗	桓肃帝	1251—1259年，8年		

续表

序号	朝代	皇帝（君主）	庙号	谥号	在位时间	定都	备注
312		元世祖（孛儿只斤姓，名忽必烈）	世祖	文武帝	1260—1271，11 年	开平府（今内蒙古自治区多伦县）	
	元朝	元世祖（孛儿只斤姓，名忽必烈）	世祖	文武帝	1271—1294 年，23 年	大都（今北京市）	
313		元成宗（孛儿只斤姓，名铁穆耳）	成宗	广孝帝	1294—1307 年，13 年		
314		元武宗（孛儿只斤姓，名海山）	武宗	宣孝帝	1307—1311 年，4 年		
315		元仁宗（孛儿只斤姓，名爱育黎拔力八达）	仁宗	钦孝帝	1311—1320 年，9 年		
316		元英宗（孛儿只斤姓，名硕德八剌）	英宗	文孝帝	1320—1323 年，3 年		被杀
317		泰定帝（孛儿只斤姓，名也孙铁木儿）			1323—1328 年，5 年		
318		天顺帝（孛儿只斤姓，名阿速吉八）			1328 年，42 天		被杀
319		元文宗（孛儿只斤姓，名图帖睦尔）	文宗	元孝帝	1328—1332 年，4 年		
320		元明宗（孛儿只斤姓，名和世㻋）	明宗	景孝帝	1329 年，8 个月		被杀

续表

序号	朝代	皇帝（君主）	庙号	谥号	在位时间	定都	备注
321		元宁宗（孛儿只斤姓，名懿璘质班）	宁宗	嗣孝帝	1332 年，43 天		
322		元惠宗（孛儿只斤姓，名妥懽帖睦尔）	惠宗	元顺帝	1332—1368 年，36 年		
323	明朝	明太祖（朱姓，名元璋）	太祖	功高帝	1368—1398 年，30 年	应天府（今江苏省南京市）	
324		明惠宗（朱姓，名允炆）	惠宗	孝让帝	1398—1402 年，4 年		
325		明成祖（朱姓，名棣）	成祖	孝文帝	1402—1424 年，22 年	顺天府（今北京市）	
326		明仁宗（朱姓，名高炽）	仁宗	孝昭帝	1424—1425 年，1 年		
327		明宣宗（朱姓，名瞻基）	宣宗	孝章帝	1425—1435 年，10 年		
328		明英宗（朱姓，名祁镇）	英宗	孝睿帝	1435—1449 年，14 年		
329		明代宗（朱姓，名祁钰）	代宗	景皇帝	1449—1457 年，8 年		被废黜
		明英宗（朱姓，名祁镇）	英宗	孝睿帝	1457—1464 年，7 年		复位
330		明宪宗（朱姓，名见深）	宪宗	孝纯帝	1464—1487 年，23 年		
331		明孝宗（朱姓，名祐樘）	孝宗	德敬帝	1487—1505 年，18 年		

续表

序号	朝代	皇帝（君主）	庙号	谥号	在位时间	定都	备注
332		明武宗（朱姓，名厚照）	武宗	孝毅帝	1505—1521 年，16 年		
333		明世宗（朱姓，名厚熜）	世宗	孝肃帝	1521—1566 年，45 年		嘉靖帝
334		明穆宗（朱姓，名载垕）	穆宗	孝庄帝	1566—1572 年，6 年		
335		明神宗（朱姓，名翊钧）	神宗	孝显帝	1572—1620 年，48 年		万历帝
336		明光宗（朱姓，名常洛）	光宗	孝贞帝	1620 年，30 天		
337		明熹宗（朱姓，名由校）	熹宗	勤悊帝	1620—1627 年，7 年		
338		明思宗（朱姓，名由检）	思宗	烈愍帝	1627—1644 年，17 年		崇祯帝自杀
339	后金	清太祖（爱新觉罗姓，名努尔哈赤）	太祖	高皇帝	1616—1626 年，10 年	赫图阿拉（今辽宁省新宾满族自治县）	
340		清太宗（爱新觉罗姓，名皇太极）	太宗	文皇帝	1626—1636 年，10 年		
	清朝	清太宗（爱新觉罗姓，名皇太极）	太宗	文皇帝	1636—1643 年，7 年	盛京（今辽宁省沈阳市）	
341		清世祖（爱新觉罗姓，名福临）	世祖	章皇帝	1643—1661 年，18 年	北京（今北京市）	顺治帝
342		清圣祖（爱新觉罗姓，名玄烨）	圣祖	仁皇帝	1661—1722 年，61 年		康熙帝

续表

序号	朝代	皇帝（君主）	庙号	谥号	在位时间	定都	备注
343		清世宗（爱新觉罗姓，名胤禛）	世宗	宪皇帝	1722—1735 年，13 年		雍正帝
344		清高宗（爱新觉罗姓，名弘历）	高宗	纯皇帝	1735—1796 年，61 年		乾隆帝禅位
345		清仁宗（爱新觉罗姓，名颙琰）	仁宗	睿皇帝	1796—1820 年，24 年		嘉庆帝
346		清宣宗（爱新觉罗姓，名旻宁）	宣宗	成皇帝	1820—1850 年，30 年		道光帝
347		清文宗（爱新觉罗姓，名奕詝）	文宗	显皇帝	1850—1861 年，11 年		咸丰帝
348		清穆宗（爱新觉罗姓，名载淳）	穆宗	毅皇帝	1861—1875 年，14 年		同治帝
349		清德宗（爱新觉罗姓，名载湉）	德宗	景皇帝	1875—1908 年，33 年		光绪帝
350		清末帝（爱新觉罗姓，名溥仪）			1908—1912 年，4 年		宣统帝